현공풍수

**9운 개정 증보판**

시간과 공간의 철학

# 현공풍수

최명우, 류호기 지음

**천년이 넘도록 祕傳된 풍수비법!**
뛰어난 적중률, 간단명료한 원리!
氣의 정체를 숫자로 풀어낸
당나라 양구빈 선생의 현공풍수비법!

도서출판 답게

| 서 문 |

풍수지리, 미신일까? 아니면 학문일까?
풍수지리학이 천년이 넘도록 전통학문으로 전해 내려왔지만 풍수지리에 대한 불신감이 있었던 사실은 예나 지금이나 마찬가지일 것입니다.
그러나 이제부터는 삼원현공풍수(三元玄空風水)가 그동안 풍수지리에 대한 불신감에 종지부를 찍고 명쾌한 해답을 여러분에게 제시하여 줄 것입니다.
玄空風水는 중국 당나라의 국사(國師) 양균송(楊筠松) 선생이 창안한 理氣風水祕法으로 형기풍수의 공간을 기본으로 하고 時間과 坐向을 적법하게 배합하는 즉, 시공(時空)의 풍수법은 이론과 실제가 여합(如合)이 부절(符節)하고 단험(斷驗)이 여신(如神)합니다.
다만 그동안 현공풍수의 명사(明師)들이 사제지간에만 전수되어온 관계로 일반 풍수사에게는 현공법이 전파되지 않았습니다. 중국에서도 이런 사정이 있었는데 과거 우리나라에 현공풍수가 전파될 리는 만무하였습니다.

 풍수지리는 신앙도 아니고 전설도 아니고 오직 실용학문입니다. 잔소리는 폐일언(蔽一言)하고 본서를 통하여 입증된 결과만이 현공풍수지리의 본면목과 진실을 말하여 줄 것입니다.

 직접 현공풍수법를 배워보면 땅의 비밀을 단지 1에서 9까지의 디지털 방식의 숫자로 땅의 비밀을 밝혀내는 현공풍수의 이치에 감탄하지 않을 수 없을 겁니다. 아무쪼록 현공풍수를 실생활에 활용하여 살맛나는 아름다운 세상을 만들고자 하는 것이 저자의 바람입니다.

2004년 10월

初階 崔明宇

| 증보판을 내면서 |

　현공풍수이론은 근본적으로 이기풍수 한계상 비록 천장지비(天藏地祕)의 대명당을 찾는 데는 많은 도움이 되지 않는다는 점은 있지만, 숱한 현장검증을 통하여 뛰어난 적중률로 조복(造福)하는데 이 이상의 이기풍수이론은 없는 것 같습니다.
　특히 양택에서는 구궁(九宮)으로 배치하여 생극제화(生剋制化)로 추길피흉(諏吉避凶)하는 묘미가 있어 동양학의 여러 학술 중에 실용적이며 독보적인 학문임에 틀림이 없습니다.
　다만 현공풍수이론이 그동안 우리나라에 많이 보급되었지만, 이제는 풍수전문가 뿐만 아니라 일반인들도 접근성 면에서 어려움이 없도록 더욱 쉬운 내용으로 9運(2024~2043년) 24坐를 추가하여 증보판을 출간하게 되었습니다.
　시간과 공간의 철학『玄空風水』서적을 통해 현공풍수이론을 접하고 최명우(崔明愚) 선생님과 인연이 벌써 20여년이 지났으며, 대만의 종의명(鐘義明) 대사님을 만나 뵙고 질의응답을 가진 영광도 있었으며 이제는 우리나라 현공풍수학의 질적 수준도 많이 향상되었다고 감히 자부합니다.

세월이 흘러 어느덧 9運(2024년~2043년)이 되어 기존의 玄空風水 서적에 9運 편을 증보하였는데 鐘선생님의 저서 『玄空地理考驗註解(上下)』를 비롯한 여러 서적을 참고하였음을 밝혀두며 본서를 활용하여 인력승천(人力勝天)하여 삶의 질을 향상시키는 데 작은 도움이 되기를 기원합니다. 감사합니다.

본문의 내용 중 다소 거친 용어를 사용한 것은 인용한 문헌의 내용을 충실히 전하면서 위험함으로 조심하라는 의미를 강조한 것이니 독자들께서는 이해해 주시기 바랍니다.

2025년 초여름
中山 柳浩基
류호기

| 차례 |

서 문 ················································································ 4
증보판을 내면서 ······························································ 6

## 제1부 풍수지리의 개요

1. 「풍수지리」란? ····························································· 12
   - 장풍득수(藏風得水)와 영생피살(迎生避殺) ············· 12
   - 장풍과 방풍의 차이는? ············································ 13
   - 사람은 죽어도 뼈는 살아있다 ·································· 14
2. 풍수지리의 분류 ························································ 16
   - 형기풍수와 이기풍수 ················································ 16
   - 삼합풍수의 오류 ························································ 17
   - 현공풍수의 이치는 변화에 있다 ······························ 19
3. 명당의 5가지 조건 ···················································· 22
   - 용(龍), 혈(穴), 사(砂), 수(水), 향(向) ······················ 22
4. 현공풍수의 원리와 역사 ·········································· 24
   - 현공풍수는 동양철학의 종합학문이다 ···················· 24
   - 현공풍수의 역사와 전파 ·········································· 26

## 제2부 현공풍수학의 이론

1. 河圖(하도): 體 ···························································· 30
2. 洛書(낙서): 用 ···························································· 30
3. 선천복희팔괘도(先天伏羲八卦圖) ····························· 31
4. 후천문왕팔괘도(後天文王八卦圖)와 洛書 ················ 31
5. 20년을 주기로 운이 바뀐다. ··································· 32
6. 24坐의 음양(陰陽)과 순역(順逆) ······························ 37
7. 3元 9運 24坐向 陰陽圖 ············································ 41
8. 하괘(下卦)와 체괘(替卦)의 구분 ······························ 48

9. 하괘(下卦) 산출법 ································································ 50
10. 4국의 종류 ······································································· 56
11. 4국 이해(1): 왕산왕향(旺山旺向) ········································· 57
12. 4국 이해(2): 쌍성회향(雙星會向) ········································· 59
13. 4국 이해(3): 쌍성회좌(雙星會坐) ········································· 61
14. 4국 이해(4): 상산하수(上山下水) ········································· 63
15. 4局의 배합(配合)과 불배합(不配合) ···································· 65
16. 山水의 분류 ····································································· 68
17. 체괘구결(替卦口訣) ·························································· 70
18. 체괘산출법(替卦算出法) ···················································· 74
19. 기국(1): 합십(合十) ·························································· 76
20. 기국(2): 연주삼반괘(連珠三盤卦) ········································ 79
21. 기국(3): 부모삼반괘(父母三盤卦) ········································ 81
22. 성문결(城門訣) ································································· 83
23. 地運法(1): 小地의 地運계산법 ············································ 89
24. 地運法(2): 大地의 地運계산법 ············································ 95
25. 수부주(囚不住) ································································· 96
26. 복음(伏吟)의 大凶 ···························································· 98
27. 대문(大門) ······································································ 102
28. 1-9運別 쇠왕표(衰旺表) ·················································· 105
29. 북두칠성타겁(北斗七星打劫) ············································· 107

## 제3부 7~9운 해설집

1. 7운 24坐向 해설집 ···························································· 111
2. 8운 24坐向 해설집 ···························································· 209
3. 9운 24坐向 해설집 ···························································· 307

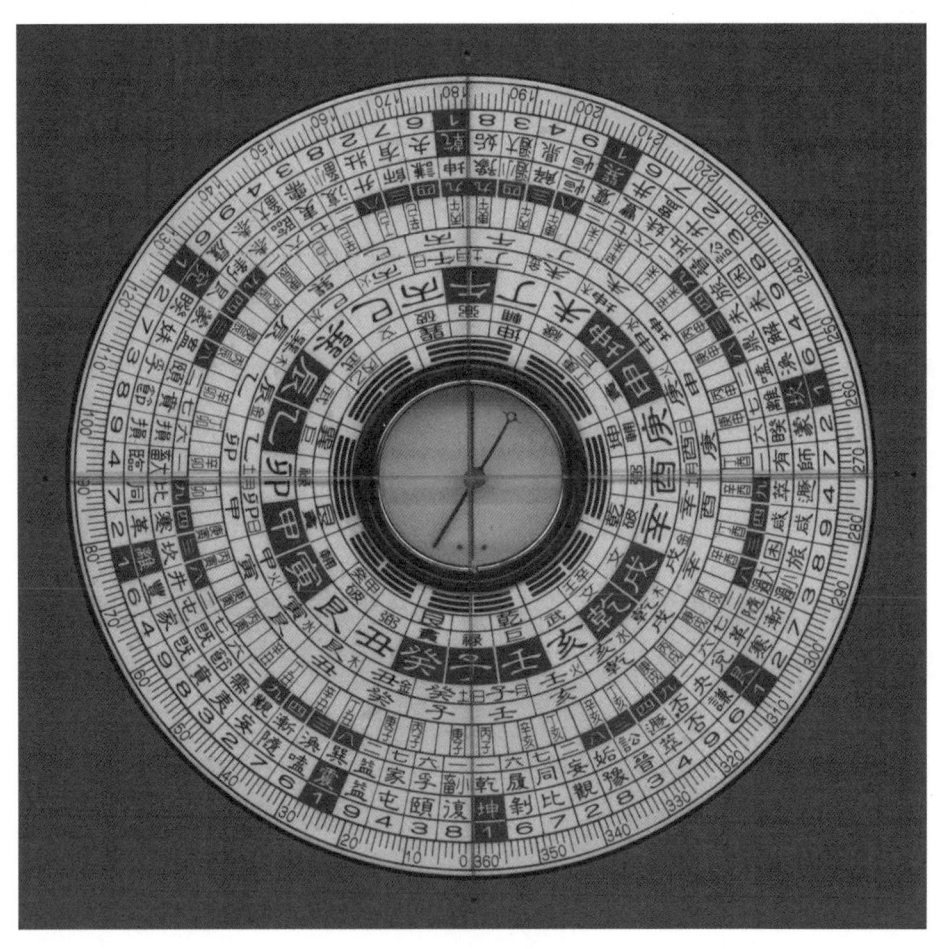

나경도(羅經圖)

제1부

풍수지리의 개요

# 1. 「풍수지리」란?

## ■ 장풍득수(藏風得水)와 영생피살(迎生避殺)

풍수지리, 도대체 풍수지리라는 것이 무엇인가? 먼저 국어사전에는 무엇이라고 하는지 알아보자. 민속용어로 『지형이나 방위를 인간의 길흉화복과 연결시켜 죽은 사람을 묻거나 집을 짓는 데 알맞은 장소를 구하는 이론으로 일명 '감여(堪輿)'라고도 함』이라고 하였다.

문자 그대로 풀이하자면 『바람과 물이란 요소로 땅의 이치를 밝히는 학문』이라고 할 수 있다.

풍수라는 용어는 「장풍득수(藏風得水)」의 준말로 잘 알려져 있는데, 장풍과 득수라는 풍수용어는 《장서(葬書)》라는 유명한 풍수고전에 나오는 말이다.

《장서(葬書)》는 중국 진(晉)나라 곽박(郭璞: 276-324년)의 저서로서 최고 오래된 풍수 서적 중에 하나다. 풍수지리를 공부하는 사람이라면 누구든지 한 번쯤 읽어보는 유명한 책으로 일명 《錦囊經(금낭경)》이라고도 부른다. 주로 형기풍수에 관한 내용인데 바로 이 책에 「風水」에 대한 설명이 간단하게 나온다.

『風水之法 得水爲上 藏風次之(풍수지법 득수위상 장풍차지: 풍수의 법은 물을 얻는 것이 먼저이고 바람을 갈무리하는 것이 다음이다.)』

그런데 「장풍득수(藏風得水)」라는 말은 유형(有形)의 「형기풍수(形氣風水)」를 위주로 하여 좋은 땅을 선택한다는 의미이다.

또한 무형(無形)의 「이기풍수(理氣風水)」로 말하자면 「영생피살(迎生避殺)」이란 의미로 적법한 시기를 선택하여 묘나 집을 지어야 한다는 의미가 있다.

「영생피살」이란 건택조장(建宅造葬: 집을 짓거나 묘를 씀)하는 시기에 따라 적합한 시기를 왕(旺), 생(生)이라고 하고 부적합한 시기는 퇴(退), 쇠(衰), 사(死), 살(殺)이라고 나누어 길흉을 판단한다.

따라서 풍수지리는 형기풍수의 「장풍득수」와 이기풍수의 「영생피살」의 두 가지 조건을 모두 갖추어야 완벽한 풍수지리라고 할 수 있다.

## ■ 장풍과 방풍의 차이는?

풍수지리에서 바람을 막아주는 것을 「장풍(藏風)」이라고 하는데, 단순히 바람을 막는다는 「방풍(防風)」과는 다른 점이 있으니 혼동하여서는 안 된다. 물이 고이면 썩듯이 방풍이 되어 바람도 고이면 썩기 마련이다.

예를 들어 등산복의 옷감인 '고어텍스'나 '전통 질그릇'을 우리가 선호하는 이유도 공기는 유통되면서 방수가 되기 때문이다. 고어텍스로 만든 등산복은 방수기능과 함께 공기가 통하여 인체 내의 땀을 옷 밖으로 배출하기 때문에 등산과 같이 땀을 많이 흘리는 데 적합하고, 전통 질그릇도 적당량의 공기가 유통되기 때문에 음식이 부패(腐敗)되지 않고 발효(醱酵)가 되는 것이다. 사람이 바람을 맞으면 중풍(中風)에 걸리듯이, 묘나 집도바람을 맞으면 중풍이 걸린 것과 같이 자손들에게 흉한 일이 발생한다.

따라서 풍수에서도 나쁜 바람은 피해야 하지만 방풍(防風)과 같이 바람을 무조건적으로 막는 것이 아니다. 바람은 받아들이되 직접적으로 부딪히는 바람은 피하고, 불어오는 과정에서 변화를 거쳐 적당하게 순화된 바람을 「장풍(藏風)」이라고 하고 풍수지리에서는 좋은 바람이 된다.

## ■ 사람은 죽어도 뼈는 살아있다

「멸치집 가문」의 딸과 「오징어집 가문」의 아들과 혼담이 오가는데 멸치집 가문에서 오징어집 가문은 뼈대가 없는 집안이란 이유로 혼사를 반대했다는 이야기가 있다.

비록 우스개 이야기이지만 풍수적 관점에서 보면 의미 있는 메시지가 담겨있는 말이다.

「뼈대가 있는 집안」이란 문벌이 있고 줏대가 있는 좋은 집안이라는 뜻으로 사용되는 말인데, 이 말이 반상(班常)을 구별하는 과거 지향주의적인 말만은 아니다.

그렇다면 「뼈대가 있는 집안」은 처음 집을 지을 때 조상의 뼈를 주춧돌 밑에 묻고 집을 지었다는 뜻일까? 이 말의 본래 의미는 조상의 유골(遺骨)을 명당에 모시어 조상의 유골이 지금도 온전하게 보존되고 있다는 말에서 유래되었다.

풍수지리 고전인《장서》에 이런 문구가 있다.
『蓋生者氣之聚, 凝結成者骨. 死而獨留, 故葬者, 反氣納骨, 以蔭所生之法也.(개생자기지취, 응결성자골, 사이독유, 고장자, 반기납골, 이음소생지법야.)』라고 하였다.

해석:「대개 生이란 것은 氣가 모인 것이고, (氣가) 응결되어 이룬 것이 뼈이다. 죽으면 (살은 썩어 없어지지만) 오직 뼈만 남는다. 그러므로 장사(葬事)란, 지기(地氣)가 반응(反應)하여 뼈에 납입(納入)되면, 조상의 음덕(蔭德)이 다시 (후손에게) 生하는 법이다.」

조상의 유골을 좋은 땅을 선택하여 장사를 지내면 오래되어도 조상의 유골이 땅속에서 없어지지 않고 잘 보존되고 또한 좋은 지기(地氣)가 후손들에게 전달되어 후손들이 줏대가 있고 문벌도 있다는 뜻에서「뼈대 있는 집안」이란 말은 풍수지리 이치에서 비롯된 표현이다.

우리가 살아서는 출산을 통하여 자식이란 유형의 形를 남기고, 죽어서도 뼈는 죽지 않고 무형의 氣를 통하여 후손들에게 전달된다는 이치가 풍수지리의 핵심이론이다.

이런 점을 감안하면 풍수지리를 고려하지 않는 기존의 유전학은 근본적으로 유전의 이치를 밝혀내는 데 한계를 가질 수밖에 없다. 언젠가는 서양의「유전학」과 동양의「풍수학」이 서로 접목하고 보완하여 유전학이나 풍수학이 더불어 발전하는 날이 오기를 기대해 본다.

## 2. 풍수지리학의 분류

### ■ 음택과 양택

풍수지리를 양택(陽宅)과 음택(陰宅)으로 나눈다. 陽宅이란 살아 있는 사람의 집터를 비롯하여 사무실·상점·창고 등이며, 음택(陰宅)은 묘(墓)를 의미하는 것으로 죽은 사람이 사는 집을 陽宅에 상대하여 이르는 말이다.

### ■ 형기풍수와 이기풍수

풍수지리를 이론상으로는 크게 형기풍수와 이기풍수로 나눈다. 「형기풍수(形氣風水)」란 근본이 된다고 하여 역학(易學)에서 말하는 「체(體)」가 되고, 비유하자면 '미학(美學)'에 해당된다.
「이기풍수(理氣風水)」는 활용한다는 의미에서 「用」이 되고 '수학'에 비유된다.
體인 형기풍수와 用인 이기풍수를 두고 어느 것이 더 중요한가에 대해 왈가왈부 말이 많다. 그러나 사실은 우열을 비교할 성질이 아니며 둘은 불가분의 관계이므로 풍수지리학에서는 형기풍수와 이기풍수를 모두 알아야 완벽한 풍수지리 학문이 된다.

그런데 일부 풍수사는 형기풍수만 강조한 나머지,「이기풍수 무용론」을 주장하기도 하는데 이는 아주 위험한 발상이다. 풍수지리는 體와 用 중에 어느 한쪽이라도 빠지게 되면 완벽하지 못하여 절름발이 풍수지리가 되기 때문이다.

간단한 예를 들어 설명하면, 개인의 운명을 감정하는 대표적인 방법으로 관상(觀相)이 있고 사주팔자로 보는 명리학(命理學)이나 자미두수(紫微斗數)같은 방법이 있다.

관상이 형기풍수에 해당된다면 명리학이나 자미두수는 이기풍수에 해당되는데, 만약에 관상만이 학문이라고 주장한다면 명리학이나 자미두수는 어떻게 설명을 하여야 할지 이해가 되지 않는다.

미루어 보건대 기존의 형기풍수는 인정하지만 이기풍수는 학파별로 이론이 다르다는 문제점이 있다는 것 때문에 아예 이기풍수를 부정하기에 이른 것으로 추측된다.

하지만 동양학의 기본적인 원리에서 體와 用의 관계는 바늘과 실처럼 뗄 수 없는 상호보완적 관계를 가지고 있다는 대원칙이 있다. 그렇다면 이론과 실제가 부합하는 이기풍수 이론이 어디엔가는 분명히 있을 것이 아닌가!

## ■ 삼합풍수의 오류

일단은 형기풍수와 이기풍수가 필수적으로 모두 중요하다는 것은 분명한 진실이다.

형기풍수이론은 고금을 통하여 풍수서적이나 풍수연구가 사이에 이론이 대동소이하여 별다른 문제가 없지만 이기풍수는 학파별로 학설이 다양하여 아주 혼란스러울 정도이다.

이기풍수론을 분류하자면 일반적으로 「삼합풍수(三合風水)」와 「삼원풍수(三元風水)」로 크게 나눈다.

삼합풍수란 간단히 말하자면 포태풍수를 지칭하고 삼원풍수는 현공풍수를 지칭한다.

소위 포태풍수는 수구(水口: 물이 합수되는 곳이나 마지막으로 나가는 곳)에 방위에 따라 묘의 좌향(坐向)을 정한다는 이론으로 포(胞), 태(胎), 양(養), 생(生), 욕(浴), 대(帶), 관(官), 왕(旺), 쇠(衰), 병(病), 사(死), 묘(墓)라는 12가지 운성법(運星法)을 사용한다.

삼합 이기풍수론은 어느 시기를 막론하고 동일한 이론을 적용하는, 즉 고정불변적인 이론으로 길흉(吉凶)을 판별하는 방법이기 때문에 어떤 때는 맞는 경우도 있지만 때에 따라서는 아주 엉뚱한 결론에 이르기도 한다.

삼합이기의 포태이론은 명리학에서 사용하는 12운성법을 풍수지리에서 차용한 것인데, 실제로 명리학에서도 12운성법은 크게 비중이 있는 이론이 아니며 가볍게 참고할 정도이다.

포태법에 관한 대표적 고서는 《평사옥척경(平砂玉尺經)》이다. 평사옥척경의 저자는 유병충(劉秉忠: 1296~1345년)이고 유기(劉基: 자는 伯溫. 1311~1375년)가 주를 달았다는 책으로 알려져 있다. 그러나 사실은 당대에 유명한 유병충과 유기의 이름을 빌린 위서(僞書)에 불과하다. 유기는 우리나라의 무학대사처럼 '주원장이 明나라를 건국할 시기에 국사(國師)역할을 한 대단한 인물이다.

　삼합파 이기이론은《평사옥척경》이후 철영(徹瑩)이 지은 《직지원진(直指原眞): 1696년 출간》으로 이어지고 청조(淸朝)에 조구봉(趙九峰) 선생의 저서인《지리오결(地理五訣): 1876년 출간》 에서 완결된다.

　한편 우리나라 조선조에 사용한 이기풍수이론은 주로 호순신(胡舜申: 宋朝 1131~1161년)이 지은《지리신법(地理新法)》으로, 이 책은 조선시대에 음양과 시험과목으로 잘 알려졌는데 포태법 범주에 속하는 이론에 불과하다.

　포태법이론에 대해서는 현공풍수학의 종사인 '장대홍(蔣大鴻: 1616~1714년) 선생이 저서인《지리변정(地理辨正)》내용 중 「평사옥척경변위(平砂玉尺辨僞)」편에서 포태법의 모순점에 대해 통렬하게 비판을 하였다.

　반면에 삼원현공풍수는 시간과 공간을 배합하기 때문에 남의 묘나 집을 감정해보면 당사자가 오래되어 잊고 있었던 사실마저도 알아낼 정도로 신묘(神妙)한 이기이론이다.

### ■ 현공풍수의 이치는 변화에 있다

　현공풍수를 설명하기 전에 먼저 동양 철학의 근간이 되는 《주역(周易)》에 대해 거론을 하지 않을 수 없다.

　주역은 사서삼경(四書三經) 중 하나로 잘 알려진 서적이다. 설령 주역 책을 읽어보지 않았더라도 우주의 진리가 담겨있다는 책이라는 것 정도는 잘 알고 있을 것이다.

우리나라에서 보통 《주역》이라고 부르는 이유는 중국 주(周)나라 시대에 만들었다는 시대적 의미를 가지고 있기 때문이다. 이에 반해 중국에서는 주역이란 말보다는《역경(易經)》이라고 하고 영어로도 「i ching(이칭: 역경의 중국발음을 그대로 영문표기)」이라고 하는 걸 보면 역경이라는 말이 더욱 의미가 있는 표현일 것이다.

이유는 경(經)에 속하다는 의미를 강조하기 위한 것이기 때문이다. 경(經)이란 일반 서적과는 격을 달리하여 불경(佛經)이나 성경(聖經)처럼 성인의 말씀을 기록한 책을 말한다.

역경을 영어로 「The book of change(변화의 책)」이라고도 하는데 이 말은 변화의 의미에 초점을 두고 영역한 말이다.

주역의 주된 이론은 크게 「변역(變易)」과 「불역(不易)」 두 가지가 있다.

「변역(變易)」이란 천지간의 모든 상황과 사물은 항상 변하고 바뀜으로써 음과 양의 두 기운이 교섭한다는 의미이다. 예들 들면 시간의 흐름에 따라 춘하추동이 생긴다는 것이다.

「불역(不易)」은 결코 변하지 않는 이치로 예컨대 하늘은 높고 땅은 낮아 그 위치가 바뀌지 않는 질서가 있다는 것이다.

「교주고슬(膠柱鼓瑟)」이란 고사성어가 있다.

「교주고슬」이란 가야금이나 거문고 줄의 기둥(기러기 발처럼 생겼다고 하여 안족[雁足]이라고 함)을 아교풀로 고정시키면 음을 정확하게 조율할 수 없게 된다는 뜻으로, 「변통성 없이 생각이 막힌 사람」을 이르는 말로 사용된다.

풍수지리학도 교주고슬이 되면 안 된다. 역경의 불역(不易)과 변역(變易)의 두 가지 이치를 모두 알고 사용하여야 한다. 그런데 기존의 삼합이기풍수 이론은 시간성이 배제된, 즉 고정된 불역의 이치 하나만 적용하였기 때문에 만족할 만한 결과를 얻을 수 없었다.

이러한 이유로 그동안의 풍수지리학이 불신풍토 속에 미신이라는 말을 들어왔던 것인데, 삼합파 이기풍수에서는 아직도 교주고슬적인 포태법을 전가(傳家)의 보도(寶刀)처럼 사용하고 있는 것이 현재 우리나라 풍수계의 실정이다.

이에 반해 현공풍수는 불역과 변역의 이치를 같이 사용하기 때문에 신묘한 결과가 나온다.

삼라만상의 모든 현상은 시간에 따라 변화하기 마련이다. 이 시간성을 가미하여 형기풍수와 함께 보는 방법이 바로 현공풍수의 핵심이론이다.

# 3. 명당의 5가지 조건

## ■ 용(龍), 혈(穴), 사(砂), 수(水), 향(向)

　명당이 되려면 다섯 가지의 필수적인 조건을 갖춰야 한다. 소위 용(龍)·혈(穴)·사(砂)·수(水)·향(向)이다.
　이중에서 龍·穴·砂·水는 형기풍수에 해당되어 체(體)가 되고 向은 이기풍수에 해당 되어 용(用)이 된다.

　먼저 이 풍수용어 대해 간단히 설명한다.
　「용(龍)」이란 산줄기를 말하는데 풍수지리에서 특별히 산줄기를 龍이라고 이름을 지어 부르는 이유는 산줄기가 마치 살아있는 龍처럼 상하좌우로 기복하고 굴곡하며 내려와야 좋다는 의미 때문이다.

　「혈(穴)」이란 한의학에서 인체의 특정 부위에 침(針)을 놓는 자리와 마찬가지로 지기(地氣)가 뭉쳐있는 자리를 말하는데, 바로 이 특별한 지점에 집을 짓거나 묘를 쓰면 자손들이 지기(地氣)를 통하여 복을 받는다는 동양철학만의 독특한 이론이다.

　「사(砂)」는 穴을 기준으로 주변에 있는 모든 산을 뜻한다. 주인에 해당하는 穴을 주변에서 호위(護衛)하는 주변의 환경이 바로 사(砂)이다. 우리가 흔히「좌청룡우백호(左靑龍右白虎)」라는 말을 많이 사용하는데, 좌청룡과 우백호도 사(砂)에 해당하나 특별히 중요한 부분이므로 '청룡'·'백호'라는 이름을 붙여 사용하는 것이다. 그리고 청룡과 백호 이외에도 전주작(前朱雀)과 후현무(後玄武)라고 하는 용어를 사용하는데, 穴을 중심으로 앞에 있는 산을 '주작'이라고 하고 뒤에 있는 산을 '현무'라고 한다.

「수(水)」는 문자 그대로 물을 말하는 것으로, 물도 사(砂)와 마찬가지로 혈을 중심으로 감싸고돌아 지기(地氣)가 밖으로 설기(洩氣: 地氣가 새어나감)되지 않도록 막아주는 역할을 하며 재물을 나타낸다.

「향(向)」이란 묘나 건축물의 좌향(坐向)을 말한다. '좌(坐)'는 등을 지고 있는 방위이고 '향(向)'은 정면을 뜻한다. 음택(陰宅)에서는 머리 부분이 '좌'이고 발쪽이 '향'이 된다.

# 4. 현공풍수의 원리와 역사

## ■ 현공풍수는 동양철학의 종합학문이다

《천자문(千字文)》에 『한래서왕(寒來暑往) 추수동장(秋收冬藏)』이란 구절이 있다. 어려운 한자도 아니고 당연한 말이지만 깊은 의미가 있는 말이다.

「추위가 오면 더위는 가고, 가을에는 거두고 겨울에는 저장한다」는 뜻이다.

「추위가 오면 더위는 지나간다」는 계절의 변화에 대한 이치를 설명한 말이고,「가을에는 거두고 겨울에는 저장한다」 또한 지당한 말이다.

《주역》〈계사전(繫辭傳)〉에도 이와 비슷한 말이 있다. 『한왕즉서래 서왕즉한래 한서상추이세성언(寒往則暑來 暑往則寒來 寒暑相推而歲成焉: 추위가 지나가면 더위가 오고, 더위가 지나가면 추위가 오니, 추위와 더위가 서로 바뀌면 일 년이 된다)』라는 구절이 있는 것을 보면《천자문》의 『한래서왕(寒來暑往) 추수동장(秋收冬藏)』 구절은 아마 주역에서 따온 내용인 것 같다.

동양학에서 가장 기본이 되는 오행(五行)을 가장 쉽게 이해하는 방법은 우리의 생활 속에서 찾으면 된다.

五行에는 목(木)·화(火)·토(土)·금(金)·수(水)가 있다.

계절이란 본래는 날씨의 추위와 더위뿐이지만 세분하여 춘하추동 네 계절로 나눈다. 그런데 천자문에서는 가을과 겨울만 나오고 흔한「봄 春자」가 이상하게도 보이지 않는데 아마『추수동장(秋收冬藏)』이란 구절 앞에『춘생하장(春生夏長: 봄에는 나고 여름에는 성장한다)』이란 구절이 생략되었을 것이라고 추측된다.

여기에서 봄은 木, 여름은 火, 가을은 金 , 겨울은 水이고 환절기는 土 에 해당된다.

五行을 가장 잘 활용하는 역학분야는 소위 사주팔자라고 하는 명리학(命理學)이다. 단순히 음양오행만으로 인간의 운명을 추리하는 학문이다.

그런데「五行」이란 말이《周易》에서 나오는 말인 줄 알고 있는데《周易》에 '五行'이란 말을 어디에서도 찾아볼 수 없다. 五行의 의미를 나타내는 내용은 물론 있지만 五行이란 용어 자체는 나오지 않는다.

五行의 출처는「하도(河圖)」에 있다. 아무튼 '五行' 하나 만으로 인간의 운명을 추리해낸다는 사실은 참으로 기묘하고 대단한 동양철학이다.

그런데 현공풍수는 陰陽五行의「하도(河圖)」·「낙서(洛書)」를 기본원리로 하여「팔괘(八卦)」를 배합하고 시기에 따른「쇠왕(衰旺)」을 구분하는 종합적인 방법을 이용하여 길흉(吉凶)을 추론(推論)하고「생극제화(生剋制化)」를 이용하여 추길피흉(趨吉避凶)하는 소위 동양철학의 종합학문이다.

이러한 이유 때문에 현공풍수법를 이용하여 陰·陽宅을 감정해보면 그 적중률에 놀라지 않을 수 없는 정말 대단하고 훌륭한 학문이다.

## ■ 현공풍수의 역사와 전파

이렇게 대단한 현공풍수학이 언제 누구에 의하여 시작되었는지는 정확하지 않지만 진(晉)나라의 곽박(郭璞: 276~324년)으로 거슬러 올라가기도 한다. 그러나 문헌상으로 중국 당나라 양균송(楊筠松 834~900년)선생이 남긴《청낭오어(靑囊奧語)》·《천옥경(天玉經)》·《도천보조경(都天寶照經)》등의 서적에 현공풍수의 체계적이며 완벽한 이론이 있으며 이 서적들은 현공풍수 서적이나 사고전서(四庫全書)를 통하여 지금까지 전해지고 있다.

다만 현공풍수학은 사제지간에만 극비에 전수되어온 관계로 비록 선생의 저서가 있다고 하더라도 원문이 난해하여 무사독학(無師獨學)으로 현공의 깊은 이치를 깨닫기에는 어려움이 많이 있다.

청나라 초기에 장대홍(蔣大鴻: 1616~1714년) 선생이 양균송 선생의 현공풍수 저서에 주를 달아 쉽게 풀이한《지리변정(地理辨正)》이 세상에 발간되면서 현공풍수가 비교적 활성화되었지만 현공풍수비법을 쉽게 전수하지 않았던 점과 그동안 뿌리 깊고 널리 퍼져있는 삼합풍수 때문에 중국에서도 널리 보급은 되지 않았다.

이후 심죽잉(沈竹礽: 호는 소훈紹勳 1849~1906년) 선생의 유고(遺稿)인

《심씨현공학(沈氏玄空學)》이란 제목으로 심 선생의 아들 심조면(沈組緜) 선생에 의해 중국 상해에서 1925년에 발간되면서 일반 풍수사에게도 현공풍수가 조금씩 보급되기 시작하였다.

그러나 아쉽게도 중국은 공산정권의 미신타파(迷信打破)정책과 전 국민 화장(火葬)제도가 시행되면서 현공풍수학은 다시 사장되고 말았다.

이런 와중에도 현공풍수는 대만과 홍콩에서 명맥을 유지하여 오다가 최근에는 현공풍수 서적이 수 백여 권이 출판되면서 일반 풍수사들도 쉽게 접근할 수 있게 되었다.

이를 계기로 지금은 이기풍수하면 오직 현공풍수학만을 의미할 정도로 확실한 자리매김을 하였다.

그리고 1997년에 영국의 속령인 홍콩이 중국에 반환된 이후 홍콩인이 자국을 비롯한 세계 각지로 이주하면서 자연스럽게 현공풍수가 보급되어 이제는 국제적으로 확산일로에 있다.

그러나 우리나라는 같은 한자문화권에 있으면서도 현공풍수에 대해 정보나 인식이 아주 미약한 형편이다. 풍수지리학계나 유명하다는 풍수연구가조차도 「삼원(三元)」이나 「현공(玄空)」이라는 용어조차 전혀 모르는 실정이다.

우리나라의 이기풍수는 기존의 삼합풍수 이론이 풍수지리계에 그동안 너무 확산돼 현공풍수 보급에 오히려 장애가 되는 것 같다.

이러한 현상은 대만에서도 마찬가지였는데 이로 인하여

현공풍수가 자리를 잡는 데 10여년 이나 걸렸다고 한다. 그러나 지금은 삼류 풍수가들도 현공풍수의 기초이론 정도는 모두 알고 있을 정도라고 전한다.

우리나라의 삼합풍수가들도 최근에는 점점 현공에 관심을 가지고 있는데 진정으로 풍수지리의 발전을 원한다면 먼저 자기성찰과 부정을 할 줄 알아야 한다.

일부 풍수관계자 중에 현공풍수학을 연구하여 본 바도 없이 자신의 이론과 상반된다고 하여 현공풍수를 비하하는 일이 종종 있는데 이는 학문하는 자세가 아니다.

# 제2부

# 현공풍수학의 이론

## 1. 하도(河圖)

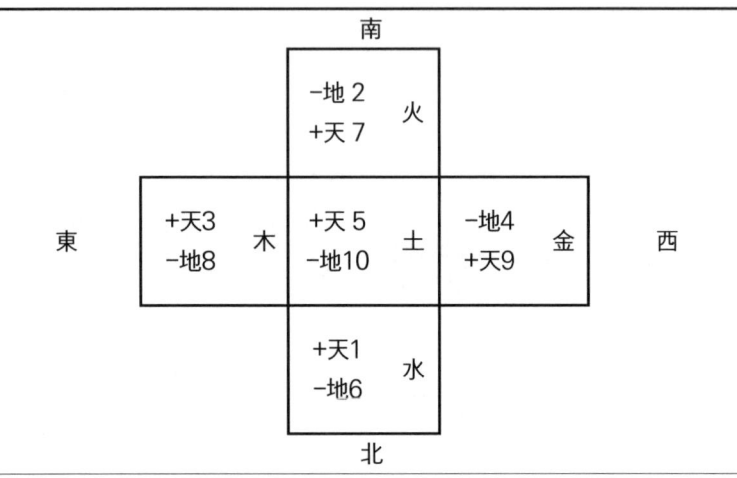

天1生水 地6成之(1, 6水), 地2生火 天7成之(2, 7火),
天3生木 地8成之(3, 8木), 地4生金 天9成之(4, 9金),
天5生土 地10成之(5, 10土).

## 2. 낙서(洛書)

|  | 南 |  |  |
|---|---|---|---|
| -4 | +9 | -2 |  |
| +3 | 5 | +7 | 西 |
| -8 | +1 | -6 |  |
|  | 北 |  |  |

東 (left side)

載9履1, 左3右7, 24爲肩, 68爲足, 5居其腹, 洛書數也.

## 3. 선천복희팔괘도(先天伏羲八卦圖)

|  | 南 |  |
|---|---|---|
| 兌 2 ☱ | 乾 1 ☰ | 巽 5 ☴ |
| 離 3 ☲ |  | 坎 6 ☵ |
| 震 4 ☳ | 坤 8 ☷ | 艮 7 ☶ |
|  | 北 |  |

東 / 西

《易經》曰: 天地定位. 山澤通氣. 雷風相薄.
水火不相射. 八卦相錯. 數往者順. 知來者逆

## 4. 후천문왕팔괘도(後天文王八卦圖)

|  | 南 |  |
|---|---|---|
| ☴巽 -4 | ☲離 -9 | ☷坤 -2 |
| ☳震 +3 | ±5 | ☱兌 -7 |
| ☶艮 +8 | ☵坎 +1 | ☰乾 +6 |
|  | 北 |  |

東 / 西

《易經》曰: 帝出乎震. 齊乎巽. 相見乎離. 致役乎坤.
說言乎兌. 戰乎乾. 勞乎坎. 成言乎艮.

## 5. 20년을 주기로 運이 바뀐다

　형기(形氣)풍수지리는 공간개념을 위주를 하는 분야이고, 이기(理氣)풍수지리는 시간개념을 위주로 하는 분야이다. 따라서 현공풍수법의 기본 원리는 「공간(空間)」과 「시간(時間)」을 배합한 풍수학문이다.
　공간에 시간이란 수시변역(隨時變易) 개념이 더하면 변화하지 않는 것은 하나도 없다는 사실은 상식이며 만고의 진리이다.
　따라서 현공풍수는 시기에 따라 즉, 운(運)에 따라 길흉화복(吉凶禍福)이 항상 변화된다는 점에서 기존의 삼합풍수와는 근본적으로 이론이 전혀 다르다.
　현공풍수는 시기에 따라 運이 변화되는데 20년을 주기로 運이 바뀐다. 運은 1運에서 9運까지 있으며 9運이 지나면 다시 1運부터 연속적으로 되풀이된다.
　1運에서 3運까지 60년간을 「상원(上元)」이라 하고, 4運에서 6運까지 60년간을 「중원(中元)」이라 하고, 7運에서 9運까지 60년간을 「하원(下元)」이라고 하며, 이들을 총칭하여 「삼원구운(三元九運)」이라고 한다.
　다시 60갑자(甲子)로 설명하면
　1運, 4運, 7運은 갑자(甲子)년부터 계미(癸未)년까지 20년이며,
　2運, 5運, 8運은 갑신(甲申)년부터 계묘(癸卯)년까지 20년이며,
　3運, 6運, 9運은 갑진(甲辰)년부터 계해(癸亥)년까지 20년이다.

60갑자는 천간(天干)인 갑(甲), 을(乙), 병(丙), 정(丁),무(戊), 기(己), 경(庚), 신(辛), 임(壬), 계(癸)의 10개와 지지(地支)인 자(子), 축(丑), 인(寅), 묘(卯), 진(辰), 사(巳), 오(午), 미(未), 신(申), 유(酉), 술(戌), 해(亥)의 12개가 순차적으로 배합하여 만들어진 60개의 간지(干支)를 말한다.

아래의 〈표〉는 下元(7運, 8運, 9運)甲子 60년과 서기년도이다. 갑자는 60년을 주기로 순환하기 때문에 上元과 中元의 「60甲子」도 동일하다.

그리고 삼원은 대단위인 대삼원과 소단위인 소삼원으로 나누어 사용한다.

| 60甲子 早見表 | | | | | | | | | |
|---|---|---|---|---|---|---|---|---|---|
| 7運 | 甲子 1984 | 乙丑 1985 | 丙寅 1986 | 丁卯 1987 | 戊辰 1988 | 己巳 1989 | 庚午 1990 | 辛未 1991 | 壬申 1992 | 癸酉 1993 |
| | 甲戌 1994 | 乙亥 1995 | 丙子 1996 | 丁丑 1997 | 戊寅 1998 | 己卯 1999 | 庚辰 2000 | 辛巳 2001 | 壬午 2002 | 癸未 2003 |
| 8運 | 甲申 2004 | 乙酉 2005 | 丙戌 2006 | 丁亥 2007 | 戊子 2008 | 己丑 2009 | 庚寅 2010 | 辛卯 2011 | 壬辰 2012 | 癸巳 2013 |
| | 甲午 2014 | 乙未 2015 | 丙申 2016 | 丁酉 2017 | 戊戌 2018 | 己亥 2019 | 庚子 2020 | 辛丑 2021 | 壬寅 2022 | 癸卯 2023 |
| 9運 | 甲辰 2024 | 乙巳 2025 | 丙午 2026 | 丁未 2027 | 戊申 2028 | 己酉 2029 | 庚戌 2030 | 辛亥 2031 | 壬子 2032 | 癸丑 2033 |
| | 甲寅 2034 | 乙卯 2035 | 丙辰 2036 | 丁巳 2037 | 戊午 2038 | 己未 2039 | 庚申 2040 | 辛酉 2041 | 壬戌 2042 | 癸亥 2043 |

| 〈大三元〉 | | 大・小三元年代表 | | | | | | | 〈小三元〉 | | |
|---|---|---|---|---|---|---|---|---|---|---|---|
| 上元 | 1運 | 2457 | 1917 | 1377 | 837 | 297 | 244 | 784 | 1324 | 1864 -1923 | 1864-1883 | 1運 甲子-癸未 | 上元 |
| | 2運 | 2397 | 1857 | 1317 | 777 | 237 | 304 | 844 | 1384 | 1924 -1983 | 1884-1903 | 2運 甲申-癸卯 | |
| | | | | | | | | | | | 1904-1923 | 3運 甲辰-癸亥 | |
| | 3運 | 2337 | 1797 | 1257 | 717 | 177 | 364 | 904 | 1444 | 1984 -2043 | 1924-1943 | 4運 甲子-癸未 | 中元 |
| | | | | | | | | | | | 1944-1963 | 5運 甲申-癸卯 | |
| | | | | | | | | | | | 1964-1983 | 6運 甲辰-癸亥 | |
| 中元 | 4運 | 2277 | 1737 | 1197 | 657 | 117 | 424 | 964 | 1504 | 2044-2103 | 1984-2003 | 7運 甲子-癸未 | 下元 |
| | 5運 | 2217 | 1677 | 1137 | 597 | 57 | 484 | 1024 | 1564 | 2104-2163 | 2004-2023 | 8運 甲申-癸卯 | |
| | 6運 | 2697 | 2157 | 1617 | 1077 | 537 | 04 | 544 | 1084 | 1624 | 2164-2223 | 皇帝元年: 2697(7運) | |
| 下元 | 7運 | 2637 | 2097 | 1557 | 1017 | 477 | 64 | 604 | 1144 | 1684 | | | |
| | 8運 | 2577 | 2037 | 1497 | 957 | 417 | 124 | 664 | 1204 | 1744 | | | |
| | 9運 | 2517 | 1977 | 1437 | 897 | 357 | 184 | 724 | 1264 | 1804 | | | |

三元의 첫해는 BC 2697년으로 중국의 황제(皇帝) 1년이 되며, 大三元으로는 6運이며 小三元으로는 7運이다. 서기 2004년 현재는 大三元으로는 3運이며 小三元으로는 8運(2004~2023년)이다.

| 朝鮮以後　三元年代表　〈立春起點〉 ||||||
|---|---|---|---|---|---|---|
| 上元 | 1運 | 甲子-癸未 | 1324-1343 | 1504-1523 | 1684-1703 | 1864-1883 |
| | 2運 | 甲申-癸卯 | 1344-1363 | 1524-1543 | 1704-1723 | 1884-1903 |
| | 3運 | 甲辰-癸亥 | 1364-1383 | 1544-1563 | 1724-1743 | 1904-1923 |
| 中元 | 4運 | 甲子-癸未 | 1384-1403 | 1564-1583 | 1744-1763 | 1924-1943 |
| | 5運 | 甲申-癸卯 | 1404-1423 | 1584-1603 | 1764-1783 | 1944-1963 |
| | 6運 | 甲辰-癸亥 | 1424-1443 | 1604-1623 | 1784-1803 | 1964-1983 |
| 下元 | 7運 | 甲子-癸未 | 1444-1463 | 1624-1643 | 1804-1823 | 1984-2003 |
| | 8運 | 甲申-癸卯 | 1464-1483 | 1644-1663 | 1824-1843 | 2004-2023 |
| | 9運 | 甲辰-癸亥 | 1484-1503 | 1664-1683 | 1844-1863 | 2024-2043 |

「운(運)」은 '용(用)'이 되어 시기에 따라 항상 변한다는 뜻이고, 「명(命)」은 체(體)가 되어 태어날 때부터 이미 정하여져 있어 변하지 않는다는 뜻이다. 따라서 우리가 사용하는 「운명(運命)」이란 말은 시기에 따라 변하는 '運'과 본래 타고난 '命'이 합쳐져 생긴 말이다.

그리고 매운(每運)이 처음으로 시작되는 날짜는 「입춘(立春)」일을 기점으로 運이 바뀐다. 그 이유는 절기를 기준으로 하기 때문으로 음력 1월 1일이 아니고 立春이 된다.

예를 들어 2004년 2월 3일(양력)까지는 7運에 속하고, 2004년 2월 4일(양력)부터 20년간은 8運에 속한다. 따라서 풍수지리에서 땅의 운명은 20년을 주기(週期)로 항상 지운(地運)이 바뀐다.

| 24 節氣表(절기표) ||||||
|---|---|---|---|---|---|
| 순 | 계절 || 음력월 || 24절기 | 양력일자 |
| 1 | 春 | 孟春 | 正 | 寅 | 입춘 立春 | 2월 4~ 5일 |
| 2 | | | | | 우수 雨水 | 2월 19~20일 |
| 3 | 〃 | 仲春 | 2 | 卯 | 경칩 驚蟄 | 3월 5~ 6일 |
| 4 | | | | | 춘분 春分 | 3월 21~22일 |
| 5 | 〃 | 季春 | 3 | 辰 | 청명 淸明 | 4월 5~ 6일 |
| 6 | | | | | 곡우 穀雨 | 4월 20~21일 |
| 7 | 夏 | 孟夏 | 4 | 巳 | 입하 立夏 | 5월 6~ 7일 |
| 8 | | | | | 소만 小滿 | 5월 21~22일 |
| 9 | 〃 | 仲夏 | 5 | 午 | 망종 芒種 | 6월 6~ 7일 |
| 10 | | | | | 하지 夏至 | 6월 21~22일 |
| 11 | 〃 | 季夏 | 6 | 未 | 소서 小暑 | 7월 7~ 8일 |
| 12 | | | | | 대서 大暑 | 7월 23~24일 |
| 13 | 秋 | 孟秋 | 7 | 申 | 입추 立秋 | 8월 8~ 9일 |
| 14 | | | | | 처서 處暑 | 8월 23~24일 |
| 15 | 〃 | 仲秋 | 8 | 酉 | 백로 白露 | 9월 8~ 9일 |
| 16 | | | | | 추분 秋分 | 9월 23~24일 |
| 17 | 〃 | 季秋 | 9 | 戌 | 한로 寒露 | 10월 8~ 9일 |
| 18 | | | | | 상강 霜降 | 10월 23~24일 |
| 19 | 冬 | 孟冬 | 10 | 亥 | 입동 立冬 | 11월 7~ 8일 |
| 20 | | | | | 소설 小雪 | 11월 22~23일 |
| 21 | 〃 | 仲冬 | 11 | 子 | 대설 大雪 | 12월 7~ 8일 |
| 22 | | | | | 동지 冬至 | 12월 22~23일 |
| 23 | 〃 | 季冬 | 12 | 丑 | 소한 小寒 | 1월 6~ 7일 |
| 24 | | | | | 대한 大寒 | 1월 20~21일 |

## 6. 24坐의 음양(陰陽)과 순역(順逆)

　풍수지리에서는 360도를 24개 방위로 나눈다.
　먼저 주역의 팔괘 방위에 따라 8개의 방위로 나눈다. 즉, 감(坎: 북쪽), 간(艮: 북동쪽), 진(震: 동쪽), 손(巽: 남동쪽), 이(離: 남쪽), 곤(坤: 남서쪽), 태(兌: 서쪽), 건(乾: 북서쪽) 8개의 방위로 나눈다.
　1개 궁(宮)은 시계바늘 진행방향으로 지원룡(地元龍), 천원룡(天元龍), 인원룡(人元龍)이라고 하는 3개 방위로 나누어 총 24개 방위가 된다.
　따라서 1개 궁(宮)의 범위는 각기 45도가 되고, 1개 좌(坐)는 각기 15도씩이 된다. 각궁에 3개의 좌는 아래와 같다.

1. 감궁(坎宮)에는 「임(壬)」「자(子)」「계(癸)」
2. 간궁(艮宮)에는 「축(丑)」「간(艮)」「인(寅)」
3. 진궁(震宮)에는 「갑(甲)」「묘(卯)」「을(乙)」
4. 손궁(巽宮)에는 「진(辰)」「손(巽)」「사(巳)」
5. 이궁(離宮)에는 「병(丙)」「오(午)」「정(丁)」
6. 곤궁(坤宮)에는 「미(未)」「곤(坤)」「신(申)」
7. 태궁(兌宮)에는 「경(庚)」「유(酉)」「신(辛)」
8. 건궁(乾宮)에는 「술(戌)」「건(乾)」「해(亥)」가 있다.

　초학자는 나경(羅經: 일명 패철佩鐵, 윤도輪圖, 나침반羅針盤, 쇠)을 보면 이해가 쉽다.

24개坐는「坎宮」에「壬子癸」,「艮宮」에「丑艮寅」……「一卦三山」이라고 하여, 1개의 宮에 3개 坐를 묶어서 암기하면 공부하는 데 편리하다.

24개의 坐는 각기 陰陽이 있는데 1개 宮에서「天元 과 人元」은 음음(陰陰)이 되거나 양양(陽陽)이 되어 음양(陰陽)이 항상 같고,「地元과 天元」,「地元과 人元」은 陰陽이 서로 항상 다르다.

한편 포태법에서는 2개의 坐를 하나로 묶어「동궁(同宮)」이라고 하여 임자(壬子), 계축(癸丑), 간인(艮寅), 갑묘(甲卯), 을진(乙辰), 손사(巽巳), 병오(丙午), 정미(丁未), 곤신(坤申), 경유(庚酉), 신술(辛戌), 건해(乾亥) 12개의 궁으로 나누어 사용하는 점에서 현공풍수와 다르다.

예를 들어 삼합풍수에서는 '癸'와 '丑'은 同宮이 되어 동일한 좌로 보는 반면에 현공풍수법에서는 '-癸(人元)'와 '-丑(地元)'은 비록 陰陽은 같지만 '癸'는 坎宮에 속하고 '丑'은 艮宮에 속하여 즉, 八卦로 서로 다른 卦가 되기 때문에 원초적으로 많은 차이가 있고 서로 다르다.

그리고 천원(天元)은 기본이 되므로 일명「부모괘(父母卦)」라고 하고, 人元은 天元과 陰陽이 항상 같으니까 일명「순자괘(順子卦)」라고 하고, 지원룡(地元龍)은 天元과 陰陽이 항상 반대가 되기 때문에 일명「역자괘(逆子卦)」라고 한다.

이상의 설명을 〈표〉로 정리하면 다음과 같다.

| 三元 24坐 陰陽 分類表 |||
|---|---|---|
| 三元龍 | −陰 | +陽 |
| 地元龍(逆子卦) | −辰 −戌 −丑 −未 | +甲 +庚 +丙 +壬 |
| 天元龍(父母卦) | −子 −午 −卯 −酉 | +乾 +坤 +艮 +巽 |
| 人元龍(順子卦) | −乙 −辛 −丁 −癸 | +寅 +申 +巳 +亥 |

| 24坐山의 陰陽과 順逆 |||||||
|---|---|---|---|---|---|---|
| 分類順 | 八卦 | 羅經方位 | 三元 | 陰陽 | 順逆 | 方位 | 360周天度 右邊←中央→左邊 |
| 1 | 坎(감) | 壬(임) | 地 | + | 順 |  | 337.5←345→352.5 |
|  |  | 子(자) | 天 | − | 逆 | 正北 | 352.5←360→007.5 |
|  |  | 癸(계) | 人 | − | 逆 |  | 007.5←015→022.5 |
| 2 | 艮(간) | 丑(축) | 地 | − | 逆 |  | 022.5←030→037.5 |
|  |  | 艮(간) | 天 | + | 順 | 北東 | 037.5←045→052.5 |
|  |  | 寅(인) | 人 | + | 順 |  | 052.5←060→067.5 |
| 3 | 震(진) | 甲(갑) | 地 | + | 順 |  | 067.5←075→082.5 |
|  |  | 卯(묘) | 天 | − | 逆 | 東 | 082.5←090→097.5 |
|  |  | 乙(을) | 人 | − | 逆 |  | 097.5←105→112.5 |
| 4 | 巽(손) | 辰(진) | 地 | − | 逆 |  | 112.5←120→127.5 |
|  |  | 巽(손) | 天 | + | 順 | 南東 | 127.5←135→142.5 |
|  |  | 巳(사) | 人 | + | 順 |  | 142.5←150→157.5 |
| 5 | 離(이) | 丙(병) | 地 | + | 順 |  | 157.5←165→172.5 |
|  |  | 午(오) | 天 | − | 逆 | 南 | 172.5←180→187.5 |
|  |  | 丁(정) | 人 | − | 逆 |  | 187.5←195→202.5 |
| 6 | 坤(곤) | 未(미) | 地 | − | 逆 |  | 202.5←210→217.5 |
|  |  | 坤(곤) | 天 | + | 順 | 南西 | 217.5←225→232.5 |
|  |  | 申(신) | 人 | + | 順 |  | 232.5←240→247.5 |
| 7 | 兌(태) | 庚(경) | 地 | + | 順 |  | 247.5←255→262.5 |
|  |  | 酉(유) | 天 | − | 逆 | 西 | 262.5←270→277.5 |
|  |  | 辛(신) | 人 | − | 逆 |  | 277.5←285→292.5 |
| 8 | 乾(건) | 戌(술) | 地 | − | 逆 |  | 292.5←300→307.5 |
|  |  | 乾(건) | 天 | + | 順 | 北西 | 307.5←315→322.5 |
|  |  | 亥(해) | 人 | + | 順 |  | 322.5←330→337.5 |

그리고 24坐에서 좌(坐)의 반대편에 있는 향(向)도 같이 기억해두면 편리하다. 坐에 따른 向은 서로 반대편에 고정되어 있기 때문에 절대로 변하지 않는다.

예들 들어 坐가 자좌(子坐)라면 向은 언제든지 오향(午向)이 되며 보통 '자좌오향(子坐午向)'이라고 부른다.

1. 坎宮: 壬坐(丙向)  子坐(午向)  癸坐(丁向)
2. 艮宮: 丑坐(未向)  艮坐(坤向)  寅坐(申向)
3. 震宮: 甲坐(庚向)  卯坐(酉向)  乙坐(辛向)
4. 巽宮: 辰坐(戌向)  巽坐(乾向)  巳坐(亥向)
5. 離宮: 丙坐(壬向)  午坐(子向)  丁坐(癸向)
6. 坤宮: 未坐(丑向)  坤坐(艮向)  申坐(寅向)
7. 兌宮: 庚坐(甲向)  酉坐(卯向)  辛坐(乙向)
8. 乾宮: 戌坐(辰向)  乾坐(巽向)  亥坐(巳向)

## 7. 3元 9運 24坐向 陰陽圖

| | | | | | | | |
|---|---|---|---|---|---|---|---|
| +巽 | +巳 | +丙 | -午 | -丁 | -未 | +坤 | |
| -辰 | 4巽 | | 9離 | | 2坤 | +申 | |
| -乙 | | | | | | +庚 | |
| -卯 | 3震 | | 5中 | | 7兌 | -酉 | |
| +甲 | | | | | | -辛 | |
| +寅 | 8艮 | | 1坎 | | 6乾 | -戌 | |
| +艮 | -丑 | -癸 | -子 | +壬 | +亥 | +乾 | |

9宮 24坐向 陰陽圖

위의 陰陽圖는 낙서수와 동일한 기본 음양도(陰陽圖)이다.

따라서 5運의 陰陽圖는 낙서의 구궁(九宮) 숫자와 동일하다.

그러나 運이 바뀌면 해당되는 運에 따라 坐의 陰陽이 변화가 되므로 陰陽圖도 바뀌어야 한다. 運에 따라 변화하는 이치를 알아내는 것이 바로 현공풍수의 가장 핵심적인 수시변역(隨時變易)이며 중요한 이론이다.

※ 24방위 중에 회색칸은 陰을 표시한다.

※ 동양학에서는 반드시 아래가 북쪽이다(지도와 반대).

제2부 현공풍수학의 이론 41

| +巽 | | +巳 | +丙 | -午 | -丁 | -未 | | +坤 |
|---|---|---|---|---|---|---|---|---|
| | -酉 | -辛 | +甲 | -卯 | -乙 | -己 | +戊 | |
| -辰 | +庚 | 7兌 | | 3震 | | 5中 | +戊 | +申 |
| -乙 | +亥 | | | | | | +壬 | +庚 |
| -卯 | +乾 | 6乾 | | 8艮運 | | 1坎 | -子 | -酉 |
| +甲 | -戌 | | | | | | -癸 | -辛 |
| +寅 | +申 | 2坤 | | 4巽 | | 9離 | +丙 | -戌 |
| | +坤 | -未 | +巳 | +巽 | -辰 | -丁 | -午 | |
| +艮 | | -丑 | -癸 | -子 | +壬 | +亥 | | +乾 |
| 下元 8運 (2004-2023年) ||||||||| 

(예) 8運 坐向陰陽順逆圖 작성법

8運이면 8자를 中宮에 넣고 순행(順行)을 시킨다. 順行은 中宮(8)에서 시작하여 →乾(9)→兌(1)→艮(2)→離(3)→坎(4)→坤(5)→震(6)→巽(7)으로 이동한다.

이 때 낙서(洛書)에 배속된 陰陽도 같이 변화된다.

따라서 본래의 6乾宮(-戌, +乾, +亥)이 9離로 바뀌면서 동시에 陰陽이 9離(+丙, -午, -丁)에 해당되는 陰陽으로 바뀐다. 다른 宮도 같은 이치로 바꾸면 「8運 坐向陰陽順逆圖」가 위의 〈표〉처럼 작성된다.

다음 〈표〉는 「3元 1~9運 坐向陰陽順逆圖」이다.

## 1坎運

| +巽 | | +巳 | +丙 | -午 | -丁 | -未 | | +坤 |
|---|---|---|---|---|---|---|---|---|
| | -午 | -丁 | +戊 | -己 | -己 | +庚 | -酉 | |
| -辰 | +丙 | 9離 | 5中 | | | 7兌 | -辛 | +申 |
| -乙 | +寅 | | | | | | +甲 | +庚 |
| -卯 | +艮 | 8艮 | **1坎運** | | | 3震 | -卯 | -酉 |
| +甲 | -丑 | | | | | | -乙 | -辛 |
| +寅 | +巳 | 4巽 | 6乾 | | | 2坤 | -未 | -戌 |
| | +巽 | -辰 | +亥 | +乾 | -戌 | +申 | +坤 | |
| +艮 | | -丑 | -癸 | -子 | +壬 | +亥 | | +乾 |

上元 1運 (1864-1883年)

## 2坤運

| +巽 | | +巳 | +丙 | -午 | -丁 | -未 | | +坤 |
|---|---|---|---|---|---|---|---|---|
| | -子 | -癸 | -戌 | +乾 | +亥 | -丑 | +艮 | |
| -辰 | +壬 | 1坎 | 6乾 | | | 8艮 | +寅 | +申 |
| -乙 | -丁 | | | | | | -辰 | +庚 |
| -卯 | -午 | 9離 | **2坤運** | | | 4巽 | +巽 | -酉 |
| +甲 | +丙 | | | | | | +巳 | -辛 |
| +寅 | +戊 | 5中 | 7兌 | | | 3震 | +甲 | -戌 |
| | +戊 | -己 | -辛 | -酉 | +庚 | -乙 | -卯 | |
| +艮 | | -丑 | -癸 | -子 | +壬 | +亥 | | +乾 |

上元 2運 (1884-1903年)

### 上元 3運 (1904-1923年)

| +巽 | | +巳 | +丙 | -午 | -丁 | -未 | | +坤 |
|---|---|---|---|---|---|---|---|---|
| | +坤 | +申 | +庚 | -酉 | -辛 | +丙 | -午 | |
| -辰 | -未 | 2坤 | 7兌 | | | 9離 | -丁 | +申 |
| -乙 | -癸 | | | | | | +戊 | +庚 |
| -卯 | -子 | 1坎 | | 3震運 | | 5中 | -己 | -酉 |
| +甲 | +壬 | | | | | | -己 | -辛 |
| +寅 | +亥 | 6乾 | 8艮 | | | 4巽 | -辰 | -戌 |
| | +乾 | -戌 | +寅 | +艮 | -丑 | +巳 | +巽 | |
| +艮 | | -丑 | -癸 | -子 | +壬 | +亥 | | +乾 |

### 中元 4運 (1924-1943年)

| +巽 | | +巳 | +丙 | -午 | -丁 | -未 | | +坤 |
|---|---|---|---|---|---|---|---|---|
| | -卯 | -乙 | -丑 | +艮 | +寅 | +壬 | -子 | |
| -辰 | +甲 | 3震 | 8艮 | | | 1坎 | -癸 | +申 |
| -乙 | +申 | | | | | | -戌 | +庚 |
| -卯 | +坤 | 2坤 | | 4巽運 | | 6乾 | +乾 | -酉 |
| +甲 | -未 | | | | | | +亥 | -辛 |
| +寅 | -辛 | 7兌 | 9離 | | | 5中 | -己 | -戌 |
| | -酉 | +庚 | -丁 | -午 | +丙 | +戊 | +戊 | |
| +艮 | | -丑 | -癸 | -子 | +壬 | +亥 | | +乾 |

| +巽 | | +巳 | +丙 | −午 | −丁 | −未 | | +坤 |
|---|---|---|---|---|---|---|---|---|
| | +巽 | +巳 | +丙 | −午 | −丁 | −未 | +坤 | |
| −辰 | −辰 | 4巽 | | 9離 | | 2坤 | +申 | +申 |
| −乙 | −乙 | 3震 | | 5中運 | | 7兌 | +庚 | +庚 |
| −卯 | −卯 | | | | | | −酉 | −酉 |
| +甲 | +甲 | | | | | | −辛 | −辛 |
| +寅 | +寅 | 8艮 | | 1坎 | | 6乾 | −戌 | −戌 |
| | +艮 | −丑 | −癸 | −子 | +壬 | +亥 | +乾 | |
| +艮 | | −丑 | −癸 | −子 | +壬 | +亥 | | +乾 |

中元 5運 (1944–1963年)

| +巽 | | +巳 | +丙 | −午 | −丁 | −未 | | +坤 |
|---|---|---|---|---|---|---|---|---|
| | +戌 | +戌 | +壬 | −子 | −癸 | +甲 | −卯 | |
| −辰 | −己 | 5中 | | 1坎 | | 3震 | −乙 | +申 |
| −乙 | +巳 | 4巽 | | 6乾運 | | 8艮 | −丑 | +庚 |
| −卯 | +巽 | | | | | | +艮 | −酉 |
| +甲 | −辰 | | | | | | +寅 | −辛 |
| +寅 | −丁 | 9離 | | 2坤 | | 7兌 | +庚 | −戌 |
| | −午 | +丙 | +申 | +坤 | −未 | −辛 | −酉 | |
| +艮 | | −丑 | −癸 | −子 | +壬 | +亥 | | +乾 |

中元 6運 (1964–1983年)

| +巽 | | +巳 | +丙 | -午 | -丁 | -未 | | +坤 |
|---|---|---|---|---|---|---|---|---|
| | +乾 | +亥 | -未 | +坤 | +申 | -辰 | +巽 | |
| -辰 | -戌 | 6乾 | | 2坤 | | 4巽 | +巳 | +申 |
| -乙 | -己 | | | | | | +丙 | +庚 |
| -卯 | -己 | 5中 | | 7兌運 | | 9離 | -午 | -酉 |
| +甲 | +戊 | | | | | | -丁 | -辛 |
| +寅 | -癸 | 1坎 | | 3震 | | 8艮 | -丑 | -戌 |
| | -子 | +壬 | -乙 | -卯 | +甲 | +寅 | +艮 | |
| +艮 | | -丑 | -癸 | -子 | +壬 | +亥 | | +乾 |

上元 7運 (1984-2003年)

| +巽 | | +巳 | +丙 | -午 | -丁 | -未 | | +坤 |
|---|---|---|---|---|---|---|---|---|
| | -酉 | -辛 | +甲 | -卯 | -乙 | -己 | +戊 | |
| -辰 | +庚 | 7兌 | | 3震 | | 5中 | +戊 | +申 |
| -乙 | +亥 | | | | | | +壬 | +庚 |
| -卯 | +乾 | 6乾 | | 8艮運 | | 1坎 | -子 | -酉 |
| +甲 | -戌 | | | | | | -癸 | -辛 |
| +寅 | +申 | 2坤 | | 4巽 | | 9離 | +丙 | -戌 |
| | +坤 | -未 | +巳 | +巽 | -辰 | -丁 | -午 | |
| +艮 | | -丑 | -癸 | -子 | +壬 | +亥 | | +乾 |

下元 8運 (2004-2023年)

| | | +巽 | +巳 | +丙 | -午 | -丁 | -未 | +坤 | | |
|---|---|---|---|---|---|---|---|---|---|---|
| | | | +艮 | +寅 | -辰 | +巽 | +巳 | -戌 | +乾 | |
| -辰 | -丑 | 8艮 | 4巽 | | | 6乾 | +亥 | +申 |
| -乙 | -辛 | | | | | | -未 | +庚 |
| -卯 | -酉 | 7兌 | 9離運 | | | 2坤 | +坤 | -酉 |
| +甲 | +庚 | | | | | | +申 | -辛 |
| +寅 | -乙 | 3震 | 5中 | | | 1坎 | +壬 | -戌 |
| | | | -卯 | +甲 | -己 | -己 | +戊 | -癸 | -子 | |
| | | +艮 | | -丑 | -癸 | -子 | +壬 | +亥 | | +乾 |
| 下元 9運 (2024-2043年) |||||||||||

## 8. 하괘(下卦)와 체괘(替卦)의 구분

현공풍수에서는 지반정침(地盤正針)만 사용하며 24개 모든 坐를 각기 다시 하괘(下卦)와 체괘(替卦)로 구분한다. 이 방법은 기존의 풍수이론과 전혀 다르니 유념하기 바란다.

下卦는 1개 坐의 15도 중에서 중앙에 9도 범위이고, 替卦는 下卦 9도를 제외한 좌변(左邊)의 3도와 우변(右邊)의 3도로 도합 6도가 된다. 아래〈표 A〉를 참고하기 바란다.

| 子(15도) 〈표 A〉 | | | | |
|---|---|---|---|---|
| 壬子 | 庚子 | 戊子 | 丙子 | 甲子 |
| 替卦 | 下卦 | 下卦 | 下卦 | 替卦 |

(예) 子坐午向의 예

국내에서 제작된 나경은 대개 9층이다. 나경은 중앙에서부터 1층, 2층, 3층, 4층 순으로 부른다.

이 중에서 4층은 지반정침(地盤正針)이라고 하는데 자북(磁北)을 가르키고 있다. 자북방위에는 한자로 「子」라고 표시되어 있고 도수로는 0도(또는 360도)가 된다.

그리고 9층에는 소위 「분금(分金)」이라고 하여 1개 坐가 다시 오격(五格)으로 나누어져 있다.

오른쪽부터 甲子(갑자), 丙子(병자), 戊子(무자), 庚子(경자), 壬子(임자) 순으로 기재하여야 되지만 실제로 나경에는 5개의 칸 중에 丙子(병자)와 庚子(경자) 2칸만 글자가 쓰여 있고 중앙과 좌우 양쪽의 칸에는 글자가 쓰이지 않았다.

기존의 패철론(佩鐵論)에서는 丙子(병자)와 庚子(경자)에 해당되는 부분만 사용을 하고 나머지 3칸인 甲子는 고(孤), 戊子는 공망(空亡), 壬子는 고(孤)라는 凶象이 되므로 사용을 하지 말라는 취지에서 아예 3개의 분금에 글자를 애당초 적어놓지 않았다. 이 이론은 24좌 모두에 적용된다. 〈표 B도: 기존법〉 참조.

| 子(15도) 〈표 B:기존법〉 |||||
|---|---|---|---|---|
| | 庚子 | | 丙子 | |
| 고(孤) | 왕(旺) | 공망(空亡) | 왕(旺) | 고(孤) |
| 사용불가 × | 사용가능 ○ | 사용불가 × | 사용가능 ○ | 사용불가 × |

그러나 현공풍수에서는 分金 5격을 모두 사용하는데 다만 下卦와 替卦로 구분하여 사용한다. 〈표 C도: 현공법〉 참조.

| 子(15도) 〈표 C:현공법〉 |||||
|---|---|---|---|---|
| 壬子 | 庚子 | 戊子 | 丙子 | 甲子 |
| 替卦 | 下卦 ||| 替卦 |
| 사용가능 ○ | 사용가능 ○ ||| 사용가능 ○ |

## 9. 하괘(下卦) 산출법

運에 따라 陰陽이 변화된다고 하였는데 해당 運의 음양은 「3元 1-9運 坐向陰陽順逆圖」를 이용한다.

현공풍수에서는 낙서(洛書)의 九宮 숫자를 고정시키지 않고, 運에 따라 九宮의 숫자가 변화됨에 따라 陰陽이 다르게 나타나고 吉凶도 다르게 변화한다는 것이 바로 현공풍수의 가장 핵심이 되는 이론이다. 〈아래 낙서도 참조〉

| 9巽 | 5離 | 7坤 |
|---|---|---|
| 8震 | 1中宮 | 3兌 |
| 4艮 | 6坎 | 2乾 |

먼저 비성법(飛星法)에는 순행(順行)과 역행(逆行)이 있다.

順行은 中宮→乾→兌→艮→離→坎→坤→震→巽으로 이동한다. 逆行은 順行과 반대로 中宮→巽→震→坤→坎→離→艮→兌→乾으로 이동한다.

비성법(飛星法)은 현공풍수에서 많이 사용되기 때문에 순서를 반드시 암기하기 바란다. 참고로 順行하는 순서만 암기하여, 逆行시에는 순행하면서 이동할 때마다 숫자를 하나씩 빼주면 역행이 된다.

다음 〈표〉는 1-9運별 순비(順飛)와 역비(逆飛)의 도표이다.

### 1-9運별 順飛와 逆飛

| 9 | 5 | 7 |   | 2 | 6 | 4 |   | 1 | 6 | 8 |   | 3 | 7 | 5 |
|---|---|---|---|---|---|---|---|---|---|---|---|---|---|---|
| 8 | +1 | 3 |   | 3 | -1 | 8 |   | 9 | +2 | 4 |   | 4 | -2 | 9 |
| 4 | 6 | 2 |   | 7 | 5 | 9 |   | 5 | 7 | 3 |   | 8 | 6 | 1 |
| | 1運 順飛 | | | | 1運 逆飛 | | | | 2運 順飛 | | | | 2運 逆飛 | |

| 2 | 7 | 9 |   | 4 | 8 | 6 |   | 3 | 8 | 1 |   | 5 | 9 | 7 |
|---|---|---|---|---|---|---|---|---|---|---|---|---|---|---|
| 1 | +3 | 5 |   | 5 | -3 | 1 |   | 2 | +4 | 6 |   | 6 | -4 | 2 |
| 6 | 8 | 4 |   | 9 | 7 | 2 |   | 7 | 9 | 5 |   | 1 | 8 | 3 |
| | 3運 順飛 | | | | 3運 逆飛 | | | | 4運 順飛 | | | | 4運 逆飛 | |

| 4 | 9 | 2 |   | 6 | 1 | 8 |   | 5 | 1 | 3 |   | 7 | 2 | 9 |
|---|---|---|---|---|---|---|---|---|---|---|---|---|---|---|
| 3 | +5 | 7 |   | 7 | -5 | 3 |   | 4 | +6 | 8 |   | 8 | -6 | 4 |
| 8 | 1 | 6 |   | 2 | 9 | 4 |   | 9 | 2 | 7 |   | 3 | 1 | 5 |
| | 5運 順飛 | | | | 5運 逆飛 | | | | 6運 順飛 | | | | 6運 逆飛 | |

| 6 | 2 | 4 |   | 8 | 3 | 1 |   | 7 | 3 | 5 |   | 9 | 4 | 2 |
|---|---|---|---|---|---|---|---|---|---|---|---|---|---|---|
| 5 | +7 | 9 |   | 9 | -7 | 5 |   | 6 | +8 | 1 |   | 1 | -8 | 6 |
| 1 | 3 | 8 |   | 4 | 2 | 6 |   | 2 | 4 | 9 |   | 5 | 3 | 7 |
| | 7運 順飛 | | | | 7運 逆飛 | | | | 8運 順飛 | | | | 8運 逆飛 | |

| 8 | 4 | 6 |   | 1 | 5 | 3 |   | ⑨ | ⑤ | ⑦ |   | ② | ⑥ | ④ |
|---|---|---|---|---|---|---|---|---|---|---|---|---|---|---|
| 7 | +9 | 2 |   | 2 | -9 | 7 |   | ⑧ | +① | ③ |   | ③ | -① | ⑧ |
| 3 | 5 | 1 |   | 6 | 4 | 8 |   | ④ | ⑥ | ② |   | ⑦ | ⑤ | ⑨ |
| | 9運 順飛 | | | | 9運 逆飛 | | | | 陽은 順飛 | | | | 陰은 逆飛 | |

지금까지 배운 내용을 이용하여 下卦의 비성반(飛星盤)을 만들어 보자.

(예) 下運 8運 子坐午向(下卦)

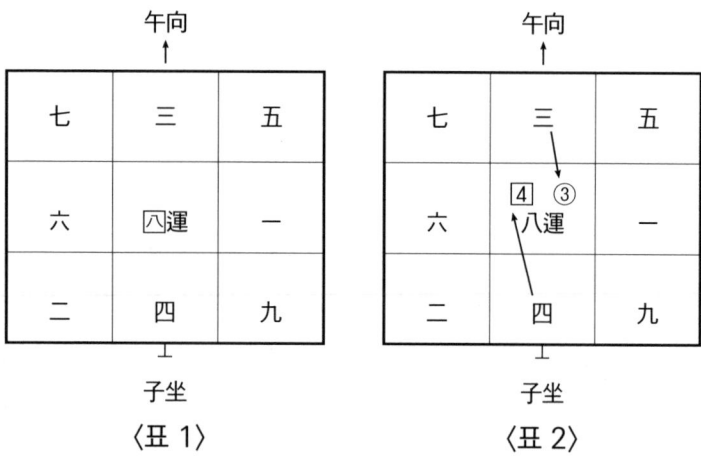

〈표 1〉　　　　　〈표 2〉

〈표1〉 8運이니까 ⑧字를 中宮에 넣고 순비(順飛)시킨다. 기록을 할 때에는 하단 중앙에 한자로 기입하며 「운반(運盤)」이라고 부른다.

〈표2〉 午向이니까 午向에 있는 '三' 字를 中宮 상단 오른쪽에 같은 숫자인 ③자를 기입하고, 子坐이니까 子坐에 있는 四字를 中宮 상단 왼쪽에 같은 숫자 ④자를 기입한다.

中宮 오른쪽의 ③자를 「향성(向星)」이라 부르고 中宮 왼쪽에 있는 ④자를 「산성(山星)」이라 부른다.

向星과 山星은 통상적으로 아라비아 숫자로 기입하고 읽을 때에는 向星을 먼저 읽고 山星을 읽는다. 向星부터 먼저 읽는 이유는 과거 한문문장에서는 오른쪽부터 쓰기 때문이다.

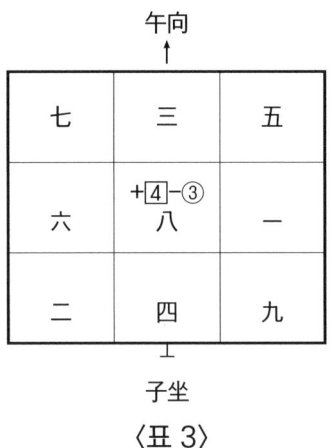

〈표 3〉

〈표3〉 다음에는 中宮우측의 向星③과 좌측의 山星④의 陰陽을 반드시 알아야 한다. 먼저 向星의 陰陽을 알아보자.

〈표〉「8運 坐向陰陽順逆圖」를 보면 향궁(向宮)인 離宮의 丙午丁은 8運에는 3震(+甲, -卯, -乙)으로 변화가 되었다.

따라서 子坐午向은 天元에 해당되니까 +甲, -卯, -乙 중에서도 같은 天元에 해당되는 「-卯」가 陰이기 때문에 中宮의 向星은 陰이 되어 「-③」이 된다.

다음에 山星인 中宮좌측의 숫자④는 「8運 坐向陰陽順逆圖」〈표〉를 보면 좌궁(坐宮)인 坎宮의 壬子癸는 4巽(-辰, +巽, +巳)으로 변화되었다.

子坐午向은 天元이므로 -辰, +巽, +巳 중에서도 같은 天元에 해당되는 「+巽」이 陽이기 때문에 中宮의 山星은 「+④」가 된다.

| +巽 | +巳 | +丙 | -午 | -丁 | -未 | +坤 |
|---|---|---|---|---|---|---|
| | -酉 | -辛 | +甲 | -卯 | -乙 | -己 | +戊 | |
| -辰 | +庚 | 7兌 | | 3震 | | 5中 | -戊 | +申 |
| -乙 | +亥 | | | | | | +壬 | +庚 |
| -卯 | +乾 | 6乾 | | 8艮 | | 1坎 | -子 | -酉 |
| +甲 | -戌 | | | | | | -癸 | -辛 |
| +寅 | +申 | 2坤 | | 4巽 | | 9離 | +丙 | -戌 |
| | +坤 | -未 | +巳 | +巽 | -辰 | -丁 | -午 | |
| +艮 | -丑 | -癸 | -子 | +壬 | +亥 | +乾 |

**8運 坐向陰陽順逆圖 (2004-2023年)**

午向
↑

| 3 4<br>七 | 8 8<br>三 | 1 6<br>五 |
|---|---|---|
| 2 5<br>六 | +④-③<br>八 | 6 1<br>一 |
| 7 9<br>二 | 9 7<br>四 | 5 2<br>九 |

↓
子坐

〈표 4〉

〈표4〉 中宮의 向星인 -③은 陰이므로 九宮 전체에 逆行시키고, 山星인 +④는 陽이므로 九宮 전체에 順行시키면 비성반(飛星盤)이 완성된다.

다음 〈표〉는 3元9運 24坐向별 下卦中宮數(山星/向星) 早見表이다.

같은 宮 안에서 天元과 人元은 陰陽이 같기 때문에 飛星盤도 동일하다. 따라서 실질적인 下卦 飛星盤은 9개運×16개의 坐向이므로 토두 144개의 飛星盤이 된다.

### 下卦中宮數(山星/向星) 早見表

| 運\坐 | 1運 | 2運 | 3運 | 4運 | 5運 | 6運 | 7運 | 8運 | 9運 |
|---|---|---|---|---|---|---|---|---|---|
| 壬 | -6+5 | +7-6 | -8+7 | +9-8 | +1+9 | -2+1 | +3-2 | -4+3 | +5-4 |
| 子 | +6-5 | -7+6 | +8-7 | -9+8 | -1-9 | +2-1 | -3+2 | +4-3 | -5+4 |
| 癸 | ↑ | ↑ | ↑ | ↑ | ↑ | ↑ | ↑ | ↑ | ↑ |
| 丑 | -4+7 | -5-8 | -6+9 | +7+1 | -8-2 | +9+3 | +1-4 | -2-5 | +3-6 |
| 艮 | +4-7 | +5+8 | +6-9 | -7-1 | +8+2 | -9-3 | -1+4 | +2+5 | -3+6 |
| 寅 | ↑ | ↑ | ↑ | ↑ | ↑ | ↑ | ↑ | ↑ | ↑ |
| 甲 | -8+3 | +9-4 | +1+5 | -2-6 | +3+7 | -4-8 | +5+9 | -6+1 | +7-2 |
| 卯 | +8-3 | -9+4 | -1-5 | +2+6 | -3-7 | +4+8 | -5-9 | +6-1 | -7+2 |
| 乙 | ↑ | ↑ | ↑ | ↑ | ↑ | ↑ | ↑ | ↑ | ↑ |
| 辰 | +9-2 | +1+3 | -2-4 | +3-5 | -4-6 | -5+7 | -6-8 | +7+9 | -8+1 |
| 巽 | -9+2 | -1-3 | +2+4 | -3+5 | +4+6 | +5-7 | +6+8 | -7-9 | +8-1 |
| 巳 | ↑ | ↑ | ↑ | ↑ | ↑ | ↑ | ↑ | ↑ | ↑ |
| 丙 | +5-6 | -6+7 | +7-8 | -8+9 | +9+1 | +1-2 | -2+3 | +3-4 | -4+5 |
| 午 | -5+6 | +6-7 | -7+8 | +8-9 | -9-1 | -1+2 | +2-3 | -3+4 | +4-5 |
| 丁 | ↑ | ↑ | ↑ | ↑ | ↑ | ↑ | ↑ | ↑ | ↑ |
| 未 | +7-4 | -8-5 | +9-6 | +1+7 | -2-8 | +3+9 | -4-1 | -5-2 | -6+3 |
| 坤 | -7+4 | +8+5 | -9-6 | -1-7 | +2+8 | -3-9 | +4-1 | +5+2 | +6-3 |
| 申 | ↑ | ↑ | ↑ | ↑ | ↑ | ↑ | ↑ | ↑ | ↑ |
| 庚 | +3-8 | -4+9 | +5+1 | -6-2 | +7+3 | -8-4 | +9+5 | +1-6 | -2+7 |
| 酉 | -3+8 | +4-9 | -5-1 | +6+2 | -7-3 | +8+4 | -9-5 | -1+6 | +2-7 |
| 辛 | ↑ | ↑ | ↑ | ↑ | ↑ | ↑ | ↑ | ↑ | ↑ |
| 戌 | -2+9 | +3+1 | -4-2 | -5+3 | -6-4 | +7-5 | -8-6 | +9+7 | +1-8 |
| 乾 | +2-9 | -3-1 | +4+2 | +5-3 | +6+4 | -7+5 | +8+6 | -9-7 | -1+8 |
| 亥 | ↑ | ↑ | ↑ | ↑ | ↑ | ↑ | ↑ | ↑ | ↑ |

## 10. 4국의 종류

현공풍수에서 下卦는 비성반(飛星盤)에 따라 「왕산왕향(旺山旺向)」, 「상산하수(上山下水)」, 「쌍성회향(雙星會向)」, 「쌍성회좌(雙星會坐)」 4국으로 나누어진다.

다만 같은 運이라도 坐向에 따라 替卦와 下卦의 飛星盤의 숫자는 서로 다른 경우도 있고 동일한 경우도 있다.

해당되는 局에 따른 방위에 산이 있어야 할 곳에 산이 있고 물이 있어야 할 곳에 물이 있으면 「합국(合局)」이 되어 길상(吉象)이 되고, 반대로 나타나면 「불합국(不合局)」이 되어 흉상(凶象)이 된다.

본서에서 4局에 대한 설명을 할 때에는 배산임수(背山臨水: 뒤에는 산이 있고 앞에는 물이 있는 지형)의 지형을 기본적인 조건으로 한다.

(1) 中宮이 〈-山星, -向星〉이면 旺山旺向이 되고,
(2) 中宮이 〈+山星, +向星〉이면 上山下水가 되고,
(3) 中宮이 〈+山星, -向星〉이면 雙星會向이 되고,
(4) 中宮이 〈-山星, +向星〉이면 雙星會坐가 된다.

## 11. 4국 이해(1): 왕산왕향(旺山旺向)

먼저 旺山旺向은 우리가 익히 잘 알고 있는 소위 배산임수(背山臨水)와 같은 지형이면 旺山旺向 合局이 된다.

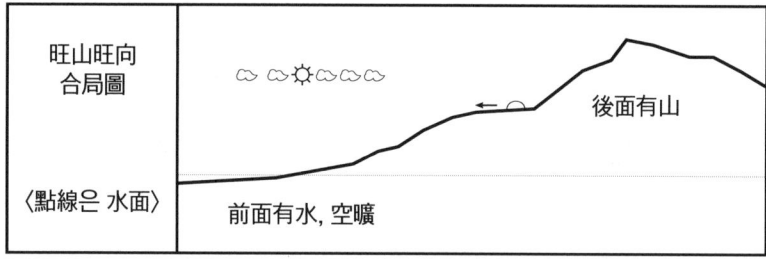

8運 乾坐(下卦): 旺山旺向 合局圖

旺山旺向 合局圖

〈點線은 水面〉

8運에 乾坐巽向(下卦)으로 건택조장(建宅造葬)한 예이다. 기본적으로 지형이 배산임수(背山臨水)로 된 조건이다.

위의 예는 8運이므로 向星⑧과 山星⑧이 가장 비중이 있기 때문에 「⑧, ⑧」위주로 본다. 만약 9운이면 「⑨, ⑨」자를 위주로 보며 다른 운도 같은 방법으로 본다.

向宮인 巽宮의 向星⑧자가 향궁(向宮)에 제대로 이르렀기 때문에 「도향(到向)」 또는 「왕향(旺向)」이라고 부르며 길상(吉象)이 된다. 또한 같은 방법으로 坐宮인 乾宮의 山星⑧이 좌궁(坐宮)에 제대로 이르렀기 때문에 「도산(到山)」또는 「왕산(旺山)」이라고 부르며 吉象이 된다. 다시 설명하자면 巽宮의 向星⑧의 의미는 巽宮방위에 물이 있어야 된다는 뜻이고, 乾宮의 山星⑧의 의미는 乾宮방위에 山이 있어야 좋다는 뜻이다.

위의 예는 배산임수의 조건이 되므로 「도산도향(到山到向)」 또는 「왕산왕향(旺山旺向)」합국이 되었다고 한다.

8運 중에 乾坐巽向으로 새로 묘를 쓰거나(이장 포함) 건축을 하면 旺山旺向이 되기 때문에 뒤에 산이 있으면 인물이 왕성하고, 앞에 물이 있으면 재물도 왕성하여 소위 「정재양왕(丁財兩旺)」한다고 하여 4局 중에서 가장 길한 局이 된다.

그러나 8運에 乾坐巽向으로 용사(用事)를 하였는데 만약 반대로 뒤에 물이 있고 앞에 산이 있는 지형이라면 비록 乾坐巽向이 旺山旺向일지라도 不合局이 되기 때문에 당연히 「정재양쇠(丁財兩衰)」한다.

向星은 일명 수성(水星)이라고도 하여 向星방위에 물이 있어야 하며 그리고 재성(財星)이라고도 하여 向星방위에 물이 있으면 재물을 늘어나게 되며, 山星은 일명 정성(丁星)이라고도 하며 山星방위에 산이 있으면 인정(人丁)에 좋다.

※ 旺山旺向은 1-9運 24坐向 총 48局이 있으며 1운과 9운에는 왕산왕향이 없다.

## 12. 4국 이해(2): 쌍성회향(雙星會向)

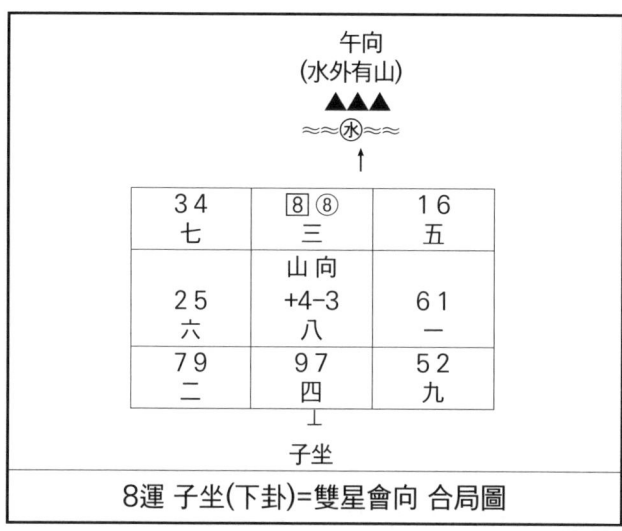

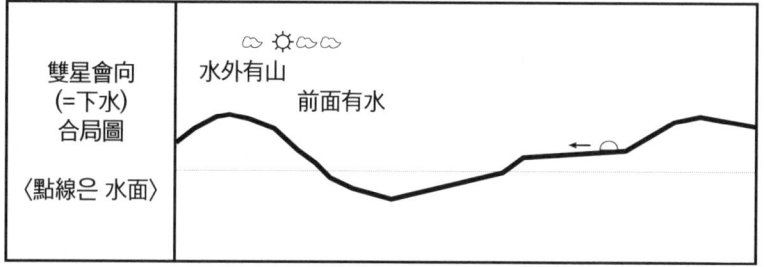

위의 〈표〉는 8運 子坐午向(下卦)의 예이다. 여기도 기본적으로 지형이 배산임수가 된 조건을 전제로 하는 설명이다.

山星⑧ 자가 坐宮에 이르지 않고 向宮에 잘못 이르렀기 때문에 「하수(下水)」를 범(犯)했다고 한다. 下水가 되어 人丁은 떨어지지만 向星⑧이 向宮에 이르렀기 때문에 「왕향(旺向)」이 되어 재물은 왕성하다.

「下水」라는 현공풍수용어는 현공고서인《청낭서》에『산상용신불하수(山上龍神不下水)』라는 구절이 나온다.

즉「上山(=坐宮)에 있어야 할 龍神이 下水(=向宮)로 가면 안 된다」는 뜻이다.

여기에서 용신(龍神)이란 용어는 비중이 있다는 뜻이다. 즉 8運에서는 山星8과 向星8이 龍神이 되며 왕기(旺氣)에 해당된다.

그리고「下水」는 쌍8성(雙8星: ⑧⑧)이 向宮에 모였다고 하여 일명「쌍성회향(雙星會向)」이라고 부른다.

예들 들어 8運에 子坐午向으로 새로 묘를 쓰거나 건축을 하면「下水(=雙星會向)」가 되기 때문에 집이나 묘를 기준으로 앞에 물이 있으면 재물이 풍족하고, 그리고 물 뒤편에 산이 있으면 인물도 어느 정도는 왕성하다고 해석한다.

雙星會向 합국과 旺山旺向 합국의 차이점은 양국(兩局)이 재물은 똑같이「旺向」이 되어 같으나, 雙星會向으로 合局이 되어도 旺山旺向 合局에 비해 人丁이 비교적 떨어지는 이유는 물 뒤에 산이 있기 때문이다.

雙星會向은 묘나 집을 기준으로 전면에 물이 있고 물 뒤에 산이 있어야 하기 때문에, 즉 비교적 산이 멀리 있는 만큼 감응하는 작용력도 떨어지고 발복하는 시기도 늦게 되어 人丁이 다소 떨어진다.

그래도 雙星會向 합국은 4局 중에서 旺山旺向 합국 다음으로 길한 局이 된다.

## 13. 4국 이해(3): 쌍성회좌(雙星會坐)

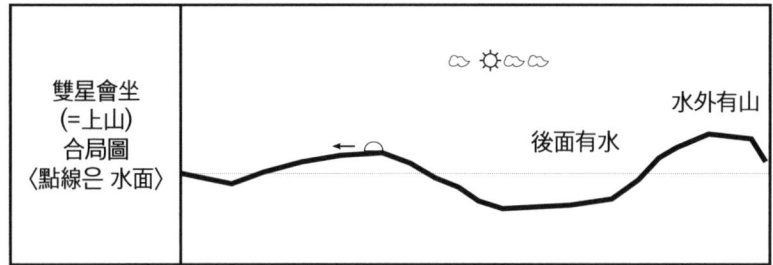

8運 壬坐丙向(下卦)의 예이다.

雙星會向이 되는 子坐午向과는 불과 15도의 차이 밖에 없지만 현공풍수법으로 보면 壬坐는 내용이 정반대인 雙星會坐가 된다.

坐宮인 坎宮의 向星 ⑧자가 向宮에 이르러야 되는데 坐宮에 잘못 이르렀기 때문에 「상산(上山)」을 범(犯) 하였다고 표현한다. 즉 배산임수의 지형에 雙星會坐의 국은 산은 왕산(旺山)이 되어 人丁은 좋지만 향은 上山으로 不合局이 되어 재물은 손해를 보게 된다.

「上山」이라는 현공풍수용어는 현공풍수고서인 《청낭서》에 『수리용신불상산(水裡龍神不上山)』이라고 말이 나온다. 즉 水리(=向宮)에 있어야 할 龍神이 坐宮(=上山)에 있기 때문에 향수(向首)가 不合局이 되어 흉상이 된다는 뜻이다.

지형이 단순히 배산임수로 되었을 경우(합국이 아님)에 雙星會坐와 雙星會向의 결과상의 차이점은 서로 반대가 되어 雙星會向은 재물에는 좋으나 인물은 떨어지는데, 雙星會坐는 인물로는 좋으나 재물에는 인연이 없다.

만약에 雙星會坐에 合局이 되는 지형이라면(그림 참조), 즉 횡룡입수(橫龍入首)하고 뒤에 물이 있고 물 뒤편으로 산이 있다면 재물은 양호하고 人丁은 비교적 약하고 늦게 발복을 받는다.

다만 陰宅에서 雙星會坐 合局은 묘 뒤에 물이 있어야 合局이 되기 때문에 초보자에게는 어려우니 陰宅에서는 가급적 雙星會坐를 사용을 하지 않는 것이 좋다. 그러나 陽宅에서는 집 뒤편이 낮거나 물이 있을 수가 있으므로 雙星會坐의 合局과 不合局을 쉽게 구분할 수 있어 초보자도 사용이 가능하다.

雙星會坐 合局과 雙星會向 合局은 旺山旺向 合局과 비교하자면 기본적으로 떨어진다.

## 14. 4국 이해(4): 상산하수(上山下水)

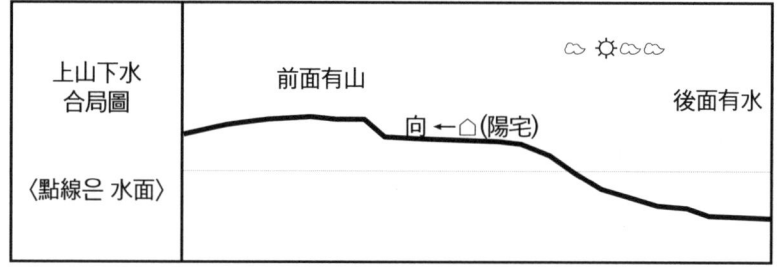

8運에 戌坐辰向(下卦)은 山星⑧이 向宮에 있어 「下水」을 범(犯)하였고 向星⑧은 坐宮에 있기 때문에 「上山」을 犯하였다. 따라서 배산임수의 지형이라면 정재양패(丁財兩敗)하는 凶象의 局이 된다.

만약에 合局이 되려면 배산임수의 반대상황인 즉, 뒤에 물이 있고 앞에 산이 있으면 비로소 合局이 된다.

그러나 실제적으로 陰宅에서는 묘 뒤가 낮거나 물이 있을 수 없으므로 上山下水 合局이 될 수가 없기 때문에 사용하면 안 되는 局이다. 다만 陽宅의 경우에는 뒤편이 낮거나 물이 있고 전면은 비교적 높은 지대가 되면 上山下水에 合局이 되므로 吉象이 되어 사용하여도 좋다.

설령 上山下水에 合局이라도 旺山旺向 合局보다는 비교적으로 못하다. 이 이유는 上山下水 合局이 되려면 앞에 산이 있어야 人丁이 좋은데 앞쪽 가까운 곳에 높은 산이 있으면 형기풍수법으로 보아 凶象이 되기 때문이다. 따라서 上山下水 合局은 평지에서만 合局이 가능하며 人丁은 비교적 왕산왕향에 비하여 떨어질 수밖에 없다.

이처럼 현공풍수가 이기풍수에 속하지만 형기풍수를 병행하여 볼 줄을 알아야 진정한 풍수법이 된다고 할 수 있다. 이른바 항상 「형리동간(形理同看: 형기풍수법과 이기풍수법을 같이 보아야 함)」을 하여야 한다.

## 15. 4局의 배합(配合)과 불배합(不配合)

「배산임수(背山臨水)」란 풍수용어를 모르는 사람은 없을 것이다. 이 용어는 중·고등학교 지리교과서에도 나올 정도로 유명한 말로 풍수지리를 모르는 사람이라도 누구든지 익히 잘 알고 있는 용어이다.

陰宅이든 陽宅이든 앞에는 물이 있고 뒤에는 산이 있다는 뜻으로만 알고 있으면 별로 문제가 되지 않는다.

그런데 대개는 땅의 형세가 배산임수로 되어 있으면 좋다고 이해하고 있다면 문제가 생긴다.

필자가 아직까지 풍수고전 어느 책에서도 배산임수란 용어는 찾아볼 수가 없었고, 만약에 있다고 하더라도 풍수 용어에 불과한 말이지 「배산임수」가 되면 기본적으로 좋다는 말이 절대로 아니다. 이점에 대해 유의하여 혼동하면 안 된다.

배산임수는 현공풍수에서 왕산왕향(旺山旺向) 합국(合局)이 되는 경우에만 좋다.

그런데 현공풍수 이론으로는 上山下水의 局에서는 배산임수가 되면 오히려 不合局이 되어 凶象이 된다. 上山下水일 경우에는 배산임수의 반대로 즉 앞에는 山이 있고 뒤에는 물이 있는 소위 「역배산임수(逆背山臨水)」가 되어야 合局이 된다.

```
        〈雙星會坐의 例〉
    ┌─────┬─────┬─────┐
    │ 7 9 │ 2 5 │ 9 7 │
    │  七 │  三 │  五 │
    ├─────┼─────┼─────┤
▲   │⑧ ⑧ │ -6 1│ 4 ❸ │ →庚向   ㊋
▲甲坐├ 六 │  八 │  一 │         ㊋
    ├─────┼─────┼─────┤
    │ 3 4 │ 1 6 │ 5 2 │
    │  二 │  四 │  九 │
    └─────┴─────┴─────┘
         〈8運 甲坐庚向(下卦)〉
```

 예를 들어 8運에 甲坐庚向(下卦)이라면 雙星會坐가 되어 뒤쪽에 물이 있고 물 뒤에 산이 있어야 合局이 된다. 만약 배산임수의 지형이라면 앞에 물이 있으면 向宮에 向星이 ❸이 되어 8運에 3자는 살기(殺氣: 1-9運別 衰旺表 참고)가 되기 때문에 경제적으로 아주 불리하다.

 4局에 따른 合局과 不合局은 玄空風水의 기본적인 이론이면서도 가장 핵심이 되는 아주 중요한 이론이다.

 「旺山旺向」의 局은 "背山臨水"와 같은 局으로 앞에 물이 있고 뒤에는 높은 山이 있으면 적합하다. 물 뒤에 멀리 있는 산은 관계하지 않는다.

 「雙星會向」의 局은 "旺山旺向"과 비슷하지만 뒤에 山의 有無에 따라 약간 차이가 있다. 앞에 물이 있고 물 뒤에 산이 있으면 적합하다. 만약에 물 뒤에 山이 없으면 人丁에는 문제가 따른다.

「雙星會坐」局은 앞은 평탄하고 뒤에 물이 있고 물 뒤에 산이 있으면 적합하기 때문에 陽宅에서는 가능한 경우가 종종 있지만, 陰宅에서는 어려우므로 초학자는 피하는 것이 좋다.

「上山下水」局은 배산임수의 반대되는 지형으로 앞에 山이 있고 뒤에 물이 있으면 적합하다. 다만 陰宅에 있어 上山下水 合局이 되기가 어려우므로 陰宅의 경우에 불가능하고 陽宅에서만 가능하다.

| 運\坐 | 1運 | 2運 | 3運 | 4運 | 5運 | 6運 | 7運 | 8運 | 9運 |
|---|---|---|---|---|---|---|---|---|---|
| 壬 | ▼會坐 | △회향 | ▼會坐 | △회향 | ×顚倒 | ▼會坐 | △회향 | ▼會坐 | △회향 |
| 子 | △회향 | ▼會坐 | △회향 | ▼會坐 | ◎왕왕 | △회향 | ▼會坐 | △회향 | ▼會坐 |
| 癸 | ↑ | ↑ | ↑ | ↑ | ↑ | ↑ | ↑ | ↑ | ↑ |
| 丑 | ▼會坐 | ◎왕왕 | ▼會坐 | ◎왕왕 | ×顚倒 | ×顚倒 | △회향 | ◎왕왕 | △회향 |
| 艮 | △회향 | ×顚倒 | △회향 | ◎왕왕 | ×顚倒 | ◎왕왕 | ▼會坐 | ×顚倒 | ▼會坐 |
| 寅 | ↑ | ↑ | ↑ | ↑ | ↑ | ↑ | ↑ | ↑ | ↑ |
| 甲 | ▼會坐 | △회향 | ×顚倒 | ◎왕왕 | ×顚倒 | ◎왕왕 | ×顚倒 | ▼會坐 | △회향 |
| 卯 | △회향 | ▼會坐 | ◎왕왕 | ×顚倒 | ◎왕왕 | ×顚倒 | ◎왕왕 | △회향 | ▼會坐 |
| 乙 | ↑ | ↑ | ↑ | ↑ | ↑ | ↑ | ↑ | ↑ | ↑ |
| 辰 | △회향 | ×顚倒 | ◎왕왕 | △회향 | ◎왕왕 | △회향 | ◎왕왕 | ×顚倒 | ◎왕왕 |
| 巽 | ▼會坐 | ◎왕왕 | ×顚倒 | ▼會坐 | ×顚倒 | △회향 | ×顚倒 | ◎왕왕 | △회향 |
| 巳 | ↑ | ↑ | ↑ | ↑ | ↑ | ↑ | ↑ | ↑ | ↑ |
| 丙 | △회향 | ▼會坐 | △회향 | ▼會坐 | ×顚倒 | △회향 | ▼會坐 | △회향 | ▼會坐 |
| 午 | ▼會坐 | △회향 | ▼會坐 | △회향 | ◎왕왕 | ▼會坐 | △회향 | ▼會坐 | △회향 |
| 丁 | ↑ | ↑ | ↑ | ↑ | ↑ | ↑ | ↑ | ↑ | ↑ |
| 未 | △회향 | ◎왕왕 | △회향 | ×顚倒 | ◎왕왕 | ×顚倒 | ▼會坐 | ◎왕왕 | △회향 |
| 坤 | ▼會坐 | ×顚倒 | ▼會坐 | ◎왕왕 | ×顚倒 | ◎왕왕 | △회향 | ×顚倒 | ▼會坐 |
| 申 | ↑ | ↑ | ↑ | ↑ | ↑ | ↑ | ↑ | ↑ | ↑ |
| 庚 | △회향 | ▼會坐 | ×顚倒 | ◎왕왕 | ×顚倒 | ◎왕왕 | ×顚倒 | △회향 | ▼會坐 |
| 酉 | ▼會坐 | △회향 | ◎왕왕 | ×顚倒 | ◎왕왕 | ×顚倒 | ◎왕왕 | ▼會坐 | △회향 |
| 辛 | ↑ | ↑ | ↑ | ↑ | ↑ | ↑ | ↑ | ↑ | ↑ |
| 戌 | ▼會坐 | ×顚倒 | ◎왕왕 | ▼會坐 | ◎왕왕 | ◎왕왕 | ◎왕왕 | ×顚倒 | △회향 |
| 乾 | △회향 | ◎왕왕 | 顚倒 | △회향 | ×顚倒 | ▼會坐 | ×顚倒 | ◎왕왕 | ▼會坐 |
| 亥 | ↑ | ↑ | ↑ | ↑ | ↑ | ↑ | ↑ | ↑ | ↑ |

1-9運 24坐向 下卦와 4局 早見表

## 16. 山水의 분류

풍수지리 고서(古書) 곳곳에 나오는 유명한 구절이 있다. 『고일촌위산 저일촌위수(高一寸爲山 低一寸爲水: 한 치만 높아도 山이고, 한 치만 낮아도 물이다)』라는 말이 있다.

이 말은 단순하면서도 멋진 표현으로 과장된 말처럼 보일 수도 있으나 과장도 아니고 아주 중요하고 정확한 표현이다. 그러니까 꼭 山이 있어야만 山이 아니고 물이 있어야만 물이 되는 것은 아니라, 陰宅에서는 묘를, 陽宅에서는 건축물을 기점으로 주변의 山水와 비교하여 조금이라도 높으면 山이라고 하고, 조금이라도 낮으면 水가 된다는 아주 중요한 말이다.

도심지에서 陽宅은 주변 건축물을 山으로 보고, 도로는 물로 본다. 따라서 도심지의 陽宅에서는 건축물이나 도로가 생기고 없어지는 주변의 상황에 따라 변화하는 경우가 있다.

다만 玄空風水에서는 형기풍수로 산의 높이나 규모, 원근(遠近), 미추(美醜)에 따라 해석이 다르고 물도 수량(水量), 유속(流速), 모양(模樣), 청탁(淸濁) 등에 따라 해석이 달라진다. 산이 높고 가까이 있으면 영향력도 그 정도에 비례하여 그만큼 커지고, 낮고 멀리 있으면 영향력도 비례하여 그만큼 작아진다.

만약 墓 뒤에 인공으로 만든 저수지가 있다면 墓보다 높은 곳에 물이 있을 수도 있다. 이런 경우에 저수지를 山으로 보아야 할지 아니면 水로 보아야 할지 난감하겠지만, 어렵게 생각할 필요 없이 「있는 그대로만」 보고 더도 말고 덜도 말고 해석하면 된다.

陰陽에 「순음(純陰)」과 「순양(純陽)」이 있지만 「음중양(陰中陽)」도 있고 「양중음(陽中陰)」도 있듯이 墓나 집과 비교하여 높은 지대에 물이 있으면 「山中水」가 되어 저수지가 기본적으로 지대가 높은 곳에 있을 경우에는 山으로 보되 山중에 물은 用으로 보아, 즉 실질적으로는 산보다 물의 비중이 더 크다고 통변(通變)하면 된다.

이러한 예는 도심지의 육교나 고가도로도 같은 방법으로 판단하면 된다. 아래 〈표〉를 참고하기 바란다.

| 山水의 分類 | | |
|---|---|---|
| 區分 \ 山水 | | 해당되는 山과 水 |
| 陰宅 | 山 | 산, 언덕, 흙더미, 고압선철탑, 고층건물, 돌다리, 큰 나무, 平地에서는 1m 이상 되는 지대. |
| | 水 | 바다, 강물, 호수, 시냇물, 도랑, 건류(乾流: 비가 오면 흐르는 물), 샘, 저수지, 연못, 깊은 골짜기, 높이가 1m 이하인 도로. |
| 陽宅 | 山 | 신위(神位), 사당, 침대, 탁자, 주방(廚房), 신장(身長) 높이 이상의 무거운 물건, 가스레인지, 큰 나무, 가산(假山: 정원에 인공으로 만든 山), 담장, 좁은 골목 |
| | 水 | 대문, 현관문, 內外통로, 복도, 우물, 창문, 통풍구, 하수구, 도로 교차로, 화장실, 에스컬레이터, 엘리베이터. |

## 17. 체괘구결(替卦口訣)

풍수지리에 유명한 속담이 있다.

『아장출왕후 타장출적구(我葬出王侯 他葬出賊寇: 내가 墓를 쓰면 왕후가 나오고, 다른 사람이 墓를 쓰면 도적이 나온다)』

영업적인 이익 때문에 본인이 묘를 쓰기 위한 수단으로 하는 말처럼 들려 오해의 소지가 있지만 체괘(替卦)의 비법을 알면 이 말의 중요성과 진정한 의미를 알 수 있게 된다.

같은 장소, 같은 시간에「내가 묘를 쓰는 것과 다른 지관이 용사(用事)하는 데 차이가 있다면 도대체 얼마나 차이가 있겠는가?」라고 생각할 수도 있겠지만 그렇지 않다.

8運의 예를 들어 辰坐戌向(下卦)로 用事를 하면 上山下水가 되어 정재양패(丁財兩敗)한다.

그런데 替卦로 坐向을 조금만 돌려놓으면 旺山旺向은 기본이고 연주삼반괘가 되는 길한 局으로 변하게 된다. 불과 몇 도의 차이로 길흉은 천양지차(天壤之差)로 달라진다.

현공풍수에서는 기존의 풍수법과는 전혀 달리 24좌마다 하괘(下卦)와 체괘(替卦)로 나눈다고 하였다. 1개 좌의 범위인 15도 중에서 중앙의 9도를 제외한 양변의 6도 범위 안에서 坐向을 놓으면 替卦가 된다.

같은 坐向이라도 下卦의 坐向과 替卦의 坐向에 따라 飛星盤이 같은 경우도 있지만, 완전히 다른 경우도 종종 있다.

替卦를 산출하는 방법은 당시에는 천하의 비중지비(祕中之祕)이었다. 강요(姜垚) 선생이 스승인 장대홍(蔣大鴻) 선생에게 「체괘구결(替卦口訣)」을 전수를 받기 위해 거금 二千金으로 보답했다는 이야기가 강요 선생이 지은《종사수필(從師隨筆)》에 나온다.

강 선생은 장대홍 선생에게 替卦구결을 얻은 후에《청낭오어(靑囊奧語)》의 비밀을 이해하게 되었고 이 책에 주석도 달게 되었다고 전한다.

下卦가 정법(正法)이라면 替卦는 편법(便法)이기 때문에 특수한 상황이나 불가피한 경우에만 사용하는 방법이다.

替卦를 산출하는 방법은 현공풍수고전인 양균송의《청낭오어(靑囊奧語)》에 나오지만 초학자에게는 어려운 점이 있기 때문에 장대홍 선생이 제자인 강요 선생에게 전수해준 구결(口訣)로 대체하여 替卦의 비밀을 알아보자.

장대홍 선생의 「替卦구결」은 50자에 불과하다.

『子癸並甲申 貪狼一路行 (자계병갑신 탐랑일로행)
酉辛丑艮丙 天星說破軍 (유신축간병 천성설파군)
壬卯乙未坤 五位爲巨門 (임묘을미곤 오위위거문)
寅午庚丁上 右弼四星臨 (인오경정상 우필사성림)
乾亥辰巽巳 連戌武曲名 (건해진손사 연술무곡명)』

구결을 풀이하면
子, 癸, 甲, 申은 貪狼(1)로 바뀌고,

酉, 辛, 丑, 艮, 丙은 破軍(7)로 바뀌고,

壬, 卯, 乙, 未, 坤은 巨門(2)로 바뀌고,

寅, 午, 庚, 丁은 右弼(9)로 바뀌고,

乾, 亥, 辰, 巽, 巳, 戌은 武曲(6)으로 숫자만 바뀌고 陰陽은 바뀌지 않는다.

1-9運별 24坐向을 下卦의 수와 替卦의 수를 정리하면 다음〈표〉와 같다.

| 下卦數와 替卦數 | | | | | | | |
|---|---|---|---|---|---|---|---|
| 坐 | 下卦 | 替卦 | 備考 | 坐 | 下卦 | 替卦 | 備考 |
| 壬 | +1 | +2 | ✔ | 丙 | +9 | +7 | ✔ |
| 子 | -1 | -1 | 同 | 午 | -9 | -9 | 同 |
| 癸 | -1 | -1 | 同 | 丁 | -9 | -9 | 同 |
| 丑 | -8 | -7 | ✔ | 未 | -2 | -2 | 同 |
| 艮 | +8 | +7 | ✔ | 坤 | +2 | +2 | 同 |
| 寅 | +8 | +9 | ✔ | 申 | +2 | +1 | ✔ |
| 甲 | +3 | +1 | ✔ | 庚 | +7 | +9 | ✔ |
| 卯 | -3 | -2 | ✔ | 酉 | -7 | -7 | 同 |
| 乙 | -3 | -2 | ✔ | 辛 | -7 | -7 | 同 |
| 辰 | -4 | -6 | ✔ | 戌 | -6 | -6 | 同 |
| 巽 | +4 | +6 | ✔ | 乾 | +6 | +6 | 同 |
| 巳 | +4 | +6 | ✔ | 亥 | +6 | +6 | 同 |

※ 구성수(九星數)

1. 탐랑(貪狼)
2. 거문(巨門)
3. 녹존(祿存)
4. 문곡(文曲)
5. 염정(廉貞)
6. 무곡(武曲)
7. 파군(破軍)
8. 좌보(左輔)
9. 우필(右弼)

九星 명칭은 이기풍수이면서 형기풍수 용어로도 사용한다.

## 18. 체괘산출법(替卦算出法)

산출하는 방법은 下卦와 같으나 다만 中宮의 숫자가 체괘 구결에 따라 바뀌게 된다.

| 午向 ↑ | | | | 午向 ↑ | | |
|---|---|---|---|---|---|---|
| 7 8 二 | ③ 七 | 5 1 九 | → | 6 8 二 | 2 ③ 七 | 4 1 九 |
| 6 9 一 | 山向 +8 -7 三 | 1 5 五 | → | 5 9 一 | 山向 +7 -7 三 | 9 5 五 |
| 2 4 六 | 4 2 八 | 9 6 四 | | 1 4 六 | 3 2 八 | 8 6 四 |
| 3運 子坐(下卦) | | | | 3運 子坐(替卦) | | |

예를 들어 3運 子坐午向(替卦)이다.

(1) 3運이므로 '三'자를 中宮에 넣고 순행하여 운반(運盤)을 만드는 것은 下卦와 동일하다. 따라서 乾宮에 四, 兌宮 五, 艮宮에 六, 離宮에 七, 坎宮에 八, 坤宮에 九, 震宮에 一, 巽宮에는 二가 된다.

(2) 中宮의 山星 '+8'은 艮인데 艮宮(子坐午向은 天元이기 때문에 艮宮의 '丑艮寅' 중에서도 같은 天元인 '艮'이 해당 됨)에서도 天元인 艮은 替卦구결 『酉辛丑艮丙 天星說破軍(유신축간병 천성설파군)』에서 '破軍(7)'이므로 中宮의 山星 '+8'은 '+7'로 바뀐다.

(3) 中宮의 向星은 '-7'은 兌인데 兌宮(子坐午向은 天元이기 때문에 兌宮의 '庚酉辛' 중에서도 같은 天元인 '酉'가 해당됨)에서도 天元인 酉는 替

卦구결 『酉辛丑艮丙 天星說破軍(유신축간병 천성설파군)』에서 '酉'는 '파군(7)' 이므로 中宮의 '-7'은 바뀌지 않고 '-⑦'을 그대로다.

⑷ 다음에는 中宮의 向星과 山星을 양순음역(陽順陰逆)한다.

※ 替卦는 1-9運에 총 9運×24좌=216局이나 下卦와 동일한 명반을 78局을 제외하면 138局이 된다. 따라서 下卦144局+替卦 138局으로 도합 282局이 된다.

| 運\坐 | 1運 | 2運 | 3運 | 4運 | 5運 | 6運 | 7運 | 8運 | 9運 |
|---|---|---|---|---|---|---|---|---|---|
| 壬 | -6+5 | +9-6 | -7+9 | +7-7 | +2+7 | -2+2 | +1-2 | -6+1 | +5-6 |
| 子 | +6-5 | -7+6 | +7-7 | -9+7 | -1-9 | +2-1 | -2+2 | +6-2 | -5+6 |
| 癸 | ↑ | ↑ | +9-7 | -9+9 | ↑ | +1-1 | -2+1 | ↑ | ↑ |
| 丑 | -6+9 | -5-7 | -6+7 | +9+2 | -7-2 | +7+1 | +2-6 | -2-5 | +1-6 |
| 艮 | +6-7 | +5+7 | +6-9 | -7-1 | +7+2 | -9-2 | -1+6 | +2+5 | -2+6 |
| 寅 | ↑ | +5+9 | ↑ | ↑ | +9+1 | ↑ | ↑ | +1+5 | ↑ |
| 甲 | -7+1 | +7-6 | +2+5 | -2-6 | +1+9 | -6-7 | +5+7 | -6+2 | +9-2 |
| 卯 | +7-2 | -9+6 | -1-5 | +2+6 | -2-7 | +6+7 | -5-9 | +6-1 | -7+2 |
| 乙 | +9-2 | ↑ | ↑ | +1+6 | ↑ | +6+9 | ↑ | ↑ | -7+1 |
| 辰 | +7-2 | +2+1 | -2-6 | +1-5 | -6-6 | -5+9 | -6-7 | +9+7 | -7+2 |
| 巽 | -9+2 | -1-2 | +2+6 | -2+5 | +6+6 | +5-7 | +6+7 | -7-9 | +7-1 |
| 巳 | -9+1 | ↑ | ↑ | +1+6 | ↑ | ↑ | ↑ | +6+9 | +9-1 |
| 丙 | +5-6 | -6+9 | +9-7 | -7+7 | +7+2 | +2-2 | -2+1 | +1-6 | -6+5 |
| 午 | -5+6 | +6-7 | -7+7 | +7-9 | -9-1 | -1+2 | +2-2 | -2+6 | +6-5 |
| 丁 | ↑ | ↑ | -7+9 | +9-9 | ↑ | -1+1 | +1-2 | ↑ | ↑ |
| 未 | +9-6 | -7-5 | +7-6 | +2+9 | -2-7 | +1+7 | -6-2 | -5-2 | -6+1 |
| 坤 | -7+6 | +7+5 | -9+6 | -1-7 | +2+7 | -2-9 | +6-1 | +5+2 | +6-2 |
| 申 | ↑ | +9+5 | ↑ | ↑ | +1+9 | ↑ | ↑ | +5+1 | ↑ |
| 庚 | +1-7 | -6+7 | +5+2 | -6-2 | +9+1 | -7-6 | +7+5 | +2-6 | -2+9 |
| 酉 | -2+7 | +6-9 | -5-1 | +6+2 | -7-2 | +7+6 | -9-5 | -1+6 | +2-7 |
| 辛 | -2+9 | ↑ | ↑ | +6+1 | ↑ | +9+6 | ↑ | ↑ | +1-7 |
| 戌 | -2+7 | +1+2 | -6-2 | -5+1 | -6-6 | +9-5 | -7-6 | +7+9 | +2-7 |
| 乾 | +2-9 | -2-1 | +6+2 | +5-2 | +6+6 | -7+5 | +7+6 | -9-7 | -1+7 |
| 亥 | +1-9 | ↑ | +6+1 | ↑ | ↑ | ↑ | +9+6 | ↑ | -1+9 |

## 19. 奇局(1): 합십(合十)

　九宮의 숫자조합이 기묘한 局을 이룬 경우가 종종 있다. 이를 「기국(奇局)」이라고 하는데 기국의 종류에는 「합십국(合十局)」, 「연주삼반괘(聯珠三盤卦)」, 「부모삼반괘(父母三盤卦)」 3가지 종류가 있다.

　「합십국(合十局)」은 9宮 전체의 「向星과 運盤」 또는 「山星과 運盤」의 수를 더하여 10이 되는 경우를 말한다. 向星과 山星과의 合十도 奇局이다.

　合十국이 되면 모든 일마다 원하는 대로 되고 곳곳에서 귀인이 도와줄 뿐만 아니라 봉흉화길(逢凶化吉: 凶을 만나도 오히려 吉하게 변함)하여 금상첨화(錦上添花)하는 아주 좋은 局으로 旺山旺向에 버금간다.

　合十국에서도 山星과 運盤의 「山星合十」局은 인물이 大旺하고, 「向星合十」局은 재물로 大旺한다.

　8運에 丑坐未向(下卦, 替卦)과 未坐丑向(下卦, 替卦)은 「旺山旺向」에 「全盤合十」이 되는 아주 특별한 奇局이 된다.

　그리고 8運에 子坐午向(替卦), 午坐子向(替卦), 癸坐丁向(替卦), 丁坐癸向(替卦)은 旺山旺向은 아니지만 合十局이 된다.

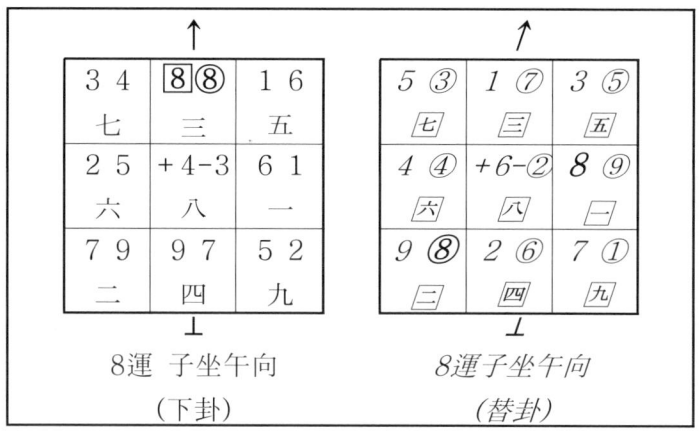

8運 子坐午向
(下卦)

8運 子坐午向
(替卦)

㈜ 8運 子坐午向 下卦와 替卦의 차이

8運 子坐午向(下卦)은 단순히 雙星會向에 불과하지만, 替卦는 九宮 전체가 運盤과 向星이 묘하게 「向星合十」이 되어 奇局을 이루고 있다.

다만 替卦에 따른 山水가 배합되어야 合局이 되며 吉象이 된다. 위의 예에서 艮宮에 물이 있어야 하고 兌宮에 山이 있어야 合局이 된다.

그리고 다시 강조하지만 『替卦를 사용할 경우에는 정확한 나경(羅經)이 필요할 뿐만 아니라 체괘의 범위가 극히 제한적이므로 각별히 유의하여 사용하여야 한다.』

※ 1運과 9運에는 旺山旺向이 없다. 따라서 1運과 9運에는 「合十」이 되면 旺山旺向으로 간주한다.

## 合十局

| 坐＼運 | 1運 下 | 1運 替 | 2運 下 | 2運 替 | 3運 下 | 3運 替 | 4運 下 | 4運 替 | 5運 下 | 5運 替 | 6運 下 | 6運 替 | 7運 下 | 7運 替 | 8運 下 | 8運 替 | 9運 下 | 9運 替 |
|---|---|---|---|---|---|---|---|---|---|---|---|---|---|---|---|---|---|---|
| 壬 |  |  |  |  |  |  |  |  |  |  |  |  |  |  |  |  |  |  |
| 子 |  |  |  |  | 向 | 向 |  |  |  |  |  |  | 山 |  | 向 |  |  |  |
| 癸 |  |  |  |  | 向 | 向 |  |  |  |  |  |  | 山 |  | 向 |  |  |  |
| 丑 |  |  | 向 |  |  |  |  |  |  |  |  |  | 山 | 山 |  |  |  |  |
| 艮 |  |  |  |  |  |  |  |  |  |  |  |  |  |  |  |  |  |  |
| 寅 |  |  |  |  |  |  |  |  |  |  |  |  |  |  |  |  |  |  |
| 甲 |  |  |  |  |  |  | 向 | 向 |  |  | 山 |  |  |  |  |  |  |  |
| 卯 |  |  |  |  |  |  |  |  |  |  |  |  |  |  |  |  |  |  |
| 乙 |  |  |  |  |  |  |  |  |  |  |  |  |  |  |  |  |  |  |
| 辰 |  |  |  |  |  |  |  |  |  |  |  |  |  |  |  |  |  |  |
| 巽 | 山 | 山 |  |  |  |  |  |  |  |  |  |  |  |  | 向 | 向 |  |  |
| 巳 | 山 | 山 |  |  |  |  |  |  |  |  |  |  |  |  | 向 | 向 |  |  |
| 丙 |  |  |  |  |  | 向 |  |  |  |  |  |  |  |  |  |  |  |  |
| 午 |  |  |  |  | 山 | 向 |  |  |  |  |  |  | 向 | 山 |  |  |  |  |
| 丁 |  |  |  |  | 山 | 向 |  |  |  |  |  |  | 向 | 山 |  |  |  |  |
| 未 |  |  | 山 |  |  |  |  |  |  |  |  |  | 向 | 向 |  |  |  |  |
| 坤 |  |  |  |  |  |  |  |  |  |  |  |  |  |  |  |  |  |  |
| 申 |  |  |  |  |  |  |  |  |  |  |  |  |  |  |  |  |  |  |
| 庚 |  |  |  |  | 山 | 山 | 山 |  |  |  | 向 |  |  |  |  |  |  |  |
| 酉 |  |  |  |  |  |  |  |  |  |  |  |  |  |  |  |  |  |  |
| 辛 |  |  |  |  |  |  |  |  |  |  |  |  |  |  |  |  |  |  |
| 戌 |  |  |  |  |  |  |  |  |  |  |  |  |  |  |  |  |  |  |
| 乾 | 向 | 向 |  |  |  |  |  |  |  |  |  |  |  |  | 山 | 山 |  |  |
| 亥 | 向 | 向 |  |  |  |  |  |  |  |  |  |  |  |  | 山 | 山 |  |  |

## 20. 奇局(2): 연주삼반괘(連珠三盤卦)

삼반괘(三盤卦)는「연주삼반괘(聯珠三盤卦)」와「부모삼반괘(父母三盤卦)」두 종류가 있다.

연주삼반괘는 九宮 전체가 運盤, 向星, 山星의 3개의 숫자가 123, 234, 345, 456, 567, 678, 789, 891과 같이 숫자가 연속적으로 되어 있다.

연주삼반괘는 1~9運에서 下卦 16局과, 替卦 2局 등 모두 18局이 있다.

「聯珠三盤卦」가 되면 인간관계가 원활하고 귀인이 곳곳에서 도와주는 격이 되기 때문에 생각하지도 못한 좋은 일이 생기고, 봉흉화길(逢凶化吉: 凶함을 만나도 오히려 吉로 바뀜)하고, 아주 凶한 '반음(反吟)'과 '복음(伏吟)'의 화(禍)도 합국이 되면 풀어주는 아주 길한 局이다.

『비록 聯珠三盤卦가 奇局으로 좋기는 하지만 조심해야 할 사항은 下卦 16局은 모두가 上山下水로 되어 있기 때문에 반드시 지형이「平洋局(:平地)에 좌공조만(坐空朝滿)」의 조건이 된 경우에만 사용이 가능하다.』

8運에 辰坐戌向 替卦와 戌坐辰向 替卦는 旺山旺向이 되기 때문에 上山下水 下卦 16局과는 달리 좌실조공(坐實朝空)의 지형이 되어야 한다.

※ 좌실조공(坐實朝空): 앞에는 물이 있고 뒤에는 산이 있는 지형으로 배산임수(背山臨水)와 동일한 의미이다.

※ 좌공조만(坐空朝滿): 배산임수의 반대로 묘나 건축물을 기준점으로 하여 뒤쪽이 낮거나 물이 있고, 앞쪽은 높거나 山이 있는 곳이다. 일명 도기룡(倒騎龍)이라고도 함.

連珠 三盤卦 上山下水 16局. 旺山旺向 2局

| 坐\運 | 2運 1884 -1903 | 3運 1904 -1923 | 5運 1944 -1963 | 7運 1984 -2003 | 8運 下卦 2004 -2023 | 8運 替卦 |
|---|---|---|---|---|---|---|
| 辰 | 92 57 79<br>一 六 八<br>81 13 35<br>九 二 四<br>46 68 24<br>五 七 三 | | | | 6⑧ 24 46<br>七 三 五<br>57 79 92<br>六 八 一<br>13 35 ⑧1<br>二 四 九 | ⑧6 42 64<br>七 三 五<br>75 97 29<br>六 八 一<br>31 53 1⑧<br>二 四 九 |
| 巽巳 | | 13 68 81<br>二 七 九<br>92 24 46<br>一 三 五<br>57 79 35<br>六 八 四 | 35 81 13<br>四 九 二<br>24 46 68<br>三 五 七<br>79 92 57<br>八 一 六 | 57 13 35<br>六 二 四<br>46 68 81<br>五 七 九<br>92 24 79<br>一 三 八 | | 旺山旺向 |
| 戌 | 29 75 97<br>一 六 八<br>18 31 53<br>九 二 四<br>64 86 42<br>五 七 三 | | | | ⑧6 42 64<br>七 三 五<br>75 97 29<br>六 八 一<br>31 53 1⑧<br>二 四 九 | 6⑧ 24 46<br>七 三 五<br>57 79 92<br>六 八 一<br>13 35 ⑧1<br>二 四 九 |
| 乾亥 | | 31 86 18<br>二 七 九<br>29 42 64<br>一 三 五<br>75 97 53<br>六 八 四 | 53 18 31<br>四 九 二<br>42 64 86<br>三 五 七<br>97 29 75<br>八 一 六 | 75 31 53<br>六 二 四<br>64 86 18<br>五 七 九<br>29 42 97<br>一 三 八 | | 旺山旺向 |

## 21. 奇局(3): 부모삼반괘(父母三盤卦)

「부모삼반괘(父母三盤卦)」는 九宮 전체가 「運盤」과 「向星」그리고 「山星」의 숫자조합이 147, 258, 369 세 숫자로만 조합이 되어있다. 1~9運에서 下卦에만 16局이 있다.

부모삼반괘의 효력은 연주삼반괘와 마찬가지로 인간관계가 원활하고 귀인이 곳곳에서 도와주는 격이 되기 때문에 생각하지도 못한 좋은 일이 생기고, 봉흉화길(逢凶化吉)하고, 반음(反吟)과 복음(伏吟)의 흉화(凶禍)도 풀어버리는 아주 좋은 괘가 되어 기국이 된다.

『父母三盤卦가 특별한 기국으로 좋기는 하지만 조심해야 할 사항은 下卦16局 모두가 上山下水로 되어 있기 때문에 반드시「평양국(平洋局: 평지)에 수전현무(水纏玄武: 물이 뒤로 돌아가는 것)하고 좌공조만(坐空朝滿)하는 지형」조건에 충족한 경우에만 가능하다는 사실을 확실히 알고 사용하여야 한다.』

## 父母三盤卦 〈上山下水16局〉

| 運\坐 | 2運<br>1884-1903 | 4運<br>1924-1943 | 5運<br>1944-1963 | 6運<br>1964-1983 | 8運<br>2004-2023 |
|---|---|---|---|---|---|
| 丑 | | 69 25 ④7<br>三 八 一<br>58 71 93<br>二 四 六<br>1④ 36 82<br>七 九 五 | | 82 47 ⑥9<br>五 一 三<br>71 93 25<br>四 六 八<br>3⑥ 58 14<br>九 二 七 | |
| 艮寅 | 47 93 ②5<br>一 六 八<br>36 58 71<br>九 二 四<br>8② 14 69<br>五 七 三 | | 71 36 ⑤8<br>四 九 二<br>69 82 14<br>三 五 七<br>2⑤ 47 93<br>八 一 六 | | 14 69 ⑧2<br>七 三 五<br>93 25 47<br>六 八 一<br>5⑧ 71 36<br>二 四 九 |
| 未 | | 96 52 7④<br>三 八 一<br>85 17 39<br>二 四 六<br>④1 63 28<br>七 九 五 | | 28 74 9⑥<br>五 一 三<br>17 39 52<br>四 六 八<br>⑥3 85 41<br>九 二 七 | |
| 坤申 | 74 93 5②<br>一 六 八<br>63 85 17<br>九 二 四<br>②8 41 96<br>五 七 三 | | 17 63 8⑤<br>四 九 二<br>96 28 41<br>三 五 七<br>⑤2 74 39<br>八 一 六 | | 41 96 2⑧<br>七 三 五<br>39 52 74<br>六 八 一<br>⑧5 17 63<br>二 四 九 |

## 22. 성문결(城門訣)

성문(城門)이란 용어는 玄空風水古典인《청낭오어(靑囊奧語)》에 『제육비 팔국성문쇄정기(第六祕 八國城門鎖正氣)』라는 구절에 나온다.

성문결(城門訣)은 玄空風水에서 수법(水法)에 관한 중요한 부분으로 성문결에 해당되는 방위에 성문(合水나 水口)이 있으면 금상첨화(錦上添花)하고 설중송탄(雪中送炭)하는 吉象이 된다.

성문결에는 「정성문(正城門)」과 「부성문(副城門)」이 있는데 정성문은 효력이 강하고 부성문은 비교적 약하다.

(1) 정성문과 부성문

| 4 | 9 | 2 |
|---|---|---|
| 3 | 5 | 7 |
| 8 | 1 | 6 |

성문은 向宮의 좌우편에 있는 宮이 해당된다. 이 두 개의 宮에서 向宮과 합성이 되는 宮 즉 1과 6, 2와 7, 3과 8, 4와 9가 되는 宮은 정성궁이 되고 합성이 되는 않는 宮은 부성궁이 된다. 宮의 3개 方向에서도 동원(同元)이 되는 1개 방위만 성문이 된다.

예들 들어 壬坐丙向이라면 向宮(9離)의 좌우에 있는 巽宮(4)과 坤宮(2)이 성문궁이 되는데 이중에서 向宮(9離)과 합성이 되는 巽宮(4)이 정성궁이 되고 坤宮(2)는 부성궁이 된다.

다음에 巽宮(4)에 배속된 辰방, 巽방, 巳방 중에서도 동원(同元)인 辰방은 정성문이 되고 坤宮(2)에 배속된 未, 坤, 申방 중에서도 未方만 부성문이 된다. 壬坐는 地元이므로 같은 地元에 해당되는 辰방과 未방이 성문에 해당된다.

### 正城門과 副城門

| 坐宮 | 坐 | 向宮 | 正城宮 | 正城門 | 副城宮 | 副城門 |
|---|---|---|---|---|---|---|
| 1坎 | 壬<br>子<br>癸 | 9離 | 4巽 | 辰<br>巽<br>巳 | 2坤 | 未<br>坤<br>申 |
| 8艮 | 丑<br>艮<br>寅 | 2坤 | 7兌 | 庚<br>酉<br>辛 | 9離 | 丙<br>午<br>丁 |
| 3震 | 甲<br>卯<br>乙 | 7兌 | 2坤 | 未<br>坤<br>申 | 6乾 | 戌<br>乾<br>亥 |
| 4巽 | 辰<br>巽<br>巳 | 6乾 | 1坎 | 壬<br>子<br>癸 | 7兌 | 庚<br>酉<br>辛 |
| 9離 | 丙<br>午<br>丁 | 1坎 | 6乾 | 戌<br>乾<br>亥 | 8艮 | 丑<br>艮<br>寅 |
| 2坤 | 未<br>坤<br>申 | 8艮 | 3震 | 甲<br>卯<br>乙 | 1坎 | 壬<br>子<br>癸 |
| 7兌 | 庚<br>酉<br>辛 | 3震 | 8艮 | 丑<br>艮<br>寅 | 4巽 | 辰<br>巽<br>巳 |
| 6乾 | 戌<br>乾<br>亥 | 4巽 | 9離 | 丙<br>午<br>丁 | 3震 | 甲<br>卯<br>乙 |

(2) 성문결

　성문이 될지라도 성문결에 해당되는 방위를 다시 찾아야 한다. 운반(運盤)을 입중시켜 정성궁과 부성궁의 숫자를 中宮에 넣고 해당 숫자가 음이면 逆行하고 양이면 順行시켜 성문궁에 이르는 숫자가 당운(當運)과 동일하면 성문결에 해당되고 숫자가 동일하지 않으면 성문결에 해당되지 않는다.

```
        巽向        正城宮
          ↖       (離宮)
        ┌─────┬─────┬─────┐
        │  7  │  ③  │  5  │
        ├─────┼─────┼─────┤
 副城宮 │  ⑥  │ 8運 │  1  │
 (震宮) ├─────┼─────┼─────┤
        │  2  │  4  │  9  │
        └─────┴─────┴─────┘
                           乾坐
   8運 乾坐巽向의 正城門과 副城門
```

(예) 8運 乾坐巽向의 성문결 방위

　向宮인 巽宮(4)과 離宮(9)은 합성이 되므로 정성궁이 되고, 합성이 되지 않는 震宮(3)은 부성궁이 된다.

　정성궁인 離宮(丙,午,丁)에서도 同元(乾坐는 天元)인 午方만 정성문이 되고, 부성궁인 震宮(甲,卯,乙)에서도 同元(乾坐는 天元)인 卯方만 부성문이 된다.

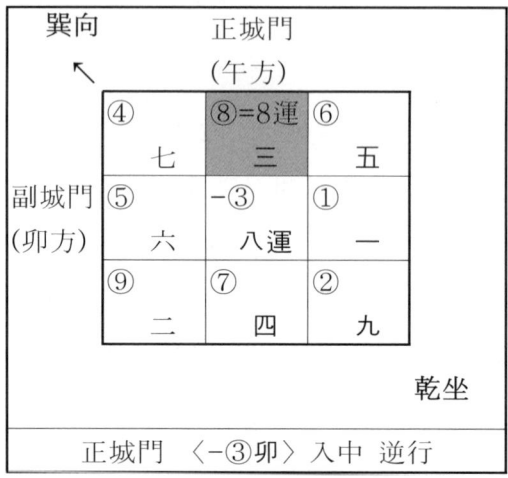

정성궁인 離宮(8運에 3震은 +甲,-卯,-乙)에서도 天元에 해당되는 〈-③卯〉를 入中宮시키고 陰이므로 逆行을 하면 離宮에 ⑧이 이르는데 8運과 동일한 숫자가 되므로 성문결에 해당된다.

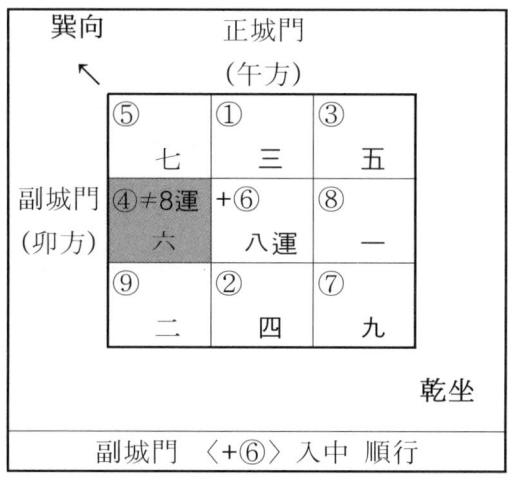

부성궁인 震宮(8運에 6乾은 -戌.+乾.+亥)에서도 天元인 ⟨+⑥乾⟩을 入中宮시키고 순행을 하면 震宮에 ④가 이르는데 8運과 동일한 숫자가 아니므로 부성문결에 해당되지 않는다.

따라서 8運에 乾坐巽向은 午方만 城門이 되고 卯方은 城門이 되지 않는다.

성문결을 계산하는 법이 복잡하니까 원리만 알고 ⟨표⟩를 이용하기 바란다.

표를 보면 알 수 있듯이 시기와 좌에 따라 정성문과 부성문이 모두 성문결에 해당되는 경우도 있고, 둘 중에 하나만 되는 경우도 있고 모두 되지 않는 경우도 있다.

※이상의 내용은《심씨현공학》에 의거한 성문결인데, 일부 현공학자들은 심씨현공학의 성문결이 일부는 맞고 일부는 틀리다는 이론이 있으니 깊은 연구가 필요하다. 그리고 성문결은 當運에만 사용되며 運이 바뀌면 성문이 되지 않는다.

## 城 門 訣

| 坐 | 正城門 | 副城門 | 1運 | 2運 | 3運 | 4運 | 5運 | 6運 | 7運 | 8運 | 9運 |
|---|---|---|---|---|---|---|---|---|---|---|---|
| 壬 | 辰 | 未 | ××  | × 未 | 辰 × | × × | 辰 未 | 辰 × | 辰 未 | × 未 | 辰 未 |
| 子 | 巽 | 坤 | 巽 坤 | 巽 × | × 坤 | 巽 坤 | × × | 坤 × | × 巽 | × 坤 | × × |
| 癸 | 巳 | 申 | × × | 巳 申 | 巳 × | × 申 | 巳 × | 巳 申 | × 申 | × 巳 | × × |
| 丑 | 庚 | 丙 | × × | 庚 丙 | 庚 × | 庚 丙 | × × | 庚 × | × 丙 | × × | 庚 丙 |
| 艮 | 酉 | 午 | 酉 午 | × × | × 午 | × × | 酉 午 | × 午 | 酉 × | 酉 午 | × × |
| 寅 | 辛 | 丁 | 辛 丁 | × × | × 丁 | × × | 辛 丁 | × 丁 | 辛 × | 辛 × | × × |
| 甲 | 未 | 戌 | × 戌 | 未 × | × 戌 | × 戌 | 未 戌 | 未 × | 未 戌 | 未 × | 未 × |
| 卯 | 坤 | 乾 | 坤 × | × 乾 | 坤 × | 坤 × | × 坤 | × × | × × | 乾 × | 乾 |
| 乙 | 申 | 亥 | 申 × | × 亥 | 申 × | 申 × | × 申 | × × | × × | 亥 × | 亥 |
| 辰 | 壬 | 庚 | 壬 × | × 庚 | 壬 × | × × | 庚 × | × × | 壬 × | × 壬 | × 庚 |
| 巽 | 子 | 酉 | × 酉 | 子 × | × 酉 | 子 × | × 酉 | 子 × | 子 × | × 酉 | × 子 |
| 巳 | 癸 | 辛 | × 辛 | 癸 × | × 辛 | 癸 × | 癸 辛 | 癸 × | 癸 × | × 辛 | × 癸 |
| 丙 | 戊 | 丑 | 戊 丑 | × 丑 | 戊 丑 | 戊 × | 戊 丑 | × × | 戊 × | 戊 丑 | × 戊 |
| 午 | 乾 | 艮 | × × | 乾 × | × 艮 | × 艮 | 乾 艮 | × 艮 | 乾 艮 | 乾 × | 乾 艮 |
| 丁 | 亥 | 寅 | × × | 亥 × | × 寅 | × 寅 | 亥 寅 | × 寅 | 亥 寅 | 亥 × | 亥 寅 |
| 未 | 甲 | 壬 | 甲 壬 | × × | × 壬 | 甲 × | × × | 甲 × | × × | 甲 壬 | × × |
| 坤 | 卯 | 子 | × × | 卯 子 | 卯 × | × × | × 子 | 卯 子 | × 子 | 卯 × | 卯 子 |
| 申 | 乙 | 癸 | × × | 乙 癸 | 乙 × | × × | × 癸 | 乙 癸 | × 癸 | 乙 × | 乙 癸 |
| 庚 | 丑 | 辰 | 丑 × | 丑 × | × 丑 | × 辰 | × × | × 辰 | 丑 × | × × | × 辰 |
| 酉 | 艮 | 巽 | × 巽 | × 巽 | × 巽 | × 艮 | 巽 × | × 艮 | × 艮 | 巽 艮 | × × |
| 辛 | 寅 | 巳 | × 巳 | × 巳 | × 巳 | × 寅 | 巳 × | × 寅 | × 寅 | 巳 寅 | × × |
| 戌 | 丙 | 甲 | × 甲 | 甲 丙 | × × | × 丙 | 甲 × | × × | 甲 × | × 甲 | 丙 × |
| 乾 | 午 | 卯 | 午 × | × × | 卯 午 | 卯 × | × × | 卯 午 | × 卯 | × 午 | × 卯 |
| 亥 | 丁 | 乙 | 丁 × | × × | 乙 丁 | 乙 × | × × | 丁 乙 | × 乙 | × 丁 | × 乙 |

## 23. 地運法(1): 小地의 地運계산법

사람에게 생로병사(生老病死)가 있고 계절에도 춘하추동(春夏秋冬)이 있듯이 마찬가지로 風水에도 생왕휴수(生旺休囚)가 있으므로 일정한 시기가 되면 「지운(地運)」이 끝나기 마련이다.

건택조장(建宅造葬)을 하면 언제부터 발복(發福)을 받고 발복이 언제까지 지속될 것인가에 대해 궁금할 것이다.

이와 같은 궁금증에도 불구하고 기존의 이기풍수이론에서는 발복 시기나 기간에 대한 명쾌한 이론이 없다. 그러나 현공풍수이론은 언제 발복이 시작되고 언제 地氣가 소멸되는지 그 시기를 간단한 계산을 통하여 쉽게 알 수 있다.

地運이 끝나는 시기를 현공풍수에서는 「입수(入囚)」되었다고 하는데 입수가 되면 地氣가 휴식상태가 되기 때문에 재정양패(財丁兩敗)가 되는데 그 정도는 上山下水의 피해보다 더욱 심하다.

向星이 입수되면 해당 運의 地氣는 결정적으로 소멸된다.

山星이 입수되면 지운과는 무관하지만 다만 人丁에 불리하여 출산(出産)이 적어지거나 출세에 지장이 오게 된다는 점에서 차이가 많다.

예를 들어 설명해보자.

8運에 壬坐丙向(下卦)으로 用事를 했다면 3運에 向星이 中宮에 있는데 즉 中宮에 물이 있어야 하는데, 건축물이나 墓가

물속에 있을 수가 없다.

따라서 결국은 재록(財祿)이 다하게 되어 入囚가 된다는 이론이다.

풍수지리를 실생활에 잘 활용하여 우리의 인생을 행복한 삶으로 만드는 이로운 점에 대해서는 대체적으로 인정하여 명당을 찾으려는 수고를 아끼지 않지만, 地運이 언제 끝나고 지운이 끝나면 피해를 보게 된다는 사실은 잘 모르고 있다.

지운은 형기풍수로 판단하여 小地, 中地, 大地로 나뉘는데 다음은 小地의 地運계산법이다.

(1) 旺山旺向, 雙星會坐, 上山下水 局의 地運계산법

中宮의 운반(運盤)수에서 中宮의 向星수 직전까지가 지운기간이 된다.

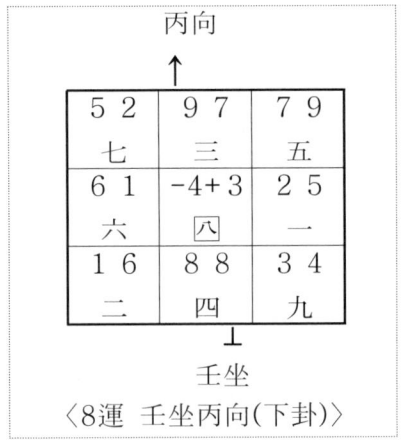

〈8運 壬坐丙向(下卦)〉

예를 들어 8運에 壬坐丙向(下卦)의 경우에, 雙星會坐의 局으로 地運은 용사시기인 中宮의 運盤⑧부터 시작하여 中宮의 向星인 3運직전의 2運까지이며 3運에 入囚된다.

즉 8運→ 9運→ 1運→ 2運 4개 運동안이 地運기간이 된다. 8運 첫해에 용사(用事)를 하였다면 地運기간은 최장 80년이 된다.

(2) 雙星會向의 지운 계산법

雙星會向은 지운기간을 계산하는 방법이 약간 다르다. 向宮의 向星이 坐宮의 向星에 이르면 入囚가 된다.

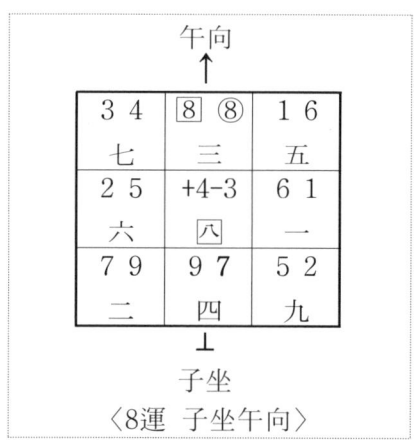

〈8運 子坐午向〉

예를 들어 8運에 子坐午向(下卦)은 雙星會向의 局으로 地運 기간의 계산은 向宮의 向星⑧에서 시작하여 坐宮의 向星인 7運 직전인 6運까지이며 7運에 入囚가 된다.

즉 8運→9運→1運→2運→3運→4運→5運→6運 까지 지운 기간이다. 8運 첫해에 용사(用事)를 하였다면 지운기간은 최장 160년이 된다.

여기에서 7運이 되면 입수가 되는데 만약 입수되는 宮인 坎宮에 물이 있다면 입수되지 않는다.

| 地運法 |||||||||||||||||||| 〈○는 當運 入囚〉 |
|---|---|---|---|---|---|---|---|---|---|---|---|---|---|---|---|---|---|---|
| 運＼坐 | 1運 || 2運 || 3運 || 4運 || 5運 || 6運 || 7運 || 8運 || 9運 ||
| | 下 | 替 | 下 | 替 | 下 | 替 | 下 | 替 | 下 | 替 | 下 | 替 | 下 | 替 | 下 | 替 | 下 | 替 |
| 壬 | 5 | 5 | 1 | 6 | 7 | 9 | 3 | 7 | 9 | 7 | 1 | 2 | 6 | 2 | 3 | 1 | 8 | 6 |
| 子 | 9 | 9 | 6 | 6 | 2 | 7 | 8 | 7 | 9 | 9 | 5 | 5 | 2 | 2 | 7 | 2 | 4 | 6 |
| 癸 | 9 | 9 | 6 | 6 | 2 | 7 | 8 | 9 | 9 | 9 | 5 | 1 | 2 | 1 | 7 | 2 | 4 | 6 |
| 丑 | 7 | 9 | 8 | 7 | 9 | 7 | 1 | 2 | 2 | 2 | 3 | 1 | 1 | 6 | 5 | 5 | 3 | 6 |
| 艮 | 4 | 7 | 8 | 7 | 6 | 6 | 1 | 1 | 2 | 2 | 3 | 5 | 4 | 6 | 5 | 6 | 6 | 6 |
| 寅 | 4 | 7 | 8 | 9 | 6 | 6 | 1 | 2 | 2 | 1 | 3 | 2 | 4 | 6 | 5 | 6 | 6 | 6 |
| 甲 | 3 | ① | 6 | 6 | 5 | 5 | 6 | 6 | 7 | 9 | 8 | 7 | 9 | ⑦ | 1 | 2 | 4 | 2 |
| 卯 | 5 | 2 | 4 | 6 | 5 | 6 | 6 | 6 | 7 | 7 | 8 | 7 | 9 | 7 | 3 | 3 | 2 | 2 |
| 乙 | 5 | 2 | 4 | 6 | 5 | 5 | 6 | 6 | 7 | 7 | 8 | 9 | 9 | 9 | 3 | 3 | 2 | 1 |
| 辰 | 3 | 2 | 3 | 1 | 4 | 6 | 6 | 5 | 6 | 7 | 7 | 9 | 8 | ⑦ | 9 | 7 | 1 | 2 |
| 巽 | 2 | 2 | 3 | ② | 4 | 6 | 5 | 5 | 6 | 6 | 8 | 8 | 8 | ⑦ | 9 | 9 | 2 | 1 |
| 巳 | 2 | ① | 3 | ② | 4 | 6 | 5 | 5 | 6 | 6 | 8 | 8 | 8 | 9 | 9 | 9 | 2 | 1 |
| 丙 | 2 | 2 | 7 | 6 | 4 | 7 | 9 | 7 | 1 | 2 | 7 | 2 | 3 | 1 | 9 | 6 | 5 | 5 |
| 午 | 6 | 6 | 3 | 3 | 8 | 7 | 5 | 9 | 1 | 1 | 2 | 2 | 8 | 2 | 4 | 6 | 1 | 5 |
| 丁 | 6 | 6 | 3 | 3 | 8 | 9 | 5 | 9 | 1 | 1 | 2 | 1 | 8 | 2 | 4 | 6 | 1 | 5 |
| 未 | 7 | 6 | 5 | 5 | 9 | 6 | 7 | 9 | 8 | 7 | 9 | 7 | 1 | 2 | 2 | 2 | 3 | 1 |
| 坤 | 4 | 6 | 5 | 5 | 6 | 6 | 7 | 7 | 8 | 7 | 9 | 9 | 4 | 1 | 2 | 2 | 6 | 2 |
| 申 | 4 | 6 | 5 | 5 | 6 | 6 | 7 | 7 | 8 | 9 | 9 | 9 | 4 | 1 | 2 | 1 | 6 | 2 |
| 庚 | 6 | 7 | 9 | 7 | 1 | 2 | 2 | 2 | 3 | 1 | 4 | ⑥ | 5 | 5 | 4 | 6 | 7 | ⑨ |
| 酉 | 8 | 7 | 7 | 9 | 1 | 1 | 2 | 2 | 3 | 2 | 4 | ⑥ | 5 | 5 | 6 | 5 | 5 | 5 |
| 辛 | 8 | 9 | 9 | 9 | 1 | 1 | 2 | 1 | 3 | 2 | 4 | ⑥ | 5 | 5 | 6 | 6 | 5 | 7 |
| 戌 | 9 | 7 | 1 | ② | 2 | 2 | 3 | 1 | 4 | 6 | 4 | 5 | 6 | 6 | 7 | 9 | 7 | 7 |
| 乾 | 8 | 8 | 1 | 1 | 2 | 2 | 2 | 2 | 4 | 4 | 5 | 5 | 6 | 6 | 7 | 8 | 7 | 7 |
| 亥 | 8 | 9 | 1 | 1 | 2 | 1 | 2 | 2 | 4 | 4 | 5 | 5 | 6 | 6 | 7 | 7 | 8 | ⑨ |

## 地運期間表 〈해당 運 첫해 用事時의 기간〉

| 運坐 | 1運 下 | 1運 替 | 2運 下 | 2運 替 | 3運 下 | 3運 替 | 4運 下 | 4運 替 | 5運 下 | 5運 替 | 6運 下 | 6運 替 | 7運 下 | 7運 替 | 8運 下 | 8運 替 | 9運 下 | 9運 替 |
|---|---|---|---|---|---|---|---|---|---|---|---|---|---|---|---|---|---|---|
| 壬 | 80 | 80 | 160 | 80 | 80 | 120 | 160 | 60 | 80 | 40 | 80 | 100 | 160 | 80 | 80 | 40 | 160 | 120 |
| 子 | 160 | 160 | 80 | 80 | 160 | 80 | 80 | 60 | 80 | 80 | 160 | 80 | 80 | 80 | 160 | 60 | 80 | 120 |
| 癸 | 160 | 160 | 80 | 80 | 160 | 80 | 80 | 100 | 80 | 80 | 160 | 80 | 80 | 60 | 160 | 60 | 80 | 120 |
| 丑 | 120 | 160 | 120 | 100 | 120 | 80 | 120 | 140 | 120 | 120 | 120 | 80 | 60 | 160 | 120 | 120 | 60 | 120 |
| 艮 | 60 | 120 | 120 | 100 | 60 | 60 | 120 | 120 | 120 | 120 | 120 | 160 | 120 | 160 | 120 | 120 | 120 | 120 |
| 寅 | 60 | 120 | 120 | 140 | 60 | 60 | 120 | 120 | 120 | 100 | 120 | 100 | 120 | 160 | 120 | 120 | 120 | 120 |
| 甲 | 40 | 0 | 80 | 80 | 40 | 40 | 40 | 40 | 40 | 80 | 40 | 20 | 40 | 0 | 40 | 60 | 80 | 40 |
| 卯 | 80 | 20 | 40 | 80 | 40 | 40 | 40 | 40 | 40 | 40 | 40 | 20 | 40 | 40 | 80 | 80 | 40 | 40 |
| 乙 | 80 | 20 | 40 | 80 | 40 | 40 | 40 | 40 | 40 | 40 | 40 | 60 | 40 | 40 | 80 | 80 | 40 | 20 |
| 辰 | 40 | 20 | 20 | 160 | 20 | 60 | 40 | 20 | 20 | 40 | 20 | 60 | 20 | 0 | 20 | 160 | 20 | 40 |
| 巽 | 20 | 20 | 20 | 0 | 20 | 60 | 20 | 20 | 40 | 40 | 20 | 0 | 20 | 20 | 40 | 20 |
| 巳 | 20 | 0 | 20 | 0 | 20 | 60 | 20 | 20 | 20 | 20 | 40 | 20 | 20 | 20 | 20 | 20 | 40 | 20 |
| 丙 | 20 | 20 | 100 | 80 | 20 | 80 | 100 | 60 | 100 | 120 | 20 | 100 | 100 | 60 | 20 | 140 | 100 | 100 |
| 午 | 100 | 100 | 20 | 20 | 100 | 80 | 20 | 100 | 100 | 100 | 100 | 100 | 20 | 80 | 100 | 140 | 20 | 100 |
| 丁 | 100 | 100 | 20 | 20 | 100 | 120 | 20 | 100 | 100 | 100 | 100 | 80 | 20 | 20 | 100 | 140 | 20 | 100 |
| 未 | 120 | 100 | 60 | 60 | 120 | 60 | 60 | 100 | 60 | 40 | 60 | 20 | 60 | 80 | 60 | 60 | 60 | 20 |
| 坤 | 60 | 100 | 60 | 60 | 60 | 60 | 60 | 60 | 60 | 40 | 60 | 60 | 120 | 60 | 60 | 60 | 120 | 40 |
| 申 | 60 | 100 | 60 | 60 | 60 | 60 | 60 | 60 | 60 | 80 | 60 | 60 | 120 | 60 | 60 | 40 | 120 | 40 |
| 庚 | 100 | 120 | 140 | 100 | 140 | 160 | 140 | 140 | 140 | 100 | 140 | 0 | 140 | 140 | 100 | 140 | 140 | 0 |
| 酉 | 140 | 120 | 100 | 140 | 140 | 140 | 140 | 140 | 140 | 120 | 140 | 0 | 140 | 140 | 140 | 140 | 100 | 100 |
| 辛 | 140 | 160 | 140 | 140 | 140 | 140 | 140 | 120 | 140 | 120 | 140 | 0 | 140 | 140 | 140 | 140 | 100 | 140 |
| 戌 | 160 | 120 | 160 | 0 | 160 | 160 | 160 | 120 | 160 | 20 | 140 | 160 | 160 | 160 | 160 | 20 | 140 | 140 |
| 乾 | 140 | 140 | 160 | 160 | 160 | 160 | 140 | 140 | 160 | 160 | 160 | 160 | 160 | 160 | 160 | 160 | 160 | 140 |
| 亥 | 140 | 160 | 160 | 160 | 160 | 140 | 140 | 140 | 160 | 160 | 160 | 160 | 160 | 160 | 160 | 160 | 160 | 0 |

## 24. 地運法(2): 大地의 地運계산법

陰·陽二宅에서 특별한 대지(大地)가 되면 地運을 계산하는 방법이 다르다.

그릇이 크면 물을 많이 담을 수 있듯이 일단 형기풍수로 대지가 되면 지운을 계산하는 방법도 다르다. 대기만성(大器晚成)이란 말도 있듯이 풍수지리에서는 대기장구(大器長久)가 된다.

만약에 용진혈적(龍眞穴的)한 대지(大地)일 경우에는 地運기간이 180년 추가로 연장된다.

내룡(來龍)이 장원(長遠)하며 진혈(眞穴)이 되고 合十이 되는 등 모든 조건에 합당하면 540년(180년×3회)이 될 수도 있고, 최고의 上吉地인 경우에는 1080년(540×2회)이 된다.

그런데 천장지비(天藏地祕)하는 귀한 大地는 主人이 따로 있는 법이며 대개는 재혈(裁穴)을 하기가 아주 어려운데 분수에 넘치는 大地를 구하려는 욕심은 오히려 화근이 된다.

그동안의 경험에 의하면 大地이지만 정확한 지점에 들어가지 못하여 소위 무연고분묘(無緣故墳墓)로 전락하게 된 묘를 많이 보았다.

그릇에 넘치는 물을 보고 아까워하는데, 넘치는 물은 내 것이 아니다는 진실을 알아야 한다. 넘치는 물이 아깝다고 생각하면 평소에 수양(修養)과 적덕(積德)을 많이 하여 그릇을 큰 그릇으로 바꾸어야 되지 않겠는가!

## 25. 수부주(囚不住)

다음과 같은 상황에서는 入囚가 되지 않는다. 일명「수부주(囚不住)」라고 한다. 다만 이 방법은《심씨현공학》에서도 사례도 없이 이론만 간단하게 언급하였다는 점을 고려해 보면 더욱 연구하여야 할 부분이다.

(1) 雙星會向의 경우

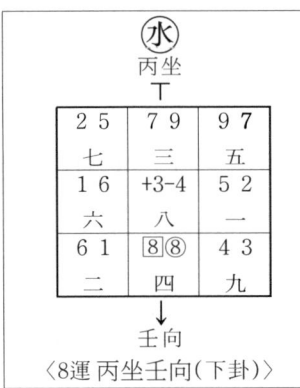

이 局은 雙星會向으로 본래는 9運이 되면 入囚가 되지만 만약 離宮에 물이 있거나 공광(空曠)하거나 문로(門路)가 있으면「수부주(囚不住)」된다.

(2) 向星 5黃星方에 有水

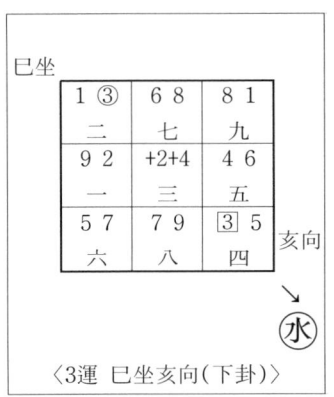

이 局은 본래는 4運에 入囚되지만 만약에 생기방이 앞에 있으며 向星 5黃星에 물이 있거나 공광(空曠)하거나 문로(門路)가 있으면 4운에「수부주(囚不住)」된다.

## (3) 5黃 入中宮시에는 向宮有水

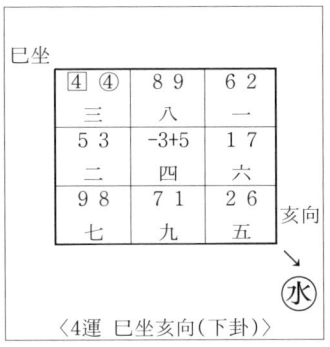

〈4運 巳坐亥向(下卦)〉

이 局은 본래는 5運에 入囚되지만 만약 向宮에 물이 있거나 공광(空曠)하거나 문로(門路)가 있으면 5運에「수부주(囚不住)」된다.

## 26. 복음(伏吟)의 大凶

복음(伏吟)이란 中宮에 山星이나 向星의 숫자가 5가 되어 순행하면 九宮 전체가 원단반(元旦盤: 洛書數와 동일)과 같은데, 이런 경우를 「만반복음(滿盤伏吟)」이라고 하여 아주 흉하여 「가파인망(家破人亡)」하게 된다.

伏吟이 되면 원단반과 숫자가 동일하기 때문에 변화가 전혀 없어 일명 「사국(死局)」이라고도 한다.

7運에 甲坐庚向이나 庚坐甲向으로 用事한 경우, 실제 경험을 통하여 보면 아주 특별한 경우를 제외하고는 망하지 않는 집안이 없을 정도로 伏吟은 大凶局이 된다.

그런데 8運에 伏吟이 되는 坐로는 艮坐(下卦와 替卦), 寅坐(下卦), 坤坐(下卦와 替卦), 申坐(下卦) 총 4개의 坐 6개의 局이 伏吟이 되므로 8運에 用事를 할 때에는 아주 각별히 조심하고 조심해야 한다.

```
           ↗ 坤向
| 1 4 | 6 9 | ⑧ 2 |
|  七  |  三  |  五  |
| 9 3 | 2 5 | 4 7 |
|  六  |  八  |  一  |
| 5 ⑧ | 7 1 | 3 6 |
|  二  |  四  |  九  |
艮坐
```

〈8運 艮坐坤向(下卦)〉

〈예: 8運 艮坐坤向(下卦)〉

8運에 艮坐坤向(下卦)은 中宮에 向星 5가 入中되어 順行하면 만반복음(滿盤伏吟)이 된다.

그런데 九宮全盤의 애성(挨星)이 147, 258, 369로 구성되면 父母三盤卦가 되고 合局(주변지형이 坐空朝滿)이 되면 伏吟의 피해가 없어지게 되는 것은 물론이고 오히려 전화위복(轉禍爲福)된다.

그러나 만약에 不合局이 되면, 즉「坐實朝空」의 지형이라면 伏吟의 피해를 당하게 되니 절대로 사용해서는 안 되는 坐向이다.

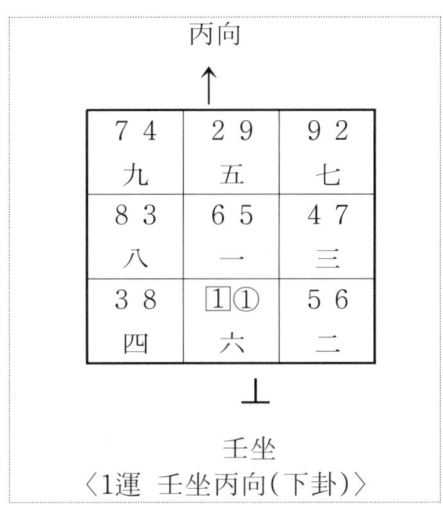

壬坐
〈1運 壬坐丙向(下卦)〉

〈실제사례: 1運 壬坐丙向(下卦)〉

장대홍 선생의 제자인 강요 선생이 지은《종사수필》에서는 책 첫머리에 伏吟에 대한 피해사례를 설명한 내용을 예로 들어본다.

인척 중에, 모씨는 지사(地師)를 널리 모아, 아주 좋은 땅을 구하여 경희(庚熙)23年(1684년) 甲子년에 이장을 하였는데 1運(1684~1703년)이고 壬坐丙向이므로 雙星會坐局이 된다.
이장을 한 후에 1년도 되지 않아 가족이 전염병에 걸려 죽었으며 남은 아들들은 상속문제로 재판을 하는데 지금까지 계류 중이다.
장대홍 선생은 산에 올라 묘를 보더니 웃으며 이렇게 말하였다.『땅은 정말로 좋으나 아깝게도 복음(伏吟)에 걸려, 墓의 화가 곧 바로 닥쳤구나.』

| 伏吟表(下卦와 替卦 동일) | | | | | | | | | |
|---|---|---|---|---|---|---|---|---|---|
| 運\坐 | 1運 | 2運 | 3運 | 4運 | 5運 | 6運 | 7運 | 8運 | 9運 |
| 壬 | ✗ | | | | | | | | |
| 子 | | | | | | | | | ✗ |
| 癸 | | | | | | | | | ✗ |
| 丑 | | | | | | | | | |
| 艮 | | ✗ | | | | | | ✗ | |
| 寅 | | ✗ | | | | | | ✗ | |
| 甲 | | | | ✗ | | | ✗ | | |
| 卯 | | | | | | | | | |
| 乙 | | | | | | | | | |
| 辰 | | | | | | | | | |
| 巽 | | | | ✗ | | ✗ | | | |
| 巳 | | | | ✗ | | ✗ | | | |
| 丙 | ✗ | | | | | | | | ✗ |
| 午 | | | | | | | | | |
| 丁 | | | | | | | | | |
| 未 | | | | | | | | | |
| 坤 | | ✗ | | | | | | ✗ | |
| 申 | | ✗ | | | | | | ✗ | |
| 庚 | | | | ✗ | | | ✗ | | |
| 酉 | | | | | | | | | |
| 辛 | | | | | | | | | |
| 戌 | | | | | | | | | |
| 乾 | | | | ✗ | | ✗ | | | |
| 亥 | | | | ✗ | | ✗ | | | |

## 27. 대문(大門)

(1) 대문의 중요성

　대문은 현공풍수이든지 삼합풍수이든지 전통적으로 양택삼요(陽宅三要)라고 하여 집, 대문, 부엌(또는 장독대)을 중요하게 보았다.
　이는 대문을 통하여 外氣를 불러들이는 역할을 하기 때문이며, 氣의 출입구라고 하여 일명 「기구(氣口)」라고도 한다.
　대문의 중요성에 대한 사례로 전남 여천군 소라면 중촌리라는 마을이 있다. 매스컴을 통하여 일명 「쌍둥이 마을」이라고 불릴 만큼 쌍둥이가 많은 마을로 유명한 마을인데 전체 275세대 중에 38쌍의 쌍둥이가 태어나 기네스북에도 실릴 정도로 유명한 마을이다.
　이 마을에서 8km 위치에 쌍봉산(335m)이 보이는데 이 마을의 모든 세대에서 쌍둥이를 낳은 것이 아니고 외출시에 대문을 통하여 쌍봉산이 보이는 집만 쌍둥이를 낳은 것이다.
　그러니까 「大門」을 통하여 문밖으로 나가면서 자연스럽게 쌍봉산을 바라보게 되면서 쌍봉산의 정기를 받아 쌍둥이가 태어나게 되는 것이다. 이 정도로 大門은 주택에서 차지하는 비중이 아주 높다.

(2) 대문을 길방위로 내는 방법

玄空風水의 大門 내는 방법은 조구봉의《양택삼요(陽宅三要)》에 나오는 '東四宅·西四宅'방법과는 전혀 다르다.

大門을 내는 방위는 아주 간단하다. 向星 왕기방에 내면 제일 좋다. 만약에 여건상 旺氣方에 大門을 낼 처지가 안 되면 차선책으로 生氣방위에 내면 되고 生氣方에도 어려우면 進氣方(次生氣方)에 낸다.

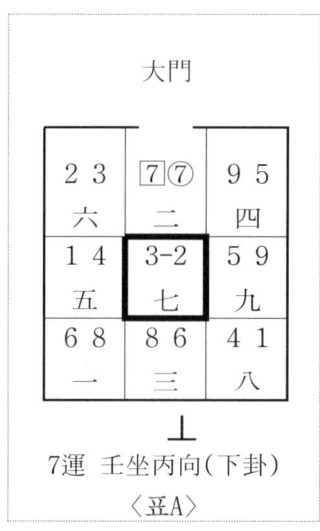
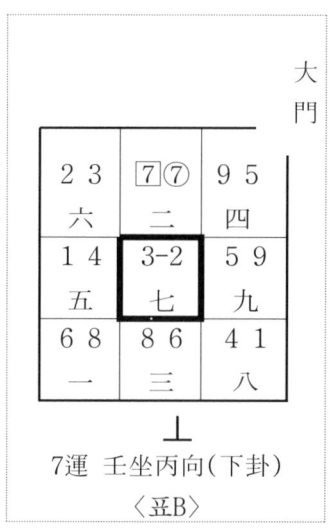

〈표A〉와 〈표B〉는 같은 7運에 用事한 壬坐丙向(下卦)주택으로 앞면에 도로가 있고 도로 건너편에는 건물이 있어 雙星會向 合局이다. 위의 표에서 굵은 선으로 표시된 중궁이 주택이다.

A주택은 大門이 '離宮⟨7-7⟩'에 있고, B주택은 大門이 '坤宮⟨9-5⟩'에 있어 대문 방위가 서로 다르게 있으므로 吉凶이 서로 다르게 나타난다.

A주택은 7運에 向星이 왕기방(旺氣方)인 離宮에 大門을 내어 재물운이 따르는 吉象이지만, 같은 7運에 같은 좌향으로 지은 B주택은 쇠기방인 5向星에 대문을 내어 재패(財敗)를 하게 된다.

대문은 向星과 아주 밀접한 관계가 있으므로 向星이 旺氣인 방위에 대문을 내면 된다. 만약에 주변 여건상 旺氣方으로 大門을 낼 처지가 안 될 때에는 生氣方(7運에서는 8이 生氣)인 艮宮으로 내야 하고, 生氣方도 여건이 되지 않을 때에는 進氣方(7運에서는 9가 進氣)인 兌宮으로 대문을 내면 된다.

다만 8運이 되면 A주택의 離宮大門은 퇴기방(退氣方)이 되므로 8運기간에는 向星이 旺氣方인 艮宮으로 대문을 이전해 주면 旺氣를 계속해서 받게 된다.

그러나 大門을 吉方位에 냈더라도 그곳에 사는 사람이 항상 그 문을 이용하지 않고 다른 문을 이용하면 소용이 없으므로 항상 그 대문을 이용하여야 효력이 있다.

## 28. 1-9運別 쇠왕표(衰旺表)

한때 旺盛하였던 氣運도 시기가 지나면 쇠퇴(衰退)하기 마련이다. 玄空風水에서는 運에 따라「길기(吉氣)」인 旺氣, 生氣, 進氣가 있는가 하면,「퇴기(退氣)」도 있고,「흉기(凶氣)」에 속하는 殺氣, 死氣, 衰氣도 있다.

예들 들어 설명하면

(1) 8運에 當運인 8자는「왕기(旺氣)」가 되어 해당 方位에 제일 먼저로는 山水가 合局으로 되어 있고 그리고 보기에 좋으면 大吉하다.

山水의 원근(遠近)은 가까우면 가까울수록 發福이 빠르고 반대로 멀면 멀수록 發福도 느리다. 山水의 규모는 크면 클수록 發福의 영향력도 크고 작으면 작을수록 영향력도 작아진다.

(2) 8運에 차기수(次期數)인 9자는「생기(生氣)」가 되어 해당 方位에 山水가 合局으로 되어 있고 山水가 보기에 좋으면 吉하다. 다만 9字는 次期運에 해당되므로 약간의 거리를 두고 있어야 제격이다.

(3) 8運에 1字는 차차기운(次次期運)에 해당되어 일명「진기(進氣)」라고 하며 비교적 시기적으로 멀기 때문에 해당 방위에 유정(有情)한 원산원수(遠山遠水)로 있으면 비록 작용력이 약하지만 吉한 氣運이 있다. 9運이 되면 進氣서 生氣가 되고, 1運이 되면 旺氣가 된다.

吉하지 않는 숫자의 해당 방위에는 山이나 물이 없는 것이 제일 좋고 멀리 있는 것은 凶이 아니다. 해당 方位에 山이나 물이 보이지 않으면, 즉 상대할 대상이 없으므로 凶한 作用도 없게 되는 것이다.

### 1-9運別 衰旺表

| 運\氣 | 退氣 | 吉氣 | | | 凶氣 | | | 補佐氣 |
|---|---|---|---|---|---|---|---|---|
| | | 旺氣 大吉 | 生氣 吉 | 進氣 平 | 衰氣 小凶 | 死氣 大凶 | 殺氣 大凶 | |
| 上元 1運 | 9 | 1 | 2 | 3·4 | ⑦ | 6 | 5·⑦ | 8 |
| 上元 2運 | 1 | 2 | 3 | 4 | 9 | 6 | 5·7 | 8 |
| 上元 3運 | 2 | 3 | 4 | 5 | 1 | 6 | 7·9 | 8 |
| 中元 4運 | 3 | 4 | 5 | 6 | 2 | ⑧ | 7·9 | 1·⑧ |
| 中元 5運 | 4 | 5 | 6 | 7 | 3 | 2 | 9 | 1·⑧ |
| 中元 6運 | 5 | 6 | 7 | ⑧ | 4 | 9 | 2·3 | 1·⑧ |
| 下元 7運 | 6 | 7 | 8 | 9 | 5 | 4 | 2·3 | 1 |
| 下元 8運 | 7 | 8 | 9 | ① | 6 | 2 | 3·4·5 | ① |
| 下元 9運 | 8 | 9 | ① | 2 | 7 | 6 | 3·4·5 | ① |

〈설명: 補佐氣중 원안의 숫자는 運중에 吉氣나 凶氣가 있을 경우의 숫자이다. 따라서 8運에 1은 진기(進氣)이면서 보좌기(補佐氣)가 때문에 실질적인 吉의 비중은 生氣와 같다고 볼 수 있다.〉

### 氣運에 따른 용도

|  |  |
|---|---|
| 旺氣 | 大門, 현관문을 내면 吉象. |
| 生氣 | 旺氣의 次善策으로 代用. |
| 進氣 | 生氣의 次善策으로 代用. |
| 退氣 | 조합수에 따라 길흉이 상반됨. |
| 衰氣 死氣 殺氣 | 제일 凶하다. |
| 補佐氣 | 후문, 창문, 계단, 침대가 있으면 吉象. |

## 29. 북두칠성타겁(北斗七星打劫)

「七星打劫」은 어딘가 모르게 말 자체부터 뭔가 묘한 비법이 숨어있는 듯한 인상이다. 타겁의 본래 뜻은 미래의 길운(吉運)을 지금에 미리 빼앗아 나의 것으로 만드는 비법이다. 실제로 「七星打劫」은 현공풍수학에서 최고의 비법으로 자식이거나 사제지간에도 특별한 경우에만 전수하였다.

이 비법을 활용하면 금시발복(今時發福)을 하게 되는 아주 묘한 기법(奇法)이다.

타겁법은 《심씨현공학(沈氏玄空學)》에 沈선생이 이궁상합(離宮相合: 일명 眞打劫) 24局과 감궁상합(坎宮相合: 일명 假打劫) 24局 즉, 도합 48개의 局이 타겁법이 된다고 설명하였다.

대개의 중국의 현공풍수연구가들은 沈선생의 七星打劫法 이론을 그대로 따르고 있다. 다만 대만의 현공풍수학의 大家인 종의명(鐘義明) 선생의 경우는 沈선생의 七星打劫法을 오류라고 지적하였으며, 필자도 현장조사를 통하여 검증을 해보면 沈선생의 七星打劫法은 오류라고 판단되니 독자들은 잘 연구하여 해오(解悟)하기 바란다.

沈선생은 현공학을 무사독학(無師獨學)하여 현공학의 이치를 터득한 대단한 인물이다. 그렇지만 현공풍수를 스승에게 직접 배운 사실이 없기 때문에 《沈氏玄空學》 내용 중에는 다소간에 오류가 있는데 그 중에 하나가 바로 '七星打劫'이다.

이 책에 나오는 七星打劫 조견표는 《沈氏玄空學》에 나온 이론을 토대로 만든 표인데, 일정 부분 오류가 있다는 사실을 알고 연구하는 데 참고만 하기 바란다. 다만 沈선생이 주장하는 七星打劫法 중에는 우연하게 七星打劫法이 되는 것도 있다.

七星打劫法에 해당되는 예로 3運의 丙坐壬向 替卦이니 이 卦를 잘 연구하기 바란다.

七星打劫法의 이론은 《天玉經》에 『北斗打劫離宮要相合』이 바로 北斗打劫에 관한 구절인데 여기에서 離宮이란 「兩鹿竝行」, 「近爲離, 遠爲別」이란 뜻이며 「離宮」은 「兩宮」, 「近宮」이고 「合」이란 「同」, 「配」라는 뜻이다.

## 眞打劫 24局(離宮相合)

| 運\坐 | 1<br>147 | 2<br>258 | 3<br>369 | 4<br>147 | 6<br>369 | 7<br>147 | 8<br>258 | 9<br>369 |
|---|---|---|---|---|---|---|---|---|
| 壬 | | 67 22 49<br>一 六 八<br>58 76 94<br>九 二 四<br>13 31 85<br>五 七 三 | | 89 44 62<br>三 八 一<br>71 98 26<br>二 四 六<br>35 53 17<br>七 九 五 | | 23 77 95<br>六 二 四<br>14 32 59<br>五 七 九<br>68 86 41<br>一 三 八 | 反吟← | 45 99 27<br>八 四 六<br>36 54 72<br>七 九 二<br>81 18 63<br>三 五 一 |
| 子癸 | 56 11 38<br>九 五 七<br>47 65 83<br>八 一 三<br>92 29 74<br>四 六 二 | | 78 33 51<br>二 七 九<br>69 87 15<br>一 三 五<br>24 42 96<br>六 八 四 | | 12 66 84<br>五 一 三<br>93 21 48<br>四 六 八<br>57 75 39<br>九 二 七 | | 34 88 16<br>七 三 五<br>25 43 61<br>六 八 一<br>79 97 52<br>二 四 九 | |
| 辰 | 83 47 65<br>九 五 七<br>74 92 29<br>八 一 三<br>38 56 11<br>四 六 二 | | | | 26 71 98<br>三 八 一<br>17 35 53<br>二 四 六<br>62 89 44<br>七 九 五 | | | |
| 巽巳 | | | | | 48 93 21<br>五 一 三<br>39 57 75<br>四 六 八<br>84 12 66<br>九 二 七 | →反吟 | | 72 36 54<br>八 四 六<br>63 81 18<br>七 九 二<br>27 45 99<br>三 五 一 |
| 庚 | 29 74 92<br>九 五 七<br>11 38 56<br>八 一 三<br>65 83 47<br>四 六 二 | | | | | | 97 52 79<br>七 三 五<br>88 16 34<br>六 八 一<br>43 61 25<br>二 四 九 | |
| 酉辛 | | 31 85 13<br>一 六 八<br>22 49 67<br>九 二 四<br>76 94 58<br>五 七 三 | | | | | | 18 63 81<br>八 四 六<br>99 27 45<br>七 九 二<br>54 72 36<br>三 五 一 |

## 假打劫 24局(坎宮相合)

| 運\坐 | 1<br>147 | 2<br>258 | 3<br>369 | 4<br>147 | 6<br>369 | 7<br>147 | 8<br>258 | 9<br>369 |
|---|---|---|---|---|---|---|---|---|
| 甲 | | 85 49 67<br>一 六 八<br>76 94 22<br>九 二 四<br>31 58 13<br>五 七 三 | | | | | | 63 27 45<br>八 四 六<br>54 72 99<br>七 九 二<br>18 36 81<br>三 五 一 |
| 卯乙 | 74 38 56<br>九 五 七<br>65 83 11<br>八 一 三<br>29 47 92<br>四 六 二 | | | | | | 52 16 34<br>七 三 五<br>43 61 88<br>六 八 一<br>97 25 79<br>二 四 九 | |
| 丙 | 47 92 29<br>九 五 七<br>38 56 74<br>八 一 三<br>83 11 65<br>四 六 二 | | →反吟 | 69 24 42<br>二 七 九<br>51 78 96<br>一 三 五<br>15 33 78<br>六 八 四 | 93 57 75<br>五 一 三<br>84 12 39<br>四 六 八<br>48 66 21<br>九 二 七 | | 25 79 97<br>七 三 五<br>16 34 52<br>六 八 一<br>61 88 43<br>二 四 九 | |
| 午丁 | | 58 13 31<br>一 六 八<br>49 67 85<br>九 二 四<br>94 22 76<br>五 七 三 | | 71 35 53<br>三 八 一<br>62 89 17<br>二 四 六<br>26 44 98<br>七 九 五 | 14 68 86<br>六 二 四<br>95 23 41<br>五 七 九<br>59 77 32<br>一 三 八 | | 36 81 18<br>八 四 六<br>27 45 63<br>七 九 二<br>72 99 54<br>三 五 一 | |
| 戌 | | | | | 66 21 48<br>五 一 三<br>57 75 93<br>四 六 八<br>12 39 84<br>九 二 七 | | 99 54 72<br>八 四 六<br>81 18 36<br>七 九 二<br>45 63 27<br>三 五 一 | |
| 乾亥 | 11 65 83<br>九 五 七<br>92 29 47<br>八 一 三<br>56 74 38<br>四 六 二 | | 反吟← | 44 98 26<br>三 八 一<br>35 53 71<br>二 四 六<br>89 17 62<br>七 九 五 | | | | |

제3부

# 7운 24좌 해설집

※ 7~9운 해설집 중 도표의 내용은 대만(臺灣)의 종의명(鐘義明)선생의 사전 허락을 받아 종 선생의 저서인 《현공지리고험주해(玄空地理考驗註解)》를 인용하였으니 더욱 자세한 내용은 상기의 책을 참고하기 바랍니다.

## 《7運 壬坐丙向(下卦)》

| | | | | |
|---|---|---|---|---|
| 《辰》 | 丙<br>↑向 | | 《未》 | |
| | 2 3<br>六 | ⑦ ⑦<br>二 | 9 5<br>四 | |
| 甲 | 1 4<br>五 | +3-2<br>七 | 5 9<br>九 | 庚 |
| | 6 8<br>一 | 8 6<br>三 | 4 1<br>八 | |
| | 丑 | 壬<br>坐 | 戌 | |

| 運坐 | 7運 壬坐丙向(下卦)<br>340.5 ~ 349.5 |
|---|---|
| 四局 | 雙星會向(山星下水) |
| 地運 | 160年 (6運 入囚) |
| 城門 | 正城門: 辰<br>副城門: 未 |
| 特記 | 七星打劫(震.乾.離) |

| 山2 | 寡母當家.<br>母子反目. | 山⑦ | 丙上有遠秀山,<br>出貴. | 山9 | 人丁旺盛, 遠水<br>之峰. |
|---|---|---|---|---|---|
| 水3 | 出犯法之人,遭<br>刑獄. | 水⑦ | 丙水,當運 發富 | 水5 | 未水戌龍,驟富<br>(취부). |
| 山1 | 14同宮,發科名.<br>宜遠秀. | 山3 | 〈吉坐〉<br>比卦: 初爻,4爻 | 山5 | 少人丁,山形粗<br>陋(조루),且出<br>愚丁 |
| 水4 | 出淫蕩之.小成<br>多敗 | 水2 | | 水9 | 驟富.忌大水,<br>有聲直冲. |
| 山6 | 丑方有秀山,長<br>房出貴. | 山8 | 出武貴·武富.<br>異路功名 | 山4 | 戌方有山, 出文<br>雅之人. |
| 水8 | 丑水發,發富.圓<br>秀·出貴 | 水6 | 退殺. 形妻·損幼<br>未丁. | 水1 | 上元發科名.宜<br>遠水,. |

### 【해설】

雙星會向의 局으로 앞에 물이 있고 물 뒤에 산이 있으면 재정(財丁: 재물과 인정) 모두 발복하지만 人丁보다는 주로 왕재(旺財)한다.

이 局은 山星이 下水되었지만 뒤편에 비교적 먼 곳에 산이 있다면 坐宮에 山星이 8이 生氣가 되어 7運뿐만 아니라 8運에도 人丁도 좋기 때문에 비록 雙星會向의 局이라도 뒤편에 산만 合局이 되면 旺山旺向과 버금가는 좋은 局이다.

이 局은 특별히 칠성타겁이 되는 묘한 局이다. 다만 심씨현공학이론상으로 칠성타겁이더라도 칠성타겁 조건에 맞추어야 효과가 있다. 만약에 陽宅이라면 震方, 乾方, 離方에 기구(氣口: 문이나 창문)를 만들어야 한다.

이 局의 向宮은 山星과 向星이 7, 運盤이 二로 되어 있다. 2와 7은 先天火가 되어 화재의 위험이 항상 따른다. 雙星會向에 合局이라면 7運에 7은 왕기가 되어 특별한 문제가 없었지만 運이 8運으로 바뀌면 7은 퇴기(退氣)가 되어 화재의 위험이 높아진다.

※ 안인수(安忍水) 제조법

안인수 제조는 병에 소금과 물을 혼합하여 병의 입구를 막아 해당 방향에 두면 화재 예방에 도움이 된다.

## 《7運 壬坐丙向(替卦)》

| | | | | |
|---|---|---|---|---|
| 辰 | 丙↑向 | 未 | 運坐 | 7運 壬坐丙向(替卦)<br>337.5-340.5 / 349.5-352.5 |
| | 9 3 　 5 ⑦ 　 ⑦ 5<br>　六　　　二　　　四<br>8 4 　+1-2　 3 9<br>　五　　　七　　　九<br>4 8 　 6 6 　 2 1<br>　一　　　三　　　八 | | 四局 | 山星: 未<br>向星: 丙(旺向) |
| 甲 | | 庚 | 地運 | 80年（2運 入囚） |
| | | | 城門 | 正城門: ✗<br>副城門: ✗ |
| 丑 | 壬坐 | 戌 | 特記 | |

| | | | | | |
|---|---|---|---|---|---|
| 山9 | 9運出聰明之奇才. | 山5 | 有山, 多生女, 小生男. | 山⑦ | 有山而秀·山貴, 不利女子. |
| 水3 | 遭盜賊(조도적). 肝膽病. 暴戾(폭려). | 水⑦ | 發財 | 水5 | 疾病, 發癌, 吸食中毒. |
| 山8 | 8運出賢人.與世無爭 | 山1 | | 山3 | 出烈性·聰明刻薄之人. |
| 水4 | 出蕩子,無志氣之人. | 水2 | | 水9 | 9運出奇才.驟富. |
| 山4 | 出人懷才不遇. 鑽牛角尖(찬우각첨). | 山6 | 山高逼壓, 頭痛之病. | 山2 | 疾病·發癌.糖尿, 脾胃病. |
| 水8 | 水宜圓亮(원량). 停蓄.房房富貴. | 水6 | 水大而有聲,主 頭痛暈眩(훈현). | 水1 | 水若反出,主妻 辱亡,終出走. |

【해설】

이 局은 이미 지나간 7運으로 사용할 일이 없지만 지어진 건축물이나 묘를 감정하는 데 활용한다.

또한 직접적인 관계가 없는 坐向일지라도 본서 전체내용을 빠짐없이 읽고 이해하면 통변하는 능력이 향상되어 현공풍수를 활용하거나 감정하는 데 더욱 깊고 세밀하게 감정할 수 있는 능력이 생긴다는 사실을 알고 이 책의 모든 내용을 끝까지 읽기 바란다.

※ 음수(陰數)의 흉

현공풍수에서는 9宮 중에서도 向宮과 坐宮을 가장 중요하게 본다. 먼저 向宮을 보면 陰數(2, 4, 7, 9)인 〈2, 5, 七〉로 되었다. 5는 본래 陰陽이 없지만 不合局일 경우에는 陰數로 간주하여 보고 특히 7運에 7은 陰數이기 때문에 陰數로 본다.

向星 7에 合局이 되어 재물은 생길지라도 陰數로 조합되어 여자가 득세하고 여아를 출산할 확률이 높다.

不合局이면 음기가 너무 강하여 여자들은 화류계로 나가게 되고 또한 병부(病符) 의미를 지닌 運盤 二와 5로 인하여 질병이 생기고 심하면 죽기까지 한다. 더욱이 형기까지 不合局이라면 음기는 더욱 강하여 귀기(鬼氣)로 변하여 귀신이 나타나기도 한다.

※ 음기(陰氣) 처방

음기가 강하면 해당되는 장소를 24시간 조명으로 밝게 만들어주고 청결하게 해주면 理氣상의 陰氣가 形氣로 인하여 나타나지 못한다.

## 《7運 子坐午向(下卦)》

| | 午向 ↑ | | | 運坐 | 7運 子坐午向(下卦) 355.5～004.5 |
|---|---|---|---|---|---|
| 巽 | | | 坤 | | |
| | 4 1 六 | 8 6 二 | 6 8 四 | 四局 | 雙星會坐(向星上山) |
| 卯 | 5 9 五 | -3+2 七 | 1 4 九 | 酉 地運 | 80年（2運 入囚） |
| | 9 5 一 | ⑦ ⑦ 三 子坐 | 2 3 八 | 城門 | 正城門: ✗  副城門: ✗ |
| 艮 | | | 乾 | 特記 | 山星合十 |

| 山 4 | 遠秀山, 上元發科名 | 山 8 | 武科發迹(무과발적), 異路功名. | 山 6 | 不可見斷頭形之山. |
|---|---|---|---|---|---|
| 水 1 | 出文秀, 世代書香. | 水 6 | 中風, 餓死(아사), 家業退潮(가업퇴조). | 水 8 | 發富, 橫財, 異路功名. |
| 山 5 | 少男丁,且愚鈍, 目疾, 疔瘡(정창:악성종기) | 山 3 | 母子不和 | 山 1 | 有秀山,山內有湖,科舉不替. |
| 水 9 | 驟富, 出聰明之奇人. | 水 2 | 〈吉坐〉 復卦 2爻,5爻 | 水 4 | 出人風流·淫蕩(음탕) |
| 山 9 | 少男丁, 愚鈍(우둔), 宜遠山. | 山 ⑦ | 旺丁,文人武職, 要有水相配 | 山 2 | 疾病, 發癌, 被重物壓死[중물에 압사당함]. |
| 水 5 | 疾病·退財産, 家破人亡. | 水 ⑦ | 發財,女人相助, 要有山相配. | 水 3 | 胃腸病, 肝病, 脚病(각병: 다리병) |

> 【해설】

　雙星會坐의 局으로 집이나 묘 뒤에 물이 있고 물 뒤에 산이 있어야 合局이 되므로 인물면으로는 왕성하지만 경제적으로 손해를 보기 때문에 피해야 하는 坐向이다.
　그런데 合局이 되면 山星이 合十이 되어 아주 좋은 坐向이 된다. 모든 宮에서 山星과 운반의 숫자를 더하면 10이 된다. 이를 山星合十이라고 하는데 山星合十이 되면 인물면에서 특별히 길하여 좋다.
　合十의 명칭은 본래 부부합십(夫婦合十)에서 나온 말이다. 따라서 合十이 되는 집에서 살게 되면 부부간의 불화마저도 말끔히 사라지고 바람피우는 것마저도 잠재우는 좋은 효과가 있다.
　실제 사례로 7運에 지은 子坐午向의 상가이다. 상점이 앞에서 보아 왼쪽의 모퉁이에 사거리가 있으면 대개는 坤宮에 상점의 출입문이 있고 밖으로는 사거리가 있는 경우가 많다.
　이런 상점은 7運에는 坤宮의 向星 8이 생기가 되어 수입이 무난하였는데 8運이 시작되면서 수입이 훨씬 많아졌다는 실제 사례가 많다.

　※ 투우살(鬪牛殺)
　中宮은 주로 가족간의 유대관계를 보는데 中宮이 〈32〉이다. 3 木이 2土를 木剋土하여 相剋을 하고 있다. 3은 장남이고 2는 노모이다. 따라서 모자간에 불화가 생길 소지가 아주 많으며 不合局이라면 더욱 심하다.
　2는 동물로는 소(牛)가 되고, 3은 五行으로 木이 되어 2와 3이 만나면 일명 투우살(鬪牛殺)이라고 하여 특별히 흉한 조합이다.

## 《7運 子坐午向(替卦)》

| | 午向 ↑ | | | 運坐 | 7運 子坐午向(替卦) 352.5-355.5 / 004.5-007.5 |
|---|---|---|---|---|---|
| 巽 | | | 坤 | | |
| | 3 1 六 | ⑦ 6 二 | 5 8 四 | 四局 | 上山下水 |
| 卯 | 4 9 五 | -2+2 七 | 9 4 九 | 酉 | |
| | | | | 地運 | 80年 (2運 入囚) |
| | 8 5 一 | 6 ⑦ 三 | 1 3 八 | 城門 | 正城門: ✗<br>副城門: ✗ |
| 艮 | | 子坐 | 乾 | 特記 | |

| | | | | | |
|---|---|---|---|---|---|
| 山 3 | 蛇咬(사교)·盜賊. 忌見探頭·尖射. | 山 ⑦ | 利於武職·生子. 忌山形醜惡. 家人不和·不倫. | 山 5 | 少人丁·少男重病· 筋骨病. |
| 水 1 | 發富·催貴. 宜靜水. | 水 6 | 長房退財·官訟·兄弟不和·交戰殺傷. | 水 8 | 8運 房房發財. |
| 山 4 | 女人當家·多女少男.肝膽病. | 山 2 | | 山 9 | 文章大利·兄弟聯芳. |
| 水 9 | 宜靜水, 9運發財· 出貴. | 水 2 | | 水 4 | 血光·婦女不貞·出娼優. |
| 山 8 | 旺丁. 8運出聖賢高僧. | 山 6 | 骨肉相爭·肺病, 女人災殃. | 山 1 | 催丁·生貴子. 逼壓·出盜賊. |
| 水 5 | 少男重病·癡呆(치매)·破財. | 水 ⑦ | 進財·武市·醫卜大利. | 水 3 | 蛇咬(뱀에게 물림)·盜賊·長房遊蕩. |

> 【해설】

　上山下水가 되어 陰宅의 경우에는 合局이 거의 불가능하다.
　다만 陽宅의 경우에는 뒤에 물이 있고 앞에 산이 있으면 合局이 되어 좋다.
　일반적으로 배산임수(背山臨水)가 되면 무조건 좋은 것으로 알고 있는데, 이 경우는 현공풍수로 보면 不合局이 되어 오히려 흉하다. 배산임수는 풍수용어일 뿐이지 절대로 좋다는 의미가 아니다.
　坐宮과 向宮은 〈67〉, 〈76〉으로 되어 있어 不合局일 경우에는 6과 7의 조합은 일명 「교검살(交劍殺)」이라고 하여 특별히 흉한 숫자 조합이다.
　6도 五行으로 金이고 7도 金이다. 그러므로 '金'과 '金' 즉 칼과 칼이 부딪치는 격으로 살벌한 분위기를 만들고 있다. 심하면 횡화(橫禍)를 당하기도 한다.
　中宮의 〈22〉는 7運에는 살기(殺氣)가 되고 8運에는 사기(死氣)가 되어 전혀 쓸모가 없는데 두 개나 있어 항상 질병의 위험이 도사리고 있다. 또한 운반 七과 만나면 先天으로 火局이 되어 화재가 발생할 수도 있다.
　따라서 한마디로 이 局은 「흉국(凶局)」이 되어 전혀 쓸모가 없는 坐向이다.

## 《7運 癸坐丁向(下卦)》

| 巳 | 丁向 ↑ | 申 | 運坐 | 7運 癸坐丁向(下卦) 010.5~019.5 |
|---|---|---|---|---|
| | 4 1<br>六 | 8 6<br>二 | 6 8<br>四 | 四局 | 雙星會坐(向星上山) |
| 乙 | 5 9<br>五 | -3+2<br>七 | 1 4<br>九 | 辛 | 地運 | 80年 (2運 入囚) |
| | 9 5<br>一 | ⑦ ⑦<br>三 | 2 3<br>八 | | 城門 | 正城門: ✗<br>副城門: ✗ |
| 寅 | | 癸坐 | 亥 | 特記 | 山星合十 |

| | | | | | | |
|---|---|---|---|---|---|---|
| 山4 | 有遠秀山, 上元發科名. | 山8 | 宜武科· 生忠孝之子. | 山6 | 不可見斷頭山, 橫死·死刑. |
| 水1 | 出文秀·世代書香. | 水6 | 中風·餓死·家業冷退. | 水8 | 發富·得橫財, 出人忠孝賢良. |
| 山5 | 少男丁, 且愚鈍. 疔瘡, 火災. | 山3 | 母子不和<br>〈吉坐〉 | 山1 | 有秀山·山內有湖, 出世文人. |
| 水9 | 驟富·聰慧奇才. | 水2 | 屯卦: 3爻. 上爻 | 水4 | 出遊蕩·不貞之人. |
| 山9 | 少男丁, 愚蠢(우준). 目疾·心臟病. | 山⑦ | 旺丁·文人武職. 要先見水. | 山2 | 疾病·癌症, 被重物壓斃. |
| 水5 | 重病·損丁·退財産. | 水⑦ | 當元發財, 武市發財. | 水3 | 脾胃肝病· 蛇咬·足病. |

【해설】

이 局은 雙星會坐의 局으로 子坐午向과 九宮 전체의 숫자가 같다. 다만 子坐는 天元에 속하고 癸坐는 人元에 속한다는 점에서 다르다. 일반적으로 地元(진, 술, 축, 미, 갑, 경, 병, 임)의 속성은 대개 발복이 빨리 오고 그 기운이 비교적 빨리 끝난다.

天元(자, 오, 묘, 유, 건, 곤, 간, 손)은 대개 대명당인 경우가 많고 지기가 강하고 발복도 오래간다.

인원(을, 신, 정, 계, 인, 신, 사, 해)은 대개 발복이 비교적 느린 대신 오래가는 속성이 있다.

雙星會坐는 山星7은 좌산(坐山)에 제대로 되어 왕산(旺山)이 되어 좋지만, 向星7은 向宮에 있어야 되는데 좌산에 있기 때문에 向星이 上山에 있어 자리를 잘못 잡고 있다. 따라서 雙星會坐를 일명 「上山」이라고 부르며 보통 上山을 범(犯)했다고 한다. 上山이 되면 대개는 왕정(旺丁)은 하지만 재물은 불왕(不旺)하다.

이 局에는 巽宮과 兌宮은 1과 4로 되어있다. 1과 4의 조합해석은 과거에 급제하는 최고의 길수조합이다. 따라서 巽宮이나 兌宮에 공부방을 만들면 성적 향상에 결정적인 역할을 한다. 1은 지혜를 나타내고 4는 일명 문창성(文昌星)이 되고 五行으로는 1水가 4木을 水生木으로 相生하여 청운의 꿈을 키우고 있으니 공부를 열심히 하게 된다.

이 말이 「정말일까」하는 의아심을 가질 수 있는데 저절로 성적이 오른다는 말이 아니다.

이곳에 공부방을 만들어 공부를 하면 집중력이 높아지고 공부에 재미가 있게 되어 자연적으로 공부를 하거나 연구를 하는 시간이 많아지게 됨에 따라 성적이 오르게 된다는 말이다.

## 《7運 癸坐丁向(替卦)》

| | 丁向<br>↑ | | | |
|---|---|---|---|---|
| 巳 | | | 申 | |
| | 3 9<br>六 | 7 5<br>二 | 5 ⑦<br>四 | |
| 乙 | 4 8<br>五 | -2+1<br>七 | 9 3<br>九 | 辛 |
| | 8 4<br>一 | 6 6<br>三 | 1 2<br>八 | |
| 寅 | | 癸<br>坐 | 亥 | |

| 運坐 | 7運 癸坐丁向(替卦)<br>007.5-010.5 / 019.5-022.5 |
|---|---|
| 四局 | 山星: 丁(下水)<br>向星: 申 |
| 地運 | 60年 (2運 入囚) |
| 城門 | 正城門: ✗<br>副城門: ✗ |
| 特記 | |

| 山<br>3 | 肝病·足病·長房人<br>性暴苛. | 山<br>⑦ | 旺丁, 出醫卜奇<br>人(葫蘆山現). | 山<br>5 | 少人丁, 吸食毒<br>品.橫禍. |
|---|---|---|---|---|---|
| 水<br>9 | 宜靜水.9運大發. | 水<br>5 | 破財·口腔癌(구<br>강암)·官司是非. | 水<br>⑦ | 財來則破·宜暗<br>水. |
| 山<br>4 | 風濕病·乳癌·精神<br>病. | 山<br>2 | | 山<br>9 | 9運出奇才.出<br>惡,人刻薄. |
| 水<br>8 | 8運農林土地大<br>利. | 水<br>1 | | 水<br>3 | 官司·盜賊· 肝炎<br>足病. |
| 山<br>8 | 出在野之賢人,<br>與世無爭. | 山<br>6 | 頭痛,人丁冷退,<br>喪妻. | 山<br>1 | 催丁·上元出貴.<br>宜遠秀. |
| 水<br>4 | 風濕·多女少男·損<br>丁. | 水<br>6 | 長房剋妻,<br>冷退. | 水<br>2 | 損壯丁·水腫(수<br>종)·墮胎,不孕. |

### 【해설】

이 局은 山星이 下水에 있기 때문에 주로 人丁에 손해가 따른다. 그리고 坐宮의 〈66〉은 순양(純陽)이기 때문에 남자에게는 조금 이로우나 여자에게는 불리하다. 이런 이유로 〈표〉에서도 坎宮에 산이나 물이 있으면 상처를 한다고 하였다.

陰數인 2, 4, 7, 9로 조합되면 음기가 너무 강하여 나쁘다. 마찬가지로 陽數인 1, 3, 6, 8로 조합이 되면 양기가 너무 강하여 여자가 기를 펴지 못하고 남자는 폭력을 행사하는 일이 발생한다.

中宮은 1과 2이다. 1은 신체로 남자는 신(腎)이 되고 여자는 자궁이 되어 임신을 주관한다고 하여 일명 태신(胎神)이라고 한다. 그리고 2는 신체에서 배(腹)를 뜻한다.

그런데 1이 배를 의미하고 질병을 뜻하는 병부(病符)인 2와 만나면 유산이나 난산(難産)을 하게 되는 경우가 발생한다. 더욱이 여기에서는 坐宮이 〈66〉순양(純陽)으로 되어있어 근본적으로 여자에게 불리하기 때문에 약하면 유산에 그치지만 심하면 출산도중에 사망할 수도 있다. 만약에 이 집의 대문이 乾宮〈12〉이라면 中宮〈21〉과 중복되어 더욱 위험하다.

따라서 이런 집에서는 특히 신혼부부가 사는 것은 적합하지 않다. 물론 2土가 1水를 土剋水로 相剋하고 있으니까 土生金으로 土 기운을 설기하여 제화하는 방법도 있지만 제화법은 근본적으로 한계가 있다.

※ 토극수(土剋水) 제화법

토극수 제화법은 토의 기운을 토생금으로 제화한다. 예를 들자면 소리가 나는 종(鐘)을 해당 장소에 매달아 두면 좋다.

# 7運 丑坐未向(下卦)

| | | | | |
|---|---|---|---|---|
| 辰 | 〈丙〉 | | 未向 ↗ | |
| | 9 5<br>六 | 5 9<br>二 | ⑦ ⑦<br>四 | |
| 甲 | 8 6<br>五 | +1-4<br>七 | 3 2<br>九 | 庚 |
| | 4 1<br>一 | 6 8<br>三 | 2 3<br>八 | |
| 丑坐 | | 壬 | 戌 | |

| 運坐 | 7運 丑坐未向(下卦)<br>025.5～034.5 |
|---|---|
| 四局 | 雙星會向(山星下水) |
| 地運 | 60年 (1運 入囚) |
| 城門 | 正城門: ✗<br>副城門: 丙 |
| 特記 | |

| 山 9 | 9運旺丁·出貴.<br>宜端方小山. | 山 5 | 人丁不旺·有亦愚蠢(우준)·心目之病. | 山 ⑦ | 出文雅秀士.<br>山宜遠秀. |
|---|---|---|---|---|---|
| 水 5 | 長房退財·心病·目疾.瘡毒(창독). | 水 9 | 9運發財.宜小河川·田水. | 水 ⑦ | 當運發財·文藝出名. |
| 山 8 | 8運出武貴·異路功名. | 山 1 | 〈吉坐〉<br>噬嗑:　　初2爻. | 山 3 | 官訟刑殺·母子不和·囚禁(수금). |
| 水 6 | 長房破材·冷退. | 水 4 | 45爻 | 水 2 | 癌症·重物壓傷.<br>胃病. |
| 山 4 | 宜遠秀山,上元發科甲. | 山 6 | 頭痛·筋骨病.退人丁. | 山 2 | 重物壓傷·出僧尼(승니). |
| 水 1 | 水圓亮,發科名. | 水 8 | 8運出武官.<br>異路功名. | 水 3 | 官訟刑傷·囚禁·肝病·脚病. |

**【해설】**

이 局은 雙星會向의 局으로 向星은 왕향(旺向)이 되어 경제적으로는 좋지만 山星은 下水가 되어 人丁에 문제가 따른다.

〈41〉은 본래 과거에 급제하는 좋은 성요조합이지만 여기에서도 〈41〉이 艮宮에 있다. 만약에 뒤편인 艮宮에 산이 가까이 그리고 높게 있으면 7運에 4는 사기(死氣)가 되고 8運에 4는 살기(殺氣)가 되어 비록 〈14〉는 길한 조합이지만 이런 상황에서는 흉하게 해석한다.

1坎은 五行으로 水가 되어 술[酒]도 되고 항상 아래로 내려가며 속성이 있어 흉하게 해석할 때에는 숨는 작용을 한다. 그리고 4巽은 본래 바람인데 바람이란 못 가는 곳이 없고 안가는 곳이 없다. 따라서 숨어서 몰래 바람을 피우며 돌아다니는 격이 된다.

《비성부(飛星賦)》라는 구성의 조합수를 해석하는 책이 있다. 이 책에서도 「사탕일음(四蕩一淫)」이라고 하여 〈14 또는 41〉은 음탕하여 바람을 피운다고 하였다. 이 때에 음탐함의 정도는 해당 방위에 산수의 형기를 보고 판단한다.

※ 구성의 해석순서
九星에 따른 해석을 할 때 가장 중요하고 제일 먼저 우선순위로 보는 것은 運에 따른 쇠왕(衰旺)이다. 그 다음에 向星과 山星의 조합수의 상생사극을 해석하여야 한다.

※ 형기풍수상의 有情과 無情
산과 물을 보는 방법은 산과 물의 대소(大小), 원근(遠近), 미추(美醜: 아름다움과 추함), 청탁(淸濁), 포배(抱背:감싸는 것과 등을 돌림)를 보고 산수의 조건에 합당하면 한마디로 유정(有情)하다고 하고 적당치 못하면 무정(無情)하다고 한다.

## 《 7運 丑坐未向(替卦) 》

| | 〈丙〉向 ↗ | | 運坐 | 7運 丑坐未向(替卦) 022.5-025.5 / 034.5-037.5 |
|---|---|---|---|---|
| 辰 | 未 | | | |
| 1 ⑦ 六 | 6 2 二 | 8 9 四 | 四局 | 山星: 壬  向星: 辰 |
| 9 8 五 | +2-6 七 | 4 4 九 | 地運 | 160年 (6運 入囚) |
| 5 3 一 | ⑦ 1 三 | 3 5 八 | 城門 | 正城門: ✗  副城門: 丙 |
| 甲 | | 庚 | | |
| 丑坐 | 壬 | 戌 | 特記 | |

| | | | | | | | |
|---|---|---|---|---|---|---|---|
| 山 1 | 催官·催丁, 宜文峰高秀. | 山 6 | 有山水形惡, 主怪招異不安. | 山 8 | 宜有山, 山中有湖. 8·9運富貴. |
| 水 ⑦ | 房房發財, 出文武貴. | 水 2 | 丙水, 雖發財而多病. | 水 9 | 有水無山, 8運損丁·9運發財. |
| 山 9 | 旺丁, 結婚重來; 秀山, 出貴. | 山 2 | | 山 4 | 女人當家·有不貞之名. |
| 水 8 | 財喜連連, 田園富盛. | 水 6 | | 水 4 | 婦女喧鬧(훤뇨·말싸움)·不貞·肝病. |
| 山 5 | 小人丁·忌有高大之山. | 山 ⑦ | 庶妾生貴子, 宜端正山峰. | 山 3 | 損丁·肝病·脚病. 盜賊. 出盜賊·暴徒(폭도). |
| 水 3 | 賭博投機敗家·肝癌·殘廢(잔폐자·장애자). | 水 1 | 1運發財. 水忌直瀉而出. | 水 5 | 賭博投機敗家(도박투기), 走私·販毒. |

> 【해설】

현공풍수에서 替卦는 특별한 경우에만 사용하는데 묘나 집을 감정해보면 替卦로 坐向을 놓은 사례가 흔히 있다.

이유는 간혹 천반을 사용하는 지사가 坐向을 놓으면 이런 경우가 발생한다. 일부 풍수사는 陽宅은 지반으로 坐向을 놓지만 陰宅은 陰陽이 바뀌게 되어 천반으로 놓아야 한다고 주장을 하는데 한 마디로 엄청난 오류이다.

| 地盤 | 寅 | | | | 丑 | | | | 癸 | | | |
|---|---|---|---|---|---|---|---|---|---|---|---|---|
| 地盤 分金 | (壬寅) | 庚寅 | (戊寅) | 丙寅 | (甲寅) | (癸丑) | 辛丑 | (己丑) | 丁丑 | (乙丑) | (壬子) | 庚子 | (戊子) | 丙子 | (甲子) |
| 天盤 | | 寅 | | | | 丑 ↕ | | | | 癸 | | | | 子 | |
| 天盤 分金 | | 丙寅 | (甲寅) | (癸丑) | 辛丑 | (己丑) | 丁丑 | (乙丑) | (壬子) | 庚子 | (戊子) | 丙子 | (甲子) | (壬子) | 庚子 |
| 度數 | | | ↑45 | | | ↑37.5 | ↑34.5 | | ↑30 | | | | | | |

나경을 보면 알 수 있듯이
天盤 丑坐 丁丑분금 도수의 범위는 33.0~36.0
地盤 丑坐 辛丑분금 도수의 범위는 31.5~34.5
地盤 丑坐 癸丑분금 도수의 범위는 34.5~37.5이다.

따라서 天盤 丁丑分金을 놓게 되면 地盤 辛丑(分金)이 되면 下卦가 되지만 地盤 癸丑(分金)이 되면 替卦가 된다.

| 地盤 丑坐 ||||||||
|---|---|---|---|---|---|---|---|
| 地盤 (癸丑)分金 替卦 | | 地盤 (辛丑)分金 下卦 | | | | | |
| ✕ | ✕ | | | | | | |
| | | 天盤 (丁丑)分金 | | | | | |
| ↑37 | ↑36 | ↑35 | ↑34 | ↑33 | ↑32 | ↑31 | ↑30 |

## 《7運 艮坐坤向(下卦)》

| | | | | |
|---|---|---|---|---|
| 巽 | 午 | 坤↗向 | 運坐 | 7運 艮坐坤向(下卦) 040.5~049.5 |
| 2 3 六 | 6 8 二 | 4 1 四 | 四局 | 雙星會坐(向星山上) |
| 卯 3 2 五 | -1+4 七 | 8 6 九 《酉》 | 地運 | 120年 (4運 入囚) |
| ⑦⑦ 一 | 5 9 三 | 9 5 八 | 城門 | 正城門: 酉<br>副城門: ✗ |
| 艮坐 | 子 | 乾 | 特記 | |

| | | | | | |
|---|---|---|---|---|---|
| 山 2 | 脾胃病,家人不和·車禍. | 山 6 | 宜遠山,和樂平安. | 山 4 | 出文人,山低平爲佳,遠水亦可. |
| 水 3 | 官訟刑殺.頭痛·脚病(각병). | 水 8 | 發財·積富,出賢孝之人. | 水 1 | 文章科甲.水宜圓小. |
| 山 3 | 山大而近,長房損丁.出劣子(출졸자). | 山 1 | 〈吉坐〉<br>無妄卦:4爻.  5爻 | 山 8 | 8運旺丁,出忠臣孝子 |
| 水 2 | 脾胃病·重物壓傷. | 水 4 | | 水 6 | 長房退財·官司·肺病. |
| 山 ⑦ | 有山無水,破財·官司·傷殘(상잔). | 山 5 | 小人丁,則有亦愚蠢(우준).甚至絶孫(심지). | 山 9 | 宜遠秀山,9運出文人. |
| 水 ⑦ | 發財·女人相助. | 水 9 | 宜遠水之玄.宜射主目疾. | 水 5 | 目瞖(목예)·火災·販毒[마약상]·家破人亡. |

【해설】

이 局은 雙星會坐의 局으로 山星은 배산임수의 형세라면 왕산(旺山)이 되어 人丁에는 좋지만 向星이 山星에 자리에 있어 경제적으로는 불리하다. 물론 집이나 묘 뒤에 물이 있고 물 뒤에 산이 있으면 合局이 되어 정재양왕(丁財兩旺)하지만 실제적으로 묘 뒤에 물이 있는 경우가 적기 때문에 초급자라면 雙星會坐의 局은 가급적 피하는 것이 좋다.

※ 雙星會坐 合局, 雙星會向 合局과 旺山旺向 合局의 차이

雙星會坐나 雙星會向은 合局일지라도 旺山旺向 合局에 비교하면 차이가 있다. 雙星會向과 雙星會坐가 合局이 되면 재물면에서는 旺山旺向과 역량이 같을지라도 人丁면에서는 차이가 있다.

그 이유는 旺山旺向은 바로 뒤에 산이 있기 때문에 人丁면에서 발복이 빠르고 강하게 작용을 하지만 雙星會坐나 雙星會向은 물 건너편에 산이 있어야 合局이 되기 때문에 거리만큼 발복의 역량도 적고 발복이 오는 시기도 늦어지게 된다.

항간에 일반풍수사는 인물이 나고 돈이 나느냐? 아니면 돈이 나고 인물 나느냐? 라고 왈가왈부하는데 현공풍수로 해석하면 상황에 따라 다르게 나타난다.

현공풍수법에 근거하여 合局의 조건이라면 雙星會坐는 인물이 먼저 나고 다음에 돈이 나고, 雙星會向은 돈이 먼저 나고 인물은 나중에 난다고 볼 수 있다.

旺山旺向이라면 정재양왕(丁財兩旺)하여 돈도 나고 인물도 나지만 재력은 짧은 시간에도 만들어지지만 인물은 일정한 시간이 걸리게 되므로 먼저 돈 나고 인물이 난다고 볼 수 있다.

上山下水 不合局은 돈도 인물도 한꺼번에 잃게 된다.

## 《7運 艮坐坤向(替卦)》

| | | | | |
|---|---|---|---|---|
| 巽 | 午 | | 坤↗向 | |

| | | | |
|---|---|---|---|
| 2 5<br>六 | 6 1<br>二 | 4 3<br>四 | |
| 3 4<br>五 | -1+6<br>七 | 8 8<br>九 | 《酉》 |
| ⑦ 9<br>一 | 5 2<br>三 | 9 ⑦<br>八 | |

| 艮坐 | 子 | 乾 |
|---|---|---|

| 運坐 | 7運 艮坐坤向(替卦)<br>037.5-040.5 / 049.5-052.5 |
|---|---|
| 四局 | 山星: 艮(旺山)<br>向星: 乾 |
| 地運 | 160年 (6運 入囚) |
| 城門 | 正城門: 酉<br>副城門: ✗ |
| 特記 | |

| | | | | | |
|---|---|---|---|---|---|
| 山 2 | 破財·疾病·死亡.<br>鬧鬼怪 (노귀괴). | 山 6 | 有文名·退丁財.<br>宜遠秀·有水相配. | 山 4 | 出文人,·懦弱反覆 (나약반복).<br>肝膽病·手脚病. |
| 水 5 | 疾病·損人. 長房破財. | 水 1 | 出科甲·功名. 水須圓亮. | 水 3 | 출怕事(파사),<br>不明是非, 反覆無常. |
| 山 3 | 出怕事·反覆無常之人. | 山 1 | 科甲擧功名. | 山 8 | 8運旺丁. 宜土型之山. |
| 水 4 | 出秀士·懦弱之人. 乳癌. | 水 6 | | 水 8 | 8運發財. 結喜重來(결희중래). |
| 山 ⑦ | 旺丁. 山宜低平.<br>圓小. | 山 5 | 疾病·損人丁.<br>出凶暴之人. | 山 9 | 9運旺丁. 山峰不可近逼(근핍). |
| 水 9 | 損丁. 血症.<br>宜暗水.9運發財. | 水 2 | 破財·疾病·癌症·死亡. | 水 ⑦ | 宜暗水, 7運發財. |

### 【해설】

向宮의 山星4가 木이면서 向星3, 운반4도 木이다. 7運에 3은 殺氣이고 4는 死氣가 되어 전혀 쓸모가 없는 숫자들로 구성되어 있다. 소위 쓸모도 없는 木이 쌍목(雙木)으로 구성되면 사람도 별 볼일이 없는 사람이 된다. 4가 문창성(文昌星)이므로 그래도 공부는 잘 하지 않겠느냐는 생각을 할 수 있으나, 쌍목이 되어 나뭇잎만 무성할 뿐이고 꽃도 피우지 못하여 열매도 없는 나무에 불과하기 때문에 설령 열심히 공부를 하더라도 결과는 노력에 비하여 형편이 없다.

만약 연자백에서 中宮에 3이 되는 해라면 순행하여 乾宮4 → 兌宮5 → 艮宮6 → 離宮7 → 坎宮8→坤宮9가 되어 3木과 4木이 9火를 만나 木生火로 相生을 하여, 소위 목화통명(木火通明)이라고 하여 1년간은 일시적으로 좋은 운을 만나게 된다.

만약에 이런 집이라면 이사를 가거나 새로 집을 건축하는 것이 상책이지만 그럴 형편이 아니라면 坤宮에 火와 관련된 물건을 두면 相生을 이루게 되어 어느 정도는 효과를 거둘 수 있겠으나 큰 기대를 하기는 어렵다.

※ 火와 관련된 물품

火와 관련된 물건은 이론상으로는 당연히 불이 되겠지만 실질적으로 사용하기는 곤란하다. 따라서 전자제품이 불에 해당되는데 특히 빛이나 열을 발산하는 제품, 즉 텔레비전을 해당 방위에 두면 효과가 좋다. 또는 색상을 이용하는 방법도 있는데 해당 장소의 물건(예: 침대커버)이나 벽지의 색상을 자색(紫色), 주황색(朱黃色) 또는 등색(橙色)으로 꾸며 주어도 효과가 좋다.

## 《7運 寅坐申向(下卦)》

| | | | | | |
|---|---|---|---|---|---|
| 巳 | 丁 | | 申向 | 運坐 | 7運 寅坐申向(下卦)  055.5~064.5 |
| | 2 3  六 | 6 8  二 | 4 1  四 ↗ | 四局 | 雙星會坐(向星上山) |
| 乙 | 3 2  五 | -1+4  七 | 8 6  九 | 《辛》 地運 | 120年 (4運 入囚) |
| | ⑦⑦  一 | 5 9  三 | 9 5  八 | 城門 | 正城門: 辛  副城門: ✗ |
| 寅坐 | | 癸 | 亥 | 特記 | |

| | | | | | | | | |
|---|---|---|---|---|---|---|---|---|
| 山 2 | 官司刑訟·重物壓死. | 山 6 | 遠山和樂平安. | 山 4 | 宜遠山·低平, 出文人, 世代書香. |
| 水 3 | 官訟刑訟·頭痛·脾胃病. | 水 8 | 發財, 積富, 出賢孝之人. | 水 1 | 文章科擧及第, 宜小水 陽宅工夫房. |
| 山 3 | 刑殺·劫盜·胃腸病·足疾. | 山 1 | 科甲功名.  〈吉坐〉 | 山 8 | 添丁(첨정: 출산)·異路功名·文武雙全. |
| 水 2 | 脾胃病, 發癌. 重物壓死. | 水 4 | 既濟卦: 3爻. 上爻 | 水 6 | 長房退財·官司, 忌近大之水. |
| 山 ⑦ | 旺丁, 山不可逼近高壓. | 山 5 | 黃腫(황종)·火毒·血光·損胎. | 山 9 | 宜遠秀山. 近逼尖射目疾·火災. |
| 水 ⑦ | 旺財, 水要灣抱(만포). | 水 9 | 宜遠水, 9運發財. | 水 5 | 黃腫·火毒·血光·眼疾·損胎. |

### 【해설】

앞서 나온 艮坐坤向과 동일한 局이다.

向宮에 〈41〉이 동궁(同宮)하였는데 운반 四가 추가하였고, 中宮도 〈14〉가 되어 〈41〉의 영향력이 더욱 강하다. 申宮에서 공부를 하면 공부에 신바람이 나고 독서삼매경에 빠지게 되어 어려운 시험도 통과할 수 있다. 다만 坐宮에 雙7은 少女가 되고 음이 되어 여자에게 발복이 갈 가능성이 많다.

이러한 이치로 지난 7運에 20년 동안은 젊은 여자들이 판을 치는 세상이었다. 이에 반하여 손해를 본 사람은 7의 반대宮인 3인 장남이 7運 시간에는 위축된 시기라고 볼 수 있다.

※ 8艮은 변혁의 의미가 있다.

8運(2004~2024년)에는 기운이 8艮으로 바뀌어 젊은 남자들이 활개를 치는 세상으로 변하게 되는데 그것도 8運 초기에 더욱 강하게 작용이 된다. 이에 반해 반대편에 坤宮의 노모 또는 노년층의 여성이 푸대접을 받게 된다.

아마 지난번 국회의원 선거에도 젊은 신진세력에 대거 국회에 진출한 것도 8艮 少男의 영향이다. 특히 우리나라는 東北 艮方에 위치하고 있고 시기적으로 8艮을 만났는데 8은 변혁의 의미가 있기 때문에 변혁의 힘은 아주 크다고 볼 수 있다.

본래 8艮은 지(止: 멈춤)의 의미가 있다. 멈춤이란 동시에 다시 출발한다는 의미도 있다. 그래서 8運 기간에는 우리나라에 예상하지 못할 정도로 많은 변화가 추측된다. 다만 길하게 작용을 하게 되므로 통일도 8運 시기에 이루어지리라고 예상된다. 남북한이 휴전상태에서 다시 출발하는 즉 통일의 시대로 재출발하게 된다는 해석이다.

## 《7運 寅坐申向(替卦)》

| | | | | | |
|---|---|---|---|---|---|
| 巳 | 丁 | | 申向 | 運坐 | 7運 寅坐申向(替卦)<br>052.5-055.5 / 064.5-067.5 |
| 2 5<br>六 | 6 1<br>二 | 4 3 ↗ 四 | | 四局 | 山星: 寅(旺山)<br>向星: 亥 |
| 乙 3 4<br>五 | -1+6<br>七 | 8 8<br>九 | 《辛》 | 地運 | 160年 (6運 入囚) |
| ⑦ 9<br>一 | 5 2<br>三 | 9 ⑦<br>八 | | 城門 | 正城門: 辛<br>副城門: ✗ |
| 寅坐 | 癸 | | 亥 | 特記 | |

| | | | | | | | |
|---|---|---|---|---|---|---|---|
| 山 2 | 疾病·寡婦<br>脾胃病. | 山 6 | 出貴, 宜文筆山. | 山 4 | 風聲不正·官訟·盜賊·放蕩(방탕). |
| 水 5 | 寡婦·<br>不動産損失·<br>疾病損人. | 水 1 | 中男發橫財.<br>水秀出貴. | 水 3 | 盜賊·官訟·刑殺<br>出入反覆無常. |
| 山 3 | 盜賊·官訟·<br>刑殺·腿疾(퇴질:<br>넓적다리 병) | 山 1 | 科擧及弟功名<br>【吉坐】<br>无妄卦4爻,5爻<br>旣濟卦3爻,上爻 | 山 8 | 8運少房出生忠<br>良之人·雙生兒<br>(쌍생아). |
| 水 4 | 風聲不正, 淫<br>蕩, 昧事無常.<br>(昧:어두울 매) | 水 6 | | 水 8 | 發橫財.<br>不動産增加. |
| 山 ⑦ | 宜低平之土形<br>山, 忌逼壓粗醜<br>(기핍압조추) | 山 5 | 疾病·瘟廣(온광)<br>少年家長·絶孫 | 山 9 | 宜遠山,<br>忌近逼·惡形山. |
| 水 9 | 宜遠水·不見水<br>光. 水大, 火災 | 水 2 | 破財·黃腫·發<br>癌·寡婦 | 水 ⑦ | 宜小水, 發財.<br>大水血症. |

【해설】

寅坐申向 替卦와 동일하여 7運에는 왕산(旺山)局이지만 재물은 乾宮에 물이 있어야 왕성하다.

艮宮에 山星이 7이 되어 旺山局이기는 하지만 같은 왕산局이라도 비교적 떨어지는 이유는 艮宮의 向星의 숫자가 9가 되어 〈79〉로 흉하기 때문이다. 그래서 표의 글에 「忌逼壓粗醜(기핍압조추)」라고 하여 뒷산이 너무 높아 나를 억압하거나 산의 생김새가 거칠고 못생긴 것을 기피한다고 한 이유도 바로 〈79〉가 되기 때문이다.

〈79〉성요(星曜)조합은 현공풍수에서 아주 흉한 조합수이다.

7은 선천으로 火이고 9는 후천으로 火가 되어 이기풍수로 화재 위험이 있기 때문에 艮宮에 주방(廚房)을 두는 것은 형기가 가세하기 때문에 아주 위험하므로 주방장소로는 아주 마땅하지 않다.

이제 8運이 되었다. 8運에는 8자가 왕기가 되는데 兌宮에 모여 있다. 따라서 兌宮방위 가까운 곳에 물이 있으면 재원(財源)이 풍부한데 8艮은 土이기 때문에 부동산으로 부가 축적될 것이다. 그런데 표를 보면 「발횡재」를 하게 된다고 하는 이유는 辛방이 성문결로 정성문에 해당되기 때문에 갑자기 큰 재물이 생기게 된다.

이렇게 수구나 삼차수(三叉水:합수)가 있으며 성문결이 만나면 폭발적인 힘이 생기게 된다.

물 밖에 산이 있으면 人丁도 발복을 받는데 8은 少男이기 때문에 주로 小房이 발복을 받는다. 小房은 3째, 6째, 9째 아들이다. 여기에서 쌍생아가 생기는 이유도 성문결의 영향으로 한꺼번에 자식을 생기는 일종의 자녀 횡재수가 되기 때문이다.

## 《7運 甲坐庚向(下卦)》

| | | | | |
|---|---|---|---|---|
| 辰 | 丙 | 《未》 | 運坐 | 7運 甲坐庚向(下卦)<br>070.5～079.5 |
| 4 8<br>六 | 9 4<br>二 | 2 6<br>四 | 四局 | 上山下水·伏吟 |
| 甲坐 3 ⑦<br>五 | +5+9<br>七 | ７ 2<br>九 →庚向 | 地運 | 40年 (9運 入囚) |
| 8 3<br>一 | 1 5<br>三 | 6 1<br>八 | 城門 | 正城門: 未<br>副城門: 戌 |
| 丑 | 壬 | 〈戌〉 | 特記 | 伏吟(大凶) |

| 山4 | 中風·惡性腫氣·肝膽病·放蕩子 | 山9 | 9運旺丁, 文士. 老婦長壽. | 山2 | 疾病·發癌·迷信(미신), 寒熱往來 |
|---|---|---|---|---|---|
| 水8 | 8運發財, 在野賢人. | 水4 | 水路直沖, 姑婦葛藤 (고부갈등). | 水6 | 長房發財, 但迷信·鬼神不安 |
| 山3 | 橫死·刑殺·吐血(토혈)·腦出血(뇌출혈) | 山5 | 〈吉坐〉<br>離卦:3爻. 上爻 | 山⑦ | 醫卜人才, 宜七星·葫蘆案山(호로아산). |
| 水⑦ | 橫財, 文武兼備, 女人相助. | 水9 | | 水2 | 脾胃病·熱症·發炎. |
| 山8 | 8運旺財, 賢人, 孝子忠臣. | 山1 | 出神童·奇人才士, 要文峰高秀. | 山6 | 秀峰出貴人, 登用. |
| 水3 | 損丁·劫盜·交通事故, 脚病. | 水5 | 退財·橫禍·性病, 尿毒(뇨독). | 水1 | 科擧出世, 宜之玄水, 水外有峰. |

### 【해설】

 현공풍수에서 가장 싫어하는 上山下水와 가장 위험한 복음이 겹쳐 소위 가파인망(家破人亡)하는 「凶敗局」이다.
 7運에는 갑좌와 경좌 2개의 좌가 上山下水에 복음이 걸린 좌이다. 복음(伏吟)이란 문자 그대로 엎드려서 신음(呻吟)하고 있다는 뜻으로 현공풍수에서 최고로 흉한 존재이다.
 上山下水에 복음이 되었기 때문에 向宮과 坐宮의 숫자를 해석할 필요도 없을 정도로 집안이 풍비박산(風飛雹散)이 난다. 필자의 경험사례로 보면 표에 나오는 횡사, 형살, 뇌출혈이 절대로 과장된 말이 아니며 표의 말대로 심지어는 돌연사하는 사례도 많이 있었다. 정말로 조심해야 할 坐向이다.
 현공풍수를 모른다면 설령 형기풍수의 대가든 그 누구라도 上山下水에 복음을 알 길이 없는데 확률적으로 이런 묘를 쓰게 되어 있다. 이런 점에서 최소한 어느 運에는 무슨 좌, 무슨 좌는 절대로 써서는 안 된다는 정도는 우리 국민 모두가 알아야 한다.
 한마디로 이런 묘나 집은 거의 패가망신하였는데 특히 묘의 경우 더욱 심한 이유는 정혈에서 주변의 산과 물의 위치가 확연하게 차이가 나기 때문이다.
 현공풍수는 묘나 집을 기점으로 주변의 높낮이가 분명하게 나타날수록 吉凶의 작용도 분명하게 나타난다. 따라서 현공풍수를 배우고 현장에서 감정을 해보면 대개는 陽宅보다는 陰宅에서 실력발휘를 할 수 있다.
 물론 陰宅이라도 평범한 밭에 묘를 용사(用事)하였으면 대개는 특별히 좋거나 나쁜 것이 비교적 적고, 陽宅이라도 도심지가 아닌 농촌에서 주변의 산수가 명확하게 구분이 되는 장소에서 현공풍수이론은 백발백중한다.

## 《7運 甲坐庚向(替卦)》

| | | | | |
|---|---|---|---|---|
| 辰 | 丙 | 《未》 | 運坐 | 7運 甲坐庚向(替卦) 067.5-070.5 / 079.5-082.5 |
| 4 6 六 | 9 2 二 | 2 4 四 | 四局 | 山星: 庚(下水) 向星: 中宮(入囚) |
| 甲坐 3 5 五 | +5+⑦ 七 | ⑦ 9 九 →庚向 | 地運 | 0年 (7運 入囚)✔ |
| 8 1 一 | 1 3 三 | 6 8 八 | 城門 | 正城門: 未 副城門: 戌 |
| 丑 | 壬 | 〈戌〉 | 特記 | 伏吟(大凶) |

| | | | | | | | |
|---|---|---|---|---|---|---|---|
| 山 4 | 退人丁·剋妻·肝病·股病(넓적다리고)·刀傷 | 山 9 | 9運旺丁, 出文藝人才. | 山 2 | 脾胃病·老母災殃·악성종기·腫瘤(종류: 혹) |
| 水 6 | 苦生·奔走·退財·官司. | 水 2 | 眼疾·瞽目(고목: 소경)·腫瘤·落胎. | 水 4 | 忌直射, 媤母驅迫(시모구박). |
| 山 3 | 有高山, 丁財兩敗·橫禍連續. | 山 5 | 〈57〉凶星, 掠奪被害, 破産橫禍, 痲藥官非. | 山 ⑦ | 旺丁. 山峰物價逼迫·刑惡. |
| 水 5 | 後有水放光, 三房發財. | 水 ⑦ | | 水 9 | 宜靜水·小水, 三房·小女發財. |
| 山 8 | 8運旺丁, 出忠良之人. | 山 1 | 添丁, 8運出貴, 創業成家. | 山 6 | 無依託老人, 長房絶孫. |
| 水 1 | 次房·三房發財. | 水 3 | 蛇咬, 刑杖, 長子放蕩. | 水 8 | 8運三房武富貴. 長房虛名. |

> 【해설】

　7運 甲坐庚向 替卦도 下卦와 마찬가지로 上山下水에 복음을 범하였는데 지운기간만 약간 다르다. 替卦는 7運에 向星이 中宮에 입수가 되기 때문에 집을 짓자마자, 묘를 쓰자마자 바로 망하게 되어 갑좌 下卦보다 더욱 흉하다.
　현공풍수고서에도 보면 이 坐向을 두고「切不可用(절불가용)」라고 하여 절대로 쓰면 안 된다고 하였다.
　성요 조합 중에서 가장 중요하게 보는 向宮〈79九〉과 坐宮〈35五〉그리고 中宮〈57七〉의 숫자가 坐宮의 3자를 제외하고는 전부 陰數로 되어있다. 이러한 묘의 자손이나 집의 가족 중 여자는 창기가 되고 人丁이 끊어지고 과부가 나온다. 특히 7兌에 해당되는 少女와 3震에 해당되는 長男에게 재앙이 돌아간다.
　항간에 부자가 망해도 몇 년은 간다는 말이 있는데 上山下水에 복음이 걸리면 천만의 말씀이다. 예를 들어 집을 짓는 데는 적잖은 시간이 걸리지만 철거는 짧은 시간에도 할 수 있듯이 부귀영화를 이루기는 어려워도 없어지려면 하루 아침에 사라지는 법이다.
　다만 세상에 나쁜 것이든 좋은 것이든 영원한 것은 하나도 없다. 이제는 7運이 지나고 8運이 되면서 상황이 달라진다. 8運에는 이 비성반(飛星盤)으로 山星8자와 向星8좌를 보고 길흉을 판단한다.
　정말로 조심하고 조심하여야 할 땅의 이치가 바로 풍수지리인데 나경(羅經: 패철)도 필요가 없다고 고집하는 風水師도 있으니 한심한 일이다.

## 《7運 卯坐酉向(下卦)》

| | | | | |
|---|---|---|---|---|
| 巽 | 午 | | 坤 | |
| | 6 1<br>六 | 1 5<br>二 | 8 3<br>四 | |
| 卯坐 | ⑦ 2<br>五 | -5-9<br>七 | 3 ⑦<br>九 | →酉向 |
| | 2 6<br>一 | 9 4<br>三 | 4 8<br>八 | |
| 艮 | 子 | | 乾 | |

| 運坐 | 7運 卯坐酉向(下卦)<br>085.5~094.5 |
|---|---|
| 四局 | 旺山旺向 |
| 地運 | 40年 (9運 入囚) |
| 城門 | 正城門: ✗<br>副城門: ✗ |
| 特記 | |

| 山6 | 催官(최관:승진), 來龍出貴. 宜文筆山. | 山1 | 催丁(:똑똑함), 宜金形之山. | 山8 | 有秀山, 出聰明賢良之人. |
|---|---|---|---|---|---|
| 水1 | 水圓亮·之玄, 出貴. | 水5 | 山高逼壓穴, 損壯丁.明見水光, 不姙·水腫·怪胎. | 水3 | 未水來, 遭雷殛 (조뢰극: 벼락으로 사망) |
| 山⑦ | 旺丁, 出醫卜(출의복)·武職. | 山5 | [不合局時]<br>飮毒·火災 | 山3 | 肝病·足病·刑殺·出暴力輩橫死. |
| 水2 | 疾病·發癌·寡婦(과부)·胃腸病(위장병). | 水9 | 〈吉坐〉<br>臨卦:3爻. | 水⑦ | 7元進財, 武職大利. |
| 山2 | 白虎砂, 忌高逼壓主, 出寡婦. | 山9 | 9運科擧及第連續,<br>兄弟齊發. | 山4 | 小口(미성년자) 損傷, 多生女兒. |
| 水6 | 長房退財·迷信 | 水4 | 貪圖往返(탐도왕반: 헛수고),<br>小成多敗. | 水8 | 水宜出·不宜入.<br>三房發財. |

### 【해설】

이 局은 旺山旺向의 길한 局이다. 이른바 주변의 형세가 배산임수가 되면 旺山旺向이 되어 최고로 길하다.

이 局에 中宮의 성요 조합이 〈79五〉로 되어 火災, 飮毒의 위험성이 있어 조심해야 한다. 이 조합수가 매우 흉하기는 하지만 흉사가 일어나는 계기가 있어야 문제가 발생한다.

그러니까 휘발유가 위험한 물질이기는 하지만 꼭 화재가 일어난다는 것은 아니다. 〈79五〉가 있는 장소에 뭔가「動(동)」이 있어야 화재가 발생한다는 것이다. 그래서 중앙에 지속적으로 움직이는 물체를 두면 그때에 흉함이 발생하게 된다는 말이다.

주역 계사전(하편)에 나오는 유명하고 중요한 말이 있다.『吉凶悔吝者 生乎動者也(길흉회린자 생호동자야)』즉「길흉회린은 움직일 때에 나타난다」는 뜻이다.

「吉」은 최고로 좋은 결과를 뜻하고,

「凶」은 최고로 나쁜 결과를 뜻하고,

「悔」는 후회한다는 뜻이니 이것도 별로 좋지 못하고,

「吝」은 곤욕스럽다는 뜻이다.

이외에도「亨, 利, 無咎(무구: 허물이 없음.), 勵(힘쓸 려)」도 있다. 길한 것부터 순서대로 배열하면「吉, 亨, 利, 無咎, 悔, 吝, 勵, 凶」이 되겠다.

주역책에

「吉」은 144번 나오고,

「凶」은 57번 나오고,

「悔」는 32번 나오고,

「吝」은 13번이 나온다.

吉은 144번이 나오고 凶, 悔, 吝은 102번 나온다.

그래도 흉보다 길이 많으니 세상은 희망적이다.

## 《7運 卯坐酉向(替卦)》

| | 巽 | 午 | 坤 | | 運坐 | 7運 卯坐酉向(替卦)<br>082.5-085.5 / 094.5-097.5 |
|---|---|---|---|---|---|---|
| | 6 1<br>六 | 1 5<br>二 | 8 3<br>四 | | 四局 | 旺山旺向 |
| 卯坐 | ⑦ 2<br>五 | -5-9<br>七 | 3 ⑦<br>九 | →酉向 | 地運 | 40年 (9運 入囚) |
| | 2 6<br>一 | 9 4<br>三 | 4 8<br>八 | | 城門 | 正城門: ✗<br>副城門: ✗ |
| | 艮 | 子 | 乾 | | 特記 | |

| | | | | | | |
|---|---|---|---|---|---|---|
| 山 6 | 長房出貴,<br>宜遠秀之山·水. | 山 1 | 催丁(:뚝뚝함),<br>生貴子, 宜遠峰<br>高秀. | 山 8 | 有秀山, 出聰明<br>忠孝賢良之人. |
| 水 1 | 池湖圓亮, 科擧<br>不替. | 水 5 | 損丁·不姙·水腫.<br>破産, 橫禍 | 水 3 | 損丁·兄弟鬩牆<br>(혁장: 내분)·官<br>訟·盜賊 |
| 山 ⑦ | 旺丁, 出醫卜人<br>才.<br>宜葫蘆山. | 山 5 | [不合局時],<br>飮毒·火災. | 山 3 | 出暴力輩「穿心<br>殺」, 吐血, 凶<br>死). |
| 水 2 | 損丁·火災·發癌·<br>破財. | 水 9 | 〈吉坐〉<br>臨卦: 上爻.<br>損卦: 上爻. | 水 ⑦ | 武職·工商發財.<br>文武兼備. |
| 山 2 | 損丁·胃腸病·腫瘤<br>(종류: 혹)·迷信 | 山 9 | 9運科擧及第,<br>兄弟齊發. | 山 4 | 小口(미성년자)<br>損傷·風濕關節炎·<br>肝病·股病. |
| 水 6 | 長房有科擧, 但<br>迷信·退財. | 水 4 | 婦女論爭·不貞,<br>小成多敗. | 水 8 | 8運發財.<br>水宜出,<br>發外鄕. |

### 【해설】

이 局은 유좌묘향 下卦와 동일하다. 따라서 굳이 替卦를 사용할 필요는 없다.

성요 조합을 해석할 때 1개 宮의 山星과 向星 그리고 운반을 중심으로 추론을 하는데 인궁(隣宮:옆에 있는 宮)과 같이 해석해야 한다. 이유는 산이나 물이 1개 宮인 45도 범위 안에 있기도 하지만 대개는 산줄기는 이어져 있고 강물은 강줄기를 따라 흐르기 때문에 2개 이상의 宮에 걸쳐 산과 물이 있기 마련이다.

2-3개 宮의 성요 조합이 吉數조합으로 되어있는데 산이나 물이 2개 이상의 宮에 걸쳐 있으면 시너지(synergy)효과를 내어 영향력이 더욱 강해진다.

현공풍수에서 가장 길한 숫자로 1, 6, 8은 삼길성(三吉星)이라고 부른다.

이 局에서 巽宮, 離宮, 坤宮의 山星이 특이하게 6, 1, 8로 되어 있다. 만약에 이 3개 宮에 연이어 산이 연결되어 펼쳐있으면 실질적인 영향력은 배가가 되어 고관대작이 즐비하게 나온다고 판단하여야 한다.

만약에 흉한 숫자로 연결되어 있으면 당연히 흉의 정도를 더욱 심하다고 추론한다.

※ 천심살(穿心殺)

向宮에 〈37〉은 낙서에서 서로 마주보고 있는 대궁(對宮)이 된다. 따라서 合局일 때에는 금슬이 좋은 부부가 되지만 不合局일 경우에는 정면으로 대결하는 상으로 해석하여 더없이 흉한 살이 된다. 중심을 통과하여 뚫는 殺이라고 하여 일명 「천심살」이라고 부른다.

## 《7運 乙坐辛向(下卦)》

| | | | | | |
|---|---|---|---|---|---|
| 巳 | 丁 | 申 | 運坐 | 7運 乙坐辛向(下卦) 100.5~109.5 | |
| 6 1<br>六 | 1 5<br>二 | 8 3<br>四 | 四局 | 旺山旺向 | |
| 乙坐 ⑦ 2<br>五 | -5-9<br>七 | 3 ⑦<br>九 | →辛向 地運 | 40年 (9運 入囚) | |
| 2 6<br>一 | 9 4<br>三 | 4 8<br>八 | 城門 | 正城門: ✗<br>副城門: ✗ | |
| 寅 | 癸 | 亥 | 特記 | | |

| | | | | | | | | |
|---|---|---|---|---|---|---|---|---|
| 山<br>6 | 長男出貴,<br>宜文筆山.<br>書香不絶. | 山<br>1 | 宜金形之山, 催丁(:뚝뚝함)·生貴子 | 山<br>8 | 生聰明, 賢良之人·忠孝傳家. |
| 水<br>1 | 有池湖圓亮,<br>世代書香. | 水<br>5 | 損丁·不姙·黃腫·怪胎·鰥夫(환부:홀아비) | 水<br>4 | 損丁·兄弟鬩牆(혁장: 내분)·官訟·盜賊. |
| 山<br>⑦ | 旺丁,出醫卜命相人才,宜葫蘆山. | 山<br>5 | | 山<br>3 | 出暴力輩橫死,足病·刑殺. |
| 水<br>2 | 損丁·火災·發癌·破家. | 水<br>9 | 〈吉坐〉<br>節卦: 2爻. 5爻 | 水<br>⑦ | 7元進財, 武職·商工發財. 文武雙全. |
| 山<br>2 | 損丁·胃腸病·腫瘤(종류: 혹)·黃腫迷信 | 山<br>9 | 9運科擧及第,兄弟齊發. | 山<br>4 | 損小口(미성년자),風濕病. 忌大山逼塞(핍색) |
| 水<br>6 | 長房有科擧, 但迷信· 退財. | 水<br>4 | 婦女論爭·不貞,小成多敗. | 水<br>8 | 8運發財.<br>水宜出, 發於外鄕. |

【해설】

이 局도 卯坐酉向과 동일하다. 그러면 묘좌와 을좌가 같은데 어느 坐向을 택하여야 좋을까?

이 때에는 형기풍수로 혈성(穴星)을 보고 판단하여 1개의 坐向을 선택하여 된다. 다만 卯坐와 乙坐의 중간坐向를 택하면 음양차착(陰陽差錯)이 되어 아주 흉하다.

구성중에 5황 염정성(廉貞星)은 가장 흉한 성요이다.

5運을 제외하고는 山星5나 向星5가 있는 곳에 산이나 물이 있으면 大凶으로 작용한다. 그래서 5황성을 일명 「관살(關殺)」이라고 부른다. 관살의 의미는 문자 그대로 빗장을 걸어두고 죽인다는 뜻이다. 따라서 5와 2를 만나면 치료하기 어렵다는 암에 걸릴 확률이 높다.

이 局에서 離宮에 向星 5와 운반 2가 만났는데 山星이 1이다. 그러면 1은 신장이나 자궁에 암이 발생한다.

이러한 이치로 다른 숫자 조합도 해석을 하면,

〈2-5〉, 2는 비위, 피부에 암이 발생하고,

〈2-5〉, 3은 간에 암이 발생하고,

〈2-5〉, 4는 유방에 암이 발생하고,

〈2-5〉, 5는 내장기관, 피부에 암이 발생하고,

〈2-5〉, 6은 폐, 뇌에 암이 발생하고,

〈2-5〉, 7은 인후부에 암이 발생하고,

〈2-5〉, 8은 코에 암이 발생하고,

〈2-5〉, 9는 심장병이나 혈암이 발생할 소지가 많다.

여기에 출생년도나 방분법(房分法)에 따라 발병확률은 더욱 높아지고 경우에 따라서는 사망하기에 이른다.

## 《7運 乙坐辛向(替卦)》

|  |  |
|---|---|
| 運坐 | 7運 乙坐辛向(替卦)<br>097.5-100.5 / 109.5-112.5 |
| 四局 | 旺山旺向 |
| 地運 | 40年 (9運 入囚) |
| 城門 | 正城門: ✗<br>副城門: ✗ |
| 特記 | |

```
        巳        丁         申
     ┌──────┬──────┬──────┐
     │ 6 1  │ 1 5  │ 8 3  │
     │  六  │  二  │  四  │
     ├──────┼──────┼──────┤
 乙坐 │ ⑦2   │ -5-9 │ 3 ⑦  │ →辛向
     │  五  │  七  │  九  │
     ├──────┼──────┼──────┤
     │ 2 6  │ 9 4  │ 4 8  │
     │  一  │  三  │  八  │
     └──────┴──────┴──────┘
        寅        癸         亥
```

| 山6 | 長房出貴,<br>宜水外遠秀之山. | 山1 | 催丁,生貴子,宜遠峰高秀. | 山8 | 有秀山, 出聰明忠孝賢良之人. |
|---|---|---|---|---|---|
| 水1 | 池湖圓亮, 科擧不替. | 水5 | 損丁·不姙·怪胎·橫腫·尿毒. | 水4 | 損丁·兄弟鬩牆(혁장: 내분)·官訟·足病. |
| 山⑦ | 旺丁, 出醫卜命相人才.<br>宜葫蘆山. | 山5 | [不合局時],<br>飮毒·火災. | 山3 | 肝病·脚病·離婚出暴力輩. |
| 水2 | 損丁·火災·發癌破財·血症·淫亂. | 水9 | 〈吉坐〉<br>損卦: 3爻 | 水⑦ | 武職·工商發財.<br>文武兼備. |
| 山2 | 損丁·胃腸病·腫瘤(종异: 혹)·迷信 | 山9 | 9運科擧及第,<br>兄弟齊發.<br>出貴女 | 山4 | 損小口·風濕關節炎·膽石症·癱瘓(탄탄: 중풍). |
| 水6 | 長房有科擧,但迷信·退財. | 水4 | 婦女論爭·不貞,破敗家業 | 水8 | 8運發財.<br>水宜出,<br>發於外鄉. |

### 【해설】

이 局도 下卦와 동일하다. 따라서 굳이 替卦를 사용할 필요는 없다. 替卦를 자칫 잘못 사용하다가는 소공망이나 대공망에 빠질 우려가 많기 때문이다.

만약에 卯乙中間坐(西辛中間向)로 건택조장(建宅造葬)을 하면 어떻게 될까? 묘좌나 을좌가 旺山旺向이 되니까 卯乙중간좌도 旺山旺向이 될 것이라고 생각하기 쉬우나 절대로 아니다. 坐와 坐는 무조건 소공망이 되어 아주 흉하다.

만약에 卯과 乙의 중간좌의 추론방법은 中宮에 5와 9의 같은 숫자를 넣고 순행과 역행으로 두 개의 飛星盤을 만들고 흉한 쪽으로 감정을 하면 된다.

소공망인 경우 대개는 처음부터 흉한 일이 발생되는데 간혹 일시적으로 旺山旺向의 영향을 받아 발복하기도 하지만 시간이 지나면 上山下水의 영향을 받게 되어 결국은 흉하게 된다.

陽宅이라면 최고로 좋은 장소는 巽宮이다.

巽宮은 〈61六〉으로 되어있는데 〈14〉가 과거급제인 데 비해 〈61〉은 고관대작이다. 여기에서는 〈16〉에 운반 六이 가세하여 더욱 길한 숫자조합을 만들었다.

4는 문곡성(文曲星)으로 문(文)을 뜻하고 대칭되는 宮인 6백금은 무곡성(武曲星)으로 무(武)를 뜻하지만 권력과 권위를 나타내기도 한다.

※연성(連星)

또한 선천수인 〈16〉, 〈27〉, 〈38〉, 〈49〉조합은 「연성(連星)」이라고 하여 合局일 때에는 의외의 좋은 인연을 만나는 운을 가지고 있다. 물론 不合局일때에는 의외의 흉사가 발생한다.

## 《 7運 辰坐戌向(下卦)》

| | 丙 | | 運坐 | 7運 辰坐戌向(下卦)<br>115.5~124.5 |
|---|---|---|---|---|
| 辰坐 | ⑦ 9　2 4　9 2<br>　六　　二　　四<br>8 1　-6-8　4 6<br>　五　　七　　九<br>3 5　1 3　5 ⑦<br>　一　　三　　八 | 未<br><br>庚<br><br>戌向 | 四局 | 旺山旺向 |
| 甲 | | | 地運 | 20年（8運 入囚） |
| 丑 | 壬 | | 城門 | 正城門：✗<br>副城門：✗ |
| | | | 特記 | |

| 山⑦ | 旺丁·武貴； 山秀， 出美女,女貴. | 山2 | 脾胃病·姑婦葛藤·發癌. | 山9 | 9運人丁·科擧鼎盛,出大儒. |
|---|---|---|---|---|---|
| 水9 | 肺病·中風·損丁·血症.宜暗水. | 水4 | 宜暗水,文藝發財,水直沖射脅,姑婦葛藤 | 水2 | 脾胃腸病,目疾·難産,暗悶·災晦(재회). |
| 山8 | 出貴丁， 文人秀士. | 山6 | 〈吉坐〉<br>睽卦: 4爻 | 山4 | 婦女論爭,忌繩索砂,縣櫟自縊(현량자액) |
| 水1 | 1運發財·8運損丁． 忌大水近沖. | 水8 | | 水6 | 肺病,「木見戌朝」,剋妻. |
| 山3 | 蛇咬·脚病·賭博(도박)·飄蕩(표탕: 떠돌이). | 山1 | 催貴·科擧首選,宜遠秀山. | 山5 | 少人丁·破財·剋妻·肺病·喉症. |
| 水5 | 非禍橫加·腎耳之病·落胎. | 水3 | 官訟·盜賊·蛇咬,出放蕩子孫. | 水⑦ | 發財致富,宜暗水,不宜明見. |

### 【해설】

이 局은 旺山旺向이다. 그런데 다음 運에 向星8이 中宮에 입수되어 지운기간이 짧다는 흠이 있다. 진좌뿐만 아니라 손좌와 사좌도 1-9運을 막론하고 지운기간이 짧다는 점을 알고 유의하여 사용하여야 한다.

※ 수부주(囚不住)

만약 向宮에 물이 아주 좋게 있으면 中宮과 向星의 氣가 상통하기 때문에 「수부주(囚不住)」가 되어 입수가 되지 않는다.

向宮에 向星은 7이고 운반은 八이다. 〈78〉의 성요 조합은 부귀가 속발(速發)한다. 7은 兌로 少女이고 8은 艮으로 少男이 된다. 젊은 남자인 少男과 젊은 여자인 少女가 만났으니 신속하기 마련이다. 그래서 속발하게 되는데 이를 두고 「자웅정배(雌雄正配)」라고 한다.

다만 山星이 5황이 있기 때문에 조심을 하여야 한다. 만약에 乾宮에 산이 높게 있으면 그리고 옆에 있는 向星에도 영향을 주기 때문에 물이 보이지 않는 암수(暗水)가 되어야 한다.

※ 차형통기(遮形通氣)

만약에 여기에서 乾宮에 큰물이 보인다면 「차형통기(遮形通氣)」법을 이용하면 좋다.

차형통기법이란 보이지 않아야 할 산이나 물이 있으면 대상물은 가리되 氣는 통하게 만드는 방법이다. 이때에 나무를 심으면 좋은데 대나무를 심으면 사철 푸르고 높기 때문에 제일 좋다.

차형통기법은 특히 산이 있으면 좋기는 좋은데 만약에 악형(惡形)의 산이 보일 때에 사용한다.

## 《 7運 辰坐戌向(替卦) 》

| | | | | |
|---|---|---|---|---|
| 辰坐 | 丙 | | 未 | 運坐 | 7運 辰坐戌向(替卦)<br>112.5-115.5 / 124.5-127.5 |
| | ⑦ 8<br>六 | 2 3<br>二 | 9 1<br>四 | 四局 | 山星: 辰(旺山)<br>向星: 中宮(入囚) |
| 甲 | 8 9<br>五 | 6 ⑦<br>七 | 4 5<br>九 | 庚 | 地運 | 0年 (7運 入囚) ✔ |
| | 3 4<br>一 | 1 2<br>三 | 5 6<br>八 | | 城門 | 正城門: ✗<br>副城門: ✗ |
| 丑 | 壬 | | 戌向 | 特記 | 7運入囚(大凶) |

| | | | | | |
|---|---|---|---|---|---|
| 山⑦ | 有丁無財,<br>要山水竝見方可. | 山2 | 常生疾病災晦<br>(胃腸病·熱症). | 山9 | 9運仲房旺丁·科擧及弟, 出大儒. |
| 水8 | 損丁發財,<br>要山水竝見方可. | 水3 | 官訟·刑殺·車禍<br>囚禁(수금). | 水1 | 9運·1運長仲房發財·科擧及弟. |
| 山8 | 8運季房旺丁·中房破財. | 山6 | 〈吉坐〉<br>兌卦: 上爻 | 山4 | 乳癰(유옹)·賭博<br>女人喧鬧(훤료:떠듬) |
| 水9 | 8運中房發財·季房損丁. | 水⑦ | | 水5 | 目疾·心臟病·癡呆(치매)·黃腫·火災. |
| 山3 | 蛇咬·肝病·脚病·長房遊蕩(장방유탕). | 山1 | 上元出貴子·科擧及弟,<br>出大儒學者. | 山5 | 手足·肋骨有病.<br>少人丁, 絶孫. |
| 水4 | 出蕩子·水形惡者出淫賤. | 水2 | 水厄(수액)·黃腫(황종)·脾胃病·損丁. | 水6 | 武富·武貴,<br>忌大水而近. |

**【해설】**

이 局은 당운에 向星이 입수가 되어 7運에 甲坐庚向 替卦처럼 당운에 패하는 大凶局으로 사용하면 안 되는 局이다.

그리고 9宮 전반이 〈123〉, 〈234〉, 〈345〉, 〈456〉, 〈567〉, 〈678〉, 〈789〉, 〈891〉, 〈912〉로 되어있다. 이것을 일명 「연여격(連茹格)」이라고 부르며 풀뿌리처럼 흉사가 계속 이어지게 되어 더욱 흉한 局이 된다.

이러한 집이라면 당장 이사를 해야 하고, 묘라면 당장 이장을 하는 것이 현명한 방법이다.

※ 9火 홍란성(紅鸞星)은 결혼운

성요 조합 중에서 〈89〉는 9火가 8土를 火生土로 相生을 하고, 본래 8은 좌보(左補)이고 9는 우필(右弼)이 되어 좋은데다가 9는 기쁨인 희기(喜氣)이며 일명 홍란성(紅鸞星)이라고 하며 주로 결혼을 하는 즐거움이 생기고 자손이 번창하는 경사가 생긴다.

성요 조합에서 가장 좋은 길수조합으로〈14〉는 시험운에 좋고, 〈16〉은 승진운에 좋고, 〈68〉은 재운으로 좋고, 〈89〉는 부동산, 결혼, 출산 등으로 좋은 조합숫자이다.

## 《7運 巽坐乾向(下卦)》

| 巽坐 1 午 坤 | | | 運坐 | 7運 巽坐乾向(下卦) 130.5~139.5 |
|---|---|---|---|---|
| 5 ⑦ 六 | 1 3 二 | 3 5 四 | 四局 | 上山下水 |
| 卯 4 6 五 | 6 8 七 | 8 1 九 | 〈酉〉 地運 | 20年 (8運 入囚) ✔ |
| 9 2 一 | 2 4 三 | ⑦ 9 八 | 城門 | 正城門: 子<br>副城門: 酉 |
| 艮 《子》 ↘乾向 | | | 特記 | 聯珠三般卦 |

| 山5 | 少人丁·破財·寒症·口腔癌·肺癌. | 山1 | 有秀峰,出貴,得卯峰相配連星,科擧及弟名顯. | 山3 | 賭博破家(도박과가)·車禍·出破家者 |
|---|---|---|---|---|---|
| 水⑦ | 宜暗水·空地. 見明水·財來而破. | 水3 | 肝膽病·手脚病痛.損丁破財·出賊小. | 水5 | 賭博破家·橫禍·食中毒 |
| 山4 | 苦生·退財·寒症·男女姦通. | 山6 | 〈吉坐〉 泰卦:3爻, 上爻 | 山8 | 8運旺丁.出貴·文士不絶. |
| 水6 | 苦生·剋妻·股病·中風. | 水8 | | 水1 | 發財.1白水, 悠久福厚. |
| 山9 | 9運旺丁,多生文士·儒者 | 山2 | 癌症·剋老婦·姑婦葛藤(고부갈등). | 山⑦ | 7運旺丁,9運破財,宜遠山. |
| 水2 | 癌症·熱症·損丁破財·目疾 | 水4 | ※壬水癌症.<br>※子癸水發財. | 水9 | 9運發財.<br>7運損丁.<br>(戌·亥年) |

> 【해설】

　이 局은 上山下水의 局이다. 써서는 안 될 坐向이지만 만약에 7運에 이미 묘를 썼다면 8運에는 旺山旺向이 되므로 환천심을 시켜주면 좋다.
　다만 이 局은 9宮 전반이 연주삼반괘가 되어 만약에 전고후저가 되면 오히려 좋다. 그러나 陰宅의 경우에는 불가능하고 陽宅의 경우에만 가능하며 오히려 아주 좋은 局이 된다. 소위 설중송탄(雪中送炭)하고 금상첨화(錦上添花)한다는 局이 바로 이 局이다.

　※ 수부주(囚不住)
　그리고 向星5에 물이 있으면 中宮과 向星은 항상 연결되어있기 때문에 8을 구출하게 되어 이른바 「수부주(囚不住)」하게 되어 지운은 8運에 되어도 입수(入囚)되지 않는다.
　표에서 坎宮을 보면 坎宮 내에서도 子癸方의 물은 발재(發財)를 하지만 壬水가 암증(癌症)이 되는 이유는 巽坐가 天元으로 壬方(地元)과 서로 陰陽이 다르기 때문이다.
　그리고 만약에 坎宮으로 대문을 내면 〈24〉가 되어 고부간에 불화가 생긴다. 2는 노모이고 4는 장녀, 큰 며느리로 4木이 2土를 相剋하기 때문에 즉, 며느리가 시어머니를 괴롭히고 박대를 하고 있는 상이 된다.
　震宮에 山星4는 문창성으로 文을 뜻하고 向星 6은 무곡성으로 武를 뜻하여 문무가 만나니 좋은 성요라고 생각하기 쉽다. 그러나 7運에 〈46〉은 대흉수 조합 중 하나이다.

## 《7運 巽坐乾向(替卦)》

| | 巽坐 | 午 | 坤 | | 運坐 | 7運 巽坐乾向(替卦) 127.5-130.5 / 139.5-142.5 |
|---|---|---|---|---|---|---|
| | | 5 6<br>六 | 1 2<br>二 | 3 4<br>四 | 四局 | 山星: 乾(下水)<br>向星: 中宮(入囚) |
| 卯 | 4 5<br>五 | 6 ⑦<br>七 | 8 9<br>九 | 〈酉〉 | 地運 | 0年 (7運 入囚)✔ |
| | 9 1<br>一 | 2 3<br>三 | ⑦ 8<br>八 | | 城門 | 正城門: 子<br>副城門: 酉 |
| 艮 | | 《子》 | | ↘乾向 | 特記 | 7運入囚(大凶) |

| | | | | | | |
|---|---|---|---|---|---|---|
| 山5 | 小人丁·長房重病·老人癡呆(치매). | 山1 | 催丁.<br>要金形山, 才能取貴. | 山3 | 進退無功·肝膽病·脚病·出不肖子. |
| 水6 | 老人病·長房退財.<br>官司·癡呆 | 水2 | 黃腫·尿毒·不姙落胎·損丁. | 水4 | 長婦壓夫·進退無功·破財. |
| 山4 | 乳癌·賭博遊蕩破家. | 山6 | 〈吉坐〉<br><br>履卦: 初2爻. | 山8 | 8運 季房丁貴.<br>次房破財剋妻 |
| 水5 | 肝膽病·股病·乳癰(유옹)·家破人亡. | 水⑦ | | 水9 | 8運中房發財·季房損丁. |
| 山9 | 催丁.<br>9運出科擧及弟,多生男兒. | 山2 | 胃腸病·黃腫. 重物壓傷. | 山⑦ | 當運旺財·破財.<br>尤旺女兒. |
| 水1 | 1運出科擧及弟, 勤儉興家(근검흥가) | 水3 | 犯法·刑殺·肝病·盜賊 | 水8 | 8運發財·<br>7運損丁. |

### 【해설】

이 局은 진좌替卦와 같아 당운에 向星이 입수가 당운에 패하는 大凶局으로 사용하면 안 되는 局이다.

만약 向宮에 물이 아주 좋게 있으면 中宮과 向星의 기가 상통하기 때문에 「수부주(囚不住)」가 되어 입수되지 않는다.

다만 9宮 전반이 〈12〉, 〈23〉, 〈34〉, 〈45〉, 〈56〉, 〈67〉, 〈78〉, 〈89〉, 〈91〉로 되어 있다. 이것을 「연여격(連茹格)」이라고 부르는데 대흉이 된다.

연여격의 성요 조합을 흉상(凶象)으로 해석하면,

〈12〉 주위 사람이 배반하고, 수종(水腫:몸이 붓는 병)·출혈·凶死 등으로 산란(散亂)하고 소화기관이나 신장기관계통에 질병이 생긴다.

〈23〉 무거운 물건에 압상(壓傷)을 당하고, 장자(長子)가 불효하고, 욕심을 부리다가 손해를 본다.

〈34〉 사리가 불분명하고, 변덕이 심하고, 가무(歌舞)와 여색에 빠지고, 심하면 거지가 된다.

〈45〉 부도가 나고, 밀수범이 되거나 미친병에 걸린다.

〈56〉 노인은 치매증에 걸리고, 남자는 불임증(不姙症)이고, 형무소에 가게 된다.

〈67〉 심하게 다투고, 재산을 강탈당하고, 노부나 젊은 며느리가 죽고, 부인은 여아를 많이 출산하고 첩은 아들을 출산한다.

〈78〉 손이나 팔이 다치고, 젊은 남녀가 방탕생활을 한다.

〈89〉 성질이 포악하고, 정신을 잃고, 손가락에 큰 화상을 입고, 갑자기 사고가 생긴다.

〈91〉 부부간에 불화하고, 부인이 권한을 가진다.

## 《7運 巳坐亥向(下卦)》

| | | | | |
|---|---|---|---|---|
| 巳坐 | 1 丁 | | 申 | |
| | 5 ⑦ 六 | 1 3 二 | 3 5 四 | |
| 乙 | 4 6 五 | 6 8 七 | 8 1 九 | 〈辛〉 |
| | 9 2 一 | 2 4 三 | ⑦ 9 八 | |
| 寅 | 《癸》 | | 亥向 ↓ | |

| 運坐 | 7運 巳坐亥向(下卦) 145.5~154.5 |
|---|---|
| 四局 | 上山下水 |
| 地運 | 20年 (8運 入囚) ✔ |
| 城門 | 正城門: 癸<br>副城門: 辛 |
| 特記 | 聯珠三般卦 |

| | | | | | | |
|---|---|---|---|---|---|---|
| 山 5 | 少人丁·剋妻·破財·寒症·大敗·絕嗣(절사). | 山 1 | 催丁, 宜尖秀山峰, 出文武·智勇雙全之人. | 山 3 | 賭博遊蕩破家·肝病·車禍·壓傷. |
| 水 ⑦ | 房房發財,<br>武市損丁. | 水 3 | 蛇咬, 棒打, 犯法, 刑殺, 雷殛, 盜賊, 囚禁, 肝病 | 水 5 | 癌症腫毒·痲藥商·密輸犯·食中毒·家破人亡. |
| 山 4 | 賭博遊蕩破家·官訟·縊死(액사). | 山 6 | 〈吉坐〉<br><br>需卦:初爻. 2爻 | 山 8 | 8運結婚重重.<br>宜端方之山. |
| 水 6 | 長房父子·夫婦不和,<br>官司. | 水 8 | | 水 1 | 8運季房損丁,<br>中房發財. |
| 山 9 | 9運出科擧·功名, 宜遠秀之山. | 山 2 | 胃腸病·肝病·車禍·壓傷. | 山 ⑦ | 宜葫蘆山, 出醫卜堪輿奇才. |
| 水 2 | 目疾(목질)·熱症(열증)·脾胃病·血症(혈증). | 水 4 | 壬水直沖·姑婦葛藤·詐欺被害. | 水 9 | 中房發橫財.<br>季房損丁. |

**【해설】**

이 局은 손좌해향과 동일한 上山下水의 局이다.

艮方은 7運에 2黑이 살기가 되어 물이 있으면 흉사가 생기는 2黑에 관련된 비장병이나 위장병이 생긴다. 또한 〈표〉에 서 목질, 열증, 혈증이 생기는 이유는 2黑이 9紫를 만났기 때문이다. 9紫는 五行으로 火가 되어 열증이 생길 수도 있고 색상으로 붉은색 계통이기 때문에 혈증이 생길 수도 있다.

목질이 생기는 이유는 火가 土를 만나 흙이 광명(光明)을 나타내는 火를 덮어 꺼버리는 격이 되어 인체에서 광명의 역할을 하는 눈에 질병이 생기게 된다. 만약에 간방에 물이 직충(直沖)하거나 사협(射脅: 옆에서 쏘는 것)한다면 흉의 정도는 심하게 되어 장님이 된다.

그런데 여기에서 초학자들은 火生土는 相生하기 때문에 吉하게 해석하여야 하는데 반대로 凶하게 해석하는 이유를 궁금해할 수도 있다.

풍수는 누차 강조하지만 형기와 이기를 같이 보아야 한다는 이른바 「형리동간(形理同看)」을 해야 한다.

이에 대해 종합적으로 정리하자면,
(1) 형기풍수로 보아 산수의 형세가 흉하면 五行상 相生도 흉으로 해석한다.
(2) 형기풍수로 보아 산수의 형세가 좋으면 五行상 相剋을 하여도 길도 없고 흉도 없다.
(3) 설령 相生을 하더라도 運에 따라 생왕기가 아니면 쓸모가 없기 때문에 相生의 길한 작용력이 없다.
(4) 相剋을 하더라도 현공풍수 이론으로 合局이 되고, 생왕기라면 相剋의 작용력은 무시한다.

## 《7運 巳坐亥向(替卦)》

| | 丁 | | | |
|---|---|---|---|---|
| 巳坐 | 5 8 六 | 1 4 二 | 3 6 四 | 申 |
| 乙 | 4 ⑦ 五 | 6 9 七 | 8 2 九 | 〈辛〉 |
| | 9 3 一 | 2 5 三 | ⑦ 1 八 | |
| 寅 | 《癸》 | | 亥向 | |

| 運坐 | 7運 巳坐亥向(替卦) |
|---|---|
| | 142.5-145.5 / 154.5-157.5 |
| 四局 | 山星: 亥(下水) |
| | 向星: 乙 |
| 地運 | 40年 (9運 入囚) |
| 城門 | 正城門: 癸 |
| | 副城門: 辛 |
| 特記 | |

| | | | | | | |
|---|---|---|---|---|---|---|
| 山 5 | 長房乏嗣(핍사), 重病, 季房破財. | 山 1 | 催丁貴, 宜圓形 秀峰. | 山 3 | 頭痛·折足(절족: 다리 부러짐). 官司·車禍·殺傷 |
| 水 8 | 8運大發橫財, 福澤綿遠. | 水 4 | 宜遠水, 出文人. 忌近水, 淫蕩. | 水 6 | 頭痛·脚病·刀傷 肝病·官司 |
| 山 4 | 剋妻·官司·吐血 喘嗽(천수)·肝膽病. | 山 6 | 中宮不宜安爐灶, 出逆子·經血病. | 山 8 | 8運結婚運, 出賢人. |
| 水 ⑦ | 當元發財·出人文雅 (문아: 점잖음) | 水 9 | | 水 2 | 熱症·出僧尼·脾胃病·精神病. |
| 山 9 | 9運出貴, 生聰明之子. | 山 2 | 疾病·損人·黃腫 脾胃病. | 山 ⑦ | 宜方圓端莊之山, 主丁·貴 |
| 水 3 | 蛇咬·棒打·雷殛 (전극: 벼락맞음)·長房破財. | 水 5 | 病疾損人·賭博投機破家. | 水 1 | 1運發財·7運損丁·8·9運催官. |

### 【해설】

이 局은 거의 上山下水에 가까운 局이므로 지세가 배산임수가 되면 정재양패(丁財兩敗)하는 쇠패지국이다.

向宮인 乾宮에 산이 있으면 〈표〉대로 해석을 하지만, 산은 없고 물이 가깝게 있고 수량도 많이 있다면 不合局이 되므로 흉하게 해석해야 한다.

따라서 7金이 1水를 金生水로 비록 相生을 하지만 흉하게 해석하여 金[금전]으로 水[술]를 만드는 흉격이 된다.

신문을 보면 「相生의 政治」라는 표현을 사용하며 相生은 좋고 相剋을 흉한 것으로 알고 있는데 五行의 相生相剋은 그렇게 간단하지 않다.

논어의 『과유불급(過猶不及)』이란 말처럼 「무엇이든지 너무 지나치면 오히려 못하다」.

명리학으로 유명한 서락오(徐樂吾) 선생의 《자평진전편주(子平眞銓評註)》에 나오는 음양생극론(陰陽生剋論)에 의하면,

(1) 金生水로 비록 相生을 하지만 金이 태과(太過: 너무 많음)하면 금다수탁(金多水濁)하여 오히려 물만 탁해지고,

(2) 水生木으로 비록 相生을 하지만 水가 태과가 되면 수다목표(水多木漂)하여 나무가 뿌리를 내리지 못하고 떠내려가고,

(3) 木生火하여 비록 相生을 하지만 木이 태과가 되면 목다화식(木多火熄)하여 오히려 불은 꺼지게 되고,

(4) 火生土로 비록 相生을 하지만 火가 태과가 되면 화다토초(火多土焦)하여 불이 너무 강하여 땅은 그을리고,

(5) 土生金으로 비록 相生을 하지만 土가 태과가 되면 토다금매(土多金埋)하여 좋은 金이 깊은 곳에 매몰된다.

## 《 7運 丙坐壬向(下卦) 》

| | 丙坐 | | 運坐 | 7運 丙坐壬向(下卦) 160.5~169.5 |
|---|---|---|---|---|
| 辰 | 3 2 ｜ ⑦⑦ ｜ 5 9<br>六 ｜ 二 ｜ 四 | 未 | 四局 | 雙星會坐(向星上山) |
| 甲 | 4 1 ｜ 2 3 ｜ 9 5<br>五 ｜ 七 ｜ 九 | 庚 | 地運 | 100年 (3運 入囚) |
| | 8 6 ｜ 6 8 ｜ 1 4<br>一 ｜ 三 ｜ 八 | | 城門 | 正城門: 戌<br>副城門: ✗ |
| 丑 | 壬↓向 | 《戌》 | 特記 | |

| 山3 | 官司·折足·殺傷·頭痛·肝病. | 山⑦ | 宜低小遠山, 出醫卜武貴. | 山5 | 目疾·心病·人丁冷退·絶孫·橫死. |
|---|---|---|---|---|---|
| 水2 | 疾病·迷信·胃腸病·刑獄. | 水⑦ | 發橫財·女人相助成功. | 水9 | 宜小水·暗水, 9運發財. |
| 山4 | 宜遠秀之山, 文人雅士. | 山2 | 坐後山峰高大逼壓, 主剋妻·破財. | 山9 | 9運旺丁, 宜遠秀之山峰. |
| 水1 | 出文秀之人, 宜遠山. | 水3 | 〈吉坐〉<br>大有卦: 初爻·4爻 | 水5 | 目疾·心病·出愚頑(우완:어리석음)之人. |
| 山8 | 出貴人·文士參軍·異途擢用(이도탁용). | 山6 | 長房退人丁·車禍·手術·官司. | 山1 | 宜文筆峰挺秀, 主科擧壯元及第. |
| 水6 | 長仲季房或退財或損財. | 水8 | 發財·異路功名·季房孝順. | 水4 | 男女放蕩, 忌大水浩蕩·湍激(단격:여울물) |

### 【해설】

이 局은 雙星會坐의 局이다.

7運에 雙星會坐가 되는 局은 子坐(癸坐), 艮坐(寅坐), 丙坐, 未坐 6개가 있고, 雙星會向이 되는 局은 壬坐, 丑坐, 午坐(丁坐), 坤坐(申坐) 공히 6개의 좌가 있다.

丙坐가 雙星會坐라면 반대편 좌인 壬坐는 雙星會向이 된다.

그리고 丙坐의 中宮이 〈-2+3〉이 되면 壬坐는 반대편에 있기 때문에 向星과 山星의 숫자가 서로 바뀐 즉, 〈+3-2〉가 된다.

따라서 丙坐와 壬坐의 9宮의 성요 조합수는 9宮 내에서 똑같으나 다만 向星과 山星이 숫자만 서로 바뀌게 된다.

7運에 雙星會向과 雙星會坐 즉 12개 坐向의 성요 조합수는 〈32(23)〉, 〈59(95)〉, 〈41(14)〉, 〈86(68)〉과 〈77〉로 되어 있다.

이 중에서 〈41(14)〉와 〈86(8)〉의 성요 조합은 아주 길한 조합이지만, 〈32(23)〉와 〈59(95)〉는 흉한 조합수가 된다. 즉 吉과 凶은 항상 공평하게 공존한다. 그러나 길흉을 사람의 힘으로 신의 공을 뺏고 천명을 바꾼다는 『奪神功 改天命(탈신공 개천명)』말이 풍수고전인 《葬書》에 나오고 장대홍 선생의 제자인 강요선생은 사람의 힘으로 하늘을 이긴다, 즉 『人力勝天(인력승천)』한다고 하였다.

현공풍수지리의 위력이란 실로 엄청나다. 이러한 학문에 대해 지금 공부하고 있다는 것은 실로 대단한 인연이다. 우리나라에서 풍수의 비조인 도선국사(道詵國師 827~898년)도 아마 현공풍수이론을 접하지 못하였을 것이다.

## 《7運 丙坐壬向(替卦)》

| | 丙坐 | | | 運坐 | 7運 丙坐壬向(替卦)<br>157.5-160.5 / 169.5-172.5 |
|---|---|---|---|---|---|
| 辰 | 3 9<br>六 | ⑦ 5<br>二 | 5 ⑦<br>四 | 四局 | 山星: 丙(旺山)<br>向星: 未 |
| 甲 | 4 8<br>五 | -2+1<br>七 | 9 3<br>九 | 庚 | 地運 60年 (1運 入囚) |
| | 8 4<br>一 | 6 6<br>三 | 1 2<br>八 | 城門 | 正城門: 戌<br>副城門: ✗ |
| 丑 | | 壬↓向 | 《戌》 | 特記 | |

| | | | | | |
|---|---|---|---|---|---|
| 山 3 | 火災·官司·肝病·脚病·出人暴力輩. | 山 ⑦ | 旺丁·出武貴·醫卜·法官. | 山 5 | 重病·乏嗣·破財·剋妻·官刑 |
| 水 9 | 9運發財, 好衣好食. | 水 5 | 損丁·是非橫禍·疾病鰥夫. | 水 ⑦ | 當元發橫財, 武市大利 |
| 山 4 | 非禍橫可·乳癰·瘡疽(창저)·癱瘓(탄탄). | 山 2 | | 山 9 | 9運旺丁, 考試大利, 功業偉大. |
| 水 8 | 8運發財, 不動産增加. | 水 1 | | 水 3 | 惹是生非(말썽)·男盜女淫·槍殺·雷打·炸死 |
| 山 8 | 8運旺丁. 4運損丁·大敗. | 山 6 | 長房官訟·頭痛脚病·車禍. | 山 1 | 催丁, 8·9運出貴, 宜高秀. |
| 水 4 | 風濕關節症·證券損害·勒死(늑사)(타살) | 水 6 | 長房官訟·退財骨病·車禍. | 水 2 | 黃睡·聾兒(농아)·不動産減少·多病多災. |

### 【해설】

이 局은 7運에 旺山은 되지만 向星은 坤宮에 있다.

공부방으로 적합한 방은 水生木이 되는 〈14(41)〉, 〈13(31)〉이외에 목화통명(木火通明)이라고 하여 〈39(93)〉, 〈49(94)〉도 나무가 꽃을 피우는 격이니 결과나 좋게 나타나게 된다.

그래서 兌宮에 〈9火3木〉은 표에서 9運에는 旺丁(왕정), 考試大利(고시대리), 功業偉大(공업위대)하다고 한 것이다. 그런데 9運에 그렇다는 말이고, 7運과 8運에는 어떻게 풀이를 해야 하는가?

7運에 9자는 미래의 진기(進氣)이기 때문에 영향력을 비교적 적게 받고, 8運에 9자는 가까운 미래인 생기(生氣)가 되기 때문에 더 많은 기운을 받게 되고 9運에 9자는 왕기(旺氣)가 되어 완벽하게 받게 된다.

또한 하도에서 生數인 1, 2, 3, 4와 성수(成數)와 짝을 이룬 성요 조합이 되는 즉, 〈1-6(6-1)〉, 〈2-7(7-2)〉, 〈3-8(8-3)〉, 〈4-9(9-4)〉도 역시 시작에 따른 결실을 맺어주기 때문에 공부방으로 적합하다.

다만 공부방이 더럽고 냄새나고 보기 흉한 물건이 있으면 기능은 된다. 그리고 土와 관계되는 물건이 있어도 좋지 않다. 본래 토는 우둔한 성질이 있기 때문이다.

그리고 실외에 즉, 공부방 밖으로 해당방위에 보이게 좋은 산이 있으면 형기풍수까지 가세하면 금상첨화(錦上添花)가 되어 당연히 더욱 좋다. 이때에 제일 좋은 산은 붓끝처럼 보이는 문필봉(文筆峰)이다.

그런데 만약 물이 있다면 不合局이 되기 때문에 해당되는 向星의 숫자 3을 凶象으로 해석한다.

## 《7運午坐子向(下卦)》

| | | | | |
|---|---|---|---|---|
| | 巽 | 午坐 | 坤 | |
| 卯 | 1 4 六 | 6 8 二 | 8 6 四 | 酉 |
| | 9 5 五 | 2 3 七 | 4 1 九 | |
| | 5 9 一 | ⑦⑦ 三 | 3 2 八 | |
| 〈艮〉 | | ↓ 子向 | 乾 | |

| 運坐 | 7運 午坐子向(下卦) 175.5~184.5 |
|---|---|
| 四局 | 雙星會向(山星下水) |
| 地運 | 20年 (8運 入囚) |
| 城門 | 正城門: ✗ 　副城門: 艮 |
| 特記 | 向星合十, 七星打劫 |

| | | | | | |
|---|---|---|---|---|---|
| 山1 | 秀峰挺拔(정발), 書香世家·文章華國. | 山6 | 宜遠山, 長房出貴·武科發跡. | 山8 | 金箱·玉印之山, 富貴榮華, 忠孝傳家. |
| 水4 | 肝膽病·神經痛·出放蕩之人·文妖. | 水8 | 水纏玄武(수전현무), 次運發財·武貴. | 水6 | 長房退財. 8運末·申年, 人丁不利. |
| 山9 | 宜遠秀之山, 9運出貴, 文筆現, 產大儒. | 山2 | | 山4 | 宜遠秀之山, 出文人. 忌逼壓·反背. |
| 水5 | 怪異·破產·目疾·肝病·胃病·產厄. | 水3 | | 水1 | 宜遠照, 上元大旺, 名利雙收. |
| 山5 | 少人丁·眼病·血疾·神志昏迷(신지혼미) | 山⑦ | 宜蛾眉·半月形小山, 出人文質彬彬(彬:빛날 빈) | 山3 | 忌山如囚獄·枷鎖(가쇄), 主犯法入獄. |
| 水9 | 宜遠水. 忌近而大, 主火災·目疾·腸病. | 水⑦ | 宜田源溝洫(구혁)之水, 財源滾滾(곤곤) | 水2 | 癌症·墜落傷·壓傷·暗悶災晦(암민재회) |

**【해설】**

이 局은 雙星會向의 局이다.

아래 표를 보면 24坐와 함께 64괘를 배치하였는데 64괘와 64괘 사이(점선표시)도 괘공망이 되어 사용하지 않는다.

특히 天元인 子, 午, 卯, 酉, 乾, 坤, 艮, 巽 8개의 좌의 정중앙에 놓으면 자동적으로 64괘 64괘 사이(실선표시)가 되는데, 특별히 귀갑공망(龜甲空亡)이라고 하여 대규모의 건축물을 제외하고는 사용하지 않는다.

예들 들면 子坐에서 정중앙은 곤(坤)괘와 복(復) 사이를 말한다. 다른 天元坐向도 이와 같다.

| 三 元 ||||||||
|---|---|---|---|---|---|---|---|
| 人 元 ||| 天 元 ||| 地 元 ||
| 癸 ||| 子 ||| 壬← ||
| 益 | 屯 | 頤 | 復 | 坤 | 剝 | 比 | 觀 |
| 寅 ||| 艮 ||| 丑← ||
| 人家 | 濟既 | 賁 | 夷 | 妄 | 隨 | 嗑噬 | 震 |
| 乙 ||| 卯 ||| 甲← ||
| 孚 | 節 | 損 | 臨 | 人同 | 革 | 離 | 豊 |
| 巳 ||| 巽 ||| 辰← ||
| 畜小 | 需 | 畜大 | 泰 | 履 | 兌 | 睽 | 妹歸 |
| 丁 ||| 午 ||| 丙← ||
| 恒 | 鼎 | 過大 | 姤 | 乾 | 夬 | 有 | 壯大 |
| 申 ||| 坤 ||| 未← ||
| 解 | 濟未 | 困 | 訟 | 升 | 蠱 | 井 | 巽 |
| 辛 ||| 酉 ||| 庚← ||
| 過小 | 旅 | 咸 | 遯 | 師 | 蒙 | 坎 | 渙 |
| 亥 ||| 乾 ||| 戌← ||
| 豫 | 晉 | 萃 | 否 | 謙 | 艮 | 蹇 | 漸 |

## 《7運 午坐子向(替卦)》

| | | | | |
|---|---|---|---|---|
| 巽 | 午坐 | 坤 | 運坐 | 7運 午坐子向(替卦)<br>172.5-175.5 / 184.5-187.5 |
| 1 3<br>六 | 6 ⑦<br>二 | 8 5<br>四 | 四局 | 上山下水 |
| 9 4<br>五 | +2-2<br>七 | 4 9<br>九 | 地運 | 80年 (2運 入囚) |
| 5 8<br>一 | ⑦ 6<br>三 | 3 1<br>八 | 城門 | 正城門: ✗<br>副城門: 艮 |
| 〈艮〉 卯 | ↓<br>子向 | 酉 乾 | 特記 | |

| 山 1 | 出文武全才·發明家·調解委員. | 山 6 | 巽方無山, 主劫掠·殺傷·肺病·骨病. | 山 8 | 出神童·高僧·聖賢仙佛. |
|---|---|---|---|---|---|
| 水 3 | 分散·落入陷穽(낙입함정)·流亡. | 水 ⑦ | 武市發財, 巨富財閥(거부재벌). | 水 5 | 痲藥商·密輸·脾胃病·鼻癌·癡呆(치매). |
| 山 9 | 家多好善·婦女當家·出詩人·作家. | 山 2 | 巽1離6坤8 三吉星. | 山 4 | 肝臟病·腸炎·股病·暈眩·男丁稀少(희소). |
| 水 4 | 勒死焚屍·肝膽病·腸炎·神經痛·暈眩(훈현) | 水 2 | 〈吉坐〉<br>大過卦: 5爻. | 水 9 | 婦女興家, 人物善良·文章出名. |
| 山 5 | 乏丁(핍정)·絶孫·腫毒·癡呆·惡果. | 山 ⑦ | 出武貴·特任官·佛道教·法官. | 山 3 | 出盜賊·浪子·溺水(익수), 分屍·脚病 |
| 水 8 | 積富·福壽雙全·善保. | 水 6 | 劫奪虜掠(겁탈노략)·不和·官訟是非·婦女淫奔. | 水 1 | 勤儉創業·專利發財(독점하여 발재). |

### 【해설】

이 局은 上山下水가 되었다. 不合局이다면 정재양패(丁財兩敗)하는 패국이다. 바로 옆인 午坐下卦는 雙星會向에 合十을 이루는 吉象인데 약간의 도수차이지만 길흉은 천양지차로 차이가 난다.

더욱이 坐宮과 向宮이 모두 〈67〉과 〈76〉으로 교검살(交劍殺)이 되었고, 中宮은 병부인 〈22〉로 같은 上山下水라도 성요가 흉하여 정재양패뿐만 아니라 大凶敗局이다.

산이 있어야 할 곳에 산이 있으면 왕산(旺山) 또는 도산(到山)이 되고, 물이 있어야 할 곳에 물이 이르면 왕향(旺向) 또는 도향(到向)이 되어 旺山旺向 또는 到山到向이 된다.

旺氣向星이 坐에 있으면 上山이 되고, 旺氣山星이 向에 있으면 下水가 되어 上山下水 또는 산전수도(山顚水倒)라고 한다.

그런데 만약에 合局이 되면 천하제일의 상상대지(上上大地)가 되는 기국(奇局)이다.

巽宮에 山星1, 離宮에 山星6, 坤宮에 山星8은 三吉星으로 되어 있고, 艮宮에 向星8, 坎宮에 向星6, 乾宮에 向星1도 三吉星으로 되었다.

앞쪽에는 산이 병풍처럼 둘러 쌓여있고, 뒤쪽에는 물이 감아돌면 삼원불패하고 부귀영화가 넘실대는 坐向이다.

이와 같은 경우가 7運 子坐午向 替卦에도 있다. 下卦에는 中宮이 같은 숫자로 될 수가 없기 때문에 下卦에는 이러한 경우가 없다.

## 《7運 丁坐癸向(下卦)》

| | | | | |
|---|---|---|---|---|
| 巳 | 丁坐 | 申 | 運坐 | 7運 丁坐癸向(下卦) 190.5~199.5 |
| | 1 4 六 / 6 8 二 / 8 6 四 | | 四局 | 雙星會向(山星下水) |
| 乙 | 9 5 五 / 2 3 七 / 4 1 九 | 辛 | 地運 | 20年 (8運 入囚) |
| | 5 9 一 / ⑦⑦ 三 / 3 2 八 | | 城門 | 正城門: ✗<br>副城門: 寅 |
| 〈寅〉 | ↓癸向 | 亥 | 特記 | 向星合十. 七星打劫 |

| | | | | | |
|---|---|---|---|---|---|
| 山1 | 房房出文秀·科擧及弟,世代書香. | 山6 | 8運房房發財,家門祥和. | 山8 | 8運出武貴·孝子·賢人. |
| 水4 | 肝病·身痛·男女放蕩之人·漂泊逃亡(떠돌이). | 水8 | 長房丁少·出鰥夫(환부)·骨病·發育不良之人. | 水6 | 長房退財.坐吃山空(먹고놀기)·奢侈(사치). |
| 山9 | 9運旺丁.宜遠山呈秀(정수). | 山2 | 巽1離6坤8 三吉星.<br>〈吉坐〉<br>鼎卦: 3爻. 上爻 | 山4 | 子弟放蕩(자제방탕)·逃亡(도망)·家人離散. |
| 水5 | 退財·目疾·腸病·家破人亡. | 水3 | | 水1 | 勤儉創業(근검창업),名利雙收,富而好禮. |
| 山5 | 少人丁·絶孫.目疾·腸病·腫毒(종독:부스럼). | 山⑦ | 旺丁.<br>山逼而形惡者, 損丁. | 山3 | 長房丁稀·車禍刑獄·肝癌. |
| 水9 | 宜遠水, 9運發財.忌大水浩蕩(호탕),發凶. | 水⑦ | 出毅剛(의강)明敏之人, 發財. | 水2 | 自甘墮落·久病痼疾(구병고질)·田宅破家 |

**【해설】**

이 局은 午坐와 같은 雙星會向의 局이며 向星合十이 되는 기국(奇局)이다.

向星은 일명 재성(財星)이라고도 부르며, 向星은 본래 재물을 나타내기 때문에 9宮 전체가 向星의 수와 운반의 수를 더하여 10이 되면 재물이 따르는 기국이 된다.

7運에 오좌와 정좌는 向星合十이 되므로 사무실이나 상업 용도가 적합하겠고, 7運에 子坐와 癸坐는 山星合十 이므로 주택용도로로 적합하다.

실제 경험에 따르면 7運에 오좌나 정좌의 건물에서 사업을 하여 부를 축적한 사업자들이 많이 있었다.

공부방으로 좋은 성요 조합이 있는가 하면 꼭 피해야 할 성요도 있다.

五行이 相生되면 좋게 보는데 火生土만은 공부와 인연이 없다. 火生土는 불이 꺼지면서 밝음(火)이 재(土)로 변화하는 격이니 공부가 될 리가 없다.

대신에 土는 문자 그대로 땅이기 때문에 부동산을 많이 소유하는 부자가 된다. 이 이치로 생각해보면 부동산을 많이 소유하는 사람일수록 비례하여 총명하기를 기대하기가 어렵다고 볼 수도 있다.

火生土인 성요 조합 〈95〉, 〈98〉, 〈92〉이중에서도 〈95〉는 대흉수인 5黃으로 인하여 격이 제일 떨어지고, 〈92〉는 2黑 병부(病符)로 인하여 질병 위험이 따르고,〈98〉은 8이 삼길성이 되어 合局이 되면 부나 귀가 따른다.

## 《7運 丁坐癸向(替卦)》

| | 巳 | 丁坐 | | 申 | | 運坐 | 7運 丁坐癸向(替卦)<br>187.5-190.5 / 199.5-202.5 |
|---|---|---|---|---|---|---|---|
| | | 9 3<br>六 | 5 ⑦<br>二 | ⑦ 5<br>四 | | 四局 | 山星: 申<br>向星: 丁(上山) |
| 乙 | | 8 4<br>五 | 1 2<br>七 | 3 9<br>九 | 辛 | 地運 | 80年 (2運 入囚) |
| | | 4 8<br>一 | 6 6<br>三 | 2 1<br>八 | | 城門 | 正城門: ✗<br>副城門: 寅 |
| | 〈寅〉 | | ↓癸向 | | 亥 | 特記 | |

| 山9 | 宜遠山, 出聰明奇才·司法人員. | 山5 | 淫濫·乏男丁·絶孫·服毒吸食毒品 | 山⑦ | 出語文專家·評論家·名女人··名嘴 (명쥐) |
|---|---|---|---|---|---|
| 水3 | 男盜女娼·刑獄·火傷·歇斯低里(신경질) | 水⑦ | 發財·武市大利. 但〈57〉凶星, 宜暗水. | 水5 | 販毒·密輸(밀수)·服毒·破産·癌症·橫死. |
| 山8 | 風濕關節病·懷才不遇(회재불우)·忌逼壓. | 山1 | 〈吉坐〉<br>大過卦: 2爻·4爻 | 山3 | 男盜女娼·肥滿症·出人刻薄·肝膽病. |
| 水4 | 風濕關節病·癱瘓·紅杏出牆·自縊·勒死 | 水2 | | 水9 | 招財進寶·華廈鼎新(호화주택)·功業宏偉. |
| 山4 | 風濕關節病·懷才不遇·癱瘓(탄탄: 반신불수) | 山6 | 頭痛·骨病·鰥寡孤獨(한과고독)·肺病. | 山2 | 水腫·腹痛·流産·陽痿(양위)·聾啞·不姙. |
| 水8 | 不動産增加·出貴子. | 水6 | 官司·退財·肺病·新陳代謝不利. | 水1 | 宜遠水, 主勤儉創業.<br>忌大水近水 |

**【해설】**

이 局은 向星이 上山이 되어 특별히 산수가 배합되는 경우에만 사용하여야 한다.

현공풍수에서는 5運을 제외한 運에서 5黃을 대흉수로 보기 때문에 山星이나 向星이 5黃이 있는 방향에 산이나 물이 없는 것이 제일 상책이다.

특히 山星5黃이 있는 방위에 산이 있으면 아주 흉하다. 〈표〉에서도 離宮에 산이 있으면 淫濫(음람: 음기가 지나침)·乏男丁(남자가 여자에 비해 적음)·絶孫(절손: 자손이 끊어짐)·服毒(복독: 독약을 먹음)·吸食毒品(흡식독품: 마약복용) 등으로 흉하다고 하였다. 이때에 離宮에 산이 가까울수록, 높을수록, 못생길수록 피해의 정도는 심해진다.

坎宮에 向星과 山星은 6金이고 운반은 3木이다. 8運에는 3木, 4木, 6金, 7金은 길수가 아니기 때문에 金剋木 모두 흉상으로 해석한다. 더욱이 운반 3木은 6金에게 金剋木으로 相剋을 받는데 相剋에서도 金剋木은 제일 흉한 相剋이다.

따라서 〈+6金+3木〉뿐만 아니라 〈+6金-4木〉, 〈-7金+3木〉, 〈-7金-4木〉도 대흉수 조합이다.

## 《7運 未坐丑向(下卦)》

| | | | | | |
|---|---|---|---|---|---|
| 辰 | 丙 | | 未坐 | 運坐 | 7運 未坐丑向(下卦) 205.5~214.5 |
| 5 9 六 | 9 5 二 | 7 7 四 | | 四局 | 雙星會坐(向星上山) |
| 甲 6 8 五 | 4 1 七 | 2 3 九 | 庚 | 地運 | 60年 (1運 入囚) |
| 1 4 一 | 8 6 三 | 3 2 八 | | 城門 | 正城門: ✗ <br> 副城門: ✗ |
| 丑向 | 壬 | 戌 | | 特記 | |

| | | | | | |
|---|---|---|---|---|---|
| 山5 | 乏男丁(핍남정)·絶孫·目疾·心病·腸炎 | 山9 | 宜遠山呈秀,出文士·名儒(명유). | 山⑦ | 宜遠秀·端正山峰,出帥哥(수가:미남)·美女 |
| 水9 | 宜小水·靜水,9運發財. | 水5 | 火災·犯法·吸食毒品(흡식독품)·破産·橫禍 | 水⑦ | 當元發財,女人相助·得橫財. |
| 山6 | 退人口·無功名·婦女短命·久而無嗣(무사). | 山4 | 中宮〈14〉陰陽二宅建築形式優美者,出文秀. | 山2 | 胃腸病·膨脹(팽창)·傷老母·擊傷(擊:칠 격). |
| 水8 | 發財·文武雙全·異路功名. | 水1 | 〈吉坐〉<br>井卦: 初2爻.<br>45爻 | 水3 | 刑獄·逆子弑母(역자시모)·肝膽病·退敗田宅. |
| 山1 | 宜文筆高挺(挺:빼어날 정),世代書香. | 山8 | 出文武全才·孝子賢人·家丁和樂 | 山3 | 刑獄·逆子弑母·出賊盜·流氓(유맹)·暴徒 |
| 水4 | 男蕩女淫·肝病·風癱(풍탄)·傳染病 | 水6 | 退財·坐吃空山(좌흘공산)·出鰥夫·乏嗣(핍사) | 水2 | 胃腸病·田宅破敗·疾病淹久(질병엄구:오랠 엄) |

**【해설】**

이 局은 雙星會坐의 局이다. 즉, 7運에는 上山이 되어 배산임수의 지형이라면 人丁은 왕성하지만 재원(財源)은 불왕하여 가난하다. 다만 이렇게 보는 방법은 아주 간단하게 보는 방법이다. 주택이라면 7運에는 未方에 대문을 내고, 8運이 되면 甲方에 대문을 내면 재원이 왕성한다.

주택에서 정면인 艮宮에 대문이 있다면, 7運에 向星4는 사기(死氣)가 되어 재원이 불왕한 것은 당연하고, 〈표〉를 보면 人丁에 관련된 「남탕여음(男蕩女淫)·간병(肝病)·풍탄(風癱)·전염병(傳染病)」이 된다고 하였다. 본래 山星7은 왕산이 되어 人丁은 왕성하다고 하였는데도 불구하고 〈표〉에 나온 艮宮에 向星의 불리한 내용은 왜 그럴까?

(1) 현공풍수에서는 向宮을 가장 중요하게 보기 때문이다. 坤宮의 산세가 좋고 艮宮의 산세도 〈표. 艮宮山〉의 내용처럼 마땅히 산은 멀리에 빼어나고 단정한 산봉우리가 있으면 미남미녀가 난다. 동시에 艮宮에 물이 많거나 대문을 내었다면 〈표. 艮宮水〉의 내용인 「남탕여음(男蕩女淫)·간병(肝病)·풍탄(風癱)·전염병(傳染病)」이 같이 발생한다.

(2) 艮宮에 물이 없거나 대문을 내지 않았다면 艮宮의 向星4로 인하여 발생하는 흉상의 정도는 〈표. 艮宮水〉에 나오는 내용은 아주 미약하게 나타난다.

(3) 坤宮의 산세와 艮宮의 산세의 정도가 떨어지면 떨어질수록 艮宮 向星4로 인하여 발생하는 정도는 〈표. 艮宮水〉의 내용이 비교적 강하게 나타난다.

## 《7運 未坐丑向(替卦)》

| | | | | | |
|---|---|---|---|---|---|
| 辰 | 丙 | | 未坐 | 運坐 | 7運 未坐丑向(替卦)<br>202.5-205.5 / 214.5-217.5 |
| | 7 1　2 6　9 8<br>六　二　四 | | | 四局 | 山星: 辰<br>向星: 壬 |
| 甲 | 8 9　6 2　4 4<br>五　七　九 | 庚 | | 地運 | 80年 (2運 入囚) |
| | 3 5　1 ⑦　5 3<br>一　三　八 | | | 城門 | 正城門: ✗<br>副城門: ✗ |
| 丑向↙ | 壬 | 戌 | | 特記 | 向上5(艮宮)見水大凶 |

| | | | | | |
|---|---|---|---|---|---|
| 山⑦ | 出敎師·命卜師(명복사)·辯護士·仲介商·醫師 | 山2 | 寒熱往來·鬼神崇尙·現實貪鄙(탐비: 구두쇠) | 山9 | 宜遠秀, 子孫繁盛(번성), 出儒學者·文人 |
| 水1 | 宜遠水長流, 主勤儉創業(근검창업). | 水6 | 寒熱往來·鬼神崇尙·退敗財産. | 水8 | 經常發財·海外揚名入業. 揚(오를 양) |
| 山8 | 結婚重來, 田園富盛·子孫蕃衍(번연: 번성) | 山6 | 〈吉坐〉<br>蠱卦: 4爻. | 山4 | 出浪蕩子女, 風癱·肝病·氣喘(기천: 기침) |
| 水9 | 經常發財·揚名四海, 宜遠水. | 水2 | | 水4 | 出浪蕩子女, 漂泊無成(표박무성)·肝病 |
| 山3 | 瘟病(온병)·肝膽病·肝病·脚病·盜賊·橫死 | 山1 | 中房出貴, 異高秀之山峰. | 山5 | 乏男丁·絶嗣·出暴戾(폭려)之人·橫死 |
| 水5 | 瘟病·肝膽病··脚病·家破人亡 | 水⑦ | 房房發財, 惟好酒色. | 水3 | 肝癌·車禍·賭博破家·傷殘(상잔)·凶死. |

### 【해설】

향수(向首)가 〈35〉로 되어 흉상이다. 따라서 向宮에 산과 물이 없어야 〈35〉의 흉상을 피할 수 있다.

向宮에 산과 물이 동시에 있다면 〈표〉의 내용처럼 흉하다. 〈표〉의 내용 중 온병(瘟病)이란 유행성전염병을 뜻한다. 3碧이나 4綠이 5黃을 만나면 유행성전염병이 생기는 이유는 3과 4는 五行으로 木에 해당되어 나무(木)는 항상 바람을 타기 마련인데 여기에 5黃이란 악성질병이 더하여 유행성전염병으로 해석한다. 또한 3震은 벌레이고 4巽은 바람이기 때문에 항상 움직이는 즉, 유행성으로 풀이된다.

※ 流年法과 流月法은 항상 順行

또한 여기에서 흉사가 나타나는 연과 월의 시기는 〈35〉에 다시 艮宮에 3, 4, 5가 겹치게 되는 즉, 中宮에 9, 1, 2가 들어가는 해에 발생하는 비율도 많아지고 강하게 나타난다. 유년과 유월에 겹치면 작용하는 힘은 더욱 강력하게 나타난다. 유년(流年)과 유월(流月)은 항상 순행하고 中宮의 숫자는 다음 해나 다음달은 中宮의 숫자가 하나씩 감소된다.

|  | ⑨<br>(①,②) | ②<br>(③,④) |
|---|---|---|
| 3 5<br>→③<br>(④,⑤) |  | ①<br>(②,③) |
| 中宮에 ⑨(또는 ①,②)가 들어가는 年는 위험한 년이 된다. | | |

|  | 9<br>(1,2) | 2<br>(3,4) |
|---|---|---|
| 3 5<br>→3<br>(4,5) |  | 1<br>(2,3) |
| 中宮에 1(또는 9, 2)가 들어가는 月은 위험한 달이 된다. | | |

## 《7運 坤坐艮向(下卦)》

| | | | | |
|---|---|---|---|---|
| 巽 | 午 | | 坤坐 | 運坐 | 7運 坤坐艮向(下卦) 220.5~229.5 |
| | 3 2<br>六 | 8 6<br>二 | 1 4<br>四 | 四局 | 雙星會向(山星下水) |
| 《卯》 | 2 3<br>五 | +4-1<br>七 | 6 8<br>九 | 酉 | 地運 | 120年 (4運 入囚) |
| | ⑦⑦<br>一 | 9 5<br>三 | 5 9<br>八 | 城門 | 正城門: 卯<br>副城門: 子 |
| 艮↙<br>向 | | 〈子〉 | | 乾 | 特記 | |

| 山3 | 遭賊盜·刑獄·出逆子弑母(弑: 죽일 시) | 山8 | 8運旺丁·出武貴·房房皆發. | 山1 | 科擧及弟·功名, 出文人秀士 |
|---|---|---|---|---|---|
| 水2 | 遭刑獄·疾病·癌症·退田産(전산: 부동산) | 水6 | 長房冷退·宜暗水不見. | 水4 | 水形忌反背, 否則流落無依. |
| 山2 | 遭刑獄·出寡婦·癌症·胃腸病 | 山4 | 〈吉坐〉<br>訟卦: 2爻. 5爻 | 山6 | 長房人丁不旺·不實,無功名. |
| 水3 | 遭刑獄·刑獄·退敗田産(전산: 부동산) | 水1 | | 水8 | 三房8運發財·武貴,家門和樂. |
| 山⑦ | 旺丁,山秀者出貴. | 山9 | 9運旺丁,忌見水,否則出愚丁. | 山5 | 少人丁,目疾·心臟血管病. |
| 水⑦ | 進財·女人相助·得橫財. | 水5 | 忌近水·大水,家破人亡 | 水9 | 9運長房發財,忌見近大之山. |

### 【해설】

이 局은 雙星會向의 局이다.

雙星會向이 되어 기본적으로 人丁은 불왕하지만 中宮에 向星, 山星, 운반의 숫자가 1, 4, 7로 되어 문창의 기가 왕성하여 이러한 집은 건축양식이 아름다우면 문으로 더욱 귀하게 된다.

向宮, 中宮, 坐宮의 숫자가 1, 4 ,7로 되어 발복을 받으면 방방(房房)이 모두 받는다.

7運 기간에는 왕향이 되어 재원이 풍부하였지만 8運에는 7자는 퇴기가 되어 8運에는 재산이 점점 줄어지기 시작한다. 다만 8자가 兌宮에 있기 때문에 兌宮에 물의 유무에 따라 상황이 변한다.

陰宅에는 본래 대문이 없기 때문에 運에 따른 인위적인 변화가 불가능하지만, 陽宅은 대문이 있기 때문에 運에 따라 대문을 옮겨 주면 계속하여 좋은 재운을 받을 수 있다. 바로 이 점 때문에 현공풍수는 陽宅에서 활용도가 더욱 높다고 할 수 있다.

예를 들면 8運에 되면 兌宮에 대문이 있으면 向星8의 영향으로 재운이 풍부해진다. 물론 8運 기간에만 적용이 된다. 따라서 9運이 되면 向星9가 있는 乾方에 대문이 있어야 한다.

## 《7運 坤坐艮向(下卦)》

| | | | | | |
|---|---|---|---|---|---|
| 巽 | 午 | | 坤坐 | 運坐 | 7運 坤坐艮向(下卦)<br>217.5-220.5 / 229.5-232.5 |
| 5 2<br>六 | 1 6<br>二 | 3 4<br>四 | | 四局 | 山星: 乾<br>向星: 艮(旺向) |
| 《卯》 4 3<br>五 | +6-1<br>七 | 8 8<br>九 | 酉 | 地運 | 60年 (1運 入囚) |
| 9 ⑦<br>一 | 2 5<br>三 | ⑦ 9<br>八 | | 城門 | 正城門: 卯<br>副城門: 子 |
| 艮↙<br>向 | 〈子〉 | | 乾 | 特記 | |

| | | | | | |
|---|---|---|---|---|---|
| 山5 | 乏丁·絶嗣·聾啞(농아)·癡呆·出蕩子. | 山1 | 秀峰配秀水, 科甲功名. | 山3 | 出賊盜·乞丐(걸면)·昧事無常·肝膽病·脚病 |
| 水2 | 鰥寡·疾病淹久·暗悶抑鬱(암민억울)·人死財散 | 水6 | 秀峰配秀水, 科甲功名. | 水4 | 肝膽病·另蕩女淫·漂泊逃亡·多敗小成 |
| 山4 | 肝膽病·作事反覆無常·股病·出浪子. | 山6 | 〈吉坐〉<br>升卦: 初爻.<br>蠱卦: 初爻.<br>困卦: 2爻 | 山8 | 孿生子(연생아)·出賢才·修道人·忌逼塞之山. |
| 水3 | 肝膽病·脚病·男蕩女淫·漂泊無成. | 水1 | | 水8 | 進益田産·發橫財·增福祿. |
| 山9 | 近山逼塞(핍색), 酒色荒唐·火災·血症. | 山2 | 鰥寡孤獨·災晦怪異·疾病死亡. | 山⑦ | 出美女·名律師·專業作家·評論家. |
| 水⑦ | 宜小水·暗水, 發財. 忌大水·湍激(단격), 災禍. | 水5 | 鬼邪崇尙·癡呆·鰥寡孤獨·疾病死亡 | 水9 | 忌大水, 主火災·血症·官非橫禍. |

> 【해설】

왕향이 되며 7運에는 재원은 풍족하였지만 8運이 되면 向星8 자는 兌宮에 있기 때문에 만약에 兌宮방에 물이 있으면 재원이 풍부하다. 8運에 兌宮에 물이 있으면 진익전산(進益田産)하다고 하는 이유는 8간은 五行으로 土이기 때문이며, 횡재(橫財)하는 이유는 艮은 젊은 少男이기 때문에 재운이 빨리 온다.

삼합풍수가들은 수구를 제일 중요하게 여긴다. 따라서 기존의 삼합풍수가들이 현공을 배우면 삼합풍수의 영향으로 성문결에 대해 지나친 관심으로 向星과 山星에 따른 合局, 不合局에 앞서 성문결에 해당이 되면 수구방위부터 측정하는 경향이 있다.

그러나 현공풍수에서는 向星과 山星에 따른 合局, 不合局을 먼저 확인하여야 한다. 현공에서 성문결은 삼합풍수와 달리 길한 작용만 한다. 성문결을 볼 때에 주의할 점이 있다.

※ 城門訣

이 局에서 정성문(正城門)은 卯方에 있고, 부성문(副城門)은 子方이 있다. 다만 정성문인 震宮의 向星은 3이고, 부성문인 坎宮의 向星은 3이다. 7運에 3과 5는 흉성(凶星)에 해당되므로 물은 암수(暗水: 보이지 않는 물)는 마땅하고 명수(明水: 보이는 물)가 있으면 오히려 재물이 적어지고 흩어진다.

乾宮의 〈79 八〉에서 9火가 7金을 火剋金으로 相剋을 하고 있기 때문에 비록 7運에 7赤은 왕기이고 9紫는 진기일망정 문제를 내포하고 있다.

그러나 다행히 運盤 八土이 있어서 9火를 火生土로 설기하고 있다. 따라서 같은 〈79〉라도 運盤의 숫자에 따라 조금씩 다르게 해석을 할 줄 알아야 한다.

## 《7運 申坐寅向(下卦)》

| | | | | |
|---|---|---|---|---|
| 巳 | 丁 | | 申坐 | 運坐四局 | 7運 申坐寅向(下卦) 235.5~244.5 |
| | 3 2<br>六 | 8 6<br>二 | 1 4<br>四 | | 雙星會向(山星下水) |
| 《乙》 | 2 3<br>五 | +4-1<br>七 | 6 8<br>九 | 辛 | 地運 | 120年 (4運 入囚) |
| | ⑦ ⑦<br>一 | 9 5<br>三 | 5 9<br>八 | | 城門 | 正城門: 乙<br>副城門: 癸 |
| 寅向 | | 〈癸〉 | | 亥 | 特記 | |

| | | | | | | |
|---|---|---|---|---|---|---|
| 山3 | 遭賊盜·地痞(지비)·流氓·出逆子弑母·路死. | 山8 | 出文武全才·孝子賢孫. | 山1 | 出貴子·文章科甲 附寵聯歡(부총연환) |
| 水2 | 婦女多病·賭博貪翫(도박탐완)·人死財産. | 水6 | 退財·腦病·退化症·官司·奢侈破家(사치). | 水4 | 漂浪放蕩·淫奔破財·中圈套陷穽(중권투함정). |
| 山2 | 胃腸病·暗悶·出寡婦·疾病淹久(엄구:오래감) | 山4 | 〈吉坐〉<br>未濟卦:　　3爻·上爻 | 山6 | 肺病·腦病·骨病 鰥夫無嗣·功名無望. |
| 水3 | 長男逆母·黃疸(황달)·脚病·遭賊盜. | 水1 | | 水8 | 益田産·橫財·門庭光顯·和樂. |
| 山⑦ | 宜水外之案山, 添丁. | 山9 | 宜端秀之峰, 出貴子. | 山5 | 乏男丁, 絶嗣·火災·産厄·炸死(작사)·火災 |
| 水⑦ | 發財·女人相助·小房發財. | 水5 | 販毒·密輸·腸癌·眼疔(안정)·槍決·炸死·火災 | 水9 | 發財, 宜小水·靜水. |

### 【해설】

이 局은 雙星會向으로 7運에 向星은 旺向이지만 山星이 下水가 되어 人丁은 기본적으로 불왕하지만, 艮宮에 물이 있고 물 뒤에 산이 있으면 坐宮과 中宮의 애성조합이 〈14〉, 〈41〉로 되어 왕산이나 다름없을 정도로 人丁도 뛰어나다고 할 수 있다.

8運이 되면 向星은 兌宮에 있다. 兌宮에 물이 있으면 〈표〉의 내용처럼 익전산(益田産: 부동산 증식)·횡재(橫財)·문정광현(門庭光顯: 가문을 빛냄)·화락(和樂)하게 된다.

益田産은 8은 五行으로 土이기 때문이고, 橫財는 8간은 少男이기 때문에 시기가 빠르며, 門庭光顯은 8白은 삼길성(1, 6, 8)이기 때문이고, 和樂하는 이유는 運盤 九火(홍란성)가 8土를 火生土로 相生하고 있기 때문이다.

※ 홍란(紅蘭)은 기쁨의 별

9紫가 생왕하는 때에는 홍란(紅蘭)이라고 하여 즐거움을 뜻하고 실령시에는 곡읍(哭泣)이라고 하여 슬픔을 뜻한다.

만약에 兌宮에 산이 있으면 즉, 산수가 상반되어 폐병(肺病)·뇌병(腦病)·골병(骨病)·환부무사(鰥夫無嗣)·공명무망(功名無望)한다.

9運에는 乾宮(向星9)에 물이 있으면 9運에 재원이 풍부하고, 坎宮(山星9)에 산이 있으면 9運에 人丁이 왕성한다. 다만 지금이 8運이라면 8運에 9자는 생기수이기 때문에 乾宮방에 물이 너무 많고 가까이에 있고, 坎宮방에 산이 너무 높고 가까이에 있으면 주로 화재, 눈병, 혈증(血症: 피와 관련된 질병)이 발생한다. 여기에서 혈(血)은 검붉은 색이기 때문에 9가 되지만, 피가 물처럼 흐른다는 의미를 가질 때에는 1坎水가 된다.

## 《7運 申坐寅向(下卦)》

| | 巳 | 丁 | | 申坐 | 運坐 | 7運 申坐寅向(替卦)<br>232.5-234.5 / 244.5-247.5 |
|---|---|---|---|---|---|---|
| | 5 2<br>六 | 1 6<br>二 | 3 4<br>四 | | 四局 | 山星: 亥<br>向星: 寅(旺向) |
| 《乙》 | 4 3<br>五 | 6 1<br>七 | 8 8<br>九 | 辛 | 地運 | 60年 (1運 入囚) |
| | 9 ⑦<br>一 | 2 5<br>三 | ⑦ 9<br>八 | | 城門 | 正城門: 乙<br>副城門: 癸 |
| ↙寅向 | | 〈癸〉 | | 亥 | 特記 | |

| 山5 | 乏丁·絕嗣·聾啞(농아)·癡呆·鰥夫. | 山1 | 秀峰配秀水,科甲功名.出文人秀士. | 山3 | 出賊盜·乞丐(걸면)·昧事無常·肝膽病·脚病 |
|---|---|---|---|---|---|
| 水2 | 鰥寡·疾病淹久·暗悶抑鬱(암민억울)·人死財散 | 水6 | 秀峰配秀水,科甲功名.人財兩興 | 水4 | 肝膽病·脚病·男蕩女淫·多敗小成 |
| 山4 | 肝膽病·作事反覆無常·股病·出蕩子. | 山6 | 〈吉坐〉<br>困卦: 5爻. | 山8 | 孿生子·出賢才·修道人·忌逼塞之山. |
| 水3 | 肝膽病·脚病·男蕩女淫·漂泊無成. | 水1 | | 水8 | 進田産·發橫財·增福祿. |
| 山9 | 近山逼塞,酒色荒唐(황당)·火災血症. | 山2 | 鰥寡孤獨·災晦怪異·疾病死亡. | 山⑦ | 出美女·名律師·專業作家·評論家. |
| 水⑦ | 宜小水·暗水,發財. 忌大水·湍激(단격),災禍. | 水5 | 鬼邪崇向·癡呆·鰥寡孤獨·疾病死亡. | 水9 | 忌大水,主火災血症·官非橫禍. |

### 【해설】

이 局은 坤坐艮向 替卦와 성요조합이 동일한다.

정성문 乙方의 向星은 3이고, 부성문 癸方의 向星은 5가 되어 3과5는 7運에 흉성이 된다.

따라서 陰宅에서는 명수(明水)가, 陽宅에서는 이 방위에 대문, 계단, 엘리베이터, 문로가 있으면 재물이 적어지고 흩어지게 되니 함부로 성문결에 해당된다고 무조건 좋아하면 안 된다.

巽宮과 坎宮은 〈25〉로 되어있다. 2는 2運에는 천의(天醫)가 되어 건강하고 명의(名醫)가 나고 五行으로는 土이기 때문에 부자가 되지만, 실령(失令)시에는 질병이 되는데 5黃을 만나면 질병은 악화하고 심하면 남자는 홀아비가 되고 여자는 과부가 된다.

대개 과부는 2자로, 홀아비는 5자 또는 6자 때문에 발생한다. 본래 5는 육친(부모, 형제, 처자)에 배속이 되지는 않지만 中宮이 되어 최고의 위치가 되기 때문에 가장이 되고, 6乾은 노부이기 때문이다.

또한 坎宮에 向星에 귀신숭상(鬼神崇尙)이라고 한 이유도 5黃은 육친에 배속되지 않는 즉, 귀신에도 해당되기 때문이다.

艮宮에 〈97〉은 역시 화재위험이 따르는 애성조합이다. 하지만 運盤 一水가 向星 9火를 水剋火하여 주기 때문에 다른 〈97〉보다는 비교적 화재위험이 적다고 볼 수 있다.

본래 두 번 相剋을 하면 「중극(重剋)」이라고 하여 相剋의 정도가 더욱 악화되지만 水剋火만은 火의 성질이 급하기 때문에 火生土보다는 水剋火하는 방법이 효과가 있다.

## 《7運 庚坐甲向(下卦)》

| | | | | |
|---|---|---|---|---|
| 〈辰〉 | 丙 | 未 | 運坐 | 7運 庚坐甲向(下卦)<br>250.5~259.5 |
| 8 4<br>六 | 4 9<br>二 | 6 2<br>四 | 四局 | 上山下水·伏吟 |
| ⑦ 3<br>五 | 9 5<br>七 | 2 ⑦<br>九 | 地運 | 140年 (5運 入囚) |
| 3 8<br>一 | 5 1<br>三 | 1 6<br>八 | 城門 | 正城門: ✗<br>副城門: 辰 |
| 丑 | 壬 | 戌 | 特記 | 伏吟(大凶) |

甲向← 庚坐

| | | | | | | | | |
|---|---|---|---|---|---|---|---|---|
| 山 8 | 宜端秀山峰, 出在野之賢人. | 山 4 | 婦女當家·暈眩(훈현)·肝病·久而乏嗣. | 山 6 | 寒熱往來·鬼神崇尙·迷信(미신) |
| 水 4 | 風濕關節症·中風·肝病·黃疸·股病(고병) | 水 9 | 宜遠水·暗水, 經常發財·出名. | 水 2 | 癌症·迷信·寒熱往來·不育 |
| 山 ⑦ | 出文武全才, 賢婦助夫. | 山 9 | 〈吉坐〉<br>坎卦: 3爻. 上爻 | 山 2 | 子宮·胃腸病(癌)·火災·血症. |
| 水 3 | 劫盜·槍殺(창살:총살)·肝病·黃疸·股病 | 水 5 | | 水 ⑦ | 忌大水, 主火災·血症·傷殘·淫亂. |
| 山 3 | 出賊盜·易者·兄弟不和·膨脹(팽창)·黃腫. | 山 5 | 乏丁·絶嗣·性病·不姙·溺死(익사)·橫禍 | 山 1 | 出文人秀士·科甲功名·宜文筆峰. |
| 水 8 | 宜遠水·靜水, 進益田産. | 水 1 | 水腫(수종)·不姙·低能 | 水 6 | 宜之玄水·圓池·長房出貴 |

【해설】

이 局은 上山下水에 복음까지 걸린 대흉국이다.

이 坐向은 아주 특별한 경우가 아니면 피해야 하는 坐向이다. 아예 사용을 하지 않는 것이 최고의 방법이다.

이 법은 현공풍수가 이론을 모른다면 아무리 형기풍수의 대가라고 할지라도 본의 아니게 가파인망(家破人亡)시키는 坐向이다.

혹시 천하의 대명당자리라면 형기풍수의 힘의 논리로 현공이론법을 무시해도 될 것이 아닌가라고 생각할 수 있지만 오히려 그 피해는 더욱 크다.

다만 도심지 陽宅의 경우에 合局이 되면 무관하다. 陰宅에서는 비록 평지일지라도 陽宅과 달리 피해의 정도가 아주 심하게 나타난다.

경험으로 보면 7運에 이 坐向으로 건옥조장(建屋造葬: 집을 짓고 묘를 쓰는 일)하고 재판, 비명횡사, 부도 등 상상을 초월할 정도로 엄청난 피해가 있었다.

지금은 8運으로 변하였다. 이제 8運에는 上山下水에 복음이 없어지는 걸까? 아니면 계속될까? 8運에는 向星8과 山星8을 보고 合局이면 재정양왕(財丁兩旺)하고 당연히 上山下水의 흉사는 벗어나지만 복음은 벗어나지 못한다.

艮宮 向星에 관한 〈표〉의 글을 보면「의원수, 정수, 진익전산.(宜遠水·靜水, 進益田産: 마땅히 물은 멀리 있고 조용하면 부동산이 늘어난다.)」라고 하였는데 이 말은 7運을 기점으로 길흉을 한 말이다. 따라서 8運에는 艮宮의 물이 가깝게 있어야 부동산으로 재산이 더 늘어난다.

## 《7運 庚坐甲向(替卦)》

| | | | | |
|---|---|---|---|---|
| 〈辰〉 | 丙 | 未 | 運坐 | 7運 庚坐甲向(替卦) 247.5-250.5 / 259.5-262.5 |
| 6 4<br>六 | 2 9<br>二 | 4 2<br>四 | 四局 | 山星: 中宮(入囚)<br>向星: 庚(上山) |
| 5 3<br>五  甲向← | ⑦ 5<br>七 | 9 ⑦<br>九  庚坐 | 地運 | 140年 (5運 入囚) |
| 1 8<br>一 | 3 1<br>三 | 8 6<br>八 | 城門 | 正城門: ✗<br>副城門: 辰 |
| 丑 | 壬 | 戌 | 特記 | 伏吟(大凶) |

| | | | | | | |
|---|---|---|---|---|---|---|
| 山 6 | 官司牽運(관사견운:牽끌견)·斗柄·肺氣腫 | 山 2 | 目疾·腸病·心病·産厄·宅母災憂. | 山 4 | 姑婦不和·肝膽病·脾胃病·風癱(풍탄:중풍) |
| 水 4 | 肝病·男女不倫勒死·自縊·窒息(질식). | 水 9 | 宜小水·暗水, 發財·加官晉爵 | 水 2 | 脾胃病·疾病淹久·家業凌替(가업능체) |
| 山 5 | 乏丁·絶嗣·瘟黃·肝膽病·家多怪異. | 山 ⑦ | | 山 9 | 宜遠秀之山, 出美女·專業作家. |
| 水 3 | 橫禍飛災·蛇咬(사교)·肝膽病·手脚傷殘. | 水 5 | | 水 ⑦ | 宜暗水, 發橫財·女人相助·武市大利 |
| 山 1 | 宜文筆峰, 出文人秀士.<br>1運添丁 | 山 3 | 溺水(익수), 出賊盜·浪子, 脚病·蛇咬·分屍 | 山 8 | 出文武全才·父慈子孝·出賢聖之人. |
| 水 8 | 發財·進益田産·少男發達. | 水 1 | 宜之玄長流水, 勤儉興家(근검흥가). | 水 6 | 奢侈敗家(사치파가)·選擧破財·官司·功名無望 |

### 【해설】

이 局은 上山에 복음이 걸린 자리인데 山星이 中宮에 입수되어 庚坐甲向 下卦와 마찬가지로 대흉국이다.

中宮에 向星이 입수가 되면 지운이 끝난다고 하지만 山星이 입수(入囚)되면 자손들의 출산이 매우 적어지는 흠이 있다.

※ 向宮, 中宮, 坐宮에 陰數가 많으면 딸을 출산한다.

이 局의 向宮, 坐宮, 中宮의 向星, 山星, 運盤의 숫자 9개중 震宮의 向星 3자만 陽數이고 나머지 8개는 陰數이기 때문에 이런 묘를 쓰거나 집을 지으면 딸을 낳을 확률이 아주 높다. 여기에서 5자는 7運이기 때문에 7자는 본래 음이므로 5자도 陰數로 간주하여 본다.

巽宮이 자액(自縊: 목을 매고 자살함)이 되는 이유는 巽宮에 수로(水路)가 있고 단두산(斷頭山: 산에 머리테 모양으로 산길이 보이는 산)이 보이면, 4巽은 승색(繩索: 밧줄)이고 6乾은 머리가 되어 목을 매고 자살한다는 의미가 있다.

離宮은 〈29〉는 9火는 심장이고 2는 질병이니 화병(火病:울화병)이 생긴다.

또한 向宮, 坐宮, 中宮 모두 흉한 성요 조합으로 되어있다. 따라서 설령 合局이 된다고 하더라도 일시적으로 부귀를 누릴지라도 종내에는 패하게 되는 局이다.

乾宮에 向星은 6으로 퇴기인데 물이 있으면 6金은 금전으로 물이 있으면 돈을 물 쓰듯이 하여 「사치패가(奢侈敗家)·선거파재관사(選擧破財官司)·공명무망(功名無望)」이라고 하였다.

## 《7運 酉坐卯向(下卦)》

| | | | | |
|---|---|---|---|---|
| 巽 | 午 | | 坤 | |
| 1 6<br>六 | 5 1<br>二 | 3 8<br>四 | 運坐 | 7運 酉坐卯向(下卦)<br>265.5～274.5 |
| 2 ⑦<br>五 | 9 5<br>七 | ⑦ 3<br>九 | 四局 | 旺山旺向 |
| 卯向← | | | 酉坐 | |
| 6 2<br>一 | 4 9<br>三 | 8 4<br>八 | 地運 | 140年 (5運 入囚) |
| 《艮》 | 子 | 乾 | 城門 | 正城門: 艮<br>副城門: ✗ |
| | | | 特記 | |

| | | | | | | |
|---|---|---|---|---|---|---|
| 山1 | 遠秀之山, 主科甲, 出文人秀士. | 山5 | 少人丁·巽壯男, 山忌高壓. | 山3 | 損丁·出賊盜小人·兄詐欺弟. |
| 水6 | 長房冷退, 但出文秀之人. | 水1 | 不姙症·性病·食物中毒. | 水8 | 8運名利雙收, 少男發達. |
| 山2 | 癌症·産厄·高血壓·脾胃病. | 山9 | 〈吉坐〉<br>遯卦: 3爻. 上爻 | 山⑦ | 出文武人材·賢妻助夫. |
| 水⑦ | 旺財·出貴, 宜遠水·靜水 | 水5 | 師卦: 初爻. 4爻 | 水3 | 遭賊盜·橫死·肺腎之病. |
| 山6 | 長房艱於丁嗣 (아들이 귀함). 寒熱往來. | 山4 | 忌見紅色, 主火災, 久而乏嗣. | 山8 | 8運長房·三房旺丁·出賢良之人. |
| 水2 | 宜出不宜入, 否則旺財多病. | 水9 | 出才子·才女, 9運旺財. | 水4 | 損小口·兄嫂詐欺淑·肝膽病. |

### 【해설】

이 局은 旺山旺向이다.

이 局은 7運에 최고의 坐向이다. 그러나 8運에는 山星8은 乾宮에 있고 向星8은 坤宮에 있기 때문에 상황이 달라진다.

乾宮에 산이 있으면 8運에 장방(長房)과 삼방이 왕정하다고 한 이유는 乾宮은 청룡에 해당되어 청룡이 좋으면 1, 4, 7방이 발복을 받는다. 그리고 삼방도 왕정하다는 이유는 山星이 8少男이기 때문이다.

※ 방분법(房分法)

형기풍수로 보는 방분법(房分法)으로 정확하지는 않지만 비교적 잘 맞는다. 그리고 백호가 좋으면 3, 6, 9방이 발복을 받고 현무(주산)나 주작(안산과 조산)이 좋으면 2, 5, 8방이 발복을 받는다.

만약에 외아들이나 외동딸이라면 청룡, 백호, 주작, 현무 모든 산의 영향을 받는다.

또 장자가 죽으면 차자가 장자가 되고, 양자라면 양부모와 생부모 모든 묘의 영향을 받는다.

그리고 며느리는 결혼하여 7년 전 까지는 친정의 조상묘와 시댁 조상묘의 영향을 모두 받지만 시집을 온 지 7년이 지나면 시댁 조상묘의 영향만 받게 된다.

※ 구묘(舊墓)와 신묘(新墓)의 차이

그리고 최근에 쓴 묘일수록 영향력이 크다. 따라서 오래된 조상의 묘가 凶하더라도 최근에 쓴 묘가 吉하면 실력 이상으로 발휘하고, 오래된 조상의 묘가 吉하고 최근에 쓴 묘가 凶하다면 실력은 있는데 실력발휘를 제대로 하지 못하게 된다.

## 《7運 酉坐卯向(替卦)》

| 巽 | 午 | 坤 | | 運坐 | 7運 酉坐卯向(替卦)<br>262.5-265.5 / 274.5-277.5 |
|---|---|---|---|---|---|
| | 1 6<br>六 | 5 1<br>二 | 3 8<br>四 | 四局 | 旺山旺向 |
| 卯向← | 2 ⑦<br>五 | 9 5<br>七 | ⑦ 3<br>九 | 酉坐 地運 | 140年 (5運 入囚) |
| | 6 2<br>一 | 4 9<br>三 | 8 4<br>八 | 城門 | 正城門: 艮<br>副城門: ✗ |
| 《艮》 | 子 | 乾 | | 特記 | |

| | | | | | | | | |
|---|---|---|---|---|---|---|---|---|
| 山1 | 遠秀之山, 主科甲, 出聰秀之子. | 山5 | 少人丁·巽壯男,流産·不姙. | 山3 | 損丁·出賊盜··同室操戈(조과:싸움). |
| 水6 | 長房冷退, 但出文人秀士. | 水1 | 不育·性病·食物中毒. | 水8 | 8運發財·有名聲. |
| 山2 | 癌症·産厄·高血壓·脾胃病. | 山9 | 〈吉坐〉<br>遯卦: 上爻<br>咸卦: 上爻 | 山⑦ | 出文武人材. 紅色最忌, 防火災. |
| 水⑦ | 旺財·出貴, 利於武市·女人相助. | 水5 | | 水3 | 遭賊盜·凶死·肺腎之病. |
| 山6 | 長房人口不旺丁·寒熱往來·迷信. | 山4 | 忌見紅色, 主火災, 久而乏嗣. | 山8 | 8運長房·三房旺丁·出在野賢人. |
| 水2 | 水明現朝來, 旺財·多病. | 水9 | 出才子·才女, 9運旺財. | 水4 | 損小口·兄嫂詐欺小淑·肝膽病. |

## 【해설】

 이 局은 旺山旺向으로 酉坐下卦와 성요 조합수가 같다.
 下卦와 替卦가 서로 같으면 길할 때에는 替卦는 下卦보다 못하고, 흉할 때에는 替卦가 더욱 흉하게 작용하기 때문에 굳이 替卦를 사용할 필요가 없다.
 안방은 山星8이 있는 兌宮이나 乾宮이 좋겠다. 다만 乾宮에 안방은 山星8로 인하여 남아를 출산하게 된다.
 주방은 向星8이 있는 坤宮이 좋다.
 艮宮에 〈62〉는 노부와 노모가 되어 정배(正配)는 되었지만 지금은 7運(8運)이므로 6은 쇠기(퇴기)가 되고 2는 사기(살기)가 되어 정배의 가치는 없고 오히려 노부, 노모이기 때문에 생산능력이 부족한 상태이다. 따라서 신혼부부의 안방이 艮宮이라면 비록 旺山旺向이라도 출산이 늦어지거나 임신이 안 되는 경우가 있으니 조심해야 한다.
 巽宮의 向星과 山星은 〈16〉이고 運盤이 6이고 원단반(낙서)은 4가 되어 길한 숫자로 조합되어 있다. 巽宮에 멀리 산이 있으면 科甲(과갑), 聰秀(총수)한 자녀가 나는 吉象이다.

## 《7運 辛坐乙向(下卦)》

| | 巳 | 丁 | 申 | | 運坐 | 7運 辛坐乙向(下卦)<br>280.5~289.5 |
|---|---|---|---|---|---|---|
| | 1 6<br>六 | 5 1<br>二 | 3 8<br>四 | | 四局 | 旺山旺向 |
| 乙向← | 2 ⑦<br>五 | 9 5<br>七 | ⑦ 3<br>九 | 辛坐 | 地運 | 140年 (5運 入囚) |
| | 6 2<br>一 | 4 9<br>三 | 8 4<br>八 | | 城門 | 正城門: 寅<br>副城門: ✗ |
| 《寅》 | | 癸 | | 亥 | 特記 | |

| 山1 | 出文人秀士·科甲連登. | 山5 | 乏男丁·絶嗣·不姙·溺死·聾啞·低能. | 山3 | 損丁·出賊盗·兄詐欺弟·手脚病痛. |
|---|---|---|---|---|---|
| 水6 | 退財産,但出文人秀士. | 水1 | 不姙·性病·尿毒·憂鬱症·食物中毒 | 水8 | 8運少男發達·名利雙收. |
| 山2 | 癌症·産厄·血症·脾胃病·出寡婦. | 山9 | 〈吉坐〉<br>旅卦: 2爻. 5爻 | 山⑦ | 出文武全才·賢妻助夫. |
| 水⑦ | 旺財·出貴·女人相助. | 水5 | | 水3 | 遭賊盗·橫死··肺腎之病·脚病. |
| 山6 | 長房人丁冷退·寒熱往來··迷信. | 山4 | 肝炎·神經痛·貧血·久而乏嗣. | 山8 | 8運添丁·出在野之賢人. |
| 水2 | 宜暗水,忌明水大水,主多病. | 水9 | 出才子·才女,善良之人,9運發財. | 水4 | 損小口·風濕關節症·肝膽病. |

**【해설】**

이 局은 酉坐 下卦와 동일한 旺山旺向으로 丁財가 대발하는 吉한 局이다.

20년동안 旺山旺向이지만 매년 運은 조금씩 다르게 나타난다. 向宮, 坐宮, 中宮에 흉수인 ②와 ⑤가 들어가면 그 해에는 비교적 運의 정도가 떨어진다. 흉수는 2, 5, 7이지만 7運에 7자는 왕기(旺氣)이므로 제외한다.

〈표〉에서 ←는 向, ⊣은 坐 표시한다.

| 9 | 5 | 7 | | 1 | 6 | 8 | | 2 | 7 | 9 |
|---|---|---|---|---|---|---|---|---|---|---|
| ←8 | 1 | 3⊣ | | ←9 | ② | 4⊣ | | ←1 | 3 | ⑤⊣ |
| 4 | 6 | 2 | | 5 | 7 | 3 | | 6 | 8 | 4 |
| 1990 | 1999 | 2009 | | 1989 | 1998 | 2008 | | 1988 | 1997 | 2007 |

| 3 | 8 | 1 | | 4 | 9 | 2 | | 5 | 1 | 3 |
|---|---|---|---|---|---|---|---|---|---|---|
| ←② | 4 | 6⊣ | | ←3 | ⑤ | 7⊣ | | ←4 | 6 | 8⊣ |
| 7 | 9 | 5 | | 8 | 1 | 6 | | 9 | 2 | 7 |
| 1987 | 1996 | 2006 | | 1986 | 1995 | 2005 | | 1985 | 1994 | 2004 |

| 6 | 2 | 4 | | 7 | 3 | 5 | | 8 | 4 | 6 |
|---|---|---|---|---|---|---|---|---|---|---|
| ←⑤ | 7 | 9⊣ | | ←6 | 8 | 1⊣ | | ←7 | 9 | ②⊣ |
| 1 | 3 | 8 | | 2 | 4 | 9 | | 3 | 5 | 1 |
| 1984 | 1993 | 2003 | | 1992 | 2001 | 2011 | | 1991 | 2000 | 2010 |

## 《7運 辛坐乙向(替卦)》

| | | | | |
|---|---|---|---|---|
| 巳 | 丁 | 申 | 運坐 | 7運 辛坐乙向(替卦)<br>277.5-280.5 / 289.5-292.5 |
| 1 6<br>六 | 5 1<br>二 | 3 8<br>四 | 四局 | 旺山旺向 |
| 乙向← 2 ⑦<br>五 | 9 5<br>七 | ⑦ 3<br>九 辛坐 | 地運 | 140年 (5運 入囚) |
| 6 2<br>一 | 4 9<br>三 | 8 4<br>八 | 城門 | 正城門: 艮<br>副城門: ✗ |
| 《寅》 | 乙 | 亥 | 特記 | |

| | | | | | |
|---|---|---|---|---|---|
| 山1 | 出文人秀士·科甲連登. | 山5 | 乏男丁·絶嗣·不姙·尿毒·性病·溺死·聾啞. | 山3 | 損丁·出賊盜小人兄弟不和··手脚病痛. |
| 水6 | 退財産, 但出文人秀士. | 水1 | 不姙·流産·聾啞食物中毒·舍中毒憂鬱症. | 水8 | 8運少男發達·旺田産土地. |
| 山2 | 癌症·産厄·血症脾胃病·出寡婦. | 山9 | 〈吉坐〉<br>咸卦: 3爻. | 山⑦ | 出文武全才·賢妻助夫. |
| 水⑦ | 旺財·出貴, 利於武市·女人相助. | 水5 | | 水3 | 男盜女娼·橫禍飛災·肢體傷殘. |
| 山6 | 寒熱往來··鬼神崇尙·貪鄙(탐비). | 山4 | 肝炎·神經痛·貧血·久而乏嗣. | 山8 | 8運添丁·出在野之賢人. |
| 水2 | 寒熱往來··鬼神崇尙·貪小失大. | 水9 | 出才子·才女,善良之人, 9運發財. | 水4 | 損小口·風濕關節症·癱瘓(탄탄)·肝膽病. |

### 【해설】

이 局의 酉坐下卦와 성요 조합수가 같다.

이 局은 旺山旺向이므로 산룡지세(山龍之勢)일 경우에 비로소 왕재왕정(旺財旺丁)한다. 평양룡(平洋龍: 平地)이라면 산룡지세에 비하여 발복의 정도가 떨어진다.

만약에 전고후저(前高後低)의 지세라면 旺山旺向 不合局으로 실질적으로는 上山下水가 되어 대패대흉(大敗大凶)한다.

坎宮에 산은 없고 물만 있으면 9運에 발재(發財)를 한다. 그리고 人丁으로는 「出才子才女, 善良之人(출재자재녀, 선량지인)」하는데 재인(才人)과 선량한 사람이 나는 이유는 4木이 9火를 相生하기 때문이다.

오성(五性)인 인의예지신(仁義禮智信)에서 仁은 木, 義는 金, 禮는 火, 智는 水, 信은 土에 배속된다.

따라서 不合局일 때에는 인간성이 다르게 나타난다.

34木은 不仁하여 너그럽지 못하여 성질이 포악하고,
67金은 不義하여 이익을 쫓아 의리를 저버리고,
9火는 無禮하여 남을 배려하는 마음이 없어 불효자가 되고,
1水는 無智하여 해결능력이나 지각이 없고,
5土는 不信하여 약속을 지키지 않아 신용이 없다.

만약에 辛坐와 戌坐의 중간선에 坐向을 놓으면 辛坐도 旺山旺向이고 戌坐도 旺山旺向이 되니까 중간坐向도 旺山旺向이 이라고 생각하기가 쉽지만, 辛坐는 兌宮이고 戌坐는 乾宮으로 근본적으로 차원이 다르며 대공망이 되어 아주 흉하다.

## 《7運 戌坐辰向(下卦)》

| | | | | |
|---|---|---|---|---|
| 辰向 | 《丙》 | 未 | 運坐 | 7運 戌坐辰向(下卦) 295.5~304.5 |
| | 9 ⑦   4 2   2 9<br>  六     二     四 | | 四局 | 旺山旺向 |
| 甲 | 1 8   8 6   6 4<br>  五     七     九 | 庚 | 地運 | 160年 (6運 入囚) |
| | 5 3   3 1   ⑦ 5<br>  一     三     八 | | 城門 | 正城門: 丙<br>副城門: ✗ |
| 丑 | 壬 | 戌坐 | 特記 | |

| 山9 | 破財·好酒色·火災·血症, 宜遠山 | 山4 | 剋老婦人. 不宜見大水. 山勢硬直姑婦不和. | 山2 | 出寡婦·火災·目疾·難産·心病 |
|---|---|---|---|---|---|
| 水⑦ | 發財, 出律師·法官·美女·名醫 | 水2 | 見池湖大水·剋老婦人. 宜暗水. | 水9 | 生氣方, 宜暗水來朝. |
| 山1 | 宜遠峰列秀, 出文人秀士·賢才. | 山8 | 〈吉坐〉<br>蹇卦: 初爻. 2爻. 4爻. 5爻 | 山6 | 剋妻·肺病·骨病·官司·窒息. |
| 水8 | 發財, 出儒雅之人·敎育家. | 水6 | | 水4 | 肝病·肺氣腫·貪小失大·因色破財. |
| 山5 | 有山, 犯伏吟, 8運少人丁 | 山3 | 長子放蕩·溺死·朝賊盜·蛇咬. | 山⑦ | 旺丁, 出美女·律師·法官·評論家. |
| 水3 | 水形彎曲如蹻足(교족), 出跛足之人. | 水1 | 宜長流水, 發福悠久. | 水5 | 大凶·破産·橫死·性病·中毒·死刑. |

### 【해설】

이 局은 旺山旺向으로 왕재왕정하는 吉한 局이며 특히 지운기간은 6運에 입수(入囚)하여 160년 동안이나 되는 坐向이다.

巽宮에 山星9에 대한 주응(主應)으로 〈표〉의 「파재(破財)·호주색(好酒色)·화재(火災)·혈증(血症)」은 산이 가깝고 높이 있을 때이다. 그래서 〈표〉내용 중에 「의원산(宜遠山)」 즉. 산은 멀리 떨어져야 있어야 마땅하다고 한 것이다.

그리고 巽宮에 向星7에 대한 발응(發應)은 「발재(發財), 률사(律師: 변호사)·법관(法官)·미녀(美女)·명의(名醫)」인데 변호사, 법관, 명의가 나오는 이유는 7金은 관성(官星)이기 때문이며, 미인이 나오는 이유는 9火이기 때문이다. 離卦는 이허중(離虛中☲)으로 가운데인 허리 부분이 음으로 되어, 즉 허리가 날씬한 모양이다.

| 팔괘의 성정과 설명 ||||| 
|---|---|---|---|---|
| 九星 | 八卦 | 卦象 | 性情 | 說 明 |
| 1水 | 坎 ☵ | 水 | 陷(함) | 물은 항상 아래로 흐른다. |
| 2土 | 坤 ☷ | 地 | 順(순) | 땅은 順하여 만물을 받아들인다. |
| 3木 | 震 ☳ | 雷 | 動(동) | 뇌는 만물을 움직인다. |
| 4木 | 巽 ☴ | 風 | 入(입) | 바람은 못 들어가는 곳이 없다. |
| 6金 | 乾 ☰ | 天 | 建(건) | 천체는 쉬지 않고 운행한다. |
| 7金 | 兌 ☱ | 澤 | 悅(열) | 천하의 만물을 윤택하게 만든다. |
| 8土 | 艮 ☶ | 山 | 止(지) | 산은 본래 움직이지 않는다. |
| 9火 | 離 ☲ | 火 | 麗(려) | 불은 꽃에 해당되므로 곱다. |

※ 雷는 우레, 천둥을 의미할 뿐만 아니라 지진(地震)의 의미도 있다.

## 《7運 戌坐辰向(替卦)》

| | | | | |
|---|---|---|---|---|
| 辰向 | 《丙》 | 未 | 運坐 | 7運 戌坐辰向(替卦) 292.5-295.5 / 304.5-307.5 |
| | 8⑦ 六 / 32 二 / 19 四 | | 四局 | 山星: 中宮(入囚) 向星: 辰(旺向) |
| 甲 | 98 五 / ⑦6 七 / 54 九 | 庚 | 地運 | 160年 (6運 入囚) |
| | 43 一 / 21 三 / 65 八 | | 城門 | 正城門: 丙  副城門: ✗ |
| 丑 | 壬 | 戌坐 | 特記 | 山星入囚 |

| | | | | | |
|---|---|---|---|---|---|
| 山8 | 才子佳人·行善積德·文武功名. | 山3 | 出賊盜·流氓(유맹)·逆子·官訟刑殺. | 山1 | 多生女兒, 富貴極品, 福澤連長. |
| 水⑦ | 速發速成, 出預言家·特異能力者. | 水2 | 好飲好賭·敗盡家産·剋老母. | 水9 | 宜長流細水, 9運添丁發財. |
| 山9 | 9運旺丁·出貴, 結婚重來·位列朝班. | 山⑦ | 〈交劍殺〉家庭不和·官災口舌 | 山5 | 少人丁·瘟黃·乳癰·風癱·肺癆(폐록). |
| 水8 | 富貴榮華, 8運大發. | 水6 | 〈吉坐〉艮卦: 3爻. 上爻 | 水4 | 肝膽病·窒息死·乳癰·敗盡家産 |
| 山4 | 出人庸儒反覆·肝膽病·脚病. | 山2 | 腹病水腫·聾啞·胃腸出血·婦人病. | 山6 | 老人癡呆·肺癌·骨癌·中風·官司 |
| 水3 | 聲色犬馬敗家·漂泊·出賊丐(적면) | 水1 | 宜長流水, 發福悠久. | 水5 | 橫禍·橫死·破産 自食惡果 |

### 【해설】

　이 局은 旺向으로 재원은 풍족한 반면에 山星이 입수되어 人丁은 약하다. 즉, 돈은 많은데 인물은 변변치 못하는 왕재손정(旺財損丁)하는 局이다.

　中宮은 주택에서 대개 거실인 경우가 많은데 中宮의 성요가 〈7金6金〉으로 교검살(交劍殺)이 되어 凶하니 金生水로 相生하여 제화를 시켜주면 비교적 좋아지지만 완벽한 방법은 아니다. 山星7이 입수되었으므로 山星8이 있는 巽宮에 안방이 되면 제일 좋은데, 山星8(양)과 向星7(음)은 陰陽배합이 잘 되어있어 부부간에 금실이 좋아지고 임신도 잘된다.

　坎宮은 성요가 〈12〉로 본래는 흉수조합에 속하고 수종(水腫)은 1坎에 관련된 질병이다. 坎괘는 감중련(坎中連 ☵)으로 가운데 효만 陽으로 인체에서 가운데인 배가 부른 모양이다. 그래서 수종이란 질병이 생기게 되는 것이다.

　離宮에 성요는 〈32〉이다. 본래 3木이 2土를 木剋土로 相剋을 하고 있어 흉하다. 〈32〉의 성요 조합은 특별히 흉하여 「투우살(鬪牛殺)」이라고 부른다.

　3震은 「치우(蚩尤)」인데 동이족(東夷族)이 전쟁의 신으로 일컫는 전설적 인물로 구리로 된 머리와 철로 된 이마를 가지고 있었고 머리 위에는 긴 뿔이 있었으며, 매우 모질고 사나웠는데 중국의 황제헌원(黃帝軒轅)과 싸운 전쟁의 신이고, 2坤는 동물로 소(牛)가 되어 투우살이라는 이름이 붙여졌다.

　우리나라 축구 응원단인 「붉은 악마」가 바로 치우신에서 유래한 명칭이다.

## 《7運 乾坐巽向(下卦)》

| | | | | |
|---|---|---|---|---|
| 巽向 ← | 午 | 坤 | 運坐 | 7運 乾坐巽向(下卦) 310.5~319.5 |
| ⑦5 六 | 31 二 | 53 四 | 四局 | 上山下水 |
| 〈卯〉 64 五 | 86 七 | 18 九 | 地運 | 160年 (6運 入囚) |
| 〈酉〉 | | | | |
| 29 一 | 42 三 | 9⑦ 八 | 城門 | 正城門: ✗<br>副城門: 卯 |
| 艮 | 子 | 乾坐 | 特記 | 連珠三般卦 |

| 山⑦ | 出語文專家·名嘴·美女·法官·評論家. | 山3 | 遭盜賊(조도적)·出遊蕩子弟·溺死(익사). | 山5 | 山大逼壓(핍압),少人丁·怪病·癌症. |
|---|---|---|---|---|---|
| 水5 | 性病·中毒·死刑·癌症·破産橫死. | 水1 | 添丁·發財·陽宅宜門路. | 水3 | 損丁耗財·蛇咬·槍殺(창살)·橫死(횡사). |
| 山6 | 剋妻·頭風·喘息·肝膽病·窒息(질식) | 山8 | 〈吉坐〉<br>否卦: 3爻. 上爻 | 山1 | 宜遠秀,高塞則出耳聾(이롱)·重聽之人 |
| 水4 | 水形如繩索(승색:밧줄),自縊·勒死·肝膽病. | 水6 | | 水8 | 添丁·發財,陽宅宜門路(대문으로가는 길). |
| 山2 | 目疾·心病·胃腸病·婦人病. | 山4 | 山大而硬直,婦詐欺姑·筋肉拉傷(근육랍상) | 山9 | 火災·血症·因色情惹禍(야화)·同室操戈 |
| 水9 | 出陶藝家(도예가)·學者·名聞天下. | 水2 | 損丁耗財,貪小失大·家業抛棄(가업포기). | 水⑦ | 出美女·法官·律師·名醫·造曆家(조력가). |

**【해설】**

이 局은 上山下水이다. 따라서 전고후저(前高後低)되는 지세에서만 사용이 가능하다. 이제 8運으로 바뀌었으니 8運에 吉凶은 사람을 의미하는 山星8이 中宮〈86〉에 입수되었으며 또한 8土가 向星6金과 運盤七金에게 土生金으로 생출(生出)하고 있어 8運에 人丁을 평하자면 山星은 입수이며 또한 기운을 빼앗기고 있어 8運에도 人丁은 아주 불리하다.

※ 생입(生入), 생출(生出), 극입(剋入), 극출(剋出)
같은 宮에서도 山星과 向星의 五行상 相生과 相剋으로 보는 방법이 있다.
向星을 主星으로 하고 山星을 客星으로 할 때이다.
「생입(生入)」은 山星相生向星하면 大吉 (예) 〈7金 ➪ 1水〉
「생출(生出)」은 向星相生山星하면 小凶 (예) 〈1水 ⇐ 7金〉
「극입(剋入)」은 山星相剋向星하면 半吉 (예) 〈9火 ➡ 7金〉
「극출(剋出)」은 向星相剋山星하면 凶 (예) 〈7金 ⬅ 9火〉
「비견(比肩)」은 向星相同山星하면 平 (예) 〈7金 = 7金〉
부연하여 다시 설명을 하자면,
「생입(生入)」: 山星이 向星을 相生하여 〈7金 ➪ 1水〉 왕재(旺財)하는데 발복이 더딘 대신에 오래간다.
「생출(生出)」: 向星이 山星을 相生하여 〈1水 ⇐ 7金〉 손재(損財)한다.
「극입(剋入)」: 山星이 向星을 相剋하면 〈9火 ➡ 7金〉 변화이후에 왕재(旺財)한다.
「극출(剋出)」: 向星이 山星을 相剋하면 〈7金 ⬅ 9火〉 파재(破財)하여 凶하다.
한마디로 요약하면 「入」은 吉하고 「出」은 凶하다.

## 《7運 乾坐巽向(替卦)》

| | | | | |
|---|---|---|---|---|
| 巽向 ↑ | 午向 | | 坤 | 運坐 | 7運 乾坐巽向(替卦)<br>307.5-310.5 / 319.5-322.5 |
| | 6 5<br>六 | 2 1<br>二 | 4 3<br>四 | 四局 | 山星: 中宮(入囚)<br>向星: 乾(上山) |
| 〈卯〉 | 5 4<br>五 | ⑦ 6<br>七 | 9 8<br>九 | 地運 酉 | 160年 (6運 入囚) |
| | 1 9<br>一 | 3 2<br>三 | 8 ⑦<br>八 | 城門 | 正城門: ✗<br>副城門: 卯 |
| 艮 | | 子坐 | | 乾坐 | 特記 | 7運丁星入囚. |

| | | | | | | |
|---|---|---|---|---|---|---|
| 山 6 | 老人癡呆(치매)·橫死·肺病·骨病·中風. | 山 2 | 聾啞(농아)·水膨(수팽)·婦女病·胃腸出血. | 山 4 | 出人怕事(파사)·일기피·無常·肝膽病·脚病. |
| 水 5 | 因果應報·橫死·橫禍·破産. | 水 1 | 宜遠秀流長, 發福悠久(발복유구). | 水 3 | 聲色駄馬(노래)·여자·애견·승마)·波流·賊丐. |
| 山 5 | 流行性傳染病·肝膽病·乳癰(유옹: 악창)·中風. | 山 ⑦ | | 山 9 | 位列朝班, 子孫蕃衍(번연: 번성)·家業富盛. |
| 水 4 | 肝膽病·乳癰·敗盡家産. | 水 6 | | 水 8 | 大富大貴·結婚重重, 8運大發 |
| 山 1 | 喜産多男, 富貴極品, 福澤連長. | 山 3 | 出盗賊·流氓(따돌이)·逆子弑母·官訟刑殺. | 山 8 | 出才子佳人·行善布施(보시)·文武功名. |
| 水 9 | 宜遠水流長, 9運添丁發財. | 水 2 | 博弈(박혁: 쌍육바둑)好食, 廢盡田園, 剋老母 | 水 ⑦ | 速發速敗·出特異功能者·豫言家. |

### 【해설】

이 局은 上山局이다. 7運에는 山星7이 中宮에 입수되어 人丁이 희박하다. 특히 7命인 사람에게는 더욱 凶하다.

※ 생입(生入), 생출(生出), 극입(剋入), 극출(剋出)
전국(前局)에 이어 다시 생극의 길흉을 말하자면,
山星을 主星으로 하고 向星을 客星으로 할 때이다.
「생입(生入)」은 向星相生山星하면 大吉 (예) ⟨1水 ⇦ 7金⟩
「생출(生出)」은 山星相生向星하면 小凶 (예) ⟨7金 ⇨ 1水⟩
「극입(剋入)」은 向星相剋山星하면 半吉 (예) ⟨7金 ⇦ 9火⟩
「극출(剋出)」은 山星相剋向星하면 凶 (예) ⟨9火 ➡ 7金⟩
「비견(比肩)」은 向星相同山星하면 平 (예) ⟨7金 = 7金⟩
부연하여 다시 설명을 하자면,

「생입(生入)」: 向星이 山星을 相生하여 ⟨1水 ⇦ 7金⟩ 왕정(旺丁)하여 건강에 좋고 평안하다.

「생출(生出)」: 向星이 山星을 相生하여 ⟨7金 ⇨ 1水⟩ 밖으로 나가기를 좋아하여 여행이나 업무로 집을 떠난다.

「극입(剋入)」: 山星이 向星을 相剋하면 ⟨9火 ➡ 7金⟩ 투약, 수술, 금식 등의 큰 변화를 통하여 왕정(旺丁)한다.

「극출(剋出)」: 向星이 山星을 相剋하면 ⟨7金 ⇦ 9火⟩ 교통사고, 가출, 중병으로 사회활동이 중지되는 등의 인망(人亡)으로 凶하다.

한마디로 요약하면 「入」은 吉하고 「出」은 凶하다.

다만 生剋 이전에 더 중요하게 보아야 하는 것은 運의 쇠왕이다는 것을 명심해야 한다.

## 《7運 亥坐巳向(下卦)》

| | 巽向 | 午 | 坤 | | 運坐 | 7運 亥坐巳向(下卦) 325.5~334.5 |
|---|---|---|---|---|---|---|
| | ⑦5 六 | 31 二 | 53 四 | | 四局 | 上山下水 |
| 卯 | 64 五 | 86 七 | 18 九 | 酉 | 地運 | 160年 (6運 入囚) |
| | 29 一 | 42 三 | 9⑦ 八 | | 城門 | 正城門: ✗<br>副城門: 乙 |
| | 艮 | 子 | 乾坐 | | 特記 | 連珠三般卦 |

| 山⑦ | 出語文專家·美女·法官·通靈人·評論家. | 山3 | 遭盜賊·出遊蕩子弟·溺死(익사). | 山5 | 山大逼壓(핍압),少人丁·怪病·癌症. |
|---|---|---|---|---|---|
| 水5 | 服毒·吸毒·販毒·密輸·破産·橫死. | 水1 | 添丁·出文武全才·發明家. | 水3 | 蛇咬·槍殺(정면으로 마주치는 길)·電極·路死 |
| 山6 | 剋妻·頭風·喘息·肝膽病·질식(질식) | 山8 | 〈吉坐〉<br>晉卦: 初爻. 2爻. 4爻. 5爻 | 山1 | 宜遠秀,若高塞則出耳聾(이롱) 重聽之人. |
| 水4 | 水形如繩索,自縊(자액),勒死(늑사)·肝膽病. | 水6 | | 水8 | 發財,出儒雅(유아)之人·名教育家. |
| 山2 | 眼翳(안예:백내장)·心蒙·子宮病病. | 山4 | 山岡硬直,婦詐欺姑·筋肉拉傷(근육랍상). | 山9 | 出名律師·軍火專家·美女·方塊作家. |
| 水9 | 出陶藝家(도예가)·學者·名聞天下. | 水2 | 胃腸病·貪小失大·家業抛棄(포기). | 水⑦ | 出美女·律師·造暦家·名嘴發財. |

### 【해설】

이 局은 上山下水局이다.

※九星의 길흉과 성정(性情)

| 運 | 星名(異名) | 吉凶 | 性 情 |
|---|---|---|---|
| 1白水 | 貪狼탐랑 (牙笏아홀, 天喜, 胎神태신) | 生旺 | 神童, 榜首, 智者 |
| | | 剋煞 | 刑妻, 貪酒色, 癡聾(치농:어리석고 귀먹어리), 盜賊 |
| 2黑土 | 巨門거문 (天醫, 病符, 寡宿) | 生旺 | 發財, 人丁, 忠臣, 名醫 |
| | | 剋煞 | 寡婦, 難産, 刑耗(형모), 鄙賤(비천), 腹疾, 惡瘡(악창) |
| 3碧木 | 祿存녹존 (蚩尤치우, 賊星적성) | 生旺 | 財祿豊盈, 興家創業, 人中之龍鳳 |
| | | 剋煞 | 盜賊, 暴躁(포조:사나움), 是非官訟, 膽病, 足疾 |
| 4祿巽 | 文曲문곡 (文昌) | 生旺 | 出才佳人, 科甲聯芳, 聯姻貴族 |
| | | 剋煞 | 風哮(풍효:천식), 自縊(자액), 飄蕩(표탕) |
| 5黃土 | 廉貞염정 (五鬼, 瘟黃) | 生旺 | 奇人異士, 富貴極品 |
| | | 剋煞 | 癡獃(치애:멍청이), 淫亂, 癰腫(옹종), 橫禍死傷 |
| 6白金 | 武曲무곡 (靑龍) | 生旺 | 巨富, 多丁, 威權震世, 武職勳貴, 行善積德 |
| | | 剋煞 | 刑妻, 孤獨, 驕奢虛榮(사치허영) |
| 7赤金 | 破軍파군 (刑曜) | 生旺 | 發財旺丁, 武織仕官, 刑名之官 |
| | | 剋煞 | 傷殘, 橫禍官災, 牢獄口舌, 火災, 喑啞, 嫖賭破家, 男盜女娼 |
| 8白土 | 左輔좌보 (魁星, 善曜) | 生旺 | 孝義忠良, 富貴綿遠, 人壽 |
| | | 剋煞 | 小口損傷, 鼓脹(꽹창), 黃腫(황종), 關節不利 |
| 9紫火 | 右弼우필 (喜氣, 紅鸞) | 生旺 | 文章科第驟至, 大儒, 軍事家 |
| | | 剋煞 | 火災, 官司, 吐血, 瘋癲(풍전:미친병), 目疾, 腸炎, 産死 |

## 《7運 亥坐巳向(替卦)》

| | | | | |
|---|---|---|---|---|
| 巳向 ← 丁 申 | | | 運坐 | 7運 亥坐巳向(替卦) 322.5-325.5 / 334.5-337.5 |
| 8 5 六 | 4 1 二 | 6 3 四 | 四局 | 山星: 乙<br>向星: 亥(上山) |
| 〈乙〉 ⑦4 五 | 9 6 七 | 2 8 九 | 辛 地運 | 160年 (6運 入囚) |
| 3 9 一 | 5 2 三 | 1 ⑦ 八 | 城門 | 正城門: ✗<br>副城門: 乙 |
| 寅 | 癸 | 亥坐 | 特記 | |

| | | | | | |
|---|---|---|---|---|---|
| 山 8 | 出神童·聖賢仙佛 孝子·善人. | 山 4 | 有秀山配秀水, 出 文貴. | 山 6 | 長房退丁口, 頭痛·官司. |
| 水 5 | 有水無山, 退財 剋妻·乏子. | 水 1 | 有秀水配秀峰, 出 文貴. | 水 3 | 頭痛·車禍·遭劫 盜·刀兵(:전쟁) |
| 山 ⑦ | 秀房旺丁, 出人 溫文秀麗. | 山 9 | | 山 2 | 出愚丁(우정)·多 病·癌症. |
| 水 4 | 女人損傷·肝膽病 破財. | 水 6 | | 水 8 | 進橫財, 田連阡 陌(천맥: 논밭) |
| 山 3 | 出暴徒强樑,(강량: 도둑),爲人 刻薄(각박). | 山 5 | 少人丁·多病·出寡 婦 | 山 1 | 有山無水, 貪花 戀酒(탐화연주: 여자. 술)·聾啞 |
| 水 9 | 9運旺財, 出聰明 奇人. | 水 2 | 疾病·損人·出寡 婦. | 水 ⑦ | 收收水於後, 當 元發財. |

**【해설】**

이 局은 上山이 되어 도기룡(倒騎龍: 전고후저)이 아니면 흉하다.

묘나 주택을 감정하는데 종합적인 감정을 해야하기 때문에 특별히 순서에 얽매일 필요는 없지만 다음 항목을 순서대로 감정하여 실수가 없도록 한다.

1. 먼저 坐向에 따른 合局과 不合局의 여부를 본다.
  (1) 이때에는 陰宅은 向宮과 坐宮을 위주로 보고 陽宅은 中宮으로 가족간의 유대관계를 감정하는데, 생기수는 비중이 큰 만큼 반드시 참고하여야 한다.(不合局일 경우에는 中宮을 흉하게 해석함)
  (2) 산룡지세(山龍之勢)이면 현공풍수의 영향력은 크고 평양룡(平洋龍)일 경우에는 비교적 영향력이 작다.
  (3) 만약에 형기풍수로 명당이 아니더라도 4局에 따른 合局이 되면 大吉은 없더라도 이기풍수의 향발복(向發福)으로 小吉하고 凶은 없다.

2. 向宮, 坐宮, 中宮을 제외한 나머지 6宮은 해당 방향에 큰산이 큰 물이 있거나 특별한 물체가 있고 동기(動機)가 있을 경우에는 向宮이나 坐宮을 감정하는 것과 같이 비중있게 감정해야 한다.

3. 陽宅의 경우에는 대문이 차지하는 비중이 크기 때문에 반드시 대문의 위치를 반드시 확인해야 한다.

제3부

# 8운 24좌 해설집

## ≪8運 壬坐丙向(下卦)≫

| | 丙向 ↑ | | | |
|---|---|---|---|---|
| 辰 | 5 2 七 | 9 7 三 | 7 9 五 | 〈未〉 |
| 甲 | 6 1 六 | -4+3 八 | 2 5 一 | 庚 |
| | 1 6 二 | ⑧ ⑧ 四 | 3 4 九 | |
| 丑 | | 壬坐 | | 戌 |

| 運坐 | 8運 壬坐丙向(下卦) 340.5~349.5 |
|---|---|
| 四局 | 雙星會坐(向星上山) |
| 地運 | 80年 (3運 入囚) |
| 城門 | 正城門: ✗<br>副城門: 未方 |
| 特記 | |

| | | | | | | |
|---|---|---|---|---|---|---|
| 山5 | 吸毒(喜독)·癌腫·出寡婦·長婦不利. | 山9 | 出美女·軍事人才·律師(:변호사). | 山7 | 性病·火災·服毒·灼傷(작상:화상)·燙傷. |
| 水2 | 鰥寡(환과:홀아비.과부),疾病損人,癌腫. | 水7 | 火災·服毒·好色·性病. 食道癌·灼傷·燙傷. | 水9 | 9運發財,宜小水·暗水. |
| 山6 | 9-3運腦出血·肺病. 要水外之峰. | 山4 | | 山2 | 疾病纏綿(전면)·出鰥寡·癌腫. |
| 水1 | 出科甲·文章. | 水3 | | 水5 | 服毒·癌腫·出鰥寡·腦出血. |
| 山1 | 宜文筆峰,出貴·生文人秀士. | 山⑧ | 出善良之賢才,兄弟同發 | 山3 | 肝膽病.出賊盜·脚病. |
| 水6 | 9-3運肺病·腦出血. | 水⑧ | 發財,不動産·山産大利. | 水4 | 肝膽病·出乞丐(걸면:거지)·蕩子·不明事理. |

### 【해설】

이 局은 **雙星會坐局**이다. 즉 向星이 上山을 범하였다. 따라서 왕정(旺丁)하지만 재물은 불왕(不旺)하다.

坤宮의 애성(挨星)이 〈79 五〉이므로 화재 위험이 높으니 이곳에 주방이 있거나 뾰쪽한 물건을 두면 화재 위험이 많다. 만약에 집 밖으로 坤방이나 離宮에 교회의 십자가 같은 첨형(尖形)의 건물이나 적색계통의 건물이 있으면 화재위험은 더욱 높아진다.

離宮에 〈97 三〉에서 三木이 9火를 木生火하고 있고, 向星7은 퇴기(退氣)인데 만약에 離宮에 불필요하게 물이 많이 있어도 화재 위험은 있다.

이미 지어진 주택뿐만 아니라 주택을 건설 하는 중에도 〈79〉의 영향으로 화재가 발생할 우려가 있다. 向宮에 2(先天火), 5(大凶數), 7(先天火), 9(後天火)가 이르면 위험하고 3木4木도 木生火로 相生을 하기 때문에 위험하다.

中宮과 乾宮은 〈34〉인데 〈표〉에 의하면 「간담병(肝膽病)·출적도(出賊盜)·각병(脚病: 다리병)」이라고 하였는데 이 중에서 각병(脚病:다리에 생기는 질병)은 3震 때문이다.

震(☳)은 3개의 효(爻) 중에서 제일 아래 효(爻)만 끊어지지 않고 연결되어 있다고 하여 진하련(震下連)이라고 부르는데 초효(初爻)만 陽이다. 따라서 신체 중에서 아래 부분이 움직이는 부분으로 족(足)에 해당된다.

## [[8運 壬坐丙向(替卦)]]

| | | | | |
|---|---|---|---|---|
| 辰 | 丙向 ↑ | 〈未〉 | 運坐 | 8運 壬坐丙向(替卦)<br>337.5-340.5 / 349.5-352.5 |
| | 7 9　2 5　9 7<br>七　三　五 | | 四局 | 山星: 甲<br>向星: 甲 |
| 甲 | ⑧ ⑧　-6+1　4 3<br>六　八　一 | 庚 | 地運 | 40年 (1運 入囚) |
| | 3 4　1 6　5 2<br>二　四　九 | | 城門 | 正城門: ✗<br>副城門: 〈未方〉 |
| 丑 | 壬坐 | 戌 | 特記 | |

| | | | | | | |
|---|---|---|---|---|---|---|
| 山7 | 性病·男盜女娼·火災·血症·乏嗣. | 山2 | 癌腫·出鰥寡孤獨,疾病淹久(엄구) | 山9 | 9運出律師·美女軍事家. |
| 水9 | 發財,秀水,出美女. | 水5 | 絶嗣·敗絶·破産·腫毒·橫禍. | 水7 | 男盜女娼·損丁·火災·殘疾. |
| 山⑧ | 出賢才·高僧·在野之賢人. | 山6 | | 山4 | 肝膽病·股病·神經痛·出人不明事理. |
| 水⑧ | 當元發財·不動産·山産大利. | 水1 | | 水3 | 出盜賊·昧事不明反覆無常之人. |
| 山3 | 暗探山,出盜賊;脚病·肝膽病. | 山1 | 宜文筆山,科甲貴顯. | 山5 | 疾病損人,出鰥寡絶嗣 |
| 水4 | 脚病,出賊盜·作事反覆無常之人. | 水6 | 長房退財,但出文人秀士. | 水2 | 絶嗣·破産·疾病纏綿·換價孤獨. |

### 【해설】

이 局은 정성(丁星: 山星)과 재성(財星: 向星)이 모두 震宮에 있다.

坤宮에 向星7은 퇴기(退氣)이다. 그런데 유년(流年)으로 中宮에 ①이 입중하여 坤宮에 또 7退氣가 이르는 해에 파재(破財)하고, 中宮에 ③이 입중하여 坤宮에 또 7退氣가 이르는 해에 손정(損丁)한다. 물론 연자백법의 원리는 어느 運에도 적용된다.

|  |  | 9 7<br>五⑦ |
|---|---|---|
|  | ① |  |
|  |  |  |

中宮에 ①白이 들어가는 2008, 2017년에 破財한다.

|  |  | 9 7<br>五③ |
|---|---|---|
|  | ③ |  |
|  |  |  |

中宮에 ③이 들어가는 2006, 2015년에 損丁한다.

또한 巽宮도 坤宮과 같이 〈79〉가 되어 같은 방법으로 추단을 할 수 있고 월자백(月紫白)을 사용하면 월까지도 알아 낼 수 있다.

그리고 다시 강조하지만 「모든 길흉은 움직임(動)에서 비롯된다」고 하였다. 그래서 坤宮이나 巽宮에 대문을 내거나 동상(動象)이 있으면 흉사가 발생한다.

동상이란 예를 들면 움직이는 모습이나 모양을 의미하여 교차로, 사람이 붐비는 시장, 공사로 땅을 파거나 건물을 신축하는 등이다.

## ≪8運 子坐午向(下卦)≫

| | 午向 ↑ | | | |
|---|---|---|---|---|
| 《巽》 | | | 坤 | |
| | 3 4  ★8⃞8  1 6 | | | |
| | 七    三    五 | | | |
| 卯 | ★2 5  +4-3  6 1 | | 酉 | |
| | 六    八    一 | | | |
| | 7 9  9 7  ★5 2 | | | |
| | 二    四    九 | | | |
| 艮 | 子坐 | | 乾 | |

| 運坐 | 8運 子坐午向(下卦) 355.5~004.5 |
|---|---|
| 四局 | 雙星會向(山星下水) |
| 地運 | 160年 (7運 入囚) |
| 城門 | 正城門:《巽方》<br>副城門: ✗ |
| 特記 | ★七星打劫(離.乾.震) |

| | | | | | |
|---|---|---|---|---|---|
| 山 3 | 出賊盜·昧事不明 之人·肝膽病. | 山 8⃞ | 明山秀水,文才 忠孝·富貴壽考 (수고: 장수) | 山 1 | 宜文筆峰·出科 甲,功名不絶. |
| 水 4 | ✗顚倒反覆·肝膽 病·放浪飄蕩. | 水 8⃞ | 秀水秀案,文才 忠孝·富貴壽考. | 水 6 | 宜遠水,催貴. |
| 山 2 | 疾病·迷信·暗悶 災晦·瘡癰·鰥寡. | 山 4 | | 山 6 | 宜遠峰呈秀,催 貴. 呈(드러날 정) |
| 水 5 | 販毒·破産·疾病損 主·鰥寡孤獨. | 水 3 | | 水 1 | 宜秀水圓亮,催 貴,勤儉興家. |
| 山 7 | 火災·血症·腸炎, 剋女童·小女. | 山 9 | 出美女·法官·辯護 士·評論家·名儒學 者. | 山 5 | 瘡疽(창저: 악성 종기) 腫毒·悔禍 괴事·鰥寡 |
| 水 9 | 發財,但乏嗣. 忌大水湍急沖 激. | 水 7 | 火災·血症·腸炎· 殘疾, 剋女童·小女. | 水 2 | 久病暗悶·鰥寡孤 獨·家破人亡. |

**【해설】**

이 局은 雙星會向이다. 그러나 山星 生氣인 9가 坎宮에 있기 때문에 旺山旺向과 거의 같다고 할 수 있다.

巽宮〈3木〉〈4木〉는 8運土를 木剋土로 相剋할 뿐만 아니라 살기가 되므로 巽방위에는 산이나 물도 보이면 흉사가 생긴다. 만약 형기로 산수가 반배(反背)를 하거나 참암(巉巖: 가파르고 험함)하면 흉사는 반드시 그리고 심하게 나타난다. 그리고 〈34〉로 생기는 질병은 간담병(肝膽病)이다.

| 4巽 | 7兌 | 綠△文曲 | 9離 | 6乾 | 紫△右弼 | 2坤 | 4巽 | 黑✗巨門 |
|---|---|---|---|---|---|---|---|---|
| 風.木入 | ☴ | 一木 | 火.日麗 | ☲ | 一火 | 地順 | ☷ | 一土 |
| 股 | 肝 | 長女 | 目 | 心 | 中女 | 腹 | 脾胃 | 老母 |
| 3震 | 9離 | 碧✗祿存 | 5 | | 黃㐅廉貞 | 7兌 | 1坎 | 赤㐅破軍 |
| 雷出.動 | ☳ | 十木 | | 土 | | 澤悅 | ☱ | 一金 |
| 足 | 膽 | 長男 | 神經 | 內臟 | 家長鬼神 | 口 | 肺 | 少女 |
| 艮8 | 3震 | 白◉左輔 | 坎1 | 2坤 | 白◉貪狼 | 乾6 | 艮8 | 白◉武曲 |
| 山止 | ☶ | 十土 | 水.雨陷 | ☵ | 十水 | 天建 | ☰ | 十金 |
| 手 | 胃 | 少男 | 耳 | 腎子宮 | 中男 | 首.腦 | 骨 | 老父 |

보기: △=平, ✗=凶, 㐅=大凶, ◉=吉

## [[8運 子坐午向(替卦)]]

| | 午向 ↑ | | 運坐 | 8運 子坐午向(替卦) 352.5-355.5 / 004.5-007.5 |
|---|---|---|---|---|
| 《巽》 | 5 3<br>七 | 1 7<br>三 | 3 5<br>五 | 坤 | 四局 | 山星: 酉<br>向星: 艮 |
| 卯 | 4 4<br>六 | +6-2<br>八 | ⑧ 9<br>一 | 酉 | 地運 | 60年 (2運 入囚) |
| | 9 ⑧<br>二 | 2 6<br>四 | 7 1<br>九(六) | | 城門 | 正城門:《巽方》<br>副城門: ✗ |
| 艮 | 4 | 子坐 | | 乾 | 特記 | 向星合十 |

| 山5 | 肝癌·膽石症·腿病(뇌병)·脚病·乏丁·絶嗣. | 山1 | 山峰端秀, 出儒雅·溫文·秀麗之人. | 山3 | 出賊盜樑·肝膽病·脚病·殘廢橫死. |
|---|---|---|---|---|---|
| 水3 | 劫盜·蛇咬·觸電·電擊·炸死·槍決. | 水7 | 酒色破家·逃亡·家業凌替(능체). | 水5 | 販毒·密輸·摔死(:落死)·炸死·毒死·槍決. |
| 山4 | 肝膽病·股病·乳病·窒息·出浪蕩之人. | 山6 | | 山⑧ | 子孫繁衍(번연:번창), 職位崇顯, 文才忠孝. |
| 水4 | 肝膽病·窒息·股病·紅杏出牆. | 水2 | | 水9 | 發財, 中男·女人發橫財, 門庭光顯. |
| 山9 | 結婚重來, 子孫繁衍, 富貴壽考. | 山2 | 寒熱往來·鬼神不安·田産官司. | 山7 | 酒色荒唐·跛·眇(묘)·缺脣·肺病·喉症. |
| 水⑧ | 田園富盛, 富貴壽考. | 水6 | 寒熱往來·鬼神不安·金錢官司 | 水1 | 勤儉創業興家·醫卜大利. |

### 【해설】

이 局은 전반(全盤)이 合十이 되는 기국(奇局)이다. 9宮 전체가 向星과 運盤을 더하면 「向星合十」이 되어 경제적으로 유리한 局이 된다.

그리고 乾宮에 向星1과 원단반 ⑥은 생성수(生成水)가 되어 아주 좋다. 한편 巽宮에 성문결은 向星이 3이므로 성문결에 될수 없다.

기국이 되어 좋기는 하지만 兌宮에 산이 있고 艮宮에는 물이 있어야 하는 즉, 형기풍수적으로 보아 주변의 환경이 갖추어야 가능하다.

※ 인궁(隣宮)을 연결하여 같이 본다.

이 局을 잘 살펴보면 삼길수인 1, 6, 8 向星이 乾宮1(進氣 겸 輔佐氣), 坎宮6(衰氣이지만 길수이고 양쪽에 1, 8이 연결되어 무관함), 艮宮8(旺氣)과 兌宮에 向星9(生氣)가 연결되어 있기 때문에 발복이 오래간다.

더욱 기이한 것이 또 있다.

坤宮의 山星3과 兌宮의 山星8, 兩宮의 38木은 생성수이고,

乾宮의 山星7과 坎宮의 山星2, 兩宮의 27火는 생성수이고,

艮宮의 山星9와 震宮의 山星4, 兩宮의 49金은 생성수이고,

巽宮 원단반 ⑥(원단반이 본래는 ④인데 中宮의 山星과 관련하여 보기도 하기 때문에 中宮의 山星 6으로 봄)과 離宮의 山星1, 兩宮의 16水는 생성수가 되어 이기풍수로 천하의 대지(大地)가 된다.

이렇게 替卦를 사용하면 훌륭한 「기국」이 되는 경우가 종종 있으니 독자들은 잘 연구하기 바란다.

## [[8運 癸坐丁向(下卦)]]

| | 丁向↑ | | 運坐 | 8運 癸坐丁向(下卦)<br>010.5~019.5 |
|---|---|---|---|---|
| 《巳》 3 4 七 | ★⑧8 三 | 申 1 6 五 | 四局 | 雙星會向(山星下水) |
| 乙 ★2 5 六 | +4-3 八 | 辛 6 1 一 | 地運 | 160年 (7運 入囚) |
| 7 9 二 | 9 7 四 | ★5 2 九 | 城門 | 正城門:《巳方》<br>副城門: ✗ |
| 寅 | 癸坐 | 亥 | 特記 | ★ 七星打劫(離.震.乾) |

| | | | | | | |
|---|---|---|---|---|---|---|
| 山3 | 出賊盜·俳優(배우)·肝膽病·脚氣病. | 山⑧ | 文秀忠孝,富貴壽考,兄弟同科. | 山1 | 添丁出貴·參謀·文豪·秀士. |
| 水4 | 出乞丐·娼妓·肝膽病·浪蕩破家. | 水⑧ | 文秀忠孝,富貴壽考,兄弟齊發. | 水6 | 有文名·貴人相助·退「歡喜財」. |
| 山2 | 鰥寡孤獨·疾病死喪·暗悶抑鬱(암민억울) | 山4 | | 山6 | 宜遠峰呈秀,添丁,出貴. |
| 水5 | 販毒密輸·破產凶死·怪病·腫毒. | 水3 | | 水1 | 勤儉創業·貴人提拔·富而不俗. |
| 山7 | 陰神滿地,淫亂·乏嗣·血症·火災. | 山9 | 出佳麗美人·法官·辯護士·軍事家. | 山5 | 乏丁·鰥夫孤獨·災晦怪異·橫死. |
| 水9 | 發財,工商百業咸吉.<br>宜小水·暗水. | 水7 | 火災·血症·色癆·性病·毀容·傷殘. | 水2 | 火災·疾病·暗悶·瘡癰種瘤(창탄종류)·死喪. |

> 【해설】

이 局은 雙星會向으로 子坐 下卦와 동일하다.

七星打劫이 되는 局이므로 離震乾방에 대문, 창문, 안방, 주방을 두어야 한다.

坤宮은 〈16〉이고 兌宮은 〈61〉로 숫자가 위치만 다르고 같다. 만약에 장소가 평지이고 형기도 동일한 조건이라면 어느 곳에서 공부를 하는 것이 좋을까?

坤宮의 〈1水 6金〉은 向星이 金生水로 山星을 相生하여 「生入」하고 있어 왕정(旺丁)하고, 兌宮에 〈6金 1水〉는 山星이 金生水로 向星을 相生하여 「생입(生入)」하고 있기 때문에 재왕(財旺)하다. 이러한 이유로 공부방으로는 坤宮이 더 좋다.

離宮에 〈88 三〉은 「형제동과(兄弟同科)」하는 이유는 하도(河圖)에서 運盤三과 山星8 (또는 向星8)이 생성수(生成水)가 되기 때문이다. 다른 생성수도 같은 이치이다.

※ 하도(河圖)

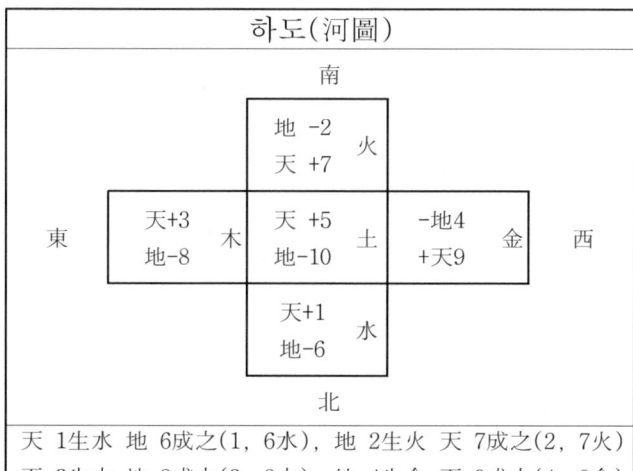

## [[8運 癸坐丁向(替卦)]]

| | 丁向 ↑ | | | |
|---|---|---|---|---|
| 《巳》 | | | 申 | |
| | 5 3 <br> 七 | 1 7 <br> 三 | 3 5 <br> 五 | |
| 乙 | 4 4 <br> 六 | +6-2 <br> 八 | ⑧ 9 <br> 一 | 辛 |
| | 9 ⑧ <br> 二 | 2 6 <br> 四 | 7 1 <br> 九 | |
| 寅 | | 癸坐 | 亥 | |

| 運坐 | 8運 癸坐丁向(替卦) <br> 007.5-010.5 / 019.5-022.5 |
|---|---|
| 四局 | 山星: 辛 <br> 向星: 寅 |
| 地運 | 60年 (2運 入囚) |
| 城門 | 正城門:《巳方》 <br> 副城門: ✗ |
| 特記 | 向星合十 |

| 山5 | 乏丁·絶嗣·肝膽病·股病·賊盗·橫死. | 山1 | 宜文筆峰·出秀麗溫文儒雅之人. | 山3 | 肝膽病·脚瘡潰爛(궤란)·出賊盗強樑·凶死. |
|---|---|---|---|---|---|
| 水3 | 劫盗·蛇咬·觸電電擊·炸死槍決. | 水7 | 貪花戀酒·逃亡·殘疾(잔질)·官訟是非. | 水5 | 販毒·密輸·摔死(솔사)·毒死·槍決·橫禍. |
| 山4 | 肝膽病·股病·乳病·出浪蕩之人. | 山6 | | 山⑧ | 位列朝班·子孫蕃盛·文才忠孝. |
| 水4 | 肝膽病·窒息·股病·紅杏出牆.破敗. | 水2 | | 水9 | 中男·衆女發財, 名庭光顯. |
| 山9 | 子孫繁盛·富貴壽考. | 山2 | 鬼神崇尙·人心不足·寒熱往來. | 山7 | 貪花戀酒·破(:즌발)·眇·缺脣·肺病·喉症. |
| 水⑧ | 田園富盛, 少男發達·富貴壽考. | 水6 | 鬼神崇尙·人心不足·寒熱往來·不治病·迷信·官司 | 水1 | 勤儉創業興家·漁業·仲介業大利. |

**【해설】**

이 局은 子坐 替卦와 동일하다.

퇴산조탑법(堆山造塔法)은 해당방위에 퇴산이나 조탑을 하면 人丁이 더욱 좋아진다.

※ 퇴산조탑법(堆山造塔法)

| 運\坐 | 堆山造塔法 (下卦: 替卦) | | | | | | | | |
|---|---|---|---|---|---|---|---|---|---|
| | 5運 (44-63) | | 6運 (64-83) | | 7運 (84-03) | | 8運 (04-23) | | 9運 (24-43) |
| | 下 | 替 | 下 | 替 | 下 | 替 | 下 | 替 | 下 | 替 |
| 壬 | 丙 | 丑未 | 丙 | 壬丑 | 壬 | 未 | 丙 | 未 | 壬 | 丙甲 |
| 子 | 子 | ← | 子 | ← | 午 | ← | 子 | 午酉 | 午 | 子酉 |
| 癸 | 癸 | ← | 癸 | ← | 丁 | ← | 癸 | 丁辛 | 丁 | 癸辛 |
| 丑 | 丑甲 | 甲庚 | 辰 | 未 | 甲 | 壬 | 丑甲 | 丑甲 | 甲 | 甲辰 |
| 艮 | 坤酉 | 卯酉 | 艮 | 艮坤 | 酉 | 中 | 坤酉 | 坤酉 | 酉 | ← |
| 寅 | 申辛 | 癸寅 | 寅 | 寅申 | 辛 | 中 | 申辛 | 丁辛 | 辛 | ← |
| 甲 | 未庚 | 丙 | 甲丑 | 中庚 | 庚 | 辰庚 | 未 | 甲壬 | 丑 | 中丑 |
| 卯 | 艮卯 | 坤艮 | 坤酉 | 中卯 | 卯 | ← | 艮 | ← | 坤 | ← |
| 乙 | 寅乙 | 申寅 | 申辛 | 中 | 乙 | ← | 寅 | ← | 申 | 乙申 |
| 辰 | 辰 | 庚 | 甲 | 辰壬 | 辰庚 | 辰戌 | 甲戌 | 辰中 | 甲 | 未 |
| 巽 | 卯乾 | 卯 | 酉 | ← | 卯乾 | 巽乾 | 巽酉 | 酉 | 酉 | ← |
| 巳 | 乙亥 | 乙 | 辛 | ← | 乙亥 | 申亥 | 巳辛 | 辛 | 辛 | 中辛 |
| 丙 | 壬丑 | 甲庚 | 未 | 丑丙 | 丙壬 | 丑 | 未 | 辰 | 丑 | 丑未 |
| 午 | 午坤 | 午坤 | 艮 | ← | 坤 | 子 | 艮 | 艮乾 | 坤 | 坤艮 |
| 丁 | 丁申 | 丁申 | 寅 | 丁 | 申 | ← | 寅 | 寅亥 | 申 | 寅申 |
| 未 | 丙未 | 丑未 | 壬 | 壬甲 | 壬 | 辰 | 丙未 | ← | 壬 | 未 |
| 坤 | 子艮 | 艮坤 | 午 | 子午 | 午 | 午乾 | 子艮 | ← | 午 | 艮 |
| 申 | 癸寅 | 丁 | 丁 | 癸丁 | 丁 | 丁亥 | 癸寅 | 寅 | 丁 | 寅 |
| 庚 | 甲戌 | 壬丑 | 辰庚 | 戌 | 甲戌 | 中戌 | 辰 | 辰未 | 戌 | 辰庚 |
| 酉 | 酉巽 | 酉卯 | 卯乾 | 巽 | 巽酉 | 巽酉 | 乾 | ← | 巽 | ← |
| 辛 | 辛巳 | 辛乙 | 乙亥 | 巳申 | 巳辛 | 巳辛 | 亥 | ← | 巳 | ← |
| 戌 | 戌中 | 庚 | 中 | 未 | 戌中 | 中 | 中 | 戌甲 | 中 | 辰 |
| 乾 | 中 | 卯 | 中 | ← | 巽中 | 中 | 中 | 中 | 中 | 乾 |
| 亥 | 中 | 乙 | 中 | ← | 巳中 | 卯 | 中 | 中 | 中 | 巳亥 |

## [[8運 丑坐未向(下卦)]]

| | | | | |
|---|---|---|---|---|
| 辰 | 丙 | 未向 ↗ | 運坐 | 8運 丑坐未向(下卦)<br>025.5~034.5 |
| 3 6<br>七 | 7 1<br>三 | 5 ⑧<br>五 | 四局 | 旺山旺向 |
| 甲 4 7<br>六 | -2-5<br>八 | 9 3<br>一 | 庚 地運 | 120年(5運 入囚) |
| ⑧ 2<br>二 | 6 9<br>四 | 1 4<br>九 | 城門 | 正城門: ✗<br>副城門: ✗ |
| 丑坐 | 壬 | 戌 | 特記 | 山星合十 |

| | | | | | | |
|---|---|---|---|---|---|---|
| 山 3 | 肝膽病·脚病·傷殘·人命官司·凶死. | 山 7 | 出酒色之徒·腎病·肺病·聾啞姦殺(간살). | 山 5 | 乏男丁·絶嗣·惡報·瘡毒癌症·脊椎病. |
| 水 6 | 頭痛·腦震盪(뇌진탕)·刀傷·官訟退財. | 水 1 | 勤儉創業興家,人品儒雅優秀. | 水 ⑧ | 進田産·家業興隆·善有善報. |
| 山 4 | 文章不顯·肝膽病·瞽目殘疾·神經痛. | 山 2 | | 山 9 | 出聰明之奇士,富貴有聲. |
| 水 7 | 刀傷·肺病·勒死分屍·瘋狂·産癆(산로). | 水 5 | | 水 3 | 目疾·足病·肝炎·車禍·空難·火災. |
| 山 ⑧ | 旺人丁·積德先行,出高僧·聖賢. | 山 6 | 血症·肺病·腦炎·腦出血·逆子·逆姑. | 山 1 | 宜文筆峰,人丁科名鼎盛. |
| 水 2 | 出僧尼·精神病·腹病·狗咬(구교)·退家産. | 水 9 | 貴客而有長壽·工商百發財. | 水 4 | 宜暗水,大水主淫蕩·漂泊(표박:떠돌이)·失敗. |

### 【해설】

이 局은 旺山旺向에다가 특별히 「山星合十」이 되어 정재양왕(丁財兩旺)하는 大吉한 局이다. 이 局은 반대편이 坐向인 未坐丑向도 旺山旺向에 向星合十이 된다. 그리고 旺山旺向에 合十이 되는 運으로는 2運과 8運에만 있는 아주 귀한 局이다.

向宮, 坐宮, 中宮의 성요가 모두 2土, 5土, 8土로 구성되어 많은 부동산을 소유하는 運을 갖고 있다.

※ 五行상의 부(富)와 귀(貴)

五行상의 相生으로 火生土, 土生金은 주로 부자가 되고, 金生水, 水生木, 火生土는 공부로 출세를 하여 귀인이 된다.

離宮에 〈7金 1水〉에서 7은 退氣이고, 1은 進氣가 되어 해석하기가 좀 곤란하다. 비록 金生水이지만 이재(理財)와 달리 〈표. 山星7〉에서는 金(금전)이 水(술)로 되는 「주색지도(酒色之徒)」라고 하는 이유는 8運에 7자는 퇴기이기 때문이다.

한편 〈표. 向星1〉에서는 물이 있으면 진기가 되기 때문에 「근검창업흥가(勤儉創業興家)」하게 된다.

여기에서 離宮에 山星7은 退氣이므로 산이 가깝고 크고 높고 추할수록 주색지도의 정도는 심하고, 向星1은 進氣가 되기 때문에 물이 좋게 있으면 근검창업흥가하게 되지만 만약에 물이 없는 평평한 땅이라면 근검창업흥가하는 양적, 질적 수준도 낮아진다.

여기에서 주의해야 할 것이 있다. 예들 들어 離宮에 山은 형편이 없는데 水가 좋다고 해서 즉, 水의 길함이 山의 흉함을 상쇄(相殺)시켜 주므로 주색지도의 정도가 낮아지는 것이 아니다. 山이 흉하면 흉은 흉대로 나타나고 水가 길하면 길대로 나타난다. 다만 누구이냐에 따라 길흉이 다르게 나타난다.

## [[8運 丑坐未向(替卦)]]

| | 辰 | 丙 | 未 ↗ | | 運坐 | 8運 丑坐未向(替卦) 022.5-025.5 / 034.5-037.5 |
|---|---|---|---|---|---|---|
| | 3 6 七 | 7 1 三 | 5 ⑧ 五 | | 四局 | 旺山旺向 |
| 甲 | 4 7 六 | -2-5 八 | 9 3 一 | 庚 | 地運 | 120年 (5運 入囚) |
| | ⑧ 2 二 | 6 9 四 | 1 4 九 | | 城門 | 正城門: ✗ 副城門: ✗ |
| 丑坐 | | 壬 | 戌 | | 特記 | 山星合十 |

| 山 3 | 肝膽病·脚病·父子成仇(仇원수구)·劫盜·官災 | 山 7 | 刀傷·不和·肺病·骨病·淫亂. | 山 5 | 筋骨傷殘·乏男丁·絶嗣·出僧尼 |
|---|---|---|---|---|---|
| 水 6 | 頭痛·腦震盪·窒息·色情惹禍(색정야화) | 水 1 | 發財,福澤悠久. | 水 3 | 宜遠水,否則發財而多病·暗悶. |
| 山 4 | 婦女當家,久而乏嗣. | 山 2 | | 山 9 | 出聰明之奇才·文人·法官. |
| 水 7 | 男盜女娼·劫盜狂·官災·刀傷·血吐 | 水 5 | | 水 3 | 男盜女娼·劫盜·官災·刀傷·血吐·暴力. |
| 山 ⑧ | 宜遠山, 忌逼塞(핍색), 主黃腫癡呆(치매). | 山 6 | 血症·肺病·出逆子·乏嗣·淫亂. | 山 1 | 多生男丁·出文人秀士·發科甲功名. |
| 水 2 | 出僧尼·田産土地發財, 多病. | 水 9 | 發財,福澤悠久. | 水 4 | 忌近水,主官司破財·身敗名裂(裂:찢을 렬). |

### 【해설】

이 局은 旺山旺向에「山星合十」이 되어 정재양왕(丁財兩旺)하는 大吉한 局으로 下卦와 동일하다. 따라서 어렵고 위험한 替卦를 사용할 필요가 없고 下卦를 사용하면 된다.

兌宮의 〈93〉도 전편과 같은 경우이다.

山星9는 生氣이고 3은 殺氣가 되어 같은 宮 안에서 성요의 운기가 서로 반대이다. 山星9는 生氣이기 때문에 기본적으로 인물이 나는데 내용면에서는 3木이 9火를 木生火로 相生을 하기 때문에 인물 중에서도 총명한 인물이 난다는 말이다.

또한 向星3은 8運에는 殺氣가 되므로 兌宮에 물이 있으면 오히려 역효과가 나타난다. 만약에 물이 반배를 하거나 직류를 하는 등 형기풍수로 흉하면 흉의 정도는 심해진다. 이때에 흉의 내용은 3을 위주로 하되 山星9와 관련되어「남도여창(男盜女娼)·겁도(劫盜)·관재(官災)·도상(刀傷)·토혈(吐血)·폭력(暴力)」등의 흉사가 발생한다.

좀 더 자세히 살펴보면 運盤이 一이다. 運盤一水가 向星3木을 水生木으로 비록 相生을 하지만 산룡지세(山龍之勢)이고 兌宮에 山水의 모습이 뚜렷하게 나타나 있다면 水生木으로 相生하는 기운은 미약하다고 보아야 한다.

다만 평양지(平洋地)의 陽宅에서는 산룡지세에 비하여 주변의 山水의 영향력이 비교적 약하기 때문에 五行의 相生相剋에 따른 길흉의 영향력은 비교적 강하다.

相生으로 화살(化殺: 설기와 같음)하고 相剋으로 제살(制殺)을 하는 소위 생극제화(生剋制化)하는 방법은 집안에서 안방, 주방, 화장실, 가구, 전자제품 등을 배치하고 하는데 효과적으로 활용할 수 있다.

## [[8運 艮坐坤向(下卦)]]

| | | | | |
|---|---|---|---|---|
| 巽 | 〈午〉 | | 坤↗向 | |

| | | |
|---|---|---|
| 1 4<br>七 | 6 9<br>三 | 8 2<br>五 |
| 9 3<br>六 | +2+5<br>八 | 4 7<br>一 |
| 5 ⑧<br>二 | 7 1<br>四 | 3 6<br>九 |

卯 / 《酉》
艮坐 / 子 / 乾

| 運坐 | 8運 艮坐坤向(下卦)<br>040.5 ~ 049.5 |
|---|---|
| 四局 | 上山下水·伏吟 |
| 地運 | 120年 (5運 入囚) |
| 城門 | 正城門:《酉方》<br>副城門:〈午方〉 |
| 特記 | 父母三盤卦 |

| 山1 | 宜文筆峰, 出科甲壯元·文人秀士. | 山6 | 血症·肺病·外焰·腦出血·出逆子·逆婦. | 山⑧ | 添丁, 積德行善, 出聖賢·高僧. |
|---|---|---|---|---|---|
| 水4 | 宜遠水呈秀, 文人秀士.<br>忌近大之水. | 水9 | 貴客·商工百業發財. | 水2 | 疾病淹久·出僧尼·精神異常·狗咬(구교). |
| 山9 | 出聰明之奇士, 富貴福壽. | 山2 | | 山4 | 文章不顯·肝膽病·瞽目·殘疾·神經病. |
| 水3 | 目疾·足病·肝炎·車禍·空難·電傷. | 水5 | | 水7 | 癲疾瘋狂·刀傷·喘嗽·勒死分屍·產厄. |
| 山5 | 乏男丁·絶嗣·出僧尼·惡症·脊椎病(척추병). | 山7 | 出酒色之徒·腎病·肺癆·聾啞·姦殺. | 山3 | 脚病·肝膽病·肢體傷殘·人命官司·凶死. |
| 水⑧ | 發財·進田産·得善報. | 水1 | 勤儉興家, 出文雅之人·名人秀士. | 水6 | 頭痛·腦溢血·刀傷·摔傷(솔상: 落傷)·破財 |

### 【해설】

이 局은 上山下水에 「복음(伏吟)」까지 걸린 坐向이다. 8運에 이와 같은 사례로 艮坐, 寅坐, 坤坐, 申坐 4개의 坐向이 되어 8運에는 아주 조심해야 할 坐向이다.
지세가 배산임수로 된 조건하에서 8運에 건옥조장(建屋造葬)을 하는데 현공풍수법를 모른다고 가정하고 통계를 내보자.

※ 四局에 대한 확률
4개(艮寅坤申) 坐向은 上山下水에 복음으로 24분의 4인 17%
2개(辰戌) 坐向은 上山下水로 24분의 2인 8%
약 25%는 형기풍수지리에 아무리 능해도 본의 아니게 정재양패(丁財兩敗)하는 묘를 쓰게 된다.

6개(壬.午.丁.甲.酉.辛)坐向은 雙星會坐(犯上山) 24분의 6인 25%
6개(子.壬.丙.卯.乙.庚)坐向은 雙星會向(犯下水) 24분의 6인 25%
6개(丑.未.巽.巳.乾.亥)坐向은 旺山旺向 24분의 6인 25%

雙星會坐(犯上山)은 대개 人丁은 왕하지만 재물은 불왕하고,
雙星會向(犯下水)은 대개 재물은 왕하지만 人丁은 불왕하고,
上山下水(犯上山, 犯下水)는 정재양패하고,
旺山旺向은 대개 정재양왕(丁財兩旺)한다.
上山下水에 伏吟은 가파인망(家破人亡)한다.

## [[8運 艮坐坤向(替卦)]]

| | | | | |
|---|---|---|---|---|
| 巽 | 〈午〉 | 坤↗向 | 運坐 | 8運 艮坐坤向(替卦)<br>037.5-040.5 / 049.5-052.5 |
| | 1 4　6 9　⑧ 2<br>　七　　三　　五 | | 四局 | 上山下水 |
| 卯 | 9 3　+2+5　4 7<br>　六　　八　　一 | 《酉》 | 地運 | 120年 (5運 入囚) |
| | 5 ⑧　7 1　3 6<br>　二　　四　　九 | | 城門 | 正城門:《酉方》<br>副城門:〈午方〉 |
| 艮坐 | 子 | 乾 | 特記 | 父母三盤卦 |

| | | | | | |
|---|---|---|---|---|---|
| 山1 | 長房出逆子·次房出貴子. | 山6 | 淫亂·乏嗣·血症·肺病·刀傷·交戰. | 山⑧ | 添丁,但有肢體畸形者(단유지체기형자). |
| 水4 | 姦殺,金錢·色情紛糾(분규)·退財産. | 水9 | 勤儉興家,工商百業發財. | 水2 | 出僧尼·鰥寡孤獨疾病暗悶. |
| 山9 | 出聰明之奇才,文風鼎盛. | 山2 | | 山4 | 婦女當家·好善禮佛·久而乏嗣. |
| 水3 | 手脚傷殘·男盜女娼·官訟是非. | 水5 | | 水7 | 劫盜官災·疾病傷殘·男盜女娼. |
| 山5 | 乏男丁·絶嗣·出僧尼·惡症·筋骨病痛. | 山7 | 酒色淫亂·劫掠(겁략)殺傷·爭訟交戰. | 山3 | 長房出逆子·次房出貴子. |
| 水⑧ | 進田産土地·巨富. | 水1 | 勤儉興家,工商百業發財. | 水6 | 姦殺,金錢·色情紛糾(분규)·中風). |

### 【해설】

이 局은 下卦와 동일하여 下卦와 길흉도 동일하다.

이 局은 上山下水에 복음(伏吟)까지 걸린 坐向이다. 앞서 下卦에서 8運에 이와 같은 사례는 艮坐, 寅坐, 坤坐, 申坐 4개의 坐向이 있다고 했는데 실로 조심해야 할 坐向이다.

먼저 이 局은 9宮 전반의 조합숫자가 上元(1, 2, 3)에서 하나, 中元(4, 5, 6)에서 하나, 下元(7, 8, 9)에서 하나씩 조합한 즉, 147, 258, 369로 되어 지속적인 발복을 받게 되어 일명 「부모삼반괘」라고 부르며 전흉위길(轉凶爲吉)하여 上山下水와 복음마저도 풀어버리는 기능이 있다. 따라서 주택으로도 좋지만 특히 상점이나 사무실 용도로 아주 적합하다.

그런데 여기에서 확실히 알아야 할 중요한 사항이 하나 있다.

※ 삼반괘라도 산수의 조건이 맞아야 한다.

비록 삼반괘가 된다고 하더라도 주변의 지세와 合局이 되어야 한다는 것이다. 즉 좌공조만(坐空朝滿)하는 평야지에서만 가능하다. 따라서 陽宅에서는 가능하지만 陰宅에는 사용할 수가 없다. 이 점을 분명히 기억하고 사용을 하여야 한다.

종종 잘못된 현공풍수책이나 시사(時師: 실력없는 풍수사)를 통해 배운 사람들이 배산임수의 삼반괘가 되면 무조건 좋다고 잘못 알고 있는데, 절대로 그렇지 않다.

지세가 좌공조만(坐空朝滿: 배산임수의 반대)이라 조건이 선행될 때에만 삼반괘의 효능이 비로소 발휘한다는 사실을 거듭 강조하니 더 이상 착오가 없기를 바란다.

## [[8運 寅坐申向(下卦)]]

| | | | | | |
|---|---|---|---|---|---|
| 巳 | 〈丁〉 | 申向 | 運坐 | 8運 寅坐申向(下卦) 055.5~064.5 | |
| | 1 4　　6 9　　⑧2 ↗ 七　　三　　五 | | 四局 | 上山下水·伏吟 | |
| 乙 | 9 3　+2+5　4 7 六　　八　　一 | 《辛》 | 地運 | 120年（5運 入囚） | |
| | 5⑧　　7 1　　3 6 二　　四　　九 | | 城門 | 正城門:《辛方》 副城門:〈丁方〉 | |
| 寅坐 | 癸 | 亥 | 特記 | 父母三盤卦 | |

| | | | | | | | |
|---|---|---|---|---|---|---|---|
| 山1 | 宜文筆峰,出科甲壯元·文人秀士. | 山6 | 長房血症·肺病咳喘(:기침병)·腦炎·腦出血. | 山⑧ | 添丁,積德行善,出聖賢·高僧. |
| 水4 | 宜遠水呈秀,文人秀士. 忌近大·大水. | 水9 | 貴客·商工百業發財. | 水2 | 疾病淹久·出僧尼·精神異常·狗咬(구교). |
| 山9 | 出聰明之奇士,富貴福壽·榮宗耀祖(영종요조). | 山2 | | 山4 | 文章不顯·肝膽病·瞽目·殘疾·神經病. |
| 水3 | 目疾·足病·肝炎·車禍·灼傷(작상)·電傷. | 水5 | | 水7 | 癲疾瘋狂·刀傷·喘嗽·勒死分屍·産厄. |
| 山5 | 乏男丁·絶嗣·出僧尼·惡症·脊椎病(척추병). | 山7 | 貪花戀酒·腎病·肺癆·聾啞·姦殺. | 山3 | 脚病·肝膽病·肢體傷殘·人命官司·凶死. |
| 水⑧ | 發財·進田産·得善報. | 水1 | 勤儉興家,出文人秀士·溫雅之人. | 水6 | 頭痛·腦震蕩·刀傷·摔傷(솔상:落傷)·破財. |

### 【해설】

이 局은 艮坐와 동일하여 上山下水에 「복음(伏吟)」까지 걸린 坐向이다.

만약에 배산임수로 된 지형에 건옥조장(建屋造葬)한다면 삼반괘와 관계없이 정패재패(丁敗財敗)하는 흉국이 된다.

배산임수의 지형에 건옥조장을 하였다면 8運 기간 동안에는 〈표〉에 나오는 길사(吉事)는 생기지 않고 흉사(凶事)만 발생한다.

※ 2土, 5土, 8土로 구성되면

특히 向宮, 中宮, 坐宮에 山星수, 向星수, 運盤수의 조합이 모두 〈2, 5, 八〉로 되어 본래는 질병이 발생할 확률이 아주 높다. 그러나 合局이라면 〈25 八〉을 길하게 해석하여 의약업, 장례업, 부동산업을 하면 재산을 모을 수 있고 직접적으로 해당되는 병원이나 장례식장을 지으면 말 할 나위 없이 매우 좋다.

그런데 여기에서 〈25〉가 8運에 2는 死氣이고 5는 殺氣인데도 불구하고 좋게 해석하는 경우는 上山下水에 合局이며 삼반괘가 되어 2와 5의 흉수가 왕기8과 연결되어 吉象으로 해석하기 때문이다.

不合局에서 坐宮으로 인하여 나타나는 현상으로 〈표〉에 의하면 「핍남정(乏男丁)·절사(絶嗣)·출승니(出僧尼)·악증(惡症)·척추병(脊椎病)」이 발생한다.

여기에서 2土, 5土, 8土가 같은 土이지만 약간씩 다르다. 2土는 배부위로 비위(脾胃)이고, 5土 중앙부위로 내장이 되고, 8土는 등부위로 척추병에 해당된다.

## [[8運 寅坐申向(替卦)]]

| | | | 運坐 | 8運 寅坐申向(替卦) 052.5-055.5 / 064.5-067.5 |
|---|---|---|---|---|
| 巳 〈丁〉 申向↗ | | | 四局 | 山星: 乙  向星: 寅(上山) |
| 9 4  七 | 5 9  三 | 7 2  五 | 地運 | 120年 (5運 入囚) |
| ⑧ 3  六 | +1+5  八 | 3 7  一 | 城門 | 正城門:《辛方》 副城門:〈丁方〉 |
| 乙 | | 《辛》 | | |
| 4 ⑧  二 | 6 1  四 | 2 6  九 | 特記 | |
| 寅坐 | 癸 | 亥 | | |

| 山 9 | 添丁·仁義之家·婦女當權·久而乏嗣. | 山 5 | 日疾·心疼(심동)·火傷·灼傷·橫死·絶嗣. | 山 7 | 吐血·落胎·難産·夭折·橫禍·淫亂·乏嗣 |
|---|---|---|---|---|---|
| 水 4 | 乳腺炎·目疾·肝病·火傷·淫奔(음분)·勒死. | 水 9 | 宜小水·暗水, 忌大水浩蕩. | 水 2 | 胃腸病·肺病·難産·吐血·火災·暗悶. |
| 山 ⑧ | 添丁·出文才·壯元,兄弟同科. | 山 1 | | 山 3 | 男盜女娼·不仁不義·病痛·官司. |
| 水 3 | 損幼丁·肢體殘廢·落胎·兄弟鬩牆 (혁장:내분) | 水 5 | | 水 7 | 家室分離·剛毅生災·劫盜官非. |
| 山 4 | 懷才不遇·風濕關節症·虎咥·蛇咬 | 山 6 | 出文人秀士, 才藝聰明. | 山 2 | 寒熱往來·祖靈不安·胃腸病·靑孀寡婦 |
| 水 ⑧ | 宜金帶水抱穴, 發財·進田産. | 水 1 | 勤儉創業, 貴人相助, 富貴悠遠. | 水 6 | 剋妻·孤獨·迷信破財·官司·傷寒. |

### 【해설】

이 局은 艮坐 下卦와는 전혀 달리 上山下水도 아니고 삼반괘도 아니다. 上山과 복음(伏吟)이 걸려 거의 패국에 가까운 흉상의 坐向이다.

乾宮에 〈2土 6金〉과 坤宮의 〈2土 7金〉은 土生金으로 相生하여 吉할 때에는 土 [땅의 수확물]가 金 [금전]으로 바뀌어 재물이 된다.

그렇지만 지금은 8運으로 8運에 7자는 退氣로 이미 한 물 지나갔고 2자는 死氣가 되어 아직 때가 이르지 않았다. 그래서 비록 相生을 하고 있지만 전혀 쓸모가 없다.

※ 콩 심은 데 콩이 안 날 수도 있다.

우리나라 속담에 『콩 심은 데 콩 나고, 팥 심은 데 팥 난다』라는 말이 있다. 불가에도 『종과득과 종두득두(種瓜得瓜 種豆得豆: 오이씨를 심으면 오이를 얻고, 콩를 심으면 콩을 얻는다)』라고 하여 본래의 의미는 모든 일이란 원인에 따라 결과가 나타난다는 말로 사용하는 말이다.

여기에 토양이란 공간개념을 추가하면 토양이 좋고 나쁨에 따라 수확량이 적을 수도 있고 많을 수도 있다.

또 시간개념을 추가하여 재해석을 해보자. 콩을 심는다고 해서 항상 콩이 나는 것은 아니다. 난다면 콩이 나는 것이지 꼭 나는 것은 아니다. 만약에 시기가 부적절한 겨울철에 콩씨를 심었다면 콩을 수확하지 못하게 된다.

이와 마찬가지로 설령 五行상으로 相生을 하더라도 때를 만나지 못하면 相生의 효능은 쓸모가 없게 된다.

현공풍수는 때를 중시하여 적절한 시기를 잘 이용한 풍수법이다. 소위 「타이밍」을 중요하게 여기는 풍수법이다.

## [[8運 甲坐庚向(下卦)]]

| | | | | |
|---|---|---|---|---|
| 辰 | 丙 | 《未》 | 運坐 | 8運 甲坐庚向(下卦)<br>070.5~079.5 |
| 7 9<br>七 | 2 5<br>三 | 9 7<br>五 | 四局 | 雙星會坐(向星上山) |
| 甲坐 ⑧⑧<br>六 | -6+1<br>八 | 4 3<br>一 | →庚向 地運 | 40年 (1運 入囚) |
| 3 4<br>二 | 1 6<br>四 | 5 2<br>九 | 城門 | 正城門:《未方》<br>副城門: ✗ |
| 丑 | 壬 | 戌 | 特記 | |

| | | | | | |
|---|---|---|---|---|---|
| 山7 | 盜賊·橫禍·火災·毒害·淫亂·姦亂. | 山2 | 疾病損主·産難·腹疾·惡瘡. | 山9 | 出美女·辯護士·法官·評論家·軍火專家 |
| 水9 | 宜小水·暗水(안 보이는 물), 積富, 女人興家 | 水5 | 昏迷·癡呆·官訟·淫亂·癰腫彰著(옹종창저). | 水7 | 性病·火災·服毒·吸毒·吸食毒品·姦殺. |
| 山⑧ | 文才忠孝,富貴壽考,積善之家. | 山6 | | 山4 | 挽籃山(만람산), 出乞丏. 掀裙(흔군)舞袖,出娼妓 |
| 水⑧ | 富貴壽考·父子齊發. | 水1 | | 水3 | 肝膽病·脚病·出俳優·盜賊漂浪(표랑). |
| 山3 | 探頭山,出盜賊. 反覆無常,肝膽病·脚病. | 山1 | 出聰明之子,少年及第,名播四海(명파사해). | 山5 | 乏丁·絕嗣. 忌大山·巨石·古樹·神廟 |
| 水4 | 肝膽病·股病·淫蕩·聲色馳(태)馬·漂浪 | 水6 | 出文人秀士,退歡喜財 | 水2 | 疾病損主,胃病胰臟病(이장병)·暗悶災晦. |

**【해설】**

이 局은 雙星會坐의 局으로 기본적으로는 人丁은 왕하지만 재물은 불왕하는 坐向이다.

같은 甲坐庚向이라도

3, 7運에는 上山下水에 복음까지 걸려 大凶한 자리가 되고,

4, 6運에는 旺山旺向이 되고,

1, 8運에는 雙星會坐가 되고,

2, 9運에는 雙星會向이 된다.

5運에는 上山下水가 된다. 이렇게 運에 따라 상황은 항상 변한다.

위의 말을 잘못 오해하면 안 된다. 다시 강조하지만 한번 건옥 조장하면 비성반(飛星盤)은 바뀌지 않고 運에 따라 해당 運의 숫자와 산수의 유무를 보고 吉凶을 판단한다.

예를 들면 7運에 갑자경향으로 지은 집이 上山下水인데 8運에 되면 中宮에 8자를 넣고 새로운 飛星盤을 만드는 것이 아니다. 이 부분에 대해 독학자들이 의외로 오해를 많이 있어 재삼 강조하는 바이다.

雙星會坐는 上山을 범하여 손재(損財)가 되니 가급적 쓰지 않는 것이 좋으나 경제적 여유가 많은 집안에는 가능하겠다.

8運에 雙星會坐나 雙星會向의 애성조합은 〈88〉이 하나이고, 나머지는 〈79〉〈97〉, 〈25〉〈52〉, 〈61〉〈16〉, 〈43〉〈34〉로 되어있다.

즉, 〈79〉〈97〉, 〈25〉〈52〉, 〈43〉〈34〉는 아주 흉한 조합이고, 반면에 〈61〉〈16〉은 아주 길한 조합으로 되어 있다.

따라서 雙星會坐나 雙星會向의 애성조합은 吉凶의 차이가 극심하므로 산수의 배합이 적절하게 조화되지 않으면 안 된다는 점을 항상 염두하고 조심하여 사용하여야 한다.

## [[8運 甲坐庚向(替卦)]]

| | | | | |
|---|---|---|---|---|
| 辰 | 丙 | 《未》 | 運坐 | 8運 甲坐庚向(替卦)<br>067.5-070.5 / 079.5-082.5 |
| | 7 1<br>七 | 2 6<br>三 | 9 ⑧<br>五 | 四局 | 山星: 甲(旺山)<br>向星: 未 |
| 甲坐 | ⑧ 9<br>六 | -6+2<br>八 | 4 4<br>一 | →庚向 地運 | 60年 (2運 入囚) |
| | 3 5<br>二 | 1 7<br>四 | 5 3<br>九 | 城門 | 正城門:〈未方〉<br>副城門: ✗ |
| 丑 | 壬 | 戌 | 特記 | |

| | | | | | | |
|---|---|---|---|---|---|---|
| 山 7 | 貪花戀酒·吐血·落胎·肢體傷殘(지체상잔). | 山 2 | 寒熱往來·鬼邪崇尚·青孀寡婦·災病. | 山 9 | 富貴壽考·公正賢良,名聞朝野. |
| 水 1 | 勤儉創業,廉能多智. | 水 6 | 寒熱旺來·鬼神不安·迷信退財. | 水 ⑧ | 田園富盛,商工百業發財. |
| 山 ⑧ | 子孫蕃衍,吐血·落胎·肢體傷殘. | 山 6 | | 山 4 | 哮喘(효천)·肝病浪蕩·勒死,出娼妓·淫婦. |
| 水 9 | 巨富敵國,田園富盛,富貴壽考. | 水 2 | | 水 4 | 漂流絶滅·淫奔·瘋癱(풍탄)·窒息. |
| 山 3 | 肝膽病·脚病·蛇咬·路死,出賊盜強樑. | 山 1 | 出溫文·儒雅·秀麗之人,文武全才. | 山 5 | 乏丁·絶嗣·癡呆腫毒·淫亂·凶死. |
| 水 5 | 癡呆(치매)·腫毒瘋藥密輸·橫禍凶死. | 水 7 | 貪花戀酒·逃亡奔波·色情紛糾. | 水 3 | 肝膽病·脚病·蛇咬·電打·劫盜·凶死. |

**【해설】**

이 局은 山星은 왕산인데 向星은 坤방에 있다.

현공풍수는 주된 이론은 낙서수인데 후천팔괘의 五行의 성질을 위주하면서 선천팔괘의 五行의 본질도 같이 유의하여 보아야 한다

※ 先天八卦과 後天八卦의 상관관계

| 先天八卦와 後天八卦의 상관관계 ||||||
|---|---|---|---|---|---|
| 九星 | 後天八卦 | 卦象 | 先天八卦 | 卦象 | 說 明 |
| 1 | 坎1水 | 水 | 坤2土 | 地 | 땅속에 지하수이니 개발하면 수량이 풍부하여 농작물을 성장시킨다. |
| 2 | 坤2土 | 地 | 巽4木 | 風 | 드넓은 땅을 破土하고 새싹이 힘들게 올라오니 언젠가는 수확을 한다. |
| 3 | 震3木 | 雷 | 離9火 | 火 | 아침 태양 아래에 巨木이 화려하여 발복이 速發하니 주의하여 관리해야 한다. |
| 4 | 巽4木 | 風 | 兌7金 | 澤 | 관목(灌木)이 바람에 넘어져 칼로 멋진 공예품을 만드니 마음이 기쁘구나. |
| 6 | 乾6金 | 天 | 艮8土 | 山 | 깊은 산에 숨어있는 많은 광물(鑛物)이니 고생하여 개발하면 부자가 된다. |
| 7 | 兌7金 | 澤 | 坎1水 | 水 | 水澤節과 澤水困으로 한랭하니 항상 힘써 수양하면 고난을 극복한다. |
| 8 | 艮8土 | 山 | 震3木 | 雷 | 나무가 산에 많아 벌목하는 수고를 하고 때가 되면 가치를 받게 된다. |
| 9 | 離9火 | 火 | 乾6金 | 天 | 힘든 풀무질 속에 거센 불도 한 때이고 언젠가는 꺼지지만 그래도 아름답구나 . |

## [[8運 卯坐酉向(下卦)]]

| | 巽 | 午 | 坤 | | 運坐 | 8運 卯坐酉向(下卦) 085.5~094.5 |
|---|---|---|---|---|---|---|
| | ★5 2<br>七 | 1 6<br>三 | 3 4<br>五 | | 四局 | 雙星會向(山星下水) |
| 卯坐 | 4 3<br>六 | +6-1<br>八 | ★8⑧<br>一 | →酉向 | 地運 | 80年 (3運 入囚) |
| | 9 7<br>二 | ★2 5<br>四 | 7 9<br>九 | | 城門 | 正城門: ✗<br>副城門:〈乾方〉 |
| 艮 | | 子 | 〈乾〉 | | 特記 | ★七星打劫(坎.巽.兌) |

| 山5 | 乏丁·絶嗣·腫毒怪病·鰥寡·橫禍. | 山1 | 宜文筆峰, 出文秀·榜首·才藝·聰明. | 山3 | 肝膽病·脚病·出賊盜·浪蕩子. |
|---|---|---|---|---|---|
| 水2 | 癌症腫瘤·災晦怪異·鰥寡孤獨. | 水6 | 秀水秀峰, 添丁出貴. | 水4 | 肝膽病·神經病·小成多敗·飄蕩(표탕). |
| 山4 | 肝膽病·自縊·勒死·反覆無常. | 山6 | | 山⑧ | 旺丁, 出孝義忠良, 兄弟同科. |
| 水3 | 肝膽病·脚病·小成多敗·鰥寡孤獨. | 水1 | | 水⑧ | 進益田産·善有善報. |
| 山9 | 出佳麗美女·辯護士·軍火專家·法官. | 山2 | 癌症腫瘤(종류)·災晦怪異·鰥寡孤獨. | 山7 | 火災·肺炎·腸炎·血症·婦女不睦(불목). |
| 水7 | 色癆·咳嗽·痰火·血崩·胎漏·損丁乏嗣 | 水5 | 癲藥密輸·癌症腫瘤(종류)·家破人亡. | 水9 | 宜暗水·小水, 積富. |

【해설】

이 局은 雙星會向이다. 8運에 卯坐酉向(下卦. 替卦)과 乙坐辛向(下卦, 替卦)은 모두 동일하다.

8運에 雙星會向과 雙星會坐에 자주 나오는 애성조합을 묶어서 간단하게 정리해보자. ⟨79(97)⟩, ⟨25(52)⟩, ⟨34(43)⟩은 8運에 쇠기에 속하기 때문에 대체적으로는 흉상(凶象)으로 해석한다.

| | | |
|---|---|---|
| -7-9 | 發明, 改革, 進步, 結婚 | ▼火災, 好色, 性病 |
| -9-7 | 姉妹和好, 美女, 財大勢雄 | ▼酒色, 女災, 夫婦反目 |

| | | |
|---|---|---|
| ±5-2 | 旺人丁, 法官, 武貴, 田産 | ▼疾病, 寡婦, 癌, 到處障壁 |
| -2±5 | 旺人丁, 法官, 武貴, 田産 | ▼疾病, 鰥夫, 癌, 到處障壁 |

| | | |
|---|---|---|
| +1+6 | ★大學者, 高官, 文藝, 天文家, | 腦出血, 父子不和, 竊盜犯, 傷寒 |
| +6+1 | ★科擧及第, 法官, 顧問, | 財産訴訟, 腦出血, 女主, 大權墜落 |

| | | |
|---|---|---|
| +3-4 | 富貴雙全 | 賊丐, 昧事無常 |
| -4+3 | 富貴雙全 | 昧事無常, 賊丐 |

## [[8運 卯坐酉向(替卦)]]

| | 巽 | 午 | 坤 | | 運坐 | 8運 卯坐酉向(替卦) 082.5-085.5 / 094.5-097.5 |
|---|---|---|---|---|---|---|
| | ★5 2 七 | 1 6 三 | 3 4 五 | | 四局 | 雙星會向 |
| 卯坐 | 4 3 六 | +6-1 八 | ★8⑧ 一 | →酉向 | 地運 | 80年 (3運 入囚) |
| | 9 7 二 | ★2 5 四 | 7 9 九 | | 城門 | 正城門: ✗  副城門: 〈乾方〉 |
| | 艮 16 | 子 | 〈乾〉 | | 特記 | ★ 七星打劫(坎.巽.兌) |

| 山5 | 乏丁·絶嗣· 腫毒怪病· 鰥寡·橫禍. | 山1 | 出文人秀士· 科甲功名· 才藝聰明. | 山3 | 肝膽病·脚病·出賊 盜·浪蕩子. |
|---|---|---|---|---|---|
| 水2 | 癌症腫瘤· 災晦怪異· 鰥寡孤獨. | 水6 | 秀水秀峰, 添丁·出貴. | 水4 | 肝膽病·神經痛·小 成多敗·飄蕩(표 탕)不安. |
| 山4 | 肝膽病·自縊·勒 死·反覆無常. | 山6 | | 山⑧ | 旺丁, 出孝義忠 良, 兄弟同科. |
| 水3 | 肝膽病·神經痛·脚 病·小成多敗·鰥寡 孤獨. | 水1 | | 水⑧ | 進益田産·善有善 報. |
| 山9 | 出佳麗美女·辯護 士·軍事家·法官. | 山2 | 癌症腫瘤(종류) 災晦怪異· 鰥寡孤獨. | 山7 | 火災·肺炎·腸炎· 血症·婦女不睦 (불목). |
| 水7 | 色癆·咳嗽·痰火· 血崩·胎漏·損丁· 乏嗣 | 水5 | 痲藥密輸· 癌症腫瘤(종류)· 家破人亡. | 水9 | 宜暗水·小水, 積 富. |

### 【해설】

굳이 替卦를 사용할 필요가 없고 下卦를 사용하는 것이 좋다.
甲坐(下卦. 替卦), 卯坐(下卦. 替卦), 乙坐(下卦. 替卦) 庚坐(下卦. 替卦), 酉坐(下卦. 替卦), 辛坐(下卦. 替卦)는 모두 中宮이 삼길성(三吉星)인 〈1, 6, 8〉로 구성된 아주 특별한 中宮이다.

※ 中宮이 삼길성이면 陰陽택 모두 높으면 좋다.

1, 6, 8은 삼길수이면서 모두 陽數이다. 묘의 봉분을 만들 때에 크고 높게 만들면 가족 모두가 발복을 받고 지운은 삼원불패(三元不敗)한다. 만약에 陰數조합이면 봉분을 낮고 작게 만들고 陽宅은 단층주택이 좋다.

이 6개의 坐向의 陽宅에서 기도, 불공, 명상, 단전호흡 등을 하면 陽數로만 되어 있기 때문에 음기의 방해하는 작용이 전혀 없고 정신이 안정이 되며 三吉陽星은 상승하는 성질로 기도의 기운은 우주 끝까지 올라가며 신비로운 체험을 하게 되어 정신건강에 최적의 장소가 된다.

그리고 기도를 할 때에는 건물에서도 中宮에 해당되는 장소에서 기도를 하면 효과는 극대화된다.

따라서 절, 교회, 예배당, 명상센터, 신당(神堂), 점술집, 정신과 병원 등 종교와 정신세계와 유관한 건축물을 지으면 아주 적합하다.

반면에 이 坐向의 주택에 술집, 카페, 노래방, 극장, 무도장, 음악학원 등의 용도로 사용한다면 영업이 불리하게 된다.

## [[8運 乙坐辛向(下卦)]]

|  |  |  |  |
|---|---|---|---|
| 巳 | 丁 | 申 |  |
| ★5 2<br>七 | 1 6<br>三 | 3 4<br>五 |  |
| 乙坐　4 3<br>六 | +6 -1<br>八 | ★⑧ ⑧<br>一 | →辛向 |
| 9 7<br>二 | ★2 5<br>四 | 7 9<br>九 |  |
| 寅 | 癸 | 〈亥〉 |  |

| 運坐 | 8運 乙坐辛向(下卦)<br>100.5～109.5 |
|---|---|
| 四局 | 雙星會向(山星下水) |
| 地運 | 80年 (3運 入囚) |
| 城門 | 正城門：✗ |
|  | 副城門：〈亥方〉 |
| 特記 | ★七星打劫(坎.巽.兌) |

| 山5 | 乏丁·絶嗣·腫毒怪病·鰥寡·橫禍. | 山1 | 官文筆峰, 出文秀榜首(방수), 才子佳人. | 山3 | 肝膽病·脚病·出賊盜·浪蕩子. |
|---|---|---|---|---|---|
| 水2 | 癌症腫瘤·災晦怪異·鰥寡孤獨. | 水6 | 秀水秀峰, 主添丁出貴. | 水4 | 肝膽病·神經痛·反覆·無成·漂泊. |
| 山4 | 肝膽病·自縊·勒死·作事反覆無常. | 山6 |  | 山⑧ | 旺丁, 出孝義忠良, 兄弟同科. |
| 水3 | 肝膽病·神經痛·脚病·劫盜·飄蕩. | 水1 |  | 水⑧ | 進盆田産·善有善報. |
| 山9 | 9運旺財, 出美女·辯護士·軍事家·法官. | 山2 | 癌症腫瘤(암증종혹)·災晦怪異·出寡孤獨. | 山7 | 房房人丁不旺·旺女人, 火災·血症. |
| 水7 | 季房退財·火盜官災·損丁·乏嗣 | 水5 | 退財·瘋藥密輸·癌症腫瘤(종异)·家破人亡. | 水9 | 9運發財, 宜暗水小水·積富. |

### 【해설】

이 局은 酉坐와 동일하다.

주택이라면 離宮〈16〉은 최고로 吉한 장소가 된다. 같은 건물 안에서도 가게의 위치에 따라 영업이 잘되는 가게도 있고 그렇지 않는 가게도 있는데 그 이유는 9宮의 성요조합이 다르기 때문이다.

그런데 동일한 장소에서 전 주인은 사업이 안 되어 고생만 하고 결국에는 나갔는데 새로 들어온 주인은 이상하게 사업이 번성하는 경우를 지켜본 사람이라면 당연히 풍수지리에 대해 불신을 가지게 될 것이다.

또한 이 점에 대해 일반 풍수지리가에게 질문을 하면 납득할 만한 대답은 기대하기 어려울 것이다. 그러나 현공풍수이론에는 명쾌한 해답이 있다.

같은 장소라도 업종과 주인의 나이에 따라 다르게 작용이 된다.

예를 들어 坤宮의 〈34〉는 본래 흉수조합으로 사리에 불분명하고, 주색에 빠지고, 도적이나 거지가 나온다고 하니까 좋은 장소가 아니다. 그러나 유흥업소 용도로 활용을 하면 비교적 순조로울 수도 있다.

震은 성(聲)을 뜻하고 巽은 색(色)을 뜻한다. 따라서 〈34〉는 노래와 여자가 있으면 오히려 어울리는 유흥업소를 만들면 성황하게 된다. 이렇게 〈34〉흉수조합이라도 적합한 용도로 활용하면 독을 약으로 바꾸는 격이 된다.

만약에 離宮〈16〉에 유흥업소를 차리면 〈16〉의 길수조합으로 되었지만 업종이 성질에 맞지 않기 때문에 흥성할 정도는 전혀 없고 명맥은 유지할 정도일 것이다. 〈16〉은 문창성이 되어 학원이나 서점을 만들면 명성도 나고 金生水로 相生을 하여 수입도 좋을 것이다.

## [[8運 乙坐辛向(替卦)]]

| | 巳 | 丁 | | 申 | | 運坐 | 8運 乙坐辛向(替卦) 097.5-100.5 / 109.5-112.5 |
|---|---|---|---|---|---|---|---|
| | ★52 七 | 16 三 | 34 五 | | | 四局 | 雙星會向 |
| 乙坐 | 43 六 | +6-1 八 | ★8⃞8⃞ 一 | →辛向 | | 地運 | 80年 (3運 入囚) |
| | 97 二 | ★25 四 | 79 九 | | | 城門 | 正城門: ✗  副城門: 〈亥方〉 |
| | 寅 | 癸 | | 〈亥〉 | | 特記 | 七星打劫 (坎.巽.兌) |

| 山5 | 辰山出寡, 人丁 不旺·絶嗣. | 山1 | 出貴·科甲·榜首 才藝·聰明. | 山3 | 肝膽病·脚病·出賊 盗·浪蕩子. |
|---|---|---|---|---|---|
| 水2 | 癌症腫瘤· 疾病死亡· 剋妻·敗財. | 水6 | 秀水秀峰, 添丁出貴. | 水4 | 肝膽病·神經痛·反 覆·無成·漂泊. |
| 山4 | 肝膽病·自縊·勒 死·作事反覆無 常. | 山6 | | 山⑧ | 旺丁, 出孝義忠 良, 兄弟同科. |
| 水3 | 肝膽病·神經痛·脚 病·劫盗官訟是 非. | 水1 | | 水⑧ | 進益田産·善有善 報. 兄弟齊發. |
| 山9 | 出佳麗美女·辯護 士·軍事家·法官. | 山2 | 癌症腫瘤(:암. 혹)·災晦怪異· 鰥寡孤獨. | 山7 | 火災·肺炎·腸炎 血症·婦女不睦 (불목). |
| 水7 | 火盗官災·血症肺 結核·損丁·乏嗣 | 水5 | 麻藥密輸· 癌症腫瘤(종류)· 家破人亡. | 水9 | 宜暗水·小水, 9運 發財·積富. |

> 【해설】

替卦를 사용할 필요가 없고 下卦를 사용하는 것이 좋다.
　대문을 내려면 向星8이 있는 兌宮⟨88⟩에 대문을 내면 좋겠고, 만약에 兌宮에 대문을 낼 상황이 아니라면 向星9가 있고 성문결에 해당되는 방위이므로 乾宮⟨79⟩에 대문을 내면 좋은데 ⟨79⟩는 흉수조합수이기 때문에 水剋火로 제화를 해주어야 한다. 제화법으로 안인수(安忍水)대문에 걸어 놓으면 화재를 예방할 수 있다.
　안인수를 제조할 때에 소금을 이용하는 이유는 본래 물이란 바닷물이며 짠맛의 결정체는 바로 소금이기 때문이다. 그래서 안인수는 엄청난 량의 물이 되기 때문이다.
　이렇게 五行의 相生相剋법을 활용하여 무한하다.

※ 五行의 相生과 相剋을 활용한 맛 조절법.
너무 신맛(木)은 쓴맛(火)으로 설기를 시켜주고,
너무 쓴맛(火)은 단맛(土)으로 설기를 시켜주고,
너무 단맛(土)은 매운맛(金)으로 설기를 시켜주고,
너무 매운(金)은 짠맛(水)으로 설기를 시켜주고,
너무 짠맛(水)은 신맛(木)으로 설기를 시켜준다.
이 방법은 相生법이기 때문에 자연스러운 방법이지만 효과가 느리게 나타난다.
너무 신맛(木)은 매운맛(金)으로 제거를 해주고,
너무 쓴맛(火)은 짠맛(水)으로 제거를 해주고,
너무 단맛(土)은 신맛(木)으로 제거를 해주고,
너무 매운(金)은 쓴맛(火)으로 제거를 해주고,
너무 짠맛(水)은 단맛(土)으로 제거를 해준다.
이 방법은 相剋법이기 때문에 효과는 빠르지만 부작용이 따른다.

## [[8運 辰坐戌向(下卦)]]

| | 丙 | | | |
|---|---|---|---|---|
| 辰坐 | 6 ⑧ 七 | 2 4 三 | 4 6 五 | 未 |
| 甲 | 5 7 六 | +7+9 八 | 9 2 一 | 庚 |
| | 1 3 二 | 3 5 四 | ⑧ 1 九 | |
| 丑 | | 《壬》 | | 戌向 |

| 運坐 | 8運 辰坐戌向(下卦) 115.5~124.5 |
|---|---|
| 四局 | 上山下水 |
| 地運 | 20年 (9運 入囚)✔ |
| 城門 | 正城門:《壬方》<br>副城門: ✗ |
| 特記 | 連珠三盤卦 |

| | | | | | |
|---|---|---|---|---|---|
| 山6 | 三房破財損妻·長房人丁冷退(냉퇴:쓸쓸함). | 山2 | 脾胃病·姑婦不和·陰晦暗悶(음회암민). | 山4 | 男女不倫·筋骨疼痛·自縊(縊:목맬액)·姦殺. |
| 水⑧ | 三房發財·門庭光顯(문정광현)·慈孝好善. | 水4 | 婆媳不和·黃疸·膵臟炎·肝病·貪小利. | 水6 | 姦淫·刀傷·産厄·自縊·絞頸·貪財惹禍. |
| 山5 | 乏丁·絶嗣·怪病·出殺手(:살인자)·凶死. | 山7 | | 山9 | 旺人丁田産·加官晋爵(가관진작)·名聞天下. |
| 水7 | 肺病·喉症(후증)·殘廢·服毒·凶死. | 水9 | | 水2 | 目疾·心疼(심동)·腸炎·胃出血·膵臟炎. |
| 山1 | 減刑·特別赦免(특별사면)·生貴子·特別採用. | 山3 | 蛇咬·槍決·肝癌·脚病·出賊盜匪徒. | 山⑧ | 宜案山端秀(단수), 出文人秀士. |
| 水3 | 動盪離散·膽病·脚氣病·溺水·落入陷穽. | 水5 | 寒戶遭溫(:가난.전염병)·肝癌·車禍·家破人亡. | 水1 | 三房絶嗣, 忌大水, 宜暗拱水. |

【해설】

　이 局은 山星과 向星이 서로 전도(顚倒)되어 上山下水局이 된다.
　어느 運을 막론하고 이 편이 上山下水면 반대편도 항상 上山下水가 된다. 따라서 8運에 辰坐와 戌坐는 모두 上山下水가 된다. 마찬가지로 이편이 旺山旺向이면 반대편에 있는 좌도 旺山旺向이 된다.
　上山下水이니까 좌공조만(坐空朝滿: 배산임수 지형)하는 지세가 되면 合局이 되어 내용적으로는 旺山旺向과 거의 같고 연주삼반괘(連珠三般卦)라는 기국(奇局)이 되어 대길한 局이다.
　배산임수의 산룡지세에 건옥조장(建屋造葬)하였다면 손정파재(損丁破財)하고 9運에 입수되어 단명택(短命宅)되고 中宮에 ⟨79⟩로 인하여 화재나 유혈(流血)사고가 일어나는 凶한 坐向이다.
　다만 삼반괘가 되어 일시적으로 좋은 경우도 있으나 오래되면 패국이 된다.
　그런데 下卦와는 辰坐替卦를 사용하면 전혀 상황이 다른 旺山旺向된다. 다음 편을 참고 바란다.

## 8運 辰坐戌向(替卦)

|  | 辰坐 | 丙 | 未 |  |
|---|---|---|---|---|
|  | ⑧ 6<br>七 | 4 2<br>三 | 6 4<br>五 |  |
| 甲 | 7 5<br>六 | +9 +7<br>八 | 2 9<br>一 | 庚 |
|  | 3 1<br>二 | 5 3<br>四 | 1 ⑧<br>九 |  |
|  | 丑 | 《壬》 | 戌向 |  |

| 運坐 | 8運 辰坐戌向(替卦)<br>112.5-115.5 / 124.5-127.5 |
|---|---|
| 四局 | 旺山旺向 |
| 地運 | 160年 (7運 入囚) |
| 城門 | 正城門: 《壬方》<br>副城門: ✗ |
| 特記 | 連珠三盤卦 |

| 山⑧ | 文士參軍·異路功名·慈孝好善(자효호선). | 山4 | 婆媳 不和(고식불화)·腹脹·黃疸(황달)·肝病. | 山6 | 頭痛·骨病·肺病剋妻·中風. |
|---|---|---|---|---|---|
| 水6 | 奢侈破家·選擧失敗·骨病. | 水2 | 疾病淹久(엄구·오래감)·暗悶抑鬱·脾胃病. | 水4 | 紅杏出牆·姦殺·窒息·喘咳(천해). |
| 山7 | 傷殘·橫死·人丁冷退·官司是非. | 山9 |  | 山2 | 出寡婦·愚頑之人·目疾·心疼·腸炎. |
| 水5 | 吸食毒品·販毒·破産·橫死. | 水7 |  | 水9 | 發財·進益田産·加官晋爵. |
| 山3 | 長子遊蕩·溺水·出賊盜宵小(소소). | 山5 | 乏丁·絶嗣·肝膽病·腫毒·家多怪異. | 山1 | 出文人秀士·多生男丁. |
| 水1 | 勤儉興家·專利發明致富. | 水3 | 肝膽病·脚病·橫禍·路死. | 水⑧ | 兄弟齊發(제발)·進田産土地. |

### 【해설】

이 局은 下卦와 전혀 달리 旺山旺向에 연주삼반괘가 되어 大吉한 局이 된다. 그리고 지운은 7運에 입수되어 160년이나 되는 길한 局이다.

※『我葬出王侯 他葬出賊寇(아장출왕후 타장출적구)』

이렇게 坐向을 조금만 바꾸어주면 지옥에서 천당으로 가게 되는 격이 된다고 하여 중국에 옛 명사가 이르기를 『我葬出王侯 他葬出賊寇(아장출왕후 타장출적구)』라고 하였다. 같은 장소일지라도 내가 묘를 쓰면 왕후가 나오지만 다른 사람이 쓰면 도적이 나온다는 말은 과장된 말이 아니다. 현공풍수의 진수가 숨어있는 표현이다.

坐宮에 〈86 七〉에서 8艮은 少男으로 3, 6, 9房이 庚寅(2010년: 8運이며 中宮8)년과 庚戌(2030년: 9運이며 中宮6)년 크게 발복을 받는다.

向宮은 〈18 九〉이다. 앞에 물이 있으면 〈18 九〉의 연주삼반괘의 영향으로 8運에서 1運까지 연결되어 있기 때문에 60년 동안은 특별히 대발하는 기간이다.

다만 조심해야 할 替卦인 만큼 정확하게 坐向을 놓아야 한다. 이때에는 정확하고 세밀한 나경이 필요하다. 중대한 일이니 전문가와 상의하는 것이 좋다.

## [[8運 巽坐乾向(下卦)]]

| | 午 | | 坤 |
|---|---|---|---|
| 巽坐 | 8 1<br>七㊃ | 3 5<br>三 | 1 3<br>五 |
| 卯 | 9 2<br>六 | -7-9<br>八 | 5 7<br>一 | 〈酉〉
| | 4 6<br>二 | 2 4<br>四 | 6 ⑧<br>九㊅ |
| 艮 | | 子 | ↓乾向 |

| 運坐四局地運城門特記 | 8運 巽坐乾向(下卦)<br>130.5~139.5 |
|---|---|
| 四局 | 旺山旺向 |
| 地運 | 20年 (9運 入囚)✓ |
| 城門 | 正城門: ✗<br>副城門: 〈酉方〉 |

| 山 8 | 孝義忠良·文才不絶. | 山 3 | 肝膽病·脚病··蛇咬,出賊盜·逆子. | 山 1 | 生子·文武全才·發明專利·參謀. |
|---|---|---|---|---|---|
| 水 1 | 勤儉興家·貴人相助·殷憂啓聖(은우계성). | 水 5 | 腫毒·車禍·橫死家破人亡. | 水 3 | 淹死(엄사)·分屍·雷打·肝膽病·脚病. |
| 山 9 | 旺丁·加官晋爵(가관진작)·進益田産. | 山 7 | | 山 5 | 肺癌·口腔癌·性病·乏丁·絶嗣·橫死·凶死. |
| 水 2 | 腸炎·胃出血·眼病·産厄·訴訟. | 水 9 | | 水 7 | 吸食毒品·口腔癌·肺癌·性病·姦殺. |
| 山 4 | 肝病·膽石症·自縊·勒死·股病·乳病. | 山 2 | 脾胃病·多病暗悶·傷老母·乏男丁(핍남정). | 山 6 | 發育不全·精神異常·老化·骨病·肺病. |
| 水 6 | 男女不倫(남녀불륜)·官司·色情惹禍·中風. | 水 4 | 姑婦不和·人財兩失·股票破財(고표:증권) | 水 ⑧ | 文人掌兵權·異路功名·一門光顯. |

**【해설】**

이 局은 旺山旺向으로 좋은 局이다. 참고로 巽坐(下卦. 替卦), 巳坐(下卦. 替卦)도 旺山旺向이 된다.

그런데 같은 旺山旺向이라도 向宮과 坐宮의 성요에 따라 吉의 정도가 다르게 나타나는데, 이 坐向은 向宮〈68 九 ⑥〉, 坐宮〈81 七 ④〉로 되어있다. (여기에서 ⑥, ④은 원단반으로 낙서수와 같음)

※ 체생(遞生)하면 극왕(極旺)한다.

向宮의 〈68 九 ⑥〉에서 九火 ➪ 8土 ➪ 6⑥金으로 火生土, 土生金 연속하여 相生하는 즉, 체생(遞生)을 하고, 坐宮의 〈81 七 ④〉도 8土 ➪ 七金 ➪ 1水 ➪ ④木으로 연속하여 相生을 하고 있어 山星과 向星 모두 극왕(極旺)하여 같은 旺山旺向이라도 특별히 아주 길한 局이다.

9運에 입수가 되지만 걱정할 필요가 없다. 앞에 물이 있으면 9運에 運盤九가 있기 때문에 입수되지 않는다.

## [[8運 巽坐乾向(替卦)]]

| 巽坐 | 午 | 坤 | 運坐 | 8運 巽坐乾向(替卦) 127.5-130.5 / 139.5-142.5 |
|---|---|---|---|---|
| 卯 | 8 1 七 / 9 2 六 / 4 6 二 | 3 5 三 / -7-9 八 / 2 4 四 | 〈酉〉 / 5 7 一 / 6 8 九 | 四局 | 旺山旺向 |
| 艮 | 子 | ↓乾向 | 地運 | 20年 (9運 入囚)✔ |
|   |   |   | 城門 | 正城門: ✗  副城門: 〈酉方〉 |
|   |   |   | 特記 |   |

| 山 8 | 宜遠秀之山·添丁 出文武人才. | 山 3 | 肝膽·胃病·手脚之病·出橫暴之人. | 山 1 | 宜遠秀之山, 書香不絶. |
|---|---|---|---|---|---|
| 水 1 | 宜遠水, 勤儉創業, 出文人·善人 | 水 5 | 投機失販·痲藥密輸·家破人亡. | 水 3 | 落入陷穽·溺水·退財·官司·橫死 |
| 山 9 | 乏嗣·目疾·心疼 婦女當家. | 山 7 |   | 山 5 | 乏嗣·婦女當家·怪病腫毒·火災. |
| 水 2 | 血症·火災·癌症 落胎·傷殘·損丁. | 水 9 |   | 水 7 | 血症·肺癌·食道癌·口腔癌·損丁 |
| 山 4 | 宜遠秀之山, 出文人秀士. 忌高逼. | 山 2 | 脾胃病·肝膽病·姑婦不和·婦女哄鬧 (홍료) | 山 6 | 宜遠秀之乏丁, 添丁, 出文才. |
| 水 6 | 頭痛·腦震蕩·跌傷 (질상)·刀傷·官司. | 水 4 | 姑婦不和·人財兩失·股票破財(고표:증권) | 水 8 | 宜遠水, 出文人秀士, 勤儉創業 |

### 【해설】

이 局은 巽坐下卦와 동일하다. 따라서 替卦를 사용하지 말고 직달(直達)하는 下卦를 사용하는 것이 좋다.

替卦를 사용하는 경우를 이기와 형기로 나누어 설명한다.

替卦를 사용하는 경우는 下卦가 上山下水이거나 下卦보다 替卦가 더 좋을 경우에 사용하는데, 형기 풍수로 보아 조건이 맞지 않으면 맞지 않는 만큼 효과도 감소된다.

만약에 형기풍수의 이치로 판단하여 입향(立向)을 하는데 下卦로 坐向을 놓을 경우에 안산이 기우러져 안산이 정면으로 오지 않을 경우에 한하여 부득이 替卦坐向을 사용한다.

그러면 下卦와 替卦의 결과면에서 무슨 차이가 있을까? 下卦는 부귀가 대발하고 대개 가족 전체에게 발복이 가지만 替卦는 효과가 떨어져 발복이 일부에게만 전해지고 일부 자손에게는 오히려 해가 되는 경우도 있다.

8運에 辰坐(下卦, 替卦), 巽坐(下卦, 替卦), 巳坐(下卦, 替卦) 戌坐(下卦, 替卦), 乾坐(下卦, 替卦), 亥坐(下卦, 替卦) 6개 좌는 中宮이 모두 〈7. 9. 八〉로 구성되어 있다.

中宮에 〈79〉는 항상 화재위험이 따르는 주택이 된다. 만약에 주변에 첨각(尖角)모양(예: 교회건물)이나 붉은색 계통의 건물(예: 적색 벽돌집)이 보이면 형기풍수로 火氣가 가미가 되기 때문에 화재가 발생할 확률은 더욱 높아진다.

주택이라면 집 중앙에 주방이나 난로가 있으면 아주 위험하니까 반드시 피하여야 한다.

## [[8運 巳坐亥向(下卦)]]

| 巳坐 | 丁 | | 申 | 運坐 | 8運 巳坐亥向(下卦) 145.5〜154.5 |
|---|---|---|---|---|---|
| | ⑧ 1<br>七 | 3 5<br>三 | 1 3<br>五 | 四局 | 旺山旺向 |
| 乙 | 9 2<br>六 | -7-9<br>八 | 5 7<br>一 | 〈辛〉 地運 | 20年 (9運 入囚)✔ |
| | 4 6<br>二 | 2 4<br>四 | 6 ⑧<br>九 | 城門 | 正城門: ✗<br>副城門: 〈辛方〉 |
| 寅 | 癸 | | 亥向 | 特記 | |

| 山⑧ | 孝義忠良, 積善之家·文才不絶. | 山3 | 肝膽病·脾胃病·肢體殘廢, 出賊盜. | 山1 | 生子·文武全才·發明專利·參謀. |
|---|---|---|---|---|---|
| 水1 | 勤儉興家·貴人相助·門庭光顯. | 水5 | 腫毒·車禍·槍決·橫禍·家破人亡. | 水3 | 淹死(엄사)·分屍·雷打·肝膽病·放蕩. |
| 山9 | 旺丁·加官晋爵(가관진작)·進益田産. | 山7 | 癸方見尖峰, 訴訟.<br>見水路直硬, 子婦忤逆婆娑 (과사:시어머니) | 山5 | 肺癌·口腔癌·性病·腫毒·絶嗣·凶死. |
| 水2 | 腸炎·胃出血·眼病·産厄·訴訟. | 水9 | | 水7 | 吸食毒品·癌症·刀傷·性病·姦殺. |
| 山4 | 宜遠秀之山, 出文人秀士. 忌高逼 | 山2 | 脾胃病·多病暗悶·傷老母·乏男丁 (핍남정). | 山6 | 發育不全·精神異常·老化·骨病·肺病. |
| 水6 | 男女不倫(남녀불륜)·官司·姦通破財·窒息. | 水4 | 姑婦不和·人財兩失·股票破財 (고표:증권) | 水⑧ | 文人參軍·異路功名·發財得官. |

**【해설】**

이 局은 巽坐下卦와 동일하다.

| 九星 | 八卦 | 五行 | 주위<br>(主位) | 八卦와 人體기관 ||| 
|---|---|---|---|---|---|---|
| ^ | ^ | ^ | ^ | 인체기관·기관(人體部位·器官) |||
| ^ | ^ | ^ | ^ | 상관부위<br>(相關部位) | 상통부위<br>(相通部位) | 질병<br>(疾病) |
| 1 | 坎 ☵ | 水 | 이(耳) | 신(腎)<br>고환, 자궁 | 삼초, 요도,<br>항문, 방광. | 불임, 성병, 신장<br>병, 수종, 냉병. |
| 2 | 坤 ☷ | 土 | 복(腹) | 脾, 肉皮.<br>지방, 난소 | 소장, 위,<br>식도(食道) | 습진, 수종, 腹脹,<br>설사, 유산, 암. |
| 3 | 震 ☳ | 木 | 족(足) | 담, 명문<br>(命門). | 성 대 ( 聲<br>帶). | 구토, 갑상선농아,<br>다리골절. |
| 4 | 巽 ☴ | 木 | 고(股) | 간(肝), 신<br>경계통 | 대장, 담 | 정신이상, 중풍,<br>대머리, 어지럼증. |
| 5 | | 土 | 내장<br>(內臟) | | | |
| 6 | 乾 ☰ | 金 | 수(首) | 얼굴, 코,<br>털, 골(骨),<br>뇌. | 척추, 폐. | 좌골신경통, 삼차<br>신경계, 뇌진탕, 중<br>풍, 폐병, 骨疽. |
| 7 | 兌 ☱ | 金 | 구(口) | 폐(肺),<br>毛皮, 액<br>(液) | 식 도 ( 食<br>道), 대장,<br>인후, 치아. | 해소, 천식, 요도<br>염, 치통, 분가시 |
| 8 | 艮 ☶ | 土 | 수(手) | 위(胃),<br>비 ( 鼻 :<br>코), 背 | 관 절 ( 關<br>節), 척추골<br>(脊椎骨) | 구취, 구토, 관절<br>염, 탈구, 위장병,<br>좌골신경통. |
| 9 | 離 ☲ | 火 | 목(目) | 심 장 ( 心<br>臟), 혀. | 면 상 ( 面<br>相), 정신( | 동맥경화, 발열,<br>화상, 눈병, |

## [[8運 巳坐亥向(替卦)]]

| 巳坐 | 丁 | | 申 | 運坐 | 8運 巳坐亥向(替卦)<br>142.5-145.5 / 154.5-157.5 |
|---|---|---|---|---|---|
| | 8 1<br>七 | 3 5<br>三 | 1 3<br>五 | 四局 | 旺山旺向 |
| 乙 | 9 2<br>六 | -7-9<br>八 | 5 7<br>一 | 〈辛〉 地運 | 20年 (9運 入囚) ✔ |
| | 4 6<br>二 | 2 4<br>四 | 6 ⑧<br>九 | 城門 | 正城門: ✗<br>副城門:〈辛方〉 |
| 寅 | 癸 | | 亥向↓ | 特記 | |

| 山 8 | 孝義忠良·孝子善人·文才不絶. | 山 3 | 惡瘡·刑耗·肝膽病·脚病·官司牢獄(너옥). | 山 1 | 宜文筆峰,出聰秀子女,科甲功名. |
|---|---|---|---|---|---|
| 水 1 | 勤儉興家·理財致富,出文人·善人 | 水 5 | 瘡疽癰症(찬저용증)·瘟黃·淫亂破蕩 | 水 3 | 頭病·中風·刀傷劫盜·官災·破財. |
| 山 9 | 發女兒·外性·庶出,敗男子.<br>宜遠峰 | 山 7 | | 山 5 | 昏迷癡獃·腫毒怪病·火災·乏丁·絶嗣 |
| 水 2 | 吐血·落胎·難産夭折·性病·火災服毒. | 水 9 | | 水 7 | 吐血·落胎·難産夭折·性病·火災服毒. |
| 山 4 | 飄蕩·劫盜官災·男蕩女淫·中風. | 山 2 | 惡瘡·刑耗·肝膽病·脾胃病·腿脚病(퇴각병). | 山 6 | 文士參軍·異路功名·孝義忠良. |
| 水 6 | 頭痛·中風·刀傷劫盜·官災. | 水 4 | 瘟黃·膨脹·風癱淫亂破蕩 | 水 ⑧ | 勤儉興家·理財致富,出文人善人. |

### 【해설】

이 局은 巽坐下卦와 동일하다.

이 局에서 특별히 조심해야 할 것은 巳坐와 丙坐 사이 중간坐向이 되면 대공망(大空亡)이 된다. 대공망은 팔괘(八卦)과 八卦 사이로, 癸丑중간, 寅甲중간, 乙辰중간, 巳丙중간. 丁未중간, 申庚중간, 辛戌중간, 亥壬중간으로 모두 8개가 있다.

형기풍수와 이기풍수는 體와 用으로 불가분의 관계이기 때문에 형기풍수 관점에서 대공망에 대해 역으로 한번 생각해보자.

※ 패철로 이기공망이면 형기로도 가짜 혈이다.

산룡지세에서 穴이 될 만한 곳에 坐向을 측정하니 대공망이다. 그러니까 형기풍수로 지형을 보고 묘지로 쓸 만한 곳이기에 나경으로 측정해보니까 대공망이다는 말이다.

예를 들자면 巳坐를 놓자니 기울고, 그렇다고 丙坐를 놓자니 이것도 기울고 그렇다고 巳丙중간은 대공망이기 때문에 안 되는 그런 장소이다.

필자의 경험에 의하면, 이기공망으로 떨어진 혈은 진혈이 아니고 가혈(假穴)이었다는 사실을 많이 경험하였다. 이렇게 땅이 사람을 속이는 가짜 혈을 보고 풍수초학자들은 명당이라고 착각을 하는데, 이때에 나경을 이용하여 진위를 가리는 데 이기의 대공망 이론을 逆으로 활용할 수 있다.

## [[8運 丙坐壬向(下卦)]]

| | | | | |
|---|---|---|---|---|
| 辰 | 丙坐 | 未 | 運坐 | 8運 丙坐壬向(下卦) 160.5~169.5 |
| ★2 5 七 | 7 9 三 | 9 7 五 | 四局 | 雙星會向(山星下水) |
| 甲 1 6 六 | +3-4 八 | ★5 2 一 | 庚 地運 | 20年 (9運 入囚)✔ |
| 6 1 二 | ★⑧⑧ 四 | 4 3 九 | 城門 | 正城門: ✗ 副城門:〈丑方〉 |
| 〈丑〉 | 壬↓向 | 戌 | 特記 | 七星打劫(坎.巽.兌) |

| | | | | | | | | |
|---|---|---|---|---|---|---|---|---|
| 山2 | 鰥寡孤獨·災晦暗悶(재회암민)·疾病損人 | 山7 | 火災·血症·傷殘·色癆(색로)·出入刻薄. | 山9 | 出美女·法官·辯護士·軍事家·科學家. |
| 水5 | 痲藥密輸(마약밀수)·怪疾橫禍·家破人亡. | 水9 | 宜田源·溝圳(구수:도랑)之水·由小積大·漸富 | 水7 | 服毒·吸毒·性病·火災·家破人亡. |
| 山1 | 添丁·科甲功名不絶, 出聰慧謀士(총혜모사). | 山3 | | 山5 | 乏丁·絶嗣·癡呆·瘡疽癰癌·橫禍 |
| 水6 | 宜遠秀, 出文士·顧問·謀士. | 水4 | | 水2 | 鰥寡孤獨·災晦暗悶·疾病死喪. |
| 山6 | 宜遠秀, 出顧·謀士往來無白丁. | 山⑧ | 出聖賢·高僧·善人·忠良·文士. | 山4 | 肝膽病·反覆無常·娼妓淫蕩. |
| 水1 | 勤儉創業·貴人提拔·出入近貴 | 水⑧ | 進益財産·善於理財·巨富財閥(재벌) | 水3 | 肝膽·腿脚之病, 出浪子, 淫婦·娼優 |

【해설】

이 局은 雙星會向의 局이다.

현공풍수에서 최고의 비법이 칠성타겁(七星打劫)이다. 타겁이란 말은 남의 좋은 것을 빼앗아 내 것으로 만든다는 뜻이다.

이 局은 심씨현공학 이론에 의하면 칠성타겁이 되는데 본래 심 선생은 현공학을 무사독학한 관계로「심씨현공학」에 일부는 오류가 있다.

물론 최근에 대만이나 홍콩에서 현공풍수에 관한 양서가 계속 출간되고 있지만 七星打劫에 관한 이론만은 제대로 밝히지 않고 있다. 七星打劫법을 책에 쓰지 않는 이유는 몰라서도 쓰지 않기도 하겠고, 알고 있지만 최고의 비법인 만큼 공개를 하지 않고 있다.

독자들의 더 많은 연구가 있기를 바란다.

심씨현공학 이론에 의하면 七星打劫은 이궁타겁과 감궁타겁이 있는데

(1) 離宮打劫(일명 眞打劫)은 離乾震 3개 宮의 山星과 向星이 147, 258, 369 중에 하나로 되면 이궁타겁이 된다고 한다.

(2) 坎宮打劫(일명 假打劫)은 坎巽兌 3개 宮의 산성과 向星이 147, 258, 369 중에 하나로 되면 감궁타겁이 된다고 한다.

7運에는 3개 宮의 숫자가 147인데, 8運에는 258이 된다.

심씨현공학의 이론에 의거하면 8運丙坐壬向이 坎宮打劫이 되는데 살펴보자. (★표 표시宮 참고)

巽宮에 山星2, 兌宮에 山星5, 坎宮에 山星8이고
兌宮에 向星2, 巽宮에 向星5, 坎宮에 山星8이다.
많은 연구가 필요한 대목이다.

## [[8運 丙坐壬向(替卦)]]

| | 辰 | 丙坐 | 未 | | 運坐 | 8運 丙坐壬向(替卦)<br>157.5-160.5 / 169.5-172.5 |
|---|---|---|---|---|---|---|
| | 9 7<br>七 | 5 2<br>三 | 7 9<br>五 | | 四局 | 山星: 甲<br>向星: 甲 |
| 甲 | ⑧ ⑧<br>六 | +1-6<br>八 | 3 4<br>一 | 庚 | 地運 | 140年 (6運 入囚) |
| | 4 3<br>二 | 6 1<br>四 | 2 5<br>九 | | 城門 | 正城門: ✗<br>副城門: 〈丑方〉 |
| | 〈丑〉 | 壬↓<br>向 | 戌 | | 特記 | |

| | | | | | |
|---|---|---|---|---|---|
| 山9 | 出美女·法官·辯護士·軍事家·佈道家. | 山5 | 鰥寡孤獨·瘡癰癌(창옹유암)·災晦怪異. | 山7 | 血症·火災·跛·眇(묘)·缺脣·淫亂姦殺. |
| 水7 | 血症·火災·色癆·肢體傷殘·乏嗣. | 水2 | 鰥寡孤獨·腹症·癌症暗悶多病. | 水9 | 宜田源溝圳小水·由小積大·漸富(점부). |
| 山⑧ | 出聖賢·高僧(고승)·忠良(충량)·善人. | 山1 | | 山3 | 出賊丐(적면)·不明事理·不知進退手脚之病. |
| 水⑧ | 進益田産土地·巨富財閥. | 水6 | | 水4 | 肝膽病·不明事理·好訟·浪蕩(낭탕). |
| 山4 | 肝膽病·懦弱怕事(나약파사)·昧事不明·好訟 | 山6 | 宜遠秀, 出文人, 亦發外姓承桃之子(:外孫奉祀) | 山2 | 鰥寡孤獨·久病暗悶·腫毒怪病. |
| 水3 | 肝膽病·反覆失敗·出娼妓·俳優(배우). | 水1 | 勤儉興家·貴人相助·名利雙收. | 水5 | 痲藥密輸·橫禍·家破人亡. |

## 【해설】

다음은 구성에 대한 득령과 실령 그리고 合局과 不合局시에 해석하는 데 활용하는 간단한 자결(字訣)과 주응(主應)이다.

### ※ 九星의 得令과 失令

| 九星의 得令과 失令 ||||
|---|---|---|---|
| 星數<br>八卦五行 | 意 義 | 字訣 | 得令(生, 旺)또는 合局<br>失令(衰, 死, 殺)또는 不合局 |
| 1白<br>坎水 | 魁星才藝<br>(괴성재예) | 思考<br>硏究 | 發科多男, 出人聰慧(출인총혜).<br>喪妻, 瞽目(고목), 夭亡, 放蕩. |
| 2黑<br>坤土 | 財丁巨富<br>(재정거부) | 俸祿<br>成長 | 發財旺丁, 武貴, 女掌權(여장권).<br>難産夭亡(난산요망), 多生惡疾. |
| 3碧<br>震木 | 功名秀士<br>(공명수사) | 明朗<br>前進 | 長男興家, 納粟成名.<br>瘋哮(풍효), 喪妻, 官非口舌. |
| 4綠<br>巽木 | 科甲文人<br>(과갑문인) | 信用<br>和系 | 科甲聯登, 女貌端姸(여모단연).<br>弔縊(조액), 瘋哮, 男女淫蕩. |
| 5黃<br>中土 | 至尊殺氣<br>(지존살기) |   | 端正忠良, 淑順正直.<br>官訟連連, 損丁五人. |
| 6白<br>乾金 | 首領官吏<br>(수령관리) | 權勢<br>統政 | 登武職, 功名震世, 丁財旺.<br>刑妻剋子, 孤寡貧窮(고과빈궁). |
| 7赤<br>兌金 | 武士倡優<br>(무사창우) | 活力<br>決斷 | 出武職, 丁財興旺.<br>盜賊官非, 牢獄(뇌옥), 橫死, 火災. |
| 8白<br>艮土 | 君子隱士<br>(군자은사) | 貯蓄<br>改革 | 出人忠義, 少男富貴.<br>未成年不利, 瘟黃惡疾(온황악질). |
| 9紫<br>離火 | 聰明通人<br>(총명통인) | 名譽<br>感情 | 發科甲, 中房大利.<br>難産血症, 瞽目, 官司, 火災. |

## [[8運 午坐子向(下卦)]]

| | 巽 | 午坐 | 坤 | | 運坐四局 | 8運 午坐子向(下卦) 175.5～184.5 |
|---|---|---|---|---|---|---|
| 卯 | 4 3 七 | 8 8 三 | 6 1 五 | 酉 | | 雙星會坐(向星山星) (向星生氣 到向) |
| | 5 2 六 | -3+4 八 | 1 6 一 | | 地運 | 100年 (4運 入囚) |
| 艮 | 9 7 二 | 7 9 四 | 2 5 九 | 《乾》 | 城門 | 正城門:《乾方》 副城門: ✗ |
| | | ↓ 子向 | | | 特記 | |

| | | | | | | |
|---|---|---|---|---|---|---|
| 山 4 | 肝膽病·反覆無常 自命(:自稱)清 高·放蕩. | 山 8 | 出文士·忠厚賢良 善有善報. | 山 6 | 添丁,出文人秀 士,亦發外姓承 祧之子(승조) |
| 水 3 | 肝膽病·腿脚病 (되:넓적다리)· 劫盜官災·浪蕩. | 水 ⑧ | 錢財進益·田産富 厚·兄弟提拔(형 제제발). | 水 1 | 勤儉興家,文士 呈祥(정상),發 福悠久. |
| 山 5 | 乏丁·絕嗣·癡呆 黃腫·怪異·橫死. | 山 3 | | 山 1 | 出謀士·敎師·名儒 (명유)·思想家. |
| 水 2 | 腫瘤癌症·災晦怪 異·鰥寡孤獨. | 水 4 | | 水 6 | 添丁·出文人秀 士. 退歡喜財. |
| 山 9 | 出佳麗美人·法官 辯護士·軍事家. | 山 7 | 血症·火災·老化·跛 眇·缺脣(언청이)· 色癆. | 山 2 | 腫瘤癌症·災晦怪 異·鰥寡孤獨 |
| 水 7 | 血症·火災·跛 (파)·眇(묘)·缺脣 色癆. | 水 9 | 宜田水·溝洫(구 혁:도랑물)·主積 富. | 水 5 | 癡呆·黃腫·癌症· 鬼神崇尙·死喪 |

### 【해설】

「北向大地가 南向小地보다 못하다」는 속설이 있다.

양지바른 남향이라면 햇볕을 잘 받아 따듯하여 잔디도 잘 살 것이라는 생각은 물론이고 당연히 지하에 계신 조상님도 편하실 것이라고 생각하기 쉽다. 이런 이유에서 주택은 물론이고 묘도 남향을 선호한다.

그러나 이 말은 「속설」일 뿐이고 24개의 坐向 어디든지 명당도 있고 흉당도 있다. 지기(地氣)는 땅속으로 맥을 따라 흘러가다가 어디에든지 지기가 멈추면 혈이 되는 것이지 결코 특별히 좋은 坐向이 있는 것은 아니다.

조선조 경복궁을 건설하면서 坐向을 결정하는데 남향을 주장한 정도전의 이론적 근거는 주역 설괘전(說卦傳)에 있다.

주역 설괘전에 『성인남면이청천하 향명이치(聖人南面而聽天下 嚮明而治: 성인은 남쪽을 바라보고 천하의 말을 들어서 밝음을 향하여 다스린다)』라고 나오는데, 여기에서 남면이란 궁궐의 坐向을 남향으로 해야 한다는 뜻이 아니다. 후천팔괘에서 남쪽에 있는 離卦는 五行상 火에 속하고 「밝음」이란 의미가 있다는 뜻으로 성인 즉, 군왕은 정치를 밝게 해야 한다는 뜻이다. 정도전 선생이 자신의 이론을 강력하게 주장하기 위하여 설괘전을 아전인수격으로 해석한 것이다.

※ 귀갑공망(龜甲空亡)

子坐午向 下卦(355.5~4.5도)를 할 때에는 한 가지 주의해야 할 점이 있다. 子坐 下卦에서도 정중앙인 0도(또는 360도)도 대형건축물을 제외하고는 피하는 것이 좋다. 이 이치는 子坐뿐만 아니라, 午坐, 卯坐, 酉坐, 乾坐, 坤坐, 艮坐, 巽坐 8개의 정중앙선도 같다. 이 坐向을 귀갑공망이라고 한다.

## [[8運 午坐子向(替卦)]]

| | 午坐 | | 坤 | 運坐 | 8運 午坐子向(替卦) |
|---|---|---|---|---|---|
| 巽 | 3 5 | 7 1 | 5 3 | | 172.5-175.5 / 184.5-187.5 |
| | 七 | 三 | 五 | 四局 | 山星: 艮 |
| 卯 | 4 4 | -2+6 | 9 ⑧ | | 向星: 酉 |
| | 六 | 八 | 一 | 地運 | 140年 (6運 入囚) |
| | ⑧ 9 | 6 2 | 1 7 | 城 | 正城門:《乾方》 |
| | 二 | 四 | 九 | 門 | 副城門: ✗ |
| 艮 | | ↓ 子向 | |《乾》| 特記 | 山星合十 |

| | | | | | |
|---|---|---|---|---|---|
| 山 3 | 肝膽病·手脚殘疾·出賊盜强樑·凶死. | 山 7 | 貪花戀酒·淫亂·腎臟病·聾啞(농아)·姦殺. | 山 5 | 乏丁·絶嗣·傷殘癡聾(상잔치롱)·迷信貪痴 |
| 水 5 | 痲藥密輸·感電死·槍決·蛇咬·家破人亡. | 水 1 | 勤儉興家(근검흥가)·善於經營理財 | 水 3 | 肝膽病·手脚傷殘·槍決·炸死·路死. |
| 山 4 | 肝膽病·股病·乳病·氣喘·瘟疫(온역)·放蕩. | 山 2 | | 山 9 | 婚喜重來·子孫蕃衍·職位崇顯(직위승현). |
| 水 4 | 放蕩多敗·肝病·風癱·醜聞(추문)·窒息. | 水 6 | | 水 ⑧ | 田園富盛·富貴壽考(수고:장수). |
| 山 ⑧ | 喜慶連綿·位列朝班·子孫繁衍(번연). | 山 6 | 寒熱往來·鬼神崇尙·迷信貪痴(미신탐치). | 山 1 | 出儒雅·溫文·秀麗之人·參謀·外交家. |
| 水 9 | 田園富盛·子孫蕃衍. | 水 2 | 寒熱往來·鬼神崇尙·疾病死喪. | 水 7 | 酒色破家·淫亂·腎臟病·肺病·姦殺. |

【해설】

간혹 替卦도 유용하게 사용되는 경우가 있다.

아래의 약도에서 음영으로 표시한 상가는 북향으로 건축하기 마련이다. 그런데 下卦로 건축하면 雙星會坐가 되어 기본적으로 불왕재(不旺財)하기 때문에 상가로는 부적합하지만 替卦로 건물을 지었다고 생각하고 출입문에 대해 생각해보자.

大路가 보이고 중앙이 되는 坎宮B〈6 2〉에 출입구를 두는 것이 상식이나 8運에 〈6 2〉는 사기(死氣)가 되어 흉하다.

兌宮인 〈9 ⑧〉인 B출입구가 소로이지만 왕기가 되어 吉象이다. 그리고 艮宮인 C는 〈⑧ 9〉로 생기방이 되기 때문에 보조 출입문을 만들면 더욱 좋다.

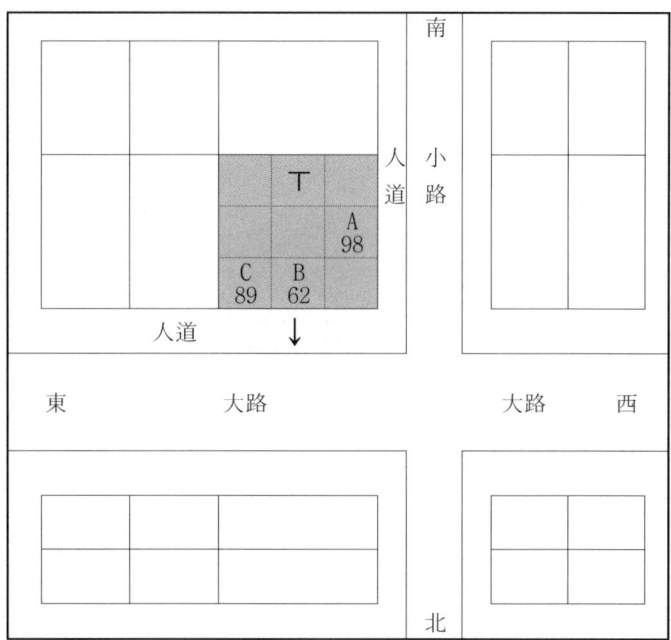

## [[8運 丁坐癸向(下卦)]]

| | | | | |
|---|---|---|---|---|
| 巳 | 丁坐 | 申 | 運坐 | 8運 丁坐癸向(下卦) 190.5~199.5 |
| | 4 3 ⑧⑧ 6 1<br>七 三 五 | | 四局 | 雙星會坐(向星上山)<br>(向星生氣 到向) |
| 乙 | 5 2 -3+4 1 6<br>六 八 一 | 辛 | 地運 | 100年 (4運 入囚) |
| | 9 7 7 9 2 5<br>二 四 九 | | 城門 | 正城門:《亥方》<br>副城門: ✗ |
| 寅 | ↓癸向 | 《亥》 | 特記 | |

| | | | | | | |
|---|---|---|---|---|---|---|
| 山4 | 肝膽病·反覆無常·自命(:自稱)清高·放蕩. | 山⑧ | 出文士·忠厚賢良善有善報. | 山6 | 添丁,出文人秀士,亦發外姓承桃之子(승조자) |
| 水3 | 肝膽病·腿脚病(퇴:넓적다리)·劫盗·官災橫禍. | 水⑧ | 錢財進益·田産富厚·兄弟提拔(형제제발). | 水1 | 勤儉興家,文士呈祥(정상),發福悠久(유구) |
| 山5 | 乏丁·絶嗣·癡呆·黃腫·怪異·橫死. | 山3 | | 山1 | 出參謀·敎師·名儒(명유)·思想家. |
| 水2 | 腫瘤癌症·災晦怪異·鰥寡孤獨. | 水4 | | 水6 | 添丁·出文人秀士.<br>退歡喜財 |
| 山9 | 出佳麗美人·法官·辯護士·軍事家·佈道家. | 山7 | 血症·火災·老化·跛眇·缺脣(언청이)·色癆. | 山2 | 腫瘤癌症·災晦怪異·鰥寡孤獨 |
| 水7 | 血症·火災·跛(:파)·眇·缺脣(결순)·色癆. | 水9 | 宜田水·溝洫(구혁:도랑물)·主積富. | 水5 | 癡呆·黃腫·癌症·鬼神崇尙·死喪 |

【해설】

이 局은 午坐 下卦와 동일한 雙星會坐이다. 坐向을 확인하였으면 다음에 보아야 할 것은 주변의 山水환경이다. 雙星會坐에서는 좌공조만(坐空朝滿)의 지세가 되어야 合局이 된다. 다만 지대가 평평한 도심지에서는 合局 여부에 대해 크게 상관하지 않기 때문에 雙星會坐라도 무관하다.

陽宅에서 문을 내는 방위에 대해 알아보자.

向星이 8인 離宮(A)에 대문을 내면 旺氣가 되어 제일 좋으나 주변 여건상 대문을 낼 수가 없다.

向星이 9인 坎宮(B)에 대문을 내면 生氣가 되어 다음으로 좋지만 〈79〉이 흉수조합이기 때문에 제화를 해주어야 한다.

向星 1인 進氣이면서 보좌기(輔佐氣)가 되고 山星과의 조합 8運에 1은 生氣와 같다고 할 수 있다. 그런데 여기에서 坤宮(C)은 〈61〉인 吉數로 되어 오히려 坎宮보다 더 좋은 방위가 되는데 坤宮으로 대문을 내고 싶은데 주변 여건상 어려운 경우를 생각해보자.

이런 경우에 자신의 마당 일부를 활용하여 골목길을 만들고 C에 대문을 내는 방법도 있다.

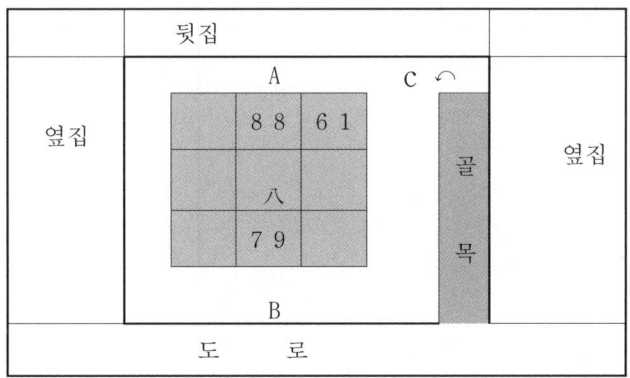

## [[8運 丁坐癸向(替卦)]]

| | | | | | | |
|---|---|---|---|---|---|---|
| 巳 | 丁坐 | | 申 | 運坐 | 8運 丁坐癸向(替卦) 187.5-190.5 / 199.5-202.5 | |
| | 3 5 / 七 | 7 1 / 三 | 5 3 / 五 | 四局 | 山星: 寅  向星: 辛 | |
| 乙 | 4 4 / 六 | -2+6 / 八 | 9 ⑧ / 一 | 辛 | 地運 | 140年 (6運 入囚) |
| | ⑧ 9 / 二 | 6 2 / 四 | 1 7 / 九 | | 城門 | 正城門:《亥方》 副城門: ✗ |
| 寅 | | ↓癸向 | 《亥》 | 特記 | | |

| | | | | | | |
|---|---|---|---|---|---|---|
| 山 3 | 肝膽病·手脚殘疾·出賊盜强樑·凶死. | 山 7 | 貪花戀酒·淫亂·腎臟病·聾啞(농아)·姦殺. | 山 5 | 乏丁·絶嗣·傷殘癈聾(상잔치롱)·橫禍怪異. | |
| 水 5 | 麻藥密輸·電死·槍決·蛇咬·家破人亡. | 水 1 | 勤儉興家(근검흥가)·善於經營理財. | 水 3 | 肝膽病·手脚傷殘·槍決·炸死·路死. | |
| 山 4 | 肝膽病·股病·乳病·氣喘·瘟疫(온역)·放蕩. | 山 2 | | 山 9 | 婚喜重來·子孫蕃衍(자손번연)·職位崇顯. | |
| 水 4 | 放蕩多敗·肝病·風癱(풍탄)·醜聞(추문). | 水 6 | | 水 ⑧ | 田園富盛·富貴壽考(부귀수고). | |
| 山 ⑧ | 子孫繁衍(번연)·職位崇顯. | 山 6 | 寒熱往來·鬼神崇尚·迷信貪痴(미신탐치). | 山 1 | 出儒雅·溫文·秀麗之人·參謀·外交家. | |
| 水 9 | 田園富盛·鉅富旺丁(거부왕정) | 水 2 | 寒熱往來·鬼神崇尚·疾病死喪. | 水 7 | 酒色破家·淫亂·腎臟病·肺病·姦殺. | |

【해설】

이 局은 午坐替卦와 동일하다.

이 경우에는 대문을 兌宮〈9⑧〉은 왕기가 되어 대문을 대면 제일 좋다.

실제로 兌宮으로 대문을 만들었는데, 다음에는 대문으로 들어오는 방법이 坤宮인 〈53 五〉를 통하여 들어오는 방법도 있고 乾宮인 〈17 九〉로 들어오는 방법도 있다.

이때에 坤宮의 向星 3 보다는 乾宮에 向星 7이 비교적 좋기 때문에 화살표 A의 도로를 통하여 집으로 들어오는 것보다는 乾宮에서 兌宮으로 들어오는 도로(화살표B)를 이용하여 집으로 들어오는 것이 좋다.

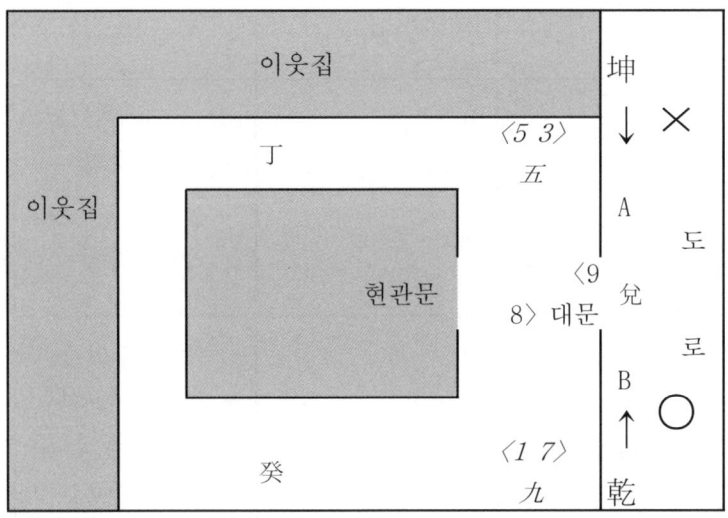

## [[8運 未坐丑向(下卦)]]

| | 辰 | 丙 | | 未坐 | 運坐 | 8運 未坐丑向(下卦)<br>205.5~214.5 |
|---|---|---|---|---|---|---|
| | 6 3<br>七 | 1 7<br>三 | 8 5<br>五 | | 四局 | 旺山旺向 |
| 《甲》 | 7 4<br>六 | -5 -2<br>八 | 3 9<br>一 | 庚 | 地運 | 60年 (2運 入囚) |
| | 2 ⑧<br>二 | 9 6<br>四 | 4 1<br>九 | | 城門 | 正城門:《甲方》<br>副城門:〈壬方〉 |
| | 丑向 | 〈壬〉 | 戌 | | 特記 | 向星合十 |

| | | | | | | |
|---|---|---|---|---|---|---|
| 山 6 | 頭痛·脚傷·腦震盪(뇌진탕)·剋妻·父子不和. | 山 1 | 生聰慧子女·謀十語文專家·談判高手. | 山 8 | 出天才兒童·聖賢仙佛·高僧·孝義忠良. |
| 水 3 | 肝膽病·脚病·惡父逆子·刀殺·路死. | 水 7 | 貪花戀酒·淫奔·損丁·破財·官非. | 水 5 | 出僧尼·橫禍·狗咬·腫毒·凶死. |
| 山 7 | 傷殘·毀容·盜賊·逃亡·牢獄(뇌옥)·姦殺 | 山 5 | | 山 3 | 出人不仁·刻薄·殘病剋妻·肝膽病. |
| 水 4 | 婦女不和·淫亂·毀容·姦殺·飄蕩 | 水 2 | | 水 9 | 聽堂再煥(청당재환)·榮譽光輝·經常發財. |
| 山 2 | 出僧尼·青孀寡婦,暗悶災晦·脾胃病. | 山 9 | | 山 4 | 淫蕩·肝病·氣喘自縊·落水·流亡. |
| 水 ⑧ | 田連阡陌(천맥)·理財致富·成長擴大(확대). | 水 6 | 血症·肺病·腦炎·頭病·腦出血·官司. | 水 1 | 勤儉興家·少年科甲·名播四海(명파사해). |

**【해설】**

이 局은 旺山旺向에 向星合十이 되어 최고로 길한 坐向이다.

陽宅인 경우에는 비록 旺山旺向일지라도 주의해야 할 사항이 있다. 대문을 잘못 내면 旺山旺向의 기본적인 발응은 받겠지만 대문을 잘못 낸 방위에 따라 흉사가 생긴다.

巽宮인 〈6 ③〉에 대문을 내면 6乾金(父)이 3震木(장남)을 金剋木하고 실령이므로 불효자가 나오게 된다.

離宮인 〈1 ⑦〉에 대문을 내면 7兌金이 1坎水를 相生하지만 실령이므로 탐화연주(貪花戀酒)로 경제적 손실이 생긴다.

坤宮인 〈8 ⑤〉에 대문을 내면 向星5로 인하여 본래는 과부나 홀아비가 나야지만 당령 8로 인하여 승려, 신부, 수녀 또는 독신 남녀가 생기게 된다. 만약에 형기가 흉하면 횡화(橫禍), 종독(腫毒), 흉사(凶死)까지도 발생한다.

兌宮인 〈3 ⑨〉에 대문을 내면 生氣가 되어 좋다. 다만 山星이 3이기 때문에 산이나 고층건물이 보이지 않아야 한다.

乾宮인 〈4 ①〉에 대문을 내면 進氣가 되어 좋다. 다만 山星이 4이기 때문에 산이나 고층건물 보이지 않아야 한다. 만약에 물과 산이 같이 보이면 가족 중에 나이에 따라 일부는 부자가 되고 일부는 음탕(淫蕩)한 사람이 나타나기도 한다.

坎宮인 〈9 6〉에 대문을 내면 向星6이 실령이므로 혈증(血症), 폐병(肺病), 뇌염(腦炎), 두병(頭病), 뇌출혈(腦出血), 관사(官司)등의 흉사로 인하여 재운은 반감된다.

艮宮인 〈2 8〉에 대문을 내면 向星8이 旺氣이므로 제일 좋다.

震宮인 〈7 4〉에 대문을 내면 실령이 되므로 좋지 않다. 만약에 震宮 방위에 대문을 내더라도 震宮방위에 산과 물이 전혀 없으면 흉사가 발생하지 않는다.

## [[8運 未坐丑向(替卦)]]

| | 辰 | 丙 | | 未坐 | 運坐 | 8運 未坐丑向(替卦)<br>202.5-205.5 / 214.5-217.5 |
|---|---|---|---|---|---|---|
| | 6 3<br>七 | 1 7<br>三 | ⑧ 5<br>五 | | 四局 | 旺山旺向 |
|《甲》 | 7 4<br>六 | -5-2<br>八 | 3 9<br>一 | 庚 | 地運 | 60年 (2運 入囚) |
| | 2 ⑧<br>二 | 9 6<br>四 | 4 1<br>九 | | 城門 | 正城門:《甲方》<br>副城門:〈壬方〉 |
| 丑向↙ | | 〈壬〉 | | 戌 | 特記 | 向星合十 |

| 山6 | 窒息·中風·氣喘(기천)·腿脚病·腰痛. | 山1 | 妻妾生子·聰明榮顯·文武雙全. | 山⑧ | 出高僧·尼師·隱士·居士·寺廟委員. |
|---|---|---|---|---|---|
| 水3 | 發而分房不均·富貴門中亦出敗家子. | 水7 | 淫亂·貪花戀酒·劫盜·刀傷·交戰. | 水5 | 鰥寡孤獨·橫禍怪病·惡果惡報. |
| 山7 | 肢體傷殘·氣喘·肝膽病·惡瘡潰爛(케란) | 山5 | | 山3 | 出刻薄暴虐不仁之人·孽子劣女(얼자렬녀). |
| 水4 | 淫風醜聞·不仁不義·唯利是圖 | 水2 | | 水9 | 婦女興家·巨富, 但社會風評不好. |
| 山2 | 出僧尼鰥寡·脾胃病·狗咬獸傷(구교수상) | 山9 | 添丁·出貴女·女丈夫·參謀·文學家. | 山4 | 宜遠峰呈秀(정수)·出文秀·知識分子. |
| 水⑧ | 發田産·房地産(:부동산)·畜牧山産發財. | 水6 | 淫亂·殺傷·劫掠殘疾·交戰·姦殺 | 水1 | 勤儉創業, 僅能富名,富能貴. |

### 【해설】

이 局은 旺山旺向이다. 下卦와 동일하므로 구태여 替卦를 사용할 필요가 전혀 없다. 만약에 替卦를 사용하면 발복의 영향력은 조금 줄어든다.

8運에 丑坐(下卦. 替卦), 艮坐(下卦. 替卦), 寅坐(下卦) 未坐(下卦. 替卦), 坤坐(下卦. 替卦), 申坐(下卦) 6개의 좌는 모두 中宮이 ⟨2, 5, 八⟩로 구성되어 있다.

성요⟨25⟩는 본래 질병, 사망, 과부, 홀아비가 되는 등 흉수이지만 合局으로 되었다면 오히려 건강에 좋으니까 병원, 약국 등의 약계통분야나 장례식장 등으로 활용하면 가장 적합하여 대왕한다. 또한 土와 관련된 부동산, 건축업, 토목업 등의 분야도 좋다.

震宮에 ⟨74⟩는 실령이므로 산과 물이 보이지 않아야 흉사가 생기지 않는다. 그런데 불필요하게도 만약에 물이 보인다면 ⟨표⟩에 나오는 음풍추문(淫風醜聞)·불인불의(不仁不義)·유리시도(唯利是圖: 오직 이로움만 좇음)한다.

여기에서 음풍추문, 불인불의, 유리시도는, ⟨74⟩에서 7은 소녀이고 4년 장녀이므로 모두 여자이기 때문에 대개는 여자에게 발생한다.

## [[8運 坤坐艮向(下卦)]]

| | | | | |
|---|---|---|---|---|
| 巽 午 | | 坤坐 | 運坐 | 8運 坤坐艮向(下卦) 220.5~229.5 |
| 4 1<br>七 | 9 6<br>三 | 2 ⑧<br>五 | 四局 | 上山下水·返吟 |
| 卯 3 9<br>六 | +5+2<br>八 | 7 4<br>一 | 酉 地運 | 60年 (2運 入囚) |
| ⑧ 5<br>二 | 1 7<br>四 | 6 3<br>九 | 城門 | 正城門: ✗<br>副城門: ✗ |
| 艮↙向 | 子 | 乾 | 特記 | 父母三盤卦 |

| | | | | | | |
|---|---|---|---|---|---|---|
| 山 4 | 美人計·淫蕩·婦女墮落·淫婦殺姦夫. | 山 9 | 貴客而長壽·碩學宿儒(석학숙유) | 山 2 | 腹病·精神異常·出僧尼青孀寡婦. |
| 水 1 | 勤儉興家·海外創業·名香四海. | 水 6 | 血症·肺病·腦出血·腦炎·骨病. | 水 ⑧ | 田産富盛·巨富財閥(재벌). |
| 山 3 | 男盗女淫·刻薄暴虐(각박포학)·官訟是非. | 山 5 | | 山 7 | 傷殘·毁容·淫亂·刀殺·勒死·出娼妓. |
| 水 9 | 招財晉寶·華廈鼎新(정신:혁신)·名庭光顯. | 水 2 | | 水 4 | 出賣色相·拍裸(照勒索:나체사진협박)·姦殺 |
| 山 ⑧ | 出天才兒童·聖賢仙佛·警察(경찰)·高僧. | 山 1 | 添丁·出智者·謀士·談判高手·語文家. | 山 6 | 頭痛·腦震蕩·孤獨·官司·惡父逆子. |
| 水 5 | 瘋藥密輸·癡呆(치매)·惡報·怪病·破産. | 水 7 | 仙人跳(선인도:미인계)·貪花戀酒·淫奔逃亡. | 水 3 | 肝膽病·脚傷·墜落傷·雷打·刀傷·劫盜. |

### 【해설】

이 局은 上山下水에 「복음(伏吟)」까지 겹쳐 8運에는 주변의 지세가 전고후저(前高後低)가 아니면 아주 흉하므로 피해야 하는 坐向이다.

중요한 부분이므로 다시 부언하자면, 艮坐(下卦. 替卦), 寅坐 (下卦), 곤좌(下卦. 替卦), 申坐(下卦)는 8運 기간중 陰宅에서는 절대적으로 피해야 하는 坐向이다.

이 坐向은 陽宅의 경우에 한하여, 주변의 지형이 평지에 前高後低가 되면 合局이 되면 길지가 된다.

이 점에 대하여 삼원현공풍수를 처음으로 접하는 사람이라면 「과연 정말일까」 하는 의아심을 가질 수도 있다.

여기에 대해서는 7運에 甲坐와 庚坐가 上山下水에 복음이 되는데 陰·陽宅을 막론하고 수십 곳의 현장사례를 통하여 경험하였는데 그 피해는 실로 너무 엄청났다. 현공풍수 책에서는 한마디로 「가파인망(家破人亡)」이라고 표현하였는데 정확한 표현이다.

조심해야 할 중요한 부분이 또 있다.

소위 배산임수에 이 坐向으로 건옥조장(建屋造葬)하여, 즉 不合局이 되었는데도 불구하고 이상하게도 발복을 받는 경우가 있다.

이때에 발복은 부모삼반괘의 영향이므로 「일시적인 발복」이 나타나는 현상인데도 「발복」으로 착각을 하는 사람에게 현공풍수의 이치를 설명하여도 믿으려고 하지 않는다. 이를 어찌 할 것인가. 참으로 어려운 숙제로 남는다.

## [[8運 坤坐辛向(替卦)]]

| 巽 | 午 | 坤坐 | 運坐 | 8運 坤坐辛向(替卦) 217.5-220.5 / 229.5-232.5 |
|---|---|---|---|---|
| 4 1 七 / 9 6 三 / 2 ⑧ 五 | | | 四局 | 上山下水·返吟 |
| 卯 3 9 六 / +5+2 八 / 7 4 一 酉 | | | 地運 | 60年 (2運 入囚) |
| ⑧ 5 二 / 1 7 四 / 6 3 九 | | | 城門 | 正城門: ✗  副城門: ✗ |
| 艮↙向 | 子 | 乾 | 特記 | 父母三盤卦 |

| | | | | | |
|---|---|---|---|---|---|
| 山 4 | 姦婦姸婦·淫風醜聞. 宜遠秀, 出文人. | 山 9 | 貴客而長壽·人丁旺盛. | 山 2 | 出僧尼靑·孀寡婦暗悶災晦·久病纏綿(전면). |
| 水 1 | 長房放蕩·辛勤創業(신근창업). 宜遠水. | 水 6 | 淫亂·劫掠·爭戰血·骨病·血症. | 水 ⑧ | 驟發驟敗·要暗拱之水, 方不敗. |
| 山 3 | 男盜女娼·肝膽病肢體傷殘. | 山 5 | | 山 7 | 男盜女娼·生病官災·肢體傷殘. |
| 水 9 | 宜遠小之水, 積富. 忌近水, 驟發驟敗. | 水 2 | | 水 4 | 淫風醜聞·驟發驟敗·肝病·股病(눎 적다리병). |
| 山 ⑧ | 出高僧尼師(니 사)·隱士·居士. | 山 1 | 旺人丁·出智者·謀士·碩學宿儒. | 山 6 | 頭痛·中風·長幼無序·男女不倫. |
| 水 5 | 財來而破·因果應報·狗咬獸傷. | 水 7 | 淫亂·劫掠·交戰不和·姦殺·官訟是非. | 水 3 | 犬咬·蛇咬·墜落傷·脚氣病·肝腎病. |

**【해설】**

이 局도 下卦도 동일하다.

이 세상에 귀신이 있는지 없는지는 모르지만 귀신이 직접 본 사람은 귀신은 분명히 있다고 할 것이다. 설령 두 눈으로 직접 보았다는 그 귀신은 귀신이 아니라 착각을 일으켜 헛것을 보고 귀신이라고 할 수도 있다.

귀신의 존재 유무보다도 더욱 중요한 사실은 「귀신의 존재를 믿는 사람에게는 귀신이 있는 것이고, 믿지 않는 사람에게는 귀신이 없는 것이다.」

귀신은 음기(陰氣)가 밝은 곳을 싫어하고 음기가 강한 어두운 곳에 산다.

현공풍수에서 陰數에 해당하는 숫자로 2, 4, 7, 9가 있다. 이 陰數 여러 개가 모이면 음기가 강하여 귀신이 보이는 현상이 나타난다.

귀신이 나타나면 대개 여자귀신이 나타나는 이유도 陰數인 2母, 4長女, 7少女, 9中女이기 때문이다. 이중에서도 2는 곤괘에 해당하여 순음(純陰)이기 때문에 음기가 가장 강하다.

그리고 5는 본래 陰陽이 없지만 당운이 아니면 대흉살(大凶殺) 또는 관살(關殺)이라고 하여 낙서 9개의 숫자 중에서도 아주 흉한 숫자이다.

따라서 〈25〉가 되면 「질병이 생기며 심하면 죽게 된다」고 하였다. 이외에도 주택에 中宮에 〈25〉가 되면 귀신이 살기에 적합한 숫자가 되는데 반드시 그런 것은 아니다.

형기풍수로 어두운 곳일 경우에 그 집안에 귀신이 살며 나타나게 되는 것이다. 만약에 〈25〉가 中宮이 아니고 다른 방위에 있는 경우에는 해당 장소에 귀신이 출현한다.

## [[8運 申坐寅向(下卦)]]

| | | | | |
|---|---|---|---|---|
| 巳 | 丁 | 申坐 | 運坐 | 8運 申坐寅向(下卦) 235.5-244.5 |
| 4 1 七 | 9 6 三 | 2 ⑧ 五 | 四局 | 上山下水·返吟 |
| 乙 3 9 六 | +5+2 八 | 辛 7 4 一 | 地運 | 60年（2運 入囚） |
| ⑧ 5 二 | 1 7 四 | 6 3 九 | 城門 | 正城門: ✗<br>副城門: ✗ |
| 寅向 | 癸 | 亥 | 特記 | 父母三盤卦 |

| | | | | | |
|---|---|---|---|---|---|
| 山 4 | 美人計·淫蕩·婦女墮落·淫婦殺姦夫. | 山 9 | 貴客而長壽·碩學宿儒(석학숙유) | 山 2 | 腹病·精神異常·出僧尼·暗悶災晦. |
| 水 1 | 勤儉興家·海外創業·名利雙收. | 水 6 | 血症·肺病·腦出血·逆子逆婦·骨病. | 水 ⑧ | 田産富盛·巨富財閥(재벌)·周轉靈活 |
| 山 3 | 男盜女淫·刻薄暴戾(각박폭려)·官訟是非. | 山 5 | | 山 7 | 傷殘·淫亂·刀殺勒死·娼妓·婦女不睦 |
| 水 9 | 招財晉寶·華堂煥彩·富貴福壽. | 水 2 | | 水 4 | 氣喘(기천)·窒息·姦殺·色情紛糾(분규). |
| 山 ⑧ | 出天才兒童·聖賢仙佛·警察(경찰)·高僧. | 山 1 | 添丁(첨정: 출산)·出智者·謀士·談判高手. | 山 6 | 頭痛·腦震蕩·父子不和·官司·孤獨. |
| 水 5 | 痲藥密輸·昏迷癡呆(치매)·惡報破産. | 水 7 | 仙人跳(선인도: 미인계)·貪花戀酒·色情紛糾. | 水 3 | 肝膽病·脚傷·墜落傷·雷打·刀傷·劫盜. |

**【해설】**

　이 局도 坤坐 下卦와 동일하여 上山下水에「복음」이 걸린 坐向이다. 陽宅에만 한하고 지형이 前高後低일 경우에 한하여 지으면 合局이 되고 부모삼반괘가 되어 吉象이 된다.
　그런데 문제는 向宮〈85 二〉, 中宮〈52 八〉, 坐宮〈28 八〉에 모두에 가장 흉하다는 〈2〉와 〈5〉로 되어 있는 것이 혹시 문제는 되지 않을까 하는 염려가 생길 수 있다.
　坐宮은 왕산〈28 五〉가 되고, 向宮도 〈85 二〉 왕향이 되기 때문에 8運 기간에는 문제가 없다.
　현공풍수에서 조합수를 해석하는 서적 중에 하나인 현기부(玄機賦)에 이르기를 『일귀당권 제흉섭복(一貴當權, 諸凶攝服: 하나의 귀함이 권세를 잡으면 여러 흉이 겁을 먹는다)』라고 하여 旺氣로 작용할 때에는 무관하다. 다만 8運이 지나면 旺氣가 退氣로 되기 때문에 상항이 다르게 나타난다.
　8運에는 丑坐(下卦. 替卦), 艮坐(下卦. 替卦), 寅坐(下卦), 未坐(下卦. 替卦), 坤坐(下卦. 替卦), 申坐(下卦)는 中宮이 〈2 5〉로 되었는데 귀신이 나타나는가?
　이 坐向의 주택이 合局으로 되어있으면 귀신이 나타나지 않는다. 설령 〈25〉로 인하여 귀신이 집에 존재하고 있다고 하더라도 감히 출현하지 못한다.
　다만 8運이 지나면 귀신 출현은 있을 수 있으나 형기풍수로 음침한 지하실 같은 지역에서나 나타난다. 그래서 풍수지리는 이기와 형기를 항상 같이 보는 이른바『형리겸찰(形理兼察)』하여야 한다.
　따라서 위의 坐向으로 주택을 8運에 지을 때에는 가급적 음침한 지하실을 만들지 말고 창문을 크게 하면 상관이 없다.

## [[8運 申坐寅向(替卦)]]

| | | | 申坐 | 運坐 | 8運 申坐寅向(替卦) 232.5-234.5 / 244.5-247.5 |
|---|---|---|---|---|---|
| 巳 | 丁 | | | 四局 | 山星: 寅(下水)<br>向星: 乙 |
| | 4 9　9 5　2 7<br>　七　　三　　五 | | 辛 | 地運 | 40年 (1運 入囚) |
| 乙 | 3 ⑧　+5+1　7 3<br>　六　　八　　一 | | | 城門 | 正城門: ✗<br>副城門: ✗ |
| | ⑧ 4　1 6　6 2<br>　二　　四　　九 | | | 特記 | 伏吟 |
| ↙寅向 | 癸 | | 亥 | | |

| 山4 | 自縊·勒死·高伶(고독)·乳腺炎·肝膽病. | 山9 | 文章科第驟至(취지), 出貴子榮宗耀祖. | 山2 | 血症·産厄·官訟是非·損胎·乏嗣·淫賤. |
|---|---|---|---|---|---|
| 水9 | 巨富好義·經常獲暴利. | 水5 | 目疾·腸癰·心疼·人財耗乏. | 水7 | 殘疾破相·吐血·落胎·淫亂·橫禍. |
| 山3 | 出盜賊·四肢傷殘(상잔)·兄弟不和·肝膽病. | 山5 | | 山7 | 刀傷·車禍·肺病·喉症·姦殺·官災. |
| 水⑧ | 發財進産·文才魁元(괴원:수석)·多添男子. | 水1 | | 水3 | 手脚傷殘·肝膽病·劫盜(겁도)·男盜女娼. |
| 山⑧ | 出在野賢才·居士·園藝家(원예가). | 山1 | 添丁出貴, 科甲連登. | 山6 | 寒熱往來(한열왕래)·鬼神不安·孤獨·老化症. |
| 水4 | 風濕關節症·肝膽病·氣喘·損幼丁(유정). | 水6 | 添丁, 出文秀, 退歡喜財. | 水2 | 寒熱往來·鬼神崇尙·胃腸病. |

**【해설】**

　이 局은 坤坐 下卦와 달리 上山下水는 아니지만 복음에 해당되어 사용하지 말아야 할 坐向이다. 만약 艮宮이 ⟨⑧4⟩이므로 이 방향이 물이 있고 震宮⟨3⑧⟩이므로 이 방향에 산이 있으면 上山下水가 되며 반음이 된다.

　한마디로 복음이 되는데 坤坐 下卦처럼 부모삼반괘가 되지 않기 때문에 사용하지 말아야 할 坐向이다.

　형기풍수에서 용이 변화가 없으면 사룡(死龍)이라고 하듯이 복음은 숫자상에 변화가 없기 때문에 일명 사국(死局)이라고 부른다.

　아래 도표에서 向星과 원단반의 숫자가 동일하여 변화가 없기 때문에 복음이 된다. 이 책에서 복음이 되면 中宮에 「⊠」로 표시하였다.

| 4 9<br>七④ | 9 5<br>三⑨ | 2 7<br>五② |
|---|---|---|
| 3 8<br>六③ | +5+1<br>⊠<br>八⑤ | 7 3<br>一⑦ |
| 8 4<br>二⑧ | 1 6<br>四⑥ | 6 2<br>九⑥ |

## [[8運 庚坐甲向(下卦)]]

| | | | 運坐 | 8運 庚坐甲向(下卦) 250.5~259.5 |
|---|---|---|---|---|
| 辰 | 丙 | 未 | | |
| 9 7<br>七 | ★5 2<br>三 | 7 9<br>五 | 四局 | 雙星會向(山星下水) |
| ★⑧⑧<br>六 | +1-6<br>八 | 3 4<br>一 | 地運 | 100年（4運入囚） |
| 4 3<br>二 | 6 1<br>四 | ★2 5<br>九 | 城門 | 正城門:《丑方》<br>副城門: ✗ |
| 《丑》 | 壬 | 戌 | 特記 | ★七星打劫(離.乾.震) |

甲向← 庚坐

| | | | | | | | |
|---|---|---|---|---|---|---|---|
| 山9 | 出女丈夫·美女·辯護士·法官·外科醫·軍事家. | 山5 | 出美女·辯護士·法官·軍事家·佈道家(포도가). | 山7 | 火災·血症·傷殘·淫亂·色癆(폐결핵)·姦殺 |
| 水7 | 血症·火災·跛·眇(묘)·缺脣·姦殺·刀傷. | 水2 | 火災·血症·傷殘·淫亂·姦殺·仇殺(구살). | 水9 | 宜田水·溝圳(구수:도랑물), 由小積大·漸富. |
| 山⑧ | 出孝子·忠臣·義士·賢人·高僧·文人. | 山1 | | 山3 | 出賊丐娼優·昧事不明之人·肝膽病·腰脚病 |
| 水⑧ | 巨富財閥·富而好善禮佛. | 水6 | | 水4 | 聲色馱馬(노래.여자.애견.승마)·無常·淫蕩 |
| 山4 | 肝膽病·四肢酸痲(산마)·腰酸背痛·出娼優 | 山6 | 出聰明之子·科甲功名·參謀·顧問(고문). | 山2 | 鰥寡孤獨·瘡痍(창저)·癰癌·暗悶災晦. |
| 水3 | 聲色馱馬(성색태마)·反覆無常·賊盜娼優. | 水1 | 貴人提拔, 勤儉興家·往來無白丁(백정:백수건달). | 水5 | 昏迷痴獃(:어리석음)·怪病橫禍·家破人亡. |

**【해설】**

경좌는 雙星會向으로 갑좌(雙星會坐)와 성요숫자는 같은데 宮안에서의 山星과 向星의 위치가 서로 반대로 되어 있고, 向宮과 坐宮이 서로 반대로 되어있다. 이는 中宮에 숫자의 위치와 陰陽이 서로 다르기 때문이다.

| 7 9<br>七 | 2 5<br>三 | 9 7<br>五 |
|---|---|---|
| ⊢8⑧<br>六 | -6+1<br>八 | 4 3 →<br>一 |
| 3 4<br>二 | 1 6<br>四 | 5 2<br>九 |

8運 甲坐(下卦)
雙星會坐

| 9 7<br>七 | 5 2<br>三 | 7 9<br>五 |
|---|---|---|
| ←8⑧<br>六 | +1-6<br>八 | 3 4 ⊣<br>一 |
| 4 3<br>二 | 6 1<br>四 | 2 5<br>九 |

8運 庚坐(下卦)
雙星會向

甲坐庚向은 雙星會坐가 되어 人丁에는 좋으나 재물에 좋지 않기 때문에 陰宅에는 가급적 사용하지 않는 것이 좋고 陽宅일 경우에는 前高後低가 되고 후방으로 물 뒤에 산이 있으면 인물도 비교적 좋다.

경자갑향은 雙星會向이 되어 인물보다 재물에 이로우며 인물은 전방으로 물 뒤에 산이 있으면 인물도 비교적 좋다.

庚坐甲向에서 兌宮〈34〉는 실령이기 때문에 비록 〈運盤 一水〉이 向星과 山星〈3木4木〉를 水生木으로 相生하고 있다고 하여 吉하게 해석해서는 안 된다. 따라서 이 좌의 내룡은 직룡이라면 山星이〈3〉이 되고, 坤龍이라면 山星이〈7〉이 되고, 乾龍이면 山星이〈2〉가 되어 좋은 내룡이 하나도 없다. 그러니까 거의 평지에 가까운 곳에만 사용하여야 인물에 피해가 생기지 않는다.

## [[庚坐甲向(替卦)8運 ]]

| | | | | |
|---|---|---|---|---|
| 辰 | 丙 | 未 | 運坐 | 8運 庚坐甲向(替卦)<br>247.5-250.5 / 259.5-262.5 |
| 1 7<br>七 | 6 2<br>三 | [8] 9<br>五 | 四局 | 山星: 未<br>向星: 甲(旺向) |
| 9 ⑧<br>六 | +2-6<br>八 | 4 4<br>一 庚坐 | 地運 | 140年 (6運 入囚) |
| 5 3<br>二 | 7 1<br>四 | 3 5<br>九 | 城門 | 正城門:《丑方》<br>副城門: ✗ |
| 《丑》 | 壬 | 戌 | 特記 | |

| | | | | | | | | |
|---|---|---|---|---|---|---|---|---|
| 山1 | 生貴子·出名士·靑於出藍·廉潔淸白(염결). | 山6 | 鬼神不安·寒熱往來·老夫婦不和. | 山[8] | 位列朝班·子孫繁榮(자손번영)·功名顯達. |
| 水7 | 酒色破家·盜殺·姦殺·情殺·刑殺. | 水2 | 鬼神不安·寒熱往來·胃下垂·老夫婦不和. | 水9 | 財喜連添(재희연첨)·進田産土地·人旺財興. |
| 山9 | 結婚重重·職位顯達(현달:명성이 자자함) | 山2 | | 山4 | 肝膽病·乳病·股病(고병)·出浪蕩之人. |
| 水⑧ | 發財進産·巨富榮顯·福祿豊厚(복록풍후) | 水6 | | 水4 | 損丁破財·肝膽病·氣喘·紅杏出牆. |
| 山5 | 乏丁·絶嗣·腫毒·出亡命之徒·橫死. | 山7 | 淫賤·情殺·姦殺·殘疾(잔질)·是非口舌 | 山3 | 肝癌·膽石症(담석증)·脚病·出暴徒·逆子. |
| 水3 | 肝癌·膽石症·脚病·長子暴斃(폭폐)·橫死. | 水1 | 宜長流之之玄水, 主勤儉興家(근검흥가). | 水5 | 販毒·密輸(밀수)·腫毒·橫禍·家破人口. |

### 【해설】

이 局은 같은 경좌라도 下卦와 달리 向星은 旺向이 되었지만 山星은 坤宮에 있다.

이 局에서 전면인 震宮에 물이 있고 坤宮에 산이 있으면 合局이 되어 실질적으로는 旺山旺向이 되어 丁財兩旺하는 아주 길한 局이 된다.

이렇게 8運에 合局이 되었다고 가정하자. 9運이 되면 向星9가 坤宮에 있고 山星9는 向宮에 있기 때문에 上山下水가 되어 丁財兩敗하게 된다. 이러한 묘의 경우에는 7運에 발복을 받은 자손이 8運이 되면 왕기를 회수하기 때문에 8運에 망하게 된다.

※ 지운기간에만 의존하면 안 된다.

그런데 지운은 6運에 입수(入囚)되니까 140년이나 오랫동안 지속된다고 하였다. 〈표〉에 나오는 지운기간은 실령과는 차이가 있으니 지운에만 너무 의존하지 말고 運이 변화됨에 따라 해당 運의 旺氣방위의 산수를 보고 판단하여야 한다.

한편 庚坐下卦는 평지에만 가능하다고 하였는데 庚坐替卦는 山星8이 坤方에 있기 때문에 坤龍으로 된 내룡이면 좋다.

陽宅이라면 離宮〈62 三〉과 中宮〈26 八〉이 연결되어 힘이 강력하게 작용하고 있다. 〈62 三〉은 먼저 실령이 되고 離宮에〈6金2土 三木〉은 6金이 三木을 相剋하고 三木은 다시 2土를 相剋하여 흉하다. 따라서 〈표〉에 나오는 내용대로 귀신으로 불안하고, 한열왕래(寒熱往來)하는 장티푸스 같은 전염병에 걸리고, 老夫婦간에 불화가 생긴다고 하였다. 또한 이 방에 신혼부부가 산다면 2老母와 6老父가 되어 임신하기가 어렵다.

## [[8運 酉坐卯向(下卦)]]

| 〈巽〉 | 午 | 坤 | 運坐 | 8運 酉坐卯向(下卦)<br>265.5～274.5 |
|---|---|---|---|---|
| 2 5<br>七 | 6 1<br>三 | 4 3<br>五 | 四局 | 雙星會坐(向星上山) |
| ←卯向 3 4<br>六 | -1+6<br>八 | ⑧ ⑧<br>一 酉坐 | 地運 | 140年 (6運 入囚) |
| 7 9<br>二 | 5 2<br>四 | 9 7<br>九 | 城門 | 正城門: ✗<br>副城門:〈巽方〉 |
| 艮 | 子 | 乾 | 特記 | |

| 山<br>2 | 疾病·死亡·出寡婦·乏嗣(핍사:절손) | 山<br>6 | 宜來龍,出貴子·讀書之聲三元不絶(삼원:180년) | 山<br>4 | 出反覆無常之人·長婦(장부:큰며느리)重病. |
|---|---|---|---|---|---|
| 水<br>5 | 胃腸病(위장병)·黃腫(황종)·出鰥夫. | 水<br>1 | 科甲·出貴. 若大湖圓亮,1運定發科名(子午年應) | 水<br>3 | 肝病·足病·官訟·刑殺·損丁(: 사람이 다침) |
| 山<br>3 | 官司·刑訟·損丁·肝膽病·脚病(각병:다리병). | 山<br>1 | | 山<br>⑧ | ※宜遠山,出貴丁·高僧(고승)·賢人(현인). |
| 水<br>4 | 出放蕩(방탕)·反覆無常之人. | 水<br>6 | | 水<br>⑧ | 當元發財, 利田産·畜牧(축목)·房地産. |
| 山<br>7 | 季房退丁口(계방)·淫亂·乏嗣·傷殘 | 山<br>5 | 少人丁·出鰥夫(출환부:홀아비)·疾病·*損主* | 山<br>9 | ※宜來龍,出貴子·美女. |
| 水<br>9 | 宜暗水(암수:보이지않는 물),9運發財·積富 | 水<br>2 | 疾病·損主·*破損*<br>*出寡婦(출과부)* | 水<br>7 | 好酒色·血症(혈증)·火災·殘疾(잔질). |

### 【해설】

유좌는 **雙星會坐局**으로 묘좌(雙星會向)나 을좌(雙星會向)와 성요의 숫자는 같은데 宮안에서의 山星과 向星의 숫자가 서로 반대이고, 向宮과 坐宮은 위치와 숫자가 반대로 되어있다. 이는 中宮에 숫자의 위치와 음양이 서로 다르기 때문이다.

| 5 2<br>七 | 1 6<br>三 | 3 4<br>五 |
|---|---|---|
| ├ 4 3<br>六 | +6-1<br>八 | ⑧⑧ →<br>一 |
| 9 7<br>二 | 2 5<br>四 | 7 9<br>九 |
| 8運 卯坐酉向(下卦. 替卦) ||| 
| 8運 乙坐辛向(下卦. 替卦) |||
| 雙星會向 |||

| 2 5<br>七 | 6 1<br>三 | 4 3<br>五 |
|---|---|---|
| ← 3 4<br>六 | -1+6<br>八 | ⑧ ⑧ ┤<br>一 |
| 7 9<br>二 | 5 2<br>四 | 9 7<br>九 |
| 8運 酉坐卯向(下卦. 替卦) |||
| 8運 辛坐乙向(下卦. 替卦) |||
| 雙星會坐 |||

卯坐와 乙坐는 **雙星會向**가 되어 기본적으로는 재물에는 좋으나 인물에는 좋지 않으나, 전방으로 물이 있고 물 뒷편에 산이 있으면 인물도 비교적 좋다.

酉坐와 辛坐는 **雙星會坐**이 되어 때문에 陰宅에는 가급적 사용하지 않는 것이 좋고, 陽宅의 경우에는 전고후저(前高後低)의 지형으로 후방에 물이 있고 물 뒤에 산이 있으면 인물도 비교적 좋다. 이때의 전고후저는 震宮에 山星은 〈3〉은 실령이므로 전방의 산이 높으면 안 되고 낮아야 한다.

그러나 만약에 배산임수의 지형이라면 내용적으로는 上山下水나 마찬가지가 된다. 震宮에 向星은 〈4〉는 실령이므로 전방에 물이 보이면 전혀 도움이 안 되고 오히려 흉이 된다.

## [[8運 酉坐卯向(替卦)]]

| | 〈巽〉 | 午 | | 坤 | 運坐 | 8運 酉坐卯向(替卦)<br>262.5-265.5 / 274.5-277.5 |
|---|---|---|---|---|---|---|
| | 2 5<br>七 | 6 1<br>三 | 4 3<br>五 | | 四局 | 雙星會坐 |
| ←卯向 | 3 4<br>六 | -1+6<br>八 | ⑧ ⑧<br>一 | 酉坐 | 地運 | 140年 (6運 入囚) |
| | 7 9<br>二 | 5 2<br>四 | 9 7<br>九 | | 城門 | 正城門: ✗<br>副城門: 〈巽方〉 |
| | 艮 | 子 | | 乾 | 特記 | |

| 山2 | 疾病·死亡·出寡婦(과부)·乏男丁. | 山6 | 宜來龍, 長房出貴子·文士. | 山4 | 出昧事無常(출매사무상)·長婦重病. |
|---|---|---|---|---|---|
| 水5 | 胃腸病(위장병)·黃腫(황종)·喪妻(상처). | 水1 | ※1運出科甲(寅午戌子年應) | 水3 | 肝病(간병)·足病官訟·刑殺·損丁. |
| 山3 | 官司(관사)·刑訟·損丁·肝膽病·脚病. | 山1 | | 山⑧ | ※宜遠山, 生貴子·賢人(현인). |
| 水4 | 出放蕩(방탕)·反覆無常之人. | 水6 | | 水⑧ | 當元(:8運)發財, 發田産·畜牧(축목). |
| 山7 | 季房退人口(계방:세째아들)·淫亂·殘疾. | 山5 | 少人丁·※出鰥夫(출환부: 홀아비)·疾病·損主 | 山9 | ※宜來龍, 出貴子·美女. |
| 水9 | 宜暗水(암수: 보이지않는 물),9運發財·積富 | 水2 | 疾病·損主·退財 ※出寡婦(출과부) | 水7 | 酒色破家·血症·火光(:火災)·殘疾(잔질). |

### 【해설】

이 局은 雙星會坐이다. 酉坐(下卦. 替卦) 辛坐(下卦. 替卦)의 성요 숫자는 동일하기 때문에 특별한 상황이 아니면 下卦를 사용하는 것이 좋다.

〈표〉艮宮에 〈79〉에서 계방(季房)이 쇠퇴하는 이유는 7은 본래 少女이지만 少男으로도 보기 때문이다. 마찬가지로 4장녀는 장남으로도, 9중녀는 중남으로도 해석한다. 가족관계는 문왕후천팔괘차서(文王後天八卦次序) 도표를 보면 쉽게 이해된다.

※ 文王後天八卦次序圖

| 文王後天八卦次序 ||||||
|---|---|---|---|---|---|
| 乾父⑥ ||| 坤母② |||
| 艮 坎 震 ||| 兌 離 巽 |||
| 乾三連 ||| 坤三絶 |||
| 震長男③ | 坎中男① | 艮少男⑧ | 巽長女④ | 離中女⑨ | 兌少女⑦ |
| 震下連 | 坎中連 | 艮上連 | 巽下絶 | 離虛中 | 兌上絶 |
| 初爻 陽 | 중간爻 陽 | 上爻 陽 | 初爻 陰 | 중간爻 陰 | 上爻 陰 |
| 長男 | 中男 | 少男 | 長女 | 中女 | 少女 |

乾震坎艮 4개의 괘는 효의 숫자가 홀수이기 때문에 陽이 되고, 坤巽離兌 4개의 괘는 효의 숫자가 짝수이기 때문에 陰이 된다.

## [[8運 辛坐乙向(下卦)]]

| | | | | |
|---|---|---|---|---|
| 2 5<br>七 | 6 1<br>三 | 4 3<br>五 | 運坐 | 8運 辛坐乙向(下卦)<br>280.5 ~ 289.5 |
| 3 4<br>六 | -1+6<br>八 | ⑧ ⑧<br>一 | 四局 | 雙星會坐(向星上山) |
| 7 9<br>二 | 5 2<br>四 | 9 7<br>九 | 地運 | 140年 (6運 入囚) |
| | | | 城門 | 正城門: ✗<br>副城門: 〈巳方〉 |
| | | | 特記 | |

坐: 辛坐 / 向: 乙向
방위: 〈巳〉 丁 申 / 寅 癸 亥

| | | | | | | |
|---|---|---|---|---|---|---|
| 山2 | 疾病·死亡·出寡婦·患癌症(환암증). | 山6 | 官來龍,出貴子·功名不絶(공명부절). | 山4 | 出昧事無常之人·長婦(장부: 큰며느리)重病. |
| 水5 | 脾胃病(비위병)·黃腫(황종)·剋妻(극처). | 水1 | 若有湖水圓亮,1運出科甲(寅午戌子年應). | 水3 | 肝病·足病·官訟·刑殺·損丁(: 사람이 다침) |
| 山3 | 官司·刑訟·損丁·出賊盜(출적도). | 山1 | | 山⑧ | ※宜遠山(의원산),出貴丁·高僧(고승). |
| 水4 | 長房風聲(풍성: 나쁜 평판)·反覆無常者. | 水6 | | 水⑧ | 當元發財,房地産·山産大利. |
| 山7 | 季房人丁冷(계방)·肺病·性病·火厄 | 山5 | 疾病·損人丁·少男丁·絶嗣(절사: 절손) | 山9 | ※宜來龍,出貴子·美女·出辯護士(변호사). |
| 水9 | 宜暗水(암수: 보이지 않는 물),9運發財. | 水2 | 疾病·損主·退財·*出寡婦*(출과부) | 水7 | 酒色破家(주색파가)·血症·火災·殘疾. |

### 【해설】

이 局은 雙星會坐이다. 대개는 酉坐인 천원(天元)은 대체적으로 대지(大地)가 많고, 辛坐인 人元(人元)은 대체적으로 발복이 오래간다는 점에서 차이가 있다.

雙星會坐局은 일명 上山局으로 배산임수지역에서는 인물로는 왕정(旺丁)하지만 재물은 불왕(不旺)하다. 따라서 지형이 배산임수로 되는 지역에서는 음·陽宅을 막론하고 사용하지 않는 것이 상책이지만 경제적으로 여유가 많고 인물이 귀한 경우의 집안이라면 **雙星會坐**가 오히려 **雙星會向**보다 적합하다고 할 수 있겠다.

離宮에 ⟨16⟩인데 만약에 깨끗한 호수가 있으면 1運에 과갑(科甲)이 나오는데 발응하는 연도는 寅午戌子年이다. 여기에서 寅午戌년은 ⟨16⟩午방위에 대한 삼합(三合)년도이고 子년은 午방의 반대편 방위이기 때문이다.

연성(連星)인 ⟨16⟩, ⟨27⟩, ⟨38⟩, ⟨49⟩로 向星과 山星이 되고 득운(得運)인 경우에는 의외의 좋은 인연이 생기고, 실운(失運)일 경우에는 의외의 걱정거리가 생긴다.

## [[8運 辛坐乙向(替卦)]]

| | 〈巳〉 | 丁 | | 申 | | 運坐 | 8運 辛坐乙向(替卦) 277.5-280.5 / 289.5-292.5 |
|---|---|---|---|---|---|---|---|
| | 2 5 七 | 6 1 三 | 4 3 五 | | | 四局 | 雙星會坐 |
| 乙向← | 3 4 六 | -1+6 八 | ⑧ ⑧ 一 | | 辛坐 | 地運 | 140年 (6運 入囚) |
| | 7 9 二 | 5 2 四 | 9 7 九 | | | 城門 | 正城門: ✗  副城門:〈巳方〉|
| | 寅 | 癸 | | 亥 | | 特記 | |

| | | | | | | |
|---|---|---|---|---|---|---|
| 山 2 | 疾病·死亡·出寡婦·乏嗣. | 山 6 | 宜來龍(의래룡), 長房出貴子. | 山 4 | 出反覆無常之人 長婦(장부:큰며느리)重病. |
| 水 5 | 脾胃病(비위병)·黃腫(황종)·剋妻. | 水 1 | 科甲·出貴. 若大放光亮於丁方,1運出發科名. | 水 3 | 肝病·足病·官訟(관송)·刑殺·損丁. |
| 山 3 | 官司·刑訟·損丁. 出昧事不明理. | 山 1 | | 山 ⑧ | ※宜遠山(원산:멀리 보이는 산), 季房出貴子. |
| 水 4 | 長房風聲·出昧事(매사:능력부족)無常之人. | 水 6 | | 水 ⑧ | 當元發財, 發田産土地. |
| 山 7 | 季房人丁冷退·色癆·官訟. | 山 5 | 疾病·損人·少男丁·腫毒·絶嗣 | 山 9 | ※宜來龍, 中房出貴子·美女. |
| 水 9 | 宜暗水(암수:보이지않는 물),9運發財·積富 | 水 2 | 疾病·損主·退財 出寡婦(출과부) | 水 7 | 酒色破家·血症(혈증)·火災·剋妻(극처:상처). |

> **【해설】**

　이 局은 **雙星會坐**로 **辛坐下卦**와 동일하다.
　현공풍수로 보는 감정이 정확하게 평가할 수 있다면 현공의 유년자백을 이용하여 현공풍수식으로 개인의 운정(運程)을 쉽게 감정할 수 있는 방법이 있지 않을까?
　구성학으로 감정하는데 현공법 이론을 대입하여 개인의 당면 문제를 감정하면 신기하게 백발백중한다.
　다음은 구성학으로 생년과 일시반(日時盤)으로 어떤 여성(1953년생)을 감정한 것이다.

| 5　6 | 1　2 | 3　4 |
|---|---|---|
| 4　5 | 日　時<br>6　7 | 8　9 |
| 9　1 | 2　3 | 7　8 |

　2004년 8월 10일 밤에 감정한 명반이다.
　巽宮의 〈56〉으로 6이 남편인데 5黃 관살(關煞)을 만났으니 이혼하여 혼자인 상태이고, 離宮의 〈12〉로 1은 자식이며 고난이며 눈물이니 자식으로 재정적으로 고생이 많은데, 乾宮의 〈78〉에서 7은 돈이고 8은 부동산으로 즉 경제적으로 여유있는 남편을 원하지만 본래 공망이 들어 어렵다.

## [[8運 戌坐辰向(下卦)]]

| | | | | |
|---|---|---|---|---|
| 辰向 ← | 丙 | 未 | 運坐 | 8運 戌坐辰向(下卦) 295.5~304.5 |
| | ⑧6 / 42 / 64<br>七 / 三 / 五 | | 四局 | 上山下水 |
| 〈甲〉 | 75 / +9+7 / 29<br>六 / 八 / 一 | 庚 | 地運 | 160年 (7運 入囚) |
| | 31 / 53 / 1⑧<br>二 / 四 / 九 | | 城門 | 正城門: ✗<br>副城門:〈甲方〉 |
| 丑 | 壬 | 戌坐 | 特記 | 連珠三般卦 |

| | | | | | | |
|---|---|---|---|---|---|---|
| 山⑧ | 出文韜武略(문도무략)之才·善人·賢人 | 山4 | 山岡硬直, 出悍婦(悍:한). 膨脹·肝膽病. | 山6 | 官司·肺氣腫·頭風·肝硬化·殘廢(잔폐). |
| 水6 | 退産業·功名無望·消極(소극)·卑微(비미) | 水2 | 出寡婦·胃腸病·家業凌替(능체:쇠퇴) | 水4 | 因色破財·肝膽病·窒息(질식)·腿病. |
| 山7 | 退人口, 出盜賊·娼妓·殘疾(잔질)·死刑. | 山9 | | 山2 | 宜水外遠秀之峰, 2運添子. |
| 水5 | 販毒(판독)·密輸·服毒·殘廢·死刑. | 水7 | | 水9 | 宜小水·暗水, 9運發財. |
| 山3 | 出賊盜·長子放蕩·溺水(익수:물에 빠짐) | 山5 | 仲房損丁·絶嗣, 肝膽病·殘廢. | 山1 | 宜水外遠秀之峰, 2運出貴. |
| 水1 | 宜之玄長流水, 勤儉創業. | 水3 | 肝膽病·肢體殘廢(지체잔폐)·家破人亡. | 水⑧ | 當元進財, 富貴壽考(수고:장수) |

### 【해설】

이 局은 上山下水局이다. 7運에 戌좌는 旺山旺向으로 吉象이었는데 8運에는 흉상으로 변하였다. 따라서 산룡지세에서는 정재양패(丁財兩敗)하는 패국(敗局)이 된다.

※ 신후지지(身後之地)에 대하여

「신후지지(身後之地)」라고 하여 자신의 陰宅을 미리 잡아 천광(穿壙)을 파고 석관까지 넣어두는 경우도 종종 있다. 그러나 運과 坐向에 따라 길흉이 다르게 나타난다는 사실을 고려 하여 신후지지를 마련해야 한다.

예를 들어 8運에 술좌로 만든 신후지지라면 上山下水가 걸리게 되니까 용사(用事)를 하면 안 된다.

만약에 陽宅에서 전산도수(顚山倒水)하는 지형이라면 전반이 삼반괘가 되기 때문에 정재양왕(丁財兩旺)함은 물론이고 귀인이 도와주는 격이 되어 상점이나 사무실로 활용하면 경제적으로 특별히 좋은 坐向이 된다.

이때에 대문(또는 출입문)은 건물 뒤로 내어야 왕기방이 되는데, 사정이 여의치 않으면 向星이 생기인 兌宮〈9〉나 向星이 진기인 艮宮〈1〉에 대면 좋다. 다만 兌宮에 대문은 비록 生氣이기는 하지만 山星 2가 흉수인 점을 감안하면 진기(進氣)인 兌宮에 내는 것이 좋다.

만약에 정면으로 즉 巽宮에 대문을 내면 向星이 퇴기가 되어 비록 旺山旺向이라도 吉한 영향이 반감된다.

## [[8運 戌坐辰向(替卦)]]

| 辰向 | 丙 | 未 | 運坐 | 8運 戌坐辰向(替卦) 292.5-295.5 / 304.5-307.5 |
|---|---|---|---|---|
| 6⑧ 七 | 2 4 三 | 4 6 五 | 四局 | 旺山旺向 |
| 〈甲〉 5 7 六 | +7+9 八 | 9 2 一 | 地運 | 20年 (9運 入囚) ✔ |
| 1 3 二 | 3 5 四 | ⑧ 1 九 | 城門 | 正城門: ✗ |
| | | | | 副城門: 〈甲方〉 |
| 丑 | 壬 | 戌坐 | 特記 | 連珠三般卦 |

| 山6 | 長房人丁冷退, 出鰥夫·獨夫(독신남자) | 山2 | 姑婦不和·脾胃病·暗悶抑鬱(암민억울). | 山4 | 窒息(窒:막힐질)·男女不倫·股病·刀傷. |
|---|---|---|---|---|---|
| 水⑧ | 發財·夫慈子孝·門庭光顯(문정광현). | 水4 | 水路直射, 惡婦欺姑(악부기고)·黃腫·股病. | 水6 | 姦淫·官司·退財 爲財惹禍(惹:일으킬 야) |
| 山5 | 乏男丁·絶嗣·橫禍(횡화)·怪病·凶死. | 山7 | | 山9 | 9運旺丁, 加官晋爵(가관직작:승진)·名聞天下. |
| 水7 | 殘疾·吸食毒品·肺病·喉症·色癆(색로) | 水9 | | 水2 | 目疾·心疼·腸炎 胰臟炎(:췌장염)·難産. |
| 山1 | 生貴子·得減刑或特赦(특사)·出特任官. | 山3 | 出賊盜·暴戾之人(폭려)·膽病·路死. | 山⑧ | 出文人名士·富貴壽考(수고:장수). |
| 水3 | 動盪離散(동탕이산), 惡婦欺姑·黃腫·股病 | 水5 | 販毒·密輸·賭博傾家(도박경가)·破産(파산). | 水1 | 忌大水, 主損丁 出聾啞·智障兒(지장아). |

**【해설】**

이 局은 下卦와 같은 旺山旺向局이다.

地元龍의 替卦는 일정한 범위를 넘어 오른쪽으로 가면 대공망에 빠지고 왼쪽으로 너무 가면 소공망에 빠지기 때문에 아주 조심해야 한다.

※ 九星吉凶斷

| 九星吉凶斷 ||||
|---|---|---|---|
| 九星 | 八卦 | 異名 | 吉 凶 象 |
| 1白水 탐랑 | 坎 | 牙笏, 胎神 | 少年科甲, 名播四海, 聰明知慧男子 |
| | | 淫佚 | 刑妻, 瞎眼(할안), 夭亡飄蕩 |
| 2黑土 거문 | 坤 | 天醫 | 發田財, 旺人丁, 武貴, 陰謀鄙吝 |
| | | 病符, 寡婦 | 寡婦, 難産, 腹病, 惡疾, |
| 3碧木 녹존 | 震 | 諸侯 | 財祿豊盈, 興家創業, 成均館, 長房大旺 |
| | | 蚩尤, 賊星 | 刑妻, 中風, 官訟是非. |
| 4綠木 문곡 | 巽 | 文星 | 文章名世, 科甲聯芳, 女美而貴 |
| | | 淫蕩 | 中風, 自殺, 淫蕩, 破家, 漂流滅絶. |
| 5黃土 염정 | 中宮 | 巨富 | 驟發,旺丁,極貴, 極富,奇人, 聖賢仙佛 |
| | | 瘟疫 | 災殃, 孟仲官訟, 季子昏迷痴獃(치애) |
| 6白金 무곡 | 乾 | 官星, 靑龍 | 權威震世, 武職勳貴, 巨富多丁 |
| | | 鰥夫 | 刑妻孤獨, 寡母守家. |
| 7赤金 파군 | 兌 | 天喜 | 發財旺丁, 武途仕宦, 小房發福 |
| | | 刑曜 | 盜賊離鄕, 役軍橫死, 牢獄, 口舌, 火災, 損丁 |
| 8白土 좌보 | 艮 | 魁星 | 孝義忠良, 富貴綿遠, 小房洪福 |
| | | 善曜 | 小口損傷, 膨脹 |
| 9紫火 우필 | 離 | 紅鸞, | 文章科第, 驟至榮顯, 中房受蔭. |
| | | 哭泣 | 吐血, 目疾, 産死, 回祿, 官災 |

## [[8運 乾坐巽向(下卦)]]

| 巽向 ↖ | 《午》 | 坤 | 運坐 | 8運 乾坐巽向(下卦) 310.5~319.5 |
|---|---|---|---|---|
| | 1 ⑧<br>七 | 5 3<br>三 | 3 1<br>五 | 四局 | 旺山旺向 |
| 卯 | 2 9<br>六 | -9-7<br>八 | 7 5<br>一 | 酉 | 地運 | 160年 (7運 入囚) |
| | 6 4<br>二 | 4 2<br>四 | ⑧ 6<br>九 | | 城門 | 正城門:《午方》<br>副城門: ✗ |
| 艮 | | 子 | | 乾坐 | 特記 | |

| 山1 | 1運旺丁出貴, 文武全才(문무전재). | 山5 | 少人丁·凶死·手脚畸形(수각기형)·出暴徒 | 山3 | 官訟·破敗·損丁·蛇咬(:뱀에 물림)·溺水. |
|---|---|---|---|---|---|
| 水⑧ | 富貴, 出學者, 賢人(현인) | 水3 | 肝膽病(간담병)·災禍橫死(재화횡사). | 水1 | 1運發財, 勤儉創業(근검창업) |
| 山2 | 2運旺人丁.<br>8運多病. | 山9 | | 山7 | 服毒·吸毒(흡독:대마초)·性病·肺病. |
| 水9 | 9運發財,<br>竝旺人文(병왕인문). | 水7 | | 水5 | 凶災橫禍·破産(파산)·癌症(암증). |
| 山6 | 剋妻(극처:상처)·官司刑獄(형옥)·肺病. | 山4 | 肝膽·股(고)·氣喘病·姑婦不和(고부불화). | 山⑧ | 1運旺丁出貴, 文武全才. |
| 水4 | 肝膽·股(고)·氣喘病·勞碌(노록:고생)·自縊 | 水2 | 2運發財.<br>8運~1運出寡婦. | 水6 | 富貴, 出學者, 賢人. |

### 【해설】

이 局은 旺山旺向이다.

같은 旺山旺向이라도 8運에 旺山旺向은 陰·陽宅 공히 특별히 吉한 局이다. 이유는 向宮과 坐宮이 삼길수인 1. 6. 8로 되어 있기 때문이다.

다만 陽宅은 中宮이 〈97〉로 되어 화재를 조심하여야 하고 9運에 山星에 입수된다는 점이 있다.

내룡의 산세는 坎宮의 山星은 4이고, 兌宮의 山星은 7이므로 횡룡(橫龍)은 마땅치 않고 비룡(飛龍)이나 직룡(直龍)이 좋다.

8運에는 旺山旺向이지만 7運에는 上山下水이므로 7運에 용사한 묘라면 8運에 환천심을 해주면 좋다. 그리고 언제 용사를 했는지 모르는 묘가 있다면 이 경우에도 환천심을 해주면 좋다.

旺山旺向이지만 中宮에 〈97〉성요 때문에 불길한 예감이 들지만 合局이 되면 큰 문제가 되지 않는다. 그러나 不合局이면 〈97〉의 흉한 영향력이 작용을 한다.

## [[8運 乾坐巽向(替卦)]]

```
巽            《午》           坤
向↗                            
      ┌─────┬─────┬─────┐
      │ 1 ⑧ │ 5 3 │ 3 1 │
      │  七 │  三 │  五 │
      ├─────┼─────┼─────┤
 卯   │ 2 9 │-9-7 │ 7 5 │   酉
      │  六 │  八 │  一 │
      ├─────┼─────┼─────┤
      │ 6 4 │ 4 2 │ ⑧ 6 │
      │  二 │  四 │  九 │
      └─────┴─────┴─────┘
 艮          子            乾
             坐            坐
```

| 運坐 | 8運 乾坐巽向(替卦)<br>307.5-310.5 / 319.5-322.5 |
|---|---|
| 四局 | 旺山旺向 |
| 地運 | 160年 (7運 入囚) |
| 城門 | 正城門:《午方》<br>副城門: ✗ |
| 特記 | |

| 山 1 | 1運旺丁出貴, 出教育家. | 山 5 | 少人丁·凶死.<br>長房出暴戾(폭려)不法之人. | 山 3 | 脚病·膽病(담병)<br>出賊盜·蛇咬(:뱀에 물림). |
|---|---|---|---|---|---|
| 水 ⑧ | 富貴, 勤儉創業·房房皆發(방방개발:모두발복) | 水 3 | 肝病(간병)·橫禍凶死, 出盜賊(출도적). | 水 1 | 1運長·仲房發財<br>出文武人才. |
| 山 2 | 2運, 人丁旺盛·出文人畵家. | 山 9 | | 山 7 | 服毒·吸毒(흡독)<br>性病·肺病·酒色亡身 |
| 水 9 | 9運長房發財, 宜小水. | 水 7 | | 水 5 | 凶災橫禍·性病·殘廢(잔폐)·死刑. |
| 山 6 | 剋妻(극처:상처)·長房人丁冷退(냉퇴:쇠퇴). | 山 4 | 肝膽·股(고)·氣喘病·出乞丐(걸면:거지) | 山 ⑧ | 武貴, 出忠臣孝子·積善行仁. |
| 水 4 | 肝膽·股(고)·氣喘病·窒息死(질식사) | 水 2 | 2運發財, 積富·中獎(중장:복권). | 水 6 | 損丁·老人孤獨癡呆(치매)·退敗. |

### 【해설】

이 局은 旺山旺向이다.

乾坐下卦, 乾坐替卦, 亥坐下卦, 亥坐 替卦의 성요숫자는 동일하기 때문에 특별한 상황이 아니면 下卦를 사용하는 것이 좋다. 만약에 불필요하게 替卦를 사용하면 발복의 역량이 감소된다.

예들 들어 8運에 乾坐巽向은 旺山旺向이 되는데 合局이라고 가정하자.

向宮인 巽宮에 물의 환포수수(環抱秀水)하면 재왕(財旺)한다. 그런데 巽宮에 물이 반궁수(反弓水)로 되었으면 어떻게 될까?

이때에는 일단 向宮에 물이 있기 때문에 재물이 생기기는 생기지만 형기풍수로 흉한 반궁수이기 때문에 재물이 생기는 과정이 힘들 뿐만 아니라 힘들게 모은 재산이 결국에는 다시 나가게 되어 재물이 모이지 않는다.

풍수지리는 항상 형리(形理)를 동간(同看)하여 원칙에 의거하고 정도에 따라 적절하게 적용하고 추리를 잘하는 것이 바로 「통변(通辯)」이다.

현공풍수의 고수가 되기 위해서는 먼저 기초이론을 충실히 공부하고 책속에 사례를 통하여 간접경험을 하고 실제로 주변의 가까운 친척이나 친구들의 집이나 묘를 연구해야 한다.

현공풍수 사례집으로《이택실험(二宅實驗)》과《택운신안(擇運新案)》이라는 귀중한 현공풍수 사례집이 있으니 일독을 권장한다.

## [[8運 亥坐巳向(下卦)]]

| | | | | |
|---|---|---|---|---|
| 巳向 | | 《丁》 | 申 | 運坐 | 運 亥坐巳向(下卦)8  325.5~334.5 |
| | 1⑧ 七 | 5 3 三 | 3 1 五 | 四局 | 旺山旺向 |
| 乙 | 2 9 六 | -9-7 八 | 7 5 一 | 辛 | |
| | | | | 地運 | 160年(7運 入囚) |
| | 6 4 二 | 4 2 四 | ⑧ 6 九 | 城門 | 正城門:《丁方》  副城門: ✗ |
| 寅 | | 癸 | | 亥坐 | 特記 |

| | | | | | | |
|---|---|---|---|---|---|---|
| 山1 | 宜壯元(:文筆)峰·祖山, 出貴. | 山5 | 少人丁·凶災橫死(흉화횡사), 絶嗣(절사). | 山3 | 忌探頭山(탐두산:엿보는 산). 出盜賊·蛇咬. |
| 水⑧ | 當元發財, 出文人秀士. | 水3 | 雷殛(벼락사망)·槍殺·橫死·出盜賊. | 水1 | 1運發財, 出發明家·創業家(창업가) |
| 山2 | 胃腸病胰·眼病·人物愚庸(우용)·出寡婦. | 山9 | | 山7 | 吸毒(흡독:대마초)·好酒色·性病·肺癆(폐로). |
| 水9 | 9運發財·旺丁·榮顯·長壽. | 水7 | | 水5 | 吸毒·服毒·販毒·走私(주사:밀수)·橫禍 |
| 山6 | 勞苦不絶(노고불절)·剋妻·男女不倫. | 山4 | 出乞丐·姑婦不和(고부불화)·股病·肝膽病. | 山⑧ | 人才蔚起(蔚:무성할 울)·藝業精通·文武全能. |
| 水4 | 窒息·肝膽病·刀傷·股病·自縊 | 水2 | 風疾·腹病·癌腫主母遭殃. | 水6 | 鰥寡孤獨·長房退敗. |

### 【해설】

현공풍수를 이용하여 결혼을 하는 방법이 있다. 현공풍수의 성요수를 해석하는 《자백결》이라는 책에 이르기를 『八逢紫曜 婚喜重來(팔봉자요 혼희중래)』라는 말이 나온다.

이 말은 「8백이 9자를 만나면 결혼의 기쁨이 거듭된다.」라는 뜻이다.

8백은 본래 길성인데, 기쁨이나 꽃을 뜻하는 9자가 만나게 되면 결혼을 하는 경사가 생기게 된다는 뜻이다. 그리고 9火가 8土를 火生土로 相生하여 더욱 좋다.

8運에 8白星은 왕기가 되어 다른 運보다 더욱 힘이 강하여 확실히 결혼을 하고 이미 결혼을 했다면 첨정(添丁)의 기쁨을 얻게 된다.

〈89〉의 위치에 火의 색상인 홍색, 자색, 등색으로 침대나 방의 색으로 꾸미고, 꽃그림이나 꽃병을 둔다면 효과는 더욱 상승된다.

역학에 성(星)이나 요(曜) 또는 성요(星曜)라는 말이 자주 나오는데 星이나 曜는 비슷한 말이지만 星은 좋은 뜻으로, 曜는 비교적 나쁜 뜻으로 사용되며, 星曜는 통상적으로 별을 지칭할 때에 통상적으로 쓰는 용어이다.

하늘에 별은 지상에 산과 연결되어 있으면서 인간에게 길흉화복을 준다고 한다. 이런 연유에서 숙명(宿命)이란 말도 별을 뜻하는 「숙(宿)자」에서 나온 말이다.

## [[8運 亥坐巳向(替卦)]]

| | 《丁》 | | | |
|---|---|---|---|---|
| 巳向 ↙ | 1⑧ 七 / 53 三 / 31 五 | 申 | 運坐 | 8運 亥坐巳向(替卦) 322.5-325.5 / 334.5-337.5 |
| 乙 | 29 六 / -9-7 八 / 75 一 | 辛 | 四局 | 旺山旺向 |
| | 64 二 / 42 四 / ⑧6 九 | | 地運 | 160年 (7運 入囚) |
| 寅 | 癸 | 亥坐 | 城門 | 正城門:《丁方》  副城門: X |
| | | | 特記 | |

| 山1 | 宜文筆峰(문필봉), 出思想家·敎育家. | 山5 | 少人丁·凶災橫死(흉재횡사). | 山3 | 蛇咬·蜂螯(봉석), 長房出浪蕩子·賊盜. |
|---|---|---|---|---|---|
| 水⑧ | 當元發財, 富而有德. | 水3 | 出盜賊, 巳命人當之;博奕亡家(박혁) | 水1 | 秀水之玄, 出貴子·思想家 |
| 山2 | 出愚庸(우용:어리석음)之人·尖峰訴訟·刑獄 | 山9 | | 山7 | 季房大敗, 凶死常生·吸毒(:대마초)·服毒 |
| 水9 | 靑蚨闐闐(청부전전:부자)·富而多子. | 水7 | | 水5 | 暴發暴敗(暴:갑자기 폭)·痲藥密輸. |
| 山6 | 剋妻(극처:상처)·頭風·人丁冷退(냉퇴:쇠퇴) | 山4 | 山岡直來撞脅(당협)室有欺姑之婦. | 山⑧ | 少年早發, 武貴宜御屛山(어병산). |
| 水4 | 出乞丐(걸면:거지)·逃亡之人. | 水2 | 久病·癌腫·因小失大, 貪心失財 | 水6 | 子不孝·夫不慈·無嗣, 長房冷退 |

### 【해설】

이 局은 旺山旺向이다.

乾坐(下卦. 替卦) 亥坐(下卦. 替卦)의 성요는 동일하기 때문에 특별한 상황이 아니면 下卦를 사용하는 것이 좋다.

현공이기법의 핵심은 4局에 따른 合局과 不合局 여부만 판단하면 길흉을 간단하게 알 수 있으며 특히 陰宅에서는 더욱 쉽다. 다만 평지의 陽宅에서는 현공법에 따른 길흉의 정도가 陰宅에 비하여 비중이 훨씬 떨어진다.

현공법으로 合局이 되더라도 형기의 정도에 따라 吉凶의 정도가 다르다는 점이 현공풍수법의 한계이다.

또 한 가지 문제점은 현공법으로는 4局에 合局이 되는 장소를 선택할 수 있지만 현공풍수를 이용하여 陰宅 대명당을 찾을 수는 없다. 역시 현공풍수를 기본으로 하고 형기풍수를 능해야 완벽한 풍수사라고 할 수 있다.

반면에 현공풍수법은 陰宅보다도 陽宅에서 진가를 발휘하는 부분이 있다. 陰宅은 주변의 환경를 변화시키는 자체가 거의 불가능하지만 陽宅은 9宮에 따른 방배치나 대문이나 창문의 개조, 그리고 제화법을 이용하여 흉상의 陽宅도 吉象의 陽宅으로 바꿀 수가 있다는 점에서 많기 때문이다. 다만 陽宅에서 현공이론을 적용한 데는 陰宅에 비하여 높은 실력이 요구된다.

# 제3부

# 9운 24좌 해설집

### 囚運의 특성과 유의사항

1. 囚運에는 旺山旺向과 上山下水가 없고 雙星會向 12개 坐向과 雙星會坐 12개 坐向뿐입니다. 雙星會向은 穴前에 물이 있고 조안산(朝案山)이 좋은 지형일수록 좋은 땅이 됩니다. 雙星會坐는 조심하여 사용하여야 합니다(다만 도심지에 양택은 예외).

2. 囚運은 離㊲로 성질이 조급(躁急)하여 山星⑨ 방위에 近山大山이거나 向星⑨방위에 近水大水가 있으면 오히려 피해를 입게 됩니다.

3. 지난 屯運이나 囚運에는 上山下水에 반복음(反伏吟)이 되어 가파인망(家破人亡)할 정도로 피해가 막중했지만, 다행히 囚運에 雙星會坐에 反伏吟인 子坐·癸坐·丙坐는 지난 運에 비해 凶의 정도가 약하지만 역시 조심하여야 합니다(다만 도심지에 양택은 예외될 수도 있음).

4. 『산림오황소인정(山臨五黃少人丁)』은 山星⑤가 있는 방위에 近山大山이 있으면 성인이 사망에 이를 수가 있으니 조심하여야 합니다. 음택에서는 첨산(尖山)이나 송신탑, 양택에서는 첨탑이나 건축물을 조심해야 합니다.

5. 특정 坐向만 골라서 읽지 말고 반드시 처음부터 끝까지 완독하여 전체적인 내용을 파악한 이후에 현장에서 활용하기를 바랍니다. 어떤 坐向에 대한 이치나 해설이 사정상 다른 坐向에서 설명한 경우가 많기 때문입니다.

## [일러두기]

본서의 원서인 '鐘義明(종의명)' 저서 《玄空地理考驗註解(현공지리고험주해)》에서는 전통한문 표기방식인 세로쓰기로 向星, 山星, 運盤 순이지만, 본서에서 〈 〉사용은 편의상 □안에는 山星아라비아숫자, ○안에는 向星아라비아숫자, 運盤은 漢字 순으로 적었다.

1. '☒'표시는 反伏吟의 표시
2. '㊋'표시는 27㊋(72㊋)
3. '⊙'표시는 吉象의 의미
4. '㊊'표시는 주의하라는 의미
5. '⚠'표시는 山星 5黃星에 표시(大凶)
6. 적색바탕에 백색숫자(❾)는 變格山星暗城門(小吉)
7. 청색바탕에 백색숫자(❾)는 變格向星暗城門(小吉)
8. '←'표시는 向星이 山星을 相剋(凶)
9. '→'표시는 山星이 向星을 相剋(小凶)
10. '⇐'표시는 向星이 山星을 相生(小吉)
11. '⇒'표시는 山星이 向星을 相生(小吉)
12. '↓'표시는 山·向星이 運盤을 相剋(小凶)
13. '⇩'표시는 山·向星이 運盤을 相生(小吉)
14. '◣'표시는 山星+運盤 合十(大吉, 運에 따라 다름)
15. '◢'표시는 向星+運盤 合十(大吉, 運에 따라 다름)
16. '✱'표시는 連珠三盤卦(吉, 運에 따라 다름)

# 九運《2024~2043年》(下卦·替卦) 飛星盤

# 九運 壬山丙向【下卦】

| 巽巳 | 午丁 | 未坤 | | 壬 | |
|---|---|---|---|---|---|
| 辰 | ↑ | 申 | | 癸亥 辛亥 己亥 丁亥 乙亥 | |
| 乙卯 | 4→5 ⑨=⑨ ②火7 | 庚 | | 351 349 348 347 345 344 343 340 339 337 | |
| 甲 | 八 四 六② | 酉辛 | 四局 | ◎雙星會向(;山星下水) | |
| 寅 | 3←6 5←4 7火② | 戌 | 地運 | 160年(六運入囚;坐宮向星六) | |
| 艮 | 七 九× 二⑦ | 乾 | 特記 | ㊟滿盤伏吟: 山地龍 家破人亡 | |
| 丑 | 8→① ①←8 6→3 | 亥 | | 火坤宮·兌宮: 27火화재조심 | |
| | 三 五 一\\ | | | 火坎宮壬方: 山臨五黃少人丁 | |
| | ■ 壬 | | | ⊙坤宮⑦+❷=變格向星暗城門 | |
| | 癸子 | | | ⊙兌宮②+❼=變格向星暗城門 | |

| 山4 | 損丁(손정)·是非橫禍(시비횡화)·乳癰(유옹)·肝病(간병)·癰(악창 옹)。 | 山9 | 尖峰遠照(첨봉원조),文章科甲,兄弟聯芳(형제연방)。*聯(이을 련)*芳(꽃다울 방) | 山2 | 三運^旺丁·出'貴,宜^遠秀之山(원수지산)。*宜^(마땅할 의) |
| --- | --- | --- | --- | --- | --- |
| 水5 | 腫毒(종독)·中毒(중독)·關節炎(관절염)·骨刺(골자)。*刺(찌를 자) | 水⑨ | 發財。水圓亮。環抱·瀟泓(소홍), 主'貴, 文章聲價。^科第聯芳。 | 水7 | 肺病(폐병)·跛(파;절뚝발이)·眇(묘; 애꾸눈)·刑殺·兄弟父子不和。 |
| 山3 | 肝病(간병)·吐血(토혈)·脚病(각병;다리병)·犯法(범법;b)·刑殺(b)。 | 山5 | 東南 南 南西 東 中 西 北東 北 西北 | 山7 | 火災·官刑·出'跛(파)·眇(묘)·缺唇(결순)之人·乏嗣(핍사;절손)。 |
| 水6 | 肝·脚(각;다리)·頭病·肺咳(폐해)·兄弟父子不和。*咳(기침 해) | 水4 | | 水② | 三運^發財(발재+)·醫藥(의약)·土地大利(봉산 부자)。 |
| 山8 | 損(손;손해)·聰明之子(총명지자)·破財(파재;應於^三運)。 | 山① | 三運^旺丁(왕정)。山秀(산수)·出'文士。 | 山6 | 不育(불육)·無嗣(무사;절손)·官訟(관송)·頭痛(두통)·腦病(뇌병)。 |
| 水① | 三運^發財(발재)·勤儉興家(근검흥가)。*勤(부지런할 근)*儉(검소할 검) | 水8 | 損丁·出'愚丁(우정)·犬咬(견교;개에게 물림)·鼠咬(서교;쥐에게 물림)。 | 水3 | 肝病(간병)·蛇咬(사교)。三運^至三運^發財。*咬(물릴 교) |

**【해설】**

⊙ 四局과 反伏吟의 피해 정도

지난 七運(1984~2003년)이나 八運(2004~2023년)에 반복음(反伏吟)은 上山下水에 反伏吟이었는데, 九運(2024~2043년)에 反伏吟은 雙星會坐 反伏吟과 雙星會向 反伏吟으로 과거와 상황이 다르다.

본 坐向인 壬坐丙向은 雙星會向에 反伏吟으로 全面에 즉 旺氣山向星(⑨⑨)이 있는 離宮방위에 막힘이 없으면 反伏吟의 피해가 없다. 午坐丁向·丁坐癸向도 雙星會向이므로 같은 이치이다.

子坐午向·癸坐丁向과 丙坐壬向 3개의 좌향은 雙星會坐에 反伏吟이므로 배산임수의 지형에서는 피해가 발생한다.

⊙ 向宮 〈⑨⑨四〉 +年紫白❶=合十으로 大發

九運에 旺氣星인 〈⑨⑨〉가 있는 向宮이 가장 중요한 宮이 된다. 연자백(年紫白)이 ❶이 向宮에 이르는 年度에 合十이 되어 大發한다.

⊙ 擇日(전문용어로는 '選擇(선택)'이라고 한다)

形氣風水는 本이고 理氣風水는 차(次)이고 擇日은 末이라고 하지만 擇日을 잘하면 發應이 강하고 빠르게 나타난다.

擇日에서 '日'은 하루를 뜻한 의미가 아니라 太陽을 의미하므로 年擇日, 月擇日, 日擇日, 時擇日이 있다. 풍수지리 擇日은 年擇日과 月擇日을 가장 중시하며 坐宮과 向宮에 이르는 年·月紫白을 중요하게 본다.

# 九運 壬山丙向 [起星]

| | | 壬 | | | |
|---|---|---|---|---|---|
| | 癸亥 | 辛亥 | 己亥 | 丁亥 | 乙亥 |
| | 3 5 1 | 3 4 9 | 3 4 8 | 3 4 7 | 3 4 6 | 3 4 5 | 3 4 4 | 3 4 3 | 3 4 2 | 3 4 1 | 3 4 0 | 3 3 9 | 3 3 7 |

四局　山星：丙, 向星：未
地運　120年 (中宮 囚運에 向星入囚)
　　　100年 (中宮 囯運에 山星入囚)

特記
㊉滿盤伏吟；山龍 家破人亡
㊉壬方①(=⑤)山臨五黃少人丁
⊙震宮⑧+❸=變格向星暗城門
⊙艮宮③+⑧=變格向星暗城門

| 山 4 | 風疾(풍질)·股病(고병)·喘咳(천해, 천식)·出'病'書生(서생) | 山 9 | 旺丁·要^山形이 堅實(견실)은 有 精神, 人丁이 才貴秀 | 山 2 | 九運^破財이고 出'蠢丁(준정)이나, 三運^旺丁而秀 |
| 水 7 | 顛狂(전광)·風疾(풍질)·刀傷(도상)·官訟是非(관송시비) | 水 ② | 産難(산난)·血症(혈증)·目疾(목질). 發'土地之財(三運) | 水 ⑨ | 當元發財(당원발재), 三運^損丁(손정). |
| 山 3 | 脚疾(각질)·肝病(간병)·刑殺(형살, 사형)·出'劣子(열자, 못난이) | 山 5 | 4巽-㊍ 9離-㊋ 2坤-㊏<br>3震+㊍ 5中土㊏ 7兌-㊎ | 山 7 | 婦女喧鬧(부녀훤뇨)·多生女兒(다생여아)·刀傷·肺病(폐병) |
| 水 8 | 墜傷(추상, 추락사고)·退(퇴)'家産·坐吃山空(좌식산공, 무의도식) | 水 6 | 8艮+㊏ 1坎+㊌ 6乾+㊎ | 水 4 | 婦女喧鬧(부녀훤뇨)·色慾破家(색욕파가)·傷殘(상잔)·*殘(해칠 잔) |
| 山 8 | 損(손)'幼丁(유정)·筋骨關節(근골관절)·手指傷病(수지상병) | 山 ① | 有山無水·添丁(첨정, 출산), 但(단)^剋妻(극처)·破財(파재) | 山 6 | 頭病(두병)·乏嗣(핍사)·退化症·腦病(뇌병)·痴呆(치매) |
| 水 3 | 損(손)'幼兒(유아:8)·三運^發財 | 水 ① | 有水無山, 剋妻(극처:3)·損丁·水厄(수액) | 水 5 | 腫毒·販毒(판독)·走私(주사,밀수)·家破人亡 |

**【해설】**

| 坐 \ 卦運 | 下卦 | | | | | | | | | 替卦 | | | | | | | | |
|---|---|---|---|---|---|---|---|---|---|---|---|---|---|---|---|---|---|---|
| | 1運 | 2運 | 3運 | 4運 | 5運 | 6運 | 7運 | 8運 | **9運** | 1運 | 2運 | 3運 | 4運 | 5運 | 6運 | 7運 | 8運 | **9運** |
| 壬 | 凶 | | | ▼ | ▼ | | ▼ | | | 凶 | | | | | | | | |
| 子 | | ▼ | | ▼ | | | ▼ | | 凶 | | ▼ | | | | | ▼ | | |
| 癸 | | ▼ | | ▼ | | | ▼ | | 凶 | | ▼ | | | | | | | |
| 丑 | ▼ | | ▼ | | ▼ | | | | | | | | | | | | | |
| 艮 | | 凶 | | ▼ | | | ▼ | 凶 | ▼ | | | | ▼ | | | | 凶 | ▼ |
| 寅 | | 凶 | | ▼ | | | ▼ | 凶 | ▼ | | | | | | | | 凶 | ▼ |
| 甲 | ▼ | | 凶 | ▼ | | | 凶 | ▼ | | | | 凶 | | | | | | |
| 卯 | | ▼ | ▼ | | ▼ | | | ▼ | | | | | ▼ | | | | | ▼ |
| 乙 | | ▼ | | ▼ | | ▼ | | ▼ | | | | | | | | | | |
| 辰 | | | | | | 凶 | | ▼ | | | | | | | | | | |
| 巽 | ▼ | | ▼ | 凶 | | ▼ | | | | ▼ | | | 凶 | 凶 | | | | |
| 巳 | ▼ | | ▼ | 凶 | | ▼ | | | | | | | 凶 | 凶 | | | | |
| 丙 | | ▼ | | | | | | 凶 | | | ▼ | | | | | | | 凶 |
| 午 | 凶 | | ▼ | | ▼ | | ▼ | | | ▼ | | | | | ▼ | ▼ | | |
| 丁 | 凶 | | ▼ | | ▼ | | ▼ | | | ▼ | | | | | | ▼ | | |
| 未 | | | ▼ | | ▼ | | | ▼ | | | | | | | | | | |
| 坤 | ▼ | 凶 | ▼ | | ▼ | | 凶 | | | | | 凶 | | | | | 凶 | |
| 申 | ▼ | 凶 | ▼ | | ▼ | | 凶 | | | | | 凶 | ▼ | | | | 凶 | |
| 庚 | | ▼ | 凶 | ▼ | | 凶 | | | | | | | | | | 凶 | | |
| 酉 | ▼ | | | | ▼ | | | | | | | | ▼ | | | | ▼ | |
| 辛 | | | | | ▼ | | | | | | | | | | | | ▼ | |
| 戌 | ▼ | ▼ | 凶 | | ▼ | | | | | | | | | 凶 | | | | |
| 乾 | | ▼ | | ▼ | 凶 | ▼ | | ▼ | | | | | | | 凶 | ▼ | | |
| 亥 | | ▼ | | ▼ | 凶 | ▼ | | ▼ | | | | | | | 凶 | ▼ | | |

(1)表中에 「▼」表示는 凶이고, 「凶」表示는 大凶이다.
(2)坐實(좌실; 背山)이나, 山峰이 고핍(高逼)者는 不可用이다;
水纏玄武(수전현무)나, 坐에 空者(;無山)는 使用가능하다.
출전(出典):《玄空地理叢譚(현공지리총담) 第五輯(제오집)》

# 九運 子山午向【下卦】

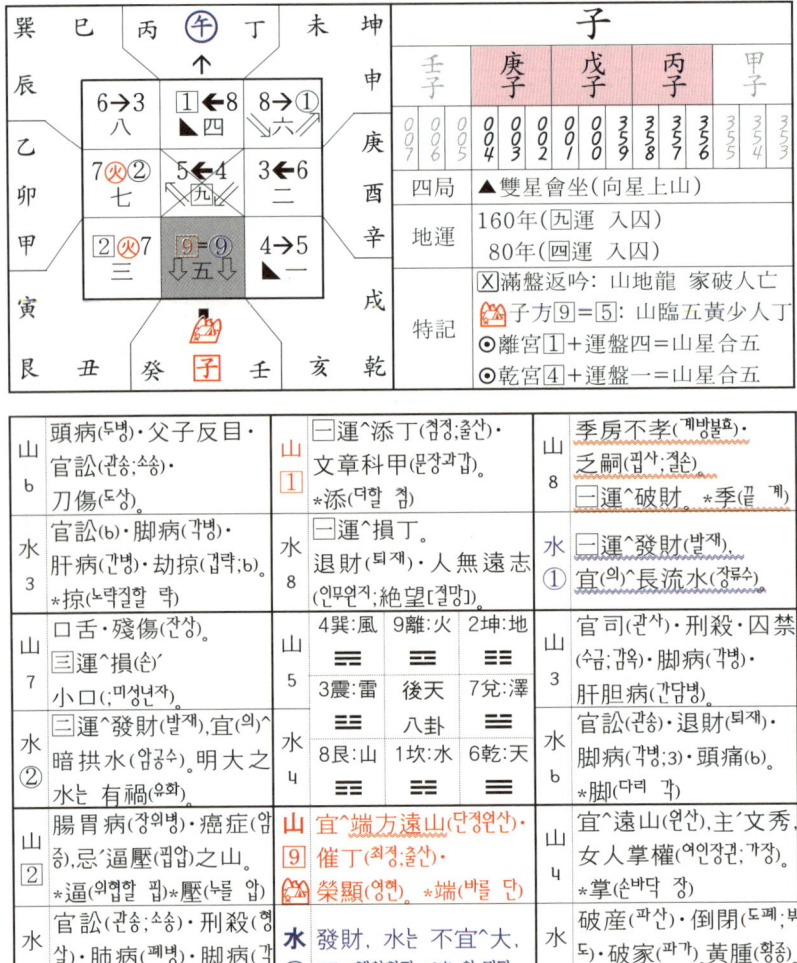

【해설】

⊙생극제화(生剋制化) 1

생극제화는 극제(剋制)와 생화(生化)를 합한 용어로 五行의 相剋으로 통제(統制)하고, 相生으로 설기(洩氣)시켜 균형을 조절하는 방법이다.

(1-1) 土剋水제화법 離宮(①水←⑧土)

離宮(①水←⑧土)의 相剋 사이에 金을 넣으면 (①水⇐[金]⇐⑧土)로 한 번의 相剋이 두 번의 相生이 된다. 이에 따라 離宮에 金에 해당되는 물건으로「금고(金庫)」나 기용(旣用)한「말편자」를 두면 좋다(미사용 편자는 효과가 없음).

動力 단위로 마력(馬力)이란 용어를 사용하듯이 말은 힘을 상징하는 대표적인 동물이며, 서양에서도 말편자는 행운을 부른다고 하여 대문에 걸어 두는데 이치는 동서양이 동일하다.

(1-2) 土剋水제화법 坤宮(⑧土→①水)

離宮제화법과 동일하게 金을 활용하면 된다. 다만 山星이 向星을 相剋하는 것은 비교적 약하고 느리고, 向星이 山星을 相剋하면 凶이 강하고 빠르다.

# 九運　子山午向[起星]

| | 子 | | | | |
|---|---|---|---|---|---|
| | 壬子 | 庚子 | 戊子 | 丙子 | 甲子 |
| | 0 0 0<br>0 0 0<br>0 7 6 | 0 0 0<br>0 0 0<br>5 4 3 | 0 0 3<br>0 0 3<br>2 1 0 | 3 3 3<br>3 3 3<br>9 8 7 | 3 3 3<br>5 5 5<br>6 5 4 |
| 四局 | 山星：子, 向星：艮 | | | | |
| 地運 | 120年 （囚運 入囚） | | | | |
| 特記 | ⓧ滿盤返吟＝일명 鬪局[투국]<br>◉離宮①①＋運盤四＝合十<br>◉兌宮⑧＋運盤二＝向星合十<br>◉乾宮④＋運盤一＝山星合五 | | | | |

| 山<br>6 | 老人(노인)·長子痴呆(장자치매;b), 骨病·寒症(과가병·과가연습급제). ＊痴(어리석을 치) | 山<br>① | 宜^拜笏(배홀)·執簡(집간)·文筆山, 科甲不替(과갑불체·과거연습급제) | 山<br>8 | 山水同宮(산동궁), 多損^幼丁(유정·미성년자) 八白命受剋 |
|---|---|---|---|---|---|
| 水<br>5 | 破産·犯法遭刑(범법조형;b), 多^劫掠(겁략). ＊掠(노략질할 략) | 水<br>① | 進財·出^文秀(문수), 發福悠久(발복유구). ＊悠(멀 유) | 水<br>3 | 損^幼丁(;8), 出^賊盜(도). 山水同宮, 剋^八白命人, 幼(어릴 유) |
| 山<br>7 | 文章不顯(문장불현), 嘔血早夭(구혈조요), 肝胆病(간담병)·刀傷. | 山<br>5 | 苦(고)<br>:쓴맛<br>木(산) 土 金(신)<br>酸(산) 甘(감) 辛(신)<br>:신맛 :단맛 :매운맛<br>水<br>鹹(함)<br>:짠맛 | 山<br>3 | 探頭山現, 家出^穿窬 跳梁之輩(천유도량지배;도). ＊窬(유)·跳(뛸 도) |
| 水<br>4 | 肝胆病(간담병)·婦女不 睦(부녀불목)·不貞(부정). ＊穆(화목할 목) | 水<br>6 | | 水<br>8 | 退財(퇴재)·見山水同 宮, 損丁(손정)·人無遠 志(인무원지) |
| 山<br>2 | 葫蘆(호호·의약업)·七星(명의장소), 醫卜興家(의복흥가), 秀起人龍(수기인룡·인물) | 山<br>⑨<br>⑦ | 添丁(첨정·출산), 出^文人秀士(문인수사)·畫家(화가) | 水<br>4 | 閨幃不和(규위불화·자매에 불화)·肝胆病(간담병)·氣喘(기천·천식)·神經痛 |
| 水<br>⑨ | 當元進財(당원진재), 且(차·또한)^旺^人丁. | 水<br>② | 遠水拱背(원수공배), 囙運^發財添丁(발재첨정). ＊添(더할 첨) | 水<br>7 | 肺病·喉疾·刀傷. 因^色破(색파·불륜망신) 財鬪訟(재투송) |

**【해설】**

⊙ 생극제화(生剋制化) 2

(2-1) ㉮剋㉭제화법 乾宮(④㉭←⑦㉮)

乾宮(④㉭←⑦㉮) 사이에 ㉰를 넣으면 (④㉭[←㉰]⑦㉮)으로 한 번의 相剋이 두 번의 相生이 된다. 따라서 乾宮에 ㉰에 해당되는 물건으로「소금」을 두면 좋다.

소금을 활용하는 이유는 五行으로 ㉰는 짠맛이며 바닷물의 염도가 2~3%인데 증발되어 만들어진 소금의 염도인 25%이므로 소금은 바닷물의 10배 분량이나 되기 때문이다.

九運 下卦 24개 坐向마다 나오는 (③㉭←⑥㉮)도 같은 ㉮剋㉭이므로 제화법도 당연히 같은 방법이다.

(2-2) ㉮剋㉭제화법 震宮(⑦㉮→④㉭)

乾宮제화법과 동일하므로 ㉰를 활용하면 된다. 九運 下卦 24개 坐向마다 나오는 (⑥㉮→③㉭)도 같은 ㉮剋㉭이므로 제화법도 동일하다.

⊙ 運에 따라 時運을 정하는 기준

<u>時運이 변화되는 기준점은 입주나 이사하는 시점을 기준으로 정한다. 건물의 완공시기가 절대 아니다.</u> 집에서 먹고 자는 일을 하여야 인과(因果)관계가 성립되고 비로소 영향력을 받기 때문이다. 다른 예를 들면 吉地에 신후지지(身後之地)를 만들어 놓았다고 福이 따르지 않는다는 것도 같은 이치이다.

# 九運 癸山丁向【下卦】

| 巽 巳 丙 午 ⑰ 未 坤 | | | | 癸 | | | | |
|---|---|---|---|---|---|---|---|---|
| | | | | 壬子 | 庚子 | 戊子 | 丙子 | 甲子 |
| | | | | 0 2 2 1 | 0 2 0 1 9 | 0 1 8 7 | 0 1 6 5 | 0 1 4 3 | 0 1 2 1 | 0 1 0 9 | 0 0 8 |

| | |
|---|---|
| 四局 | ▲雙星會坐(向星上山) |
| 地運 | 160年(九運 入囚)<br>80年(四運 入囚) |
| 特記 | ⊠滿盤返吟 山地龍 家破人亡<br>🏠癸方山星⑨＝⑤：山臨五黃<br>⊙離宮①＋運盤四＝山星合五<br>⊙乾宮④＋運盤一＝山星合五 |

| 山<br>6 | 頭痛・父不父子不子<br>(부자간 불화)・官訟(관송)・<br>刀傷(도상)・足疾(3) | 山<br>① | 添丁(출산)・文章科甲<br>産(산)秀士(수사)・出'名<br>儒(명유) *儒(선비 우) | 山<br>8 | 忌(기;꺼리다)'高壓(고압),<br>季子不孝・聾啞(농아,<br>1)・黃腫・*季(막내 계) |
|---|---|---|---|---|---|
| 水<br>3 | 肝病・肝胆病(간담병)・<br>頭痛(b)・脚病(각병)・<br>官司(b;소송시비) | 水<br>8 | 退財(퇴재)・人無遠志<br>(이무원지;무능력)・黃腫・聾<br>啞(농아-귀머거리 벙어리) | 水<br>① | 發財, 辛勤致富(신근치<br>부), 出'文士. *辛(고생할<br>신) *勤(부지런할 근) |
| 山<br>7 | 跛(파)・眇(묘;애꾸)・缺唇<br>(결순;언청이)・傷殘・流産<br>(유산,2)・火災・橫死。 | 山<br>5 | 닭[鷄] 꿩[雉] 소[牛]<br>바람 화려 느림<br>용[龍] 後天 양(羊)<br>움직임 八卦 냉정<br>개[狗] 돼지[豚] 말[馬]<br>止・出 下向 힘 | 山<br>3 | 官訟(관송)・賊盜(적도)・<br>肝胆病(간담병)・足疾(족<br>질)・頭痛・刀傷。 |
| 水<br>② | 宜^暗拱水(암공수),<br>水大而明(명;보이는물)은,<br>主'火災(;先天27⑥)。 | 水<br>4 | | 水<br>6 | 頭痛(두통)・脚病(3)・骨<br>病・肺病(폐병)・官司(관<br>사;소송)・破財(파재)。 |
| 山<br>② | 忌(기)'高壓(고압)・主'腸<br>胃病(위장병)・癌症(암증)・<br>産厄(산액)。*厄(액운 액) | 山<br>⑨ | 宜^端方遠山(단방원산),<br>催官(최관;승진)<br>🏠榮顯(영현;출세)。 | 山<br>4 | 宜'遠山, 出'文秀,<br>女人掌權(여인장권;부인주<br>권). 忌(기)'逼壓(핍압)。 |
| 水<br>7 | 跛(파;절름발이)・眇(묘)・<br>缺唇(결순)・傷丁(상정)・<br>破財(파재)・橫禍(횡화)。 | 水<br>⑨ | 發財, 水不宜^大,<br>要遠而遶抱(요포).<br>*遶(두를 요) | 水<br>5 | 販毒(판독)・走私(주사)・<br>破産(파산)・乳癰(유옹)・<br>橫禍(횡화) *癰(악창 옹) |

【해설】

⊙생극제화(生剋制化) 3

(3-1) ㊍剋㊏제화법 中宮(⑤㊏◀④㊍)

　五行㊏에는 2㊏·8㊏·5㊏ 세 가지 있는데 제화하는 방법에 차이가 있다. 3㊍·④㊍이 2㊏·8㊏를 相剋할 때에 제화법은 ㊋기운인 밝고 화려한 「꽃그림」을 걸어 두거나 「전자제품」을 두면 효과적이다.

　그런데 ⑤黃煞㊏는 벌집과 같은 존재인데, ⑤黃㊏를 相生하면 활성화를 시켜주게 되고, 相剋하면 벌집을 건드리는 격이 되므로 역효과이다. ⑤黃煞㊏를 ㊎으로 相生으로 다스려야 부작용이 없다. ㊎에 해당되는 물건으로는 앞에서 설명한 바와 같다.

(3-2) ㊍剋㊏제화법 兌宮(④㊍➔⑤㊏)

　제화법은 ⑤㊏를 ㊎으로 相生시켜준다. 兌宮에 ④⑤은 中宮에 ⑤④는 숫자가 같으므로 즉 兌宮에 ④와 中宮에 ⑤와 연결되고, 兌宮에 ⑤는 中宮에 ④와 연결에 따른 영향력이 증가되므로 兌宮은 중요한 宮이 된다.

⊙산림오황소인정(山臨五黃少人丁)

　山星⑤자(🏠표시)가 있는 방위에 近山大山이면 人丁이 약하여 출산이 어렵거나 심하면 성인이 사망에 이른다.

　본좌향에서는 山星⑤자가 中宮에 있으므로 건물 옥상에 첨탑모양의 건축물을 만들면 피해가 발생한다. 또한 中宮⑤는 癸方에 ⑨와 연결되므로 癸方에 有山은 山臨五黃少人丁이 된다

# 九運 癸山丁向 [起星]

| | 癸 | | | | |
|---|---|---|---|---|---|
| | 壬子 | 庚子 | 戊子 | 丙子 | 甲子 |
| | 022 221 0 | 011 198 7 | 011 176 5 | 011 154 3 | 011 132 1 | 010 109 8 |
| 四局 | 山星: 癸, 向星: 寅 | | | | |
| 地運 | 120年 (丙運 入囚) | | | | |
| | 100年 (五運 丁星入囚) | | | | |
| 特記 | ⊙癸方⑨=⑤: 山臨五黃少人丁 | | | | |
| | ⊙離宮①①+運盤四=合五 | | | | |
| | ⊙兌宮⑧+運盤二=向星合十 | | | | |
| | ⊙乾宮④+運盤一=山星合五 | | | | |

| 山6 | 老人(노인)·長子痴呆(장자치매) 骨病(골병)·寒症(한증) | 山① | 宜^文筆(문필)·貴人山 長壽富貴(장수부귀) | 山8 | 山水同宮, 多損^幼丁 (유정·어린이), 四肢·脊骨 (척)之病. *脊(척) 척 |
| 水5 | 破産(파산)·犯法遭刑 (범법조형), 癌症(암증)· 痴呆(치매)·腫毒(종독) | 水① | 進財(진재)·出^文秀, 發福綿延(발복면연). *綿(이어질 면)·延(끌 연) | 水8 | 損^幼丁⑧, 出^ 賊盜(적도), 山水同宮, 剋八白命人. |
| 山7 | 文章不顯(문장불현), 嘔血早夭(구혈조요), 刀傷(도상)·肝胆病 | 山5 | 膽(담) 心 胃(위) 乳房 眼 腹(복) 肝(간) 內臟 肺(폐) 足(족) (내장) 口 障礙(장애) 腎(신) 頭(두) 手 竅(규·구멍) 骨/齒 | 山8 | 探頭(탐두)·抱肩山(포 신)現, 出^賊盜(적도). *探(찾을 탐)·肩(어깨 견) |
| 水4 | 肝胆病(간담병), 婦女不睦(부녀불목), 不貞(부정). *穆(화목할 목) | 水4 | | 水8 | 退財(퇴재); 見^山水同 宮, 損丁(손정)·剋八白 命人. |
| 山2 | 三運^出^官吏(관리), 要^寅上(同元)山峰 秀挺而圓(수정이원) | 山⑨ | 添丁(첨정·출산), 出^文人·秀士(수사), 畵家(화가) | 山4 | 閨幃不和(규위불화·자매불화)·肝胆病·氣喘(기천) 神經痛(신경통) |
| 水⑨ | 當元進財(당원진재), 且^旺^人丁·文章 | 水② | 遠水拱背(원수공배), 三運^發財添丁(--첨). *拱(두 손 맞잡을 공)·背(등 배) | 水7 | 肺病·喉疾(후질)·刀傷 (도상)·因^色(;性慾)하여 破財鬪訟(파재투송) |

**【해설】**

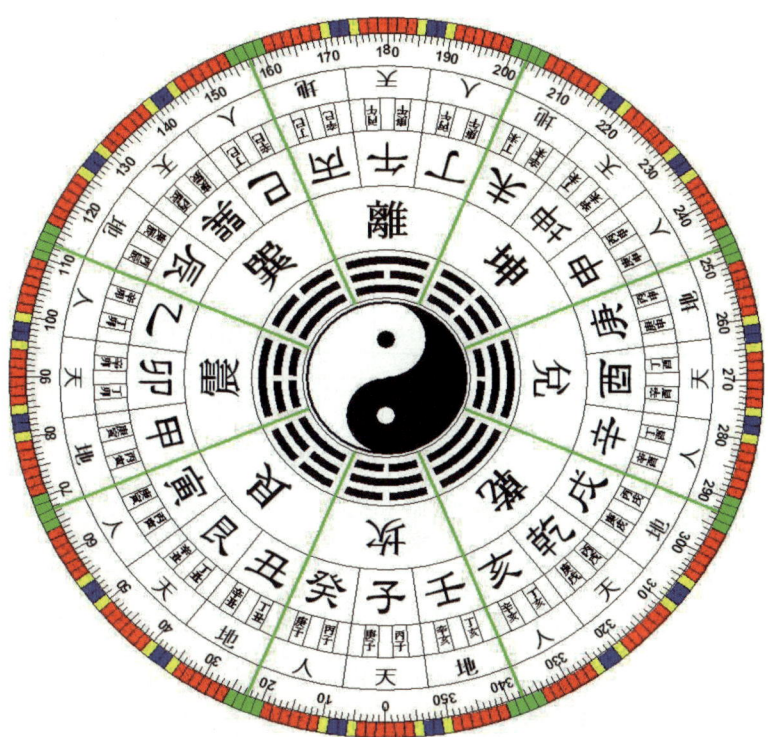

　1층 : 天池(천지)　　　　2층 : 太極(태극)
　3층 : 後天八卦(선천팔괘)　4층 : 24方位(방위)
　5층 : 分金(분금)　　　　6층 : 三元(삼원)
　7층 : 周天度數(주천도수)　8층 : 空亡度數(공망도수)

(1) 卦와 卦 사이는 大空亡　8개; 녹색선

(2) 坐와 坐 사이는 小空亡 16개; 청색선

# 九運 丑山未向【下卦】

| 巽 巳 丙 午 丁 未 坤 申 | | | | 丑 | | | | |
|---|---|---|---|---|---|---|---|---|
| | | | | 癸丑 | 辛丑 | 己丑 | 丁丑 | 乙丑 |
| 2火7 ▲八 | 7火2 四 | 九=9 六 | | 037~036 | 035~034 | 033~032 | 031~030 | 029~028 | 027~026 | 025~024 | 023~ |
| 1←8 七❸ | 3←6 九 | 5←4 二 | | 四局 | ◎雙星會向(; 山星下水) | | | |
| ↓6→3 三→❽ | 8←① 五↗ | 4←5 一 ▲ | | 地運 | 60年（三運 入囚） | | | |
| 艮 寅 甲 卯 乙 丑 癸 子 壬 亥 乾 戌 辛 酉 庚 | | | | 特記 | ⊙震宮⑧+❸=變格向星暗城門<br>⊙艮宮③+❽=變格向星暗城門<br>⊙巽宮②+運盤八=山星合十<br>⊙乾宮④+運盤一=山星合五 | | | |

| 山② | 宜^低遠端方小山, 忌'高大巉巖(참암)石山。 *巉(가파를 참) | 山⑦ | 肺病・流産(2)・跛(파)眇(묘:애꾸)・缺唇(결순)・火災(;27火)・傷殘(상잔) | 山⑨ | 出'文人,宜(의)^遠秀(원수)之^文筆山(문필산)。 |
|---|---|---|---|---|---|
| 水⑦ | 跛・眇・缺唇(결순)・氣喘(기천)・喉症・色災(색재)・橫死(;27은 先天火)。 | 水② | 宜^暗水(;暗拱水)。忌'水明大, 有禍。 | 水⑨ | 陽宅에서는宜^門路・梯(제;사다리)。發財・文明。 |
| 山① | 旺丁, ①運^出'文人。陽宅宜^安床(안상;침대)・爐灶(노조;주방)。出'聾兒(농아;7), 剋'一白命人(;⑧土➡①水)。黃腫・結石(결석)。 | 山③ | 股・筋(근)・肝・毛 膽・足=脚 마비 手・胃 關節 / 心・目 고혈압 內臟 毒素 腎・耳 生殖器 / 腹・脾 皮膚性病 口・齒 肺・性病 頭・骨 精神病 | 山⑤ | 山逢'五黃, 丁稀(정희)。剋'三碧命(;兌⑤=中宮③)之人。*稀(드물 희) |
| 水⑧ | | 水⑥ | | 水④ | 宜^遠水(원수)。近水主肝病・乳癰(유옹)・破財。 |
| 山⑥ | 官訟(관송;소송)・刀傷(도상)・頭痛・父子成仇(부자성구) *仇(원수 구) | 山⑧ | 出'聾兒(농아;1), 剋'一白命之人(;⑧土➡①水) | 山④ | 宜^遠山呈秀(원산정수), 忌'近而醜惡(근이추악)之山。*醜(추할 추) |
| 水③ | 肝胆病(간담병)・脚病(각병;다리질병)・刀傷(b)・剋'長男 | 水① | 發財悠久(발재유구)。陽宅^次運에 宜^門路・梯(제;사다리)。 | 水⑤ | 橫禍怪病(횡화괴병)・乳癰(유옹)・販毒(판독)・走私(;밀약밀수)・破産 |

【해설】

⊙中宮의 역할과 감정법
 陽宅에서 中宮의 역할은 간접적인 영향 즉 가족의 정서·분위기(雰圍氣), 가까운 미래(예; 임신)와 관련이 있으며, 동일한 숫자조합이 있는 宮과 연결하여 더욱 중요하게 감정한다.
 艮宮 〈[6][3]〉에서 艮宮向星[3]과 中宮向星[6]을 연결하고 艮宮山星[6]은 中宮山星[3]과 연결되므로 艮宮飛星을 더욱 비중을 두고 감정한다.

⊙坐宮 重剋은 凶: 〈[6]白⊛➔運盤三碧㊍➔元旦盤❽白㊏)〉
 山星이 〈[6]白⊛➔〉 運盤 〈三碧㊍〉 하고, 〈三碧㊍➔〉 元旦盤하여 소위 重重剋入하므로, 만약에 八方이 無山이고, 유독 坐後에만 有山이면 절사(絶嗣)에 이른다.

⊙본명성(本命星) 계산법
 震宮에 '八白命'은 본명성(本命星)이라고도 부르며, 출생년도에 따라 본명성이 결정되며 해당되는 본명성에 한하여 吉凶이 작용한다. 방분법(房分法)의 일종으로 비교적 적중률이 높다.
 남자는 연자백(年紫白) 중궁수(中宮數)와 같으며 계산은 [十]에서 출생년도를 단 단위로 합한 수를 빼고, 여자는 [四]에다가 출생년도를 단 단위로 합한 수를 다하면 본명성이 된다.
(1) 남자 1954년 출생
[十]−[1+9+5+4=19=1+9=10=1]=本命星은 1이 된다.
(2) 여자 1954년 출생
[四]+[1+9+5+4=19=1+9=10=1]=本命星은 5가 된다.

# 九運 丑山未向 [起星]

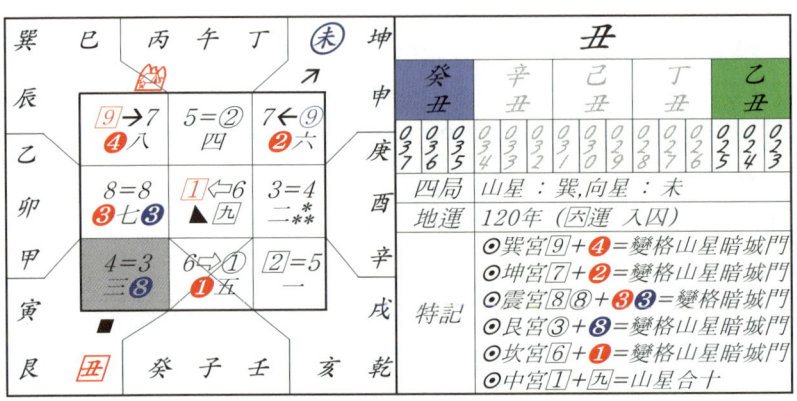

| 山9 | 宜^端正小山(단정소산),出'美女・律師(:변호사),軍事專家(군사전가) | 山5 | 瘟癀怪病(온황괴병)・家破人亡(가파인망)・橫禍天災(횡화천재) | 山7 | 肺病・咳血(해혈)・性病・火災・經滯痔漏(경체치루)・*痔(치질 치) |
|---|---|---|---|---|---|
| 水7 | 酒色荒唐(주색황당)・火災(2,7,5,9)・血症(9)・色癆(색로)・*癆(폐결핵 로) | 水2 | 疾病淹久(질병엄구,고질병)・鰥寡孤獨(환과고독)・*淹(오래 엄) | 水9 | 宜(의)^靜水(유슥뉴름)・小水, 發財・*靜(고요할 정) |
| 山8 | 情神異常(9)・指傷(상,손・발가락부상)・關節風濕病(관절습병) | 山1 | 目: 시각  피부: 촉각  五感  舌(설): 미각  鼻(비): 후각  耳: 청각 | 山3 | 男盜女娼(남도여창,37)・寄食依人(기식의인,4)・肝胆病・脚病(각병) |
| 水8 | 退財・脊椎病(척병)・犬咬(견교)・情神異常 *咬(물릴 교) | | | 水4 | 昧事無常(매사무상)・仰人鼻息(앙인비식,악척)・肝胆病・仰(우러를 앙) |
| 山4 | 昧事無常(매사무상)・女爲娼妓(창기;7, 개성)・#男爲文妖(남위문요,3) | 山6 | 不孕(불잉; 불임)・遺精(유정,1)・腦出血(뇌출혈),宜^遠秀之山 | 山2 | 疾病損人・鰥寡孤獨(환과고독)・陰邪怪異(음사괴이), *邪(간사할 사) |
| 水3 | 反覆無常(반복무상)・出賊盜(적도)・肝胆病・脚病. *覆(뒤집힐 복) | 水1 | 秀水出'貴(:16), 仲房(중방,1中男)發財. | 水5 | 疾病損人(질병손인)・鰥寡孤獨(환과고독,6)・家破人亡(가파인망) |

**【해설】**

⊙ 「大空亡」・「小空亡」 사용 절대불가
『筆者(필자)가 見過(; 본적이 있다)´有些(유사; 일부)地師는 以^天盤(縫針[봉침])이나 或^人盤(中針)으로 爲人하여 立向하는데, 大都(대도; 대부분)^犯(범)´「大空亡」・「小空亡」하여, 以致(이치)´發生悲劇(발생비극)이므로. 立向할 時에 務須(무수; 모름지기)^小心(조심)하고, 切(절대로)^莫(막; ~하지마라)^犯之이다!』
출전: 《玄空地理考驗註解(현공지리고험주해)》836쪽

⊙사격공망(砂格空亡)
예컨대 乙과 辰 사이에 高山이 있으면 震宮山星⑧과 巽宮山星⑨를 조합하여 감정하는데, ⑧⑨가 吉數하므로 처음에 일정기간은 大發하는 경우가 있지만, 6년이 지나거나 運이 바뀌면 요절하게 된다.

空亡이론은 坐向뿐만 아니라 來龍, 砂格, 水口에도 공망이론이 적용되며, 空亡에 대한 처방법은 거의 없으므로 이사나 이장(移葬)을 하여야 한다.

# 九運 艮山坤向【下卦】

| | 艮 | | | |
|---|---|---|---|---|
| 癸丑 | 辛丑 | 己丑 | 丁丑 | 乙丑 |
| 052 | 051 050 | 049 048 047 | 046 045 044 | 043 042 041 040 039 038 |

| 四局 | ▲雙星會坐(：向星上山) *艮·寅坐[下卦] 同一 |
|---|---|
| 地運 | 120年(六運 入囚) 60年(三運 山星入囚) |
| 特記 | ⊙坎宮：〈7⑨②〉五 : 화재 ⊙離宮向星①+運盤四=合五 ⊙兌宮向星⑧+運盤二=合十 |

| | | | |
|---|---|---|---|
| 山4 | 肝病(간병)·股病(고병)·癱瘓(탄풍;중풍)·乳癰(유옹;유방암)·傳染病 | 山8 | 黃腫·聾啞(농아;1,7)·痞脹(비장;가슴답답증)·結石·人無遠志。 | 山6 | 官司·刀傷·頭痛·胃病(2)·咳喘(해수;4,7)·腦傷(뇌상) |
| 水5 | 乳癰(유옹;유방종양)·瘟瘴(온황;전염병)·販毒(판독)·走私(조사;마약밀수)·破産 | 水① | 發福悠久(발복유구)·人財兩盛(인재양성)·*盛(담을 성) | 水3 | 殘足(잔족)·傷丁(상정)·頭痛(두통)·肝胆病(간담병)·胃病(위병) |
| 山5 | 肝癌·乳癌·毒症(독증)·橫死·畸形人(기형인) *畸(기형 기) | 山3 | 科甲文人(과갑문인) 聰明通人(총명통인) 財丁巨富(재정거부) 功名秀士(공명수사) 至尊殺氣(지존살기) 武士倡優(무사창우) | 山① | 出´文人·教育家, 宜^高峰端秀(광단수)·*端(바를 단) |
| 水4 | 肝胆病(간담병)·股病(고병)·癱瘓(탄탄;중풍)·乳癰(유옹)·譏謗(헤방) | 水6 | 君子隱士(군자은사) 魁星才藝(괴성재예) 首領官吏(수령관리) | 水8 | 宜^遠水·暗水，出´賢人與世하여 無爭(무쟁·평화 취미생활)。 |
| 山9 | 宜^遠秀之山, 出´名儒·學者·奇才。 | 山7 | 火災·産難·跛(파;절뚝발이)·眇(묘)·缺脣·傷殘。 | 山② | 宜^遠秀之山, 忌´逼壓·崩破(붕파)·嶵岩 |
| 水⑨ | 當元發財，華廈鼎新(화화정신·고급주택으 리모델링)·廈(빌딩 하) *鼎(솥 정) | 水② | 疾病淹久(질병엄구)·火災·多生女兒(-2-7)·流産。*淹(담글 엄) | 水7 | 家破人亡(가파인망)·橫禍是非(횡화시비)·傷殘(상잔)·*殘(해질 잔) |

### 【해설】

　陰宅에서 雙星會坐局은 평지이고 坐後에는 水가 환포(環抱)하고 水後에는 수려(秀麗)한 山峰이 있어야 合局이 된다.
　陰宅에서는 이러한 지형을 만나기 어려우므로 조심하여야 한다. 다만 도심지 양택은 四局의 合局·不合局 여부(與否)보다 대문(또는 현관문)과 안방이 더욱 중요하다.

⊙ 〈3木〉은 치우(蚩尤: 전쟁의 神)
　向宮에 〈3木〉은 四運에는 살기(煞氣)로 「치우(蚩尤; 전쟁)」·「적성(賊星)」으로, 성질이 급조(急躁)하고 강의(剛毅)인데, 〈3木〉←6金〉은　뇌진탕(腦震蕩)·두통(頭痛)·수각상잔(手脚傷殘)·간경화·기마솔상(騎馬摔傷; 낙마부상)·부자간에 불화·순직(殉職) 등의 흉재(凶災)가 발생한다.

⊙生入剋出, 生出剋入

| 主客順 | 生剋入出 | 主客 | 吉凶 | *山星을 위주하면 山星이 主星이고 向星은 客星<br>*向星을 위주하면 向星이 主星이고 山星은 客星 |
|---|---|---|---|---|
| 1◎ | 生入 | 主⇐客 | 旺왕 | 在向旺財. 在山旺丁. 發福遲緩久長 |
| 2◎ | 剋出 | 主➡客 | 旺왕 | 發福이 快速(쾌속), 瞬息之榮(순식지영). 在向旺財 |
| 3◎ | 比和 | 主＝客 | 旺왕 | 在向在山 모두 吉 |
| 4△ | 生出 | 主⇨客 | 休휴 | 在向退財. 在山旺丁 |
| 5✗ | 剋入 | 主⇐客 | 囚수 | 在向退財, 在山退丁 |
| 6◎ | 最吉 | [山向星(客星)]生入⇨[運盤(主星&客星)]生入⇨[元旦盤(主星)] |
| 7✗ | 最凶 | [元旦盤(主星)]剋出➡[運盤(客星&主星)]剋出➡[山向星(主星)] |

제3부 9운 24좌 해설집 327

# 九運 艮山坤向 [起星]

| | | | | 艮 | | | | |
|---|---|---|---|---|---|---|---|---|
| | | | | 癸丑 | 辛丑 | 己丑 | 丁丑 | 乙丑 |
| | | | | 052~051 | 050~049 | 048~047 | 046~045 | 044~043 | 042~041 | 040~039 | 038~ |

| | |
|---|---|
| 四局 | 艮坐下卦와 不同 |
| 地運 | 120年 (四運 入囚) |
| | 60年 (三運 山星入囚) |
| 特記 | ⊙離宮①+運盤四=合五 |
| | ⊙兌宮⑧+運盤二=合十 |
| | ⊙坎宮⑥+❶=變格山星暗城門 |
| | ⊙乾宮①+❻=變格山星暗城門 |

飛星盤:
- 巽辰: 3→5 八
- 丙午丁: 7⇨① 四
- 未坤申: 5←3 六
- 乙卯甲: 4=4 七
- 中: 2⇨6 九
- 庚酉辛: ⑨⇨8 二
- 艮寅: 8⇦⑨ 三
- 癸子壬: 6⇦② ❶五
- 戌乾亥: 1⇦7 ❻一

| 山3 水5 | 肝胆病・氣喘病(기천병,천식)・癱瘓(탄찬,중풍)・遭(조,만나다)賊盜(적도) |
|---|---|
| | 傾家蕩産(경가탕산)・男蕩女淫(남탕여음)・漂泊流浪(표박유랑) |
| 山4 水4 | 肝胆病・脚病・出'賊盜・蛇咬(사교)・車禍 *咬(물릴 교) |
| | 肝胆病・電死(감전사)・炸死(작사)・槍殺(창살)・蛇咬(사교)・脚病 |
| 山8 水⑨ | 識見淺薄(식견천박)・筋骨病(근골병)・關節炎(관절염) |
| | 當元發財(당원발재)・結婚生子(결혼생자)・名譽(명예) |

| 山7 水① | 酒色荒唐(주색황당)・遺精(유정)・下痢(하리)・吐血(토혈)・逃亡(도망) |
|---|---|
| | 發福悠久(발복유구)・勤儉致富(근검치부)・合十 |
| 山② 水6 | 9開: 출산 / 2腹部 / 3振動: 胎兒成長 / 1子宮: 임신 |
| 山6 水② | 鬼神不安・寒熱往來(한열왕래)・迷信愚行(미신우행) *愚(어리석을 우) |
| | 鬼神不安(귀신불안)・寒熱往來(한열왕래)・迷信破財(미신파재) |

| 山5 水3 | 腫毒怪病・人丁稀少(인정희소:절출)・乏嗣(핍사,절손)・出'流氓(유맹,떡돌이) |
|---|---|
| | 肝胆病(간담병)・手脚殘廢(수가잔폐)・橫死 *殘(해칠 잔) |
| 山⑨ 水8 | 婚喜重來(혼희중래)・地位崇顯(지위숭현,승진) |
| | 奢侈浪費・坐吃山空(좌흘산공:無爲徒食[무위도식])・忌水水・損丁 |
| 山① 水7 | 出'數學家・教師・名嘴(명각,명가수)・作家・才女 |
| | 酒色敗家(주색패가)・婦女放蕩(부녀방탕)・家破人亡 |

328 현공풍수

**【해설】**

⊙山上龍神不下水(산상용신불하수)

水裡龍神不上山(수리용신부상산)

현공풍수의 宗師인 '楊筠松'의 수제자인 '曾公安'의 저서 《靑囊序(청낭서)》에 나오며 현공풍수이론상 귀중한 대목이다.

『山上龍神不下水(旺氣山星이 向宮에 있으면 안 됨),

水裏龍神不上山(旺氣向星이 坐宮에 있으면 안 됨)』

'上山下水'라는 용어는 '下水'와 '上山'을 합한 용어이다. 다시 말하자면 山이 있어야 할 방위에 물이 있으면 잘못되고, 물이 있어야 할 방위 山이 있으면 잘못되었다는 뜻으로, 예를 들어 背山臨水의 지형에서는 丁財兩敗하게 된다는 내용이다.

上山下水는 의미상으로 山水와 不配合이라는 취지에서 용수교전(龍水交戰), 산수전도(山水顚倒)라고도 표현한다.

⊙용어해설

(1)龍神: 현공풍수용어. 중요한 氣, 旺氣向星과 旺氣山星.

(2)龍身: 형기풍수용어. 來龍의 모양새.

(3)用神: 명리학 용어. 부족한 점으로 보완해주는 중요한 것.

'龍'은 有形의 氣이고 '神'은 無形의 氣라는 의미이다.

'神'은 無形의 氣로 인간의 눈으로 볼 수 없기 때문에 玄空飛星의 心眼(심안)을 통하여 풀고 깨달아야 한다.

# 九運 寅坐申向【下卦】

| | 寅 | | | |
|---|---|---|---|---|
| 壬寅 | 庚寅 | 戊寅 | 丙寅 | 甲寅 |
| 066/067 | 064/065 | 062/063 | 060/061 | 058/059 | 056/057 | 054/055 |

| 四局 | ▲雙星會坐(：向星上山)<br>*艮・寅坐[下卦] 同一 |
|---|---|
| 地運 | 120年 (因運 入囚)<br>60年 (三運 丁星入囚) |
| 特記 | ㉑巽宮 單宮伏吟：無山無囚<br>㊋坎宮・乾宮：27㊋화재조심<br>◉離宮①＋運盤四＝向星合五<br>◉兌宮⑧＋運盤二＝向星合十 |

| 山4 | 肝病(간병;3)・股病(고병)・癰瘓(탄탄;중풍)・乳癰(유옹;창)・傳染病(전염병) | 山8 | 黃腫・聾啞(농아)・痞脹(창;소화불량)・結石・人無遠志(;1), *痞(체할 비) | 山6 | 官司(관사)・刀傷(도상)・頭痛・胃病・咳喘(해천;수)・腦傷(뇌상) |
|---|---|---|---|---|---|
| 水5 | 乳癰(유옹;4)・瘟瘋(온황,염병)・販毒(판독;마약)・走私(밀수)破產(파산) | 水① | 宜^之玄長流之水,發福悠久(발복유구) | 水3 | 殘足(잔족)・傷丁(상정)・頭痛・肝胆病(간담병)・胃病(2) |
| 山5 | 肝癌・乳癰・毒症(독증)橫死(9)・畸形人(기형인) *畸(비정상 기) | 山3 | 文昌星 / 結婚 / 病符星<br>酒色 / 火災 / 不動產<br>賊星 / 皇帝 / 武星<br>創業 / 大煞 / 監獄<br>忠孝 / 魁星 / 官星<br>杜門不出 / 떠돌이 / 孤獨 | 山① | 宜^高峰端秀(고봉단수),出'文人・教育家 |
| 水4 | 肝胆病・股病(고병)・乳癰(유옹)・讒謗(해방) *讒(헐뜯을 참)*謗(헐뜯을 방) | 水6 | | 水8 | 宜^遠水(원수)・暗水(암수), 出`賢人(현인)與^世無爭(세무쟁;평화주의자) |
| 山⑨ | 宜^遠秀之山 (연수지산)出'名儒(명유)・學者・才. *儒(선비 유) | 山7 | 火災・產難(산난;2)・跛(파)・眇(묘)・缺唇(결순;7)・僂殘 | 山2 | 宜(의)^遠秀之山 (연수산), 忌(기)逼壓(핍압;하破(붕)・巉岩(참암) |
| 水⑨ | 當元發財, 華廈鼎新 (화화정신;고급주택으로 리모델링)*廈(빌딩 하)*鼎(솥 정) | 水② | 疾病滄久(질병엄구;불치병)火災・多生女兒・流產(유산) | 水7 | 家破人亡(가파인망)・橫禍(;27先天㊋)是非(시비)・僂殘(상잔) |

**【해설】**

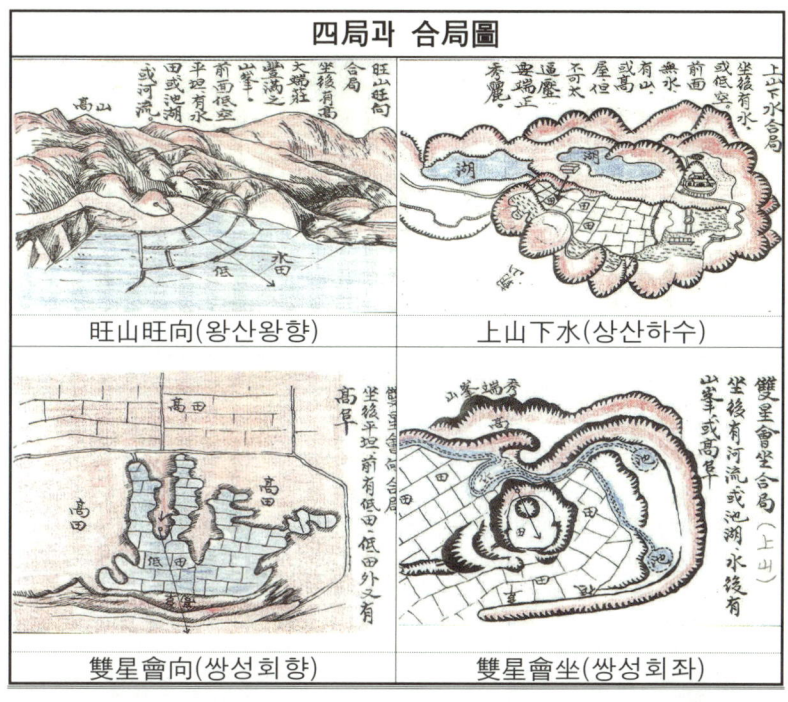

# 九運 寅山申向 [起星]

| | | | 寅 | | | |
|---|---|---|---|---|---|---|
| | | 壬寅 | 庚寅 | 戊寅 | 丙寅 | 甲寅 |
| | | 066 / 067 | 063 / 065 | 060 / 062 | 057 / 059 | 055 / 053 |

| | 四局 | 山星:酉, 向星: 艮 |
|---|---|---|
| | 地運 | 120年 (囚運 入囚)<br>60年 (三運 丁星入囚) |
| | 特記 | ⊙離宮①+運盤四=向星合五<br>⊙兌宮⑧+運盤二=向星合十<br>⊙坎宮⑥+❶=變格山星暗城門<br>⊙乾宮①+❻=變格山星暗城門 |

| | | | | | | |
|---|---|---|---|---|---|---|
| 山 3 | 肝胆病・氣喘病(기천병)・癱瘓(탄탄;중풍,4)・遭賊盗(적도)*遭(만날 조) | 山 7 | 酒色荒唐(주색황당)・遺精(유정)・下痢(하리;설사)・吐血(토혈)・逃亡(도망) | 山 5 | 腫毒怪病・人丁稀少(인정희소)・乏嗣(핍사)・出流氓(유맹;떠돌이) |
| 水 5 | 肝胆病・投機破財(투기파재)・漂泊流浪(표박유랑)*泊(배 댈 박) | 水 ① | 發福悠久(발복유구),勤儉致富(근검치부)*悠(멀 유)*久(오랠 구) | 水 3 | 車禍(차화)・足疾(족질)・棒打・雷殛(뇌극)・蛇咬・炸死(작사;폭발사망) |
| 山 4 | 肝胆病・脚病(각병;3)・出^賊盗(적도)・蛇咬(사교)・車禍(차화;3) | 山 2 | 고시합격 / 승진경사 / 재물토지 / 노력합격 / 쾌락보석 / 취미평화 / 공부연구 / 권력승진 | 山 9 | 婚喜重來(혼희중래)・地位崇顯(지위숭현)*崇(높을 숭) |
| 水 4 | 販毒(판독)・吸毒(45;마약용)・走私(주사;밀수)・怪病(괴병)・家破人亡 | 水 6 | | 水 8 | 奢侈浪費(사치낭비;9)・坐吃山空(좌흘산공;無山),忌^大水・損丁 |
| 山 8 | 識見淺薄(식견천박)・筋骨病(근골병)・關節炎(관절염)*淺(얕을 천)*薄(엷을 박) | 山 6 | 鬼神不安・寒熱往來・迷信愚行(미신우행)*愚(어리석을 우) | 山 1 | 出^數學家・教師・名嘴(명취;병송인)・作家・才女(재녀;7)*嘴(부리 취) |
| 水 ⑨ | 當元發財・結婚生子(결혼생자)・名譽(명예) | 水 ② | 鬼神不安(귀신불안)・寒熱往來(한열왕래)・迷信破財(미신파재) | 水 7 | 酒色敗家(주색패가)・婦女放蕩(부녀방탕)・家破人亡(가파인망) |

**【해설】**

⊙ 〈26(62)〉 조합:

中宮과 坎宮의 飛星은 〈②⑥〉・〈⑥②〉이다. 2坤⊕와 6乾㊇은 ⊕生㊇으로 相生하고, 2坤⊕와 6乾㊇은 부부(夫婦)이므로 자웅배(雌雄配)가 되어 기본적으로는 吉하지만 현공풍수의 핵심논리인 <u>수시변역(隨時變易)</u>의 이치로는 상황이 전혀 다르다.

즉 2坤이나 6乾은 ⑨運에 生旺氣가 아니므로 吉氣가 아니다. 〈6乾〉은 神이고 〈2坤〉은 鬼이므로, 陽宅에서는 채광(採光)・조명(照明)이 밝아야 한데, 만약에 어두우면 이단 종교나 미신에 빠져 재산을 탕진하거나 열병(熱病)에 걸리게 된다.

| | | | | | |
|---|---|---|---|---|---|
| 正配 | 부부배<br>(夫婦配<br>: 合十) | ●1㊌➡9㊋<br>행복(幸福) | ○2⊕=8⊕<br>거부(巨富) | ✗3㊍←7㊎<br>이혼(離婚) | ✗4㊍←6㊎<br>상처(喪妻) |
| | | 合十 | / | / | 合十五 |
| ⑨運기준<br>●=大吉<br>○=小吉<br>✗=凶 | 자웅배<br>(雌雄配) | ●1㊌➡9㊋<br>행복(幸福) | ✗2⊕➡6㊎<br>인색(吝嗇) | ✗3㊍=4㊍<br>고생(苦生) | ✗7㊎⇐8⊕<br>속발(速發) |
| | | 1㊌中男<br>9㊋中女 | 2⊕母(婦)<br>6㊎父(夫) | 3㊍長男<br>4㊍長女 | 7㊎少女<br>8⊕少男 |

⊙35(53)조합: 橫死

向宮과 巽宮의 애성(挨星)은 〈⑤③〉・〈③⑤〉는 모두 凶星이므로 高山・大水가 있으면 횡사(橫死)를 당하는 수가 있다.

五黃은 본래는 ⊕이지만 中宮에서 飛出되면 9㊋로 간주하기 때문에 橫死하는 수가 있으며 심한 경우에는 5명까지 피해를 당한다. 질병으로는 암, 불구자, 불치병에 걸리게 된다.

# 九運 甲山庚向【下卦】

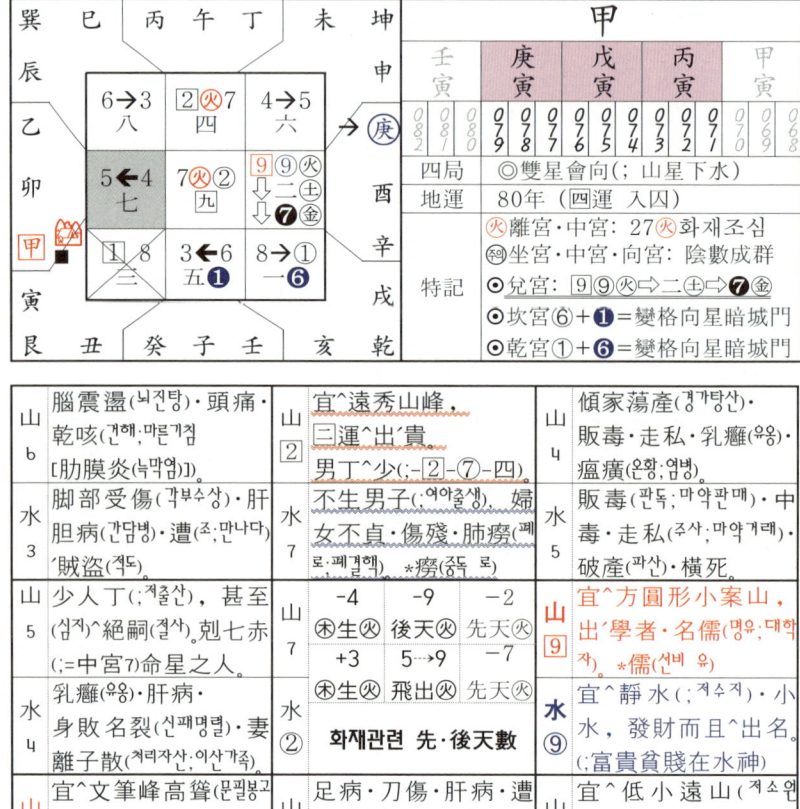

**【해설】**

此局은 向上(⑨⑨)에 有山有水이면 本運에 旺神이 得勢하므로, 기본적으로 吉한 坐向이다.

⊙向宮 〈⑨⑨⑱⇨二㊵⇨❼㊎〉:체생
　山星⑨⑱와 向星⑨⑱가 運盤二㊵를 相生하고, 運盤㊵는 元旦盤❼㊎을 五行으로 遞生(체생)하여 丁財가 吉하여 다른 雙星會向에 비하여 특별히 吉한 坐向이다.
　⑱星이 밀집되어 위험할 것 같지만 合局이면 當運에는 재앙이 없고 오히려 速發大發한다. 다만 中宮·離宮이 ⑱星이 밀집되어 爐灶(노조; 부엌,주방)로는 화재위험이 있는데, 화재는 <u>得運이라도 발생하는 경우가 있으니 항상 조심하여야 한다.</u>

⊙向宮·中宮·坐宮이 모두 陰數
　向宮(-⑨·-⑨·-二)·中宮(-⑦·-②·-九)·坐宮(-⑤·-④·-七)에 飛星이 陰數로 되어 여성에게 유리하거나 여인상조(女人相助)이며, 여야출산이 많다. 다만 不合局일 때에는 남성에게 불리하며 음란(淫亂)하다.

⊙九運에 山星⑧·向星⑧
　九⑱運에 山星⑧나 向星⑧은 下元에 통성(統星)·삼길수(三吉數)이므로 퇴기(退氣)시에도 재(財)는 가능하다. 다만 원수불견(遠水不見)이어야 한다.
출전:《玄空地理考驗註解(현공지리고험주해)》 55쪽 참조.

# ⑨運 甲山庚向 [起星]

| | | | | 甲 | | | | |
|---|---|---|---|---|---|---|---|---|
| | | | | 壬寅 | 庚寅 | 戊寅 | 丙寅 | 甲寅 |
| 巽 巳 丙 午 丁 未 坤 | | | | 082 | 081 | 080 | 079 | 078 | 077 | 076 | 075 | 074 | 073 | 072 | 071 | 070 | 069 | 068 |

| | 巽 | 巳 | 丙 | 午 | 丁 | 未 | 坤 | |
|---|---|---|---|---|---|---|---|---|
| 辰 | | 8←3 八 | | 4←7 ❾四 | | 6⇦5 六 | | 申 |
| 乙 | | | | | | | | |
| 卯 | | -7-4 -七 | | -❾-2 -五 | | -2-❾ ❼二 | | 庚 → |
| 甲 ■ | | 3→8 ❽三 | | 5⇨6 五❶ | | 1⇩1 6←6 | | 酉 |
| 寅 | | | | | | | | 辛 |
| 艮 | 丑 | 癸 | 子 | 壬 | 亥 | 乾 | | 戌 |

| 四局 | 山星：中 向星：庚 |
|---|---|
| 地運 | 40年（三運 入囚）㊥中宮山星（⑨）：當運入囚 |
| 特記 | ㊥坐宮·中宮·向宮：陰數成群<br>⊙離宮④+❾＝變格山星暗城門<br>⊙兌宮②+❼＝變格山星暗城門<br>⊙艮宮③+❽＝變格山星暗城門<br>⊙坎宮⑥+❶＝變格向星暗城門<br>⊙乾宮①①+❻❻＝變格暗城門 |

| 山8 | 宜^遠秀之山, 忌^高壓逼迫(고압핍박). *迫(다그칠 박) | 山4 | 宜^遠秀之峰(연수지봉)。 忌^逼壓(핍압), 疾病損人(질병손인). | 山6 | 老人痴呆(노인치매)· 骨質疏鬆症(골질소송증, 골다공증)·官司(관사). |
|---|---|---|---|---|---|
| 水3 | 損丁·雷殛(뇌극:감전사고)·棒打(봉타)·槍殺(총살)·肝胆病(간담병). | 水7 | 肺病·傷殘(상잔)· 官訟刑獄(관송형옥)· 色情災禍(색정재화). | 水5 | 販毒·走私(주사:마약밀수)·中毒·怪病(괴병)·破產(파산). |
| 山7 | 跛(파)·眇(묘:애꾸)·缺脣(결:언청이)·肺癆·肝病·刀傷·骨折(골절). | 山⑨ | 喜(기쁠 희)<br>恕(용서할 서) 思(생각할 사) 憂(근심할 우)<br>恐(두려울 공) | 山2 | 宜^遠小端秀(연소단수)之山, 三運^旺丁·出貴. *端(바를 단) |
| 水4 | 因色破財(인색파재). 肝病(간병)·支氣管炎(지기관염:기관지염) | 水② | | 水❾ | 發財, 出^文人·儒者, 名聞天下(:富貴 貧賤在水神) |
| 山3 | 損小口(:마성년자,8). 忌「探頭山(탐두산)」, 出^賊盜(적도:강도). | 山5 | 腫瘤·痴呆·不孕(불임)· 乏嗣(핍사:절사)· 因果惡報(인과악보). | 山❶ | 宜^文筆峰高聳(문필봉고용), 出^科甲魁元(과갑괴원:장원급제). |
| 水8 | 宜^遠水不見, 水大則^損(손) 小口(:미성년자). | 水6 | 老人痴呆(노인치매)· 肺病(폐병)·骨病· 頭病·官司(관사:소송). | 水① | 宜^之玄長流之水, 發福悠久(발복유구). *悠(멀 유) ·久(오랠 구) |

**【해설】**

⊙ 磁北(자북) 이동에 따른 편각보정(偏角補正)

　族譜(족보)나 고문서에 기록된 묘나 건축물의 坐向과 현재 坐向이 다른 이유는 磁北(자북)이동 때문에 당시의 편각과 현재의 편각이 다르기 때문이다. 편각에 대한 자료는 '미국해양대기청(https://www.ngdc.noaa.gov)' 사이트에서 확인할 수 있다.

　서울 종로구 숭인동에 있는 '東關王廟(동관왕묘)'는 《朝鮮實錄》에 의하면 건축물 완성 시기는 1601년이고 亥坐巳向(: 330도 기준 ±7.5도)이라고 기록되어있다.

　1601년 당시의 편각은 동편각(東偏角)+1.8도이고, 2025년도 서울의 西偏角은 -8.96도이므로, 10.76(동편각1.8+서편각8.96)도 차이를 현재에 坐向인 壬坐丙向(345도)에서 10.76도를 시침(時針) 반대방향으로 이동하면(345-10.76=334도) 亥坐巳向(330도 기준 ±7.5도)이 되므로 《朝鮮實錄》에 기록된 亥坐巳向이 틀림없다는 사실을 확인할 수 있다.

| 度 | 352 | 351 | 350 | 349 | 348 | 347 | 346 | ↑0 345 | 1 344 | 2 343 | 3 342 | 4 341 | 5 340 | 6 339 | 7 338 | 8 337 | 9 336 | ↑10 335 | 11 334 | 333 | 332 | 331 | 330 | 329 | 328 | 327 | 326 | 325 | 324 | 323 |
|---|---|---|---|---|---|---|---|---|---|---|---|---|---|---|---|---|---|---|---|---|---|---|---|---|---|---|---|---|---|---|
| 分金 | | | | 辛亥 | | | | | | | 丁亥 | | | | | | | 辛亥 | | | | | | 丁亥 | | | | | | |
| 坐 | | | | | | | 壬 | | | | | | | | | | | | | 亥 | | | | | | | | | | |
| 時期 | | | 2025년 坐 345도 壬坐丙向 | | | | | | | | | | | | | 1601년 당시의 坐 333.75도 亥坐巳向 | | | | | | | | | | | | | | |
| | | | 345도-10.76도=333.24(현재기준에서 역시침 방향으로 이동) | | | | | | | | | | | | | | | | | | | | | | | | | | | |

*본서 卯坐酉向 替卦에 과거 4백년간 편각참고(서울시 기준)

# 九運 卯坐酉向【下卦】

| 卯 | | | |
|---|---|---|---|
| 癸卯 | 辛卯 | 己卯 | 丁卯 | 乙卯 |
| 097 095 | 094 092 | 091 089 | 088 086 | 084 083 |

| | |
|---|---|
| 四局 | ▲雙星會坐(：向星上山) |
| 地運 | 40年（三運 入囚） |
| 特記 | ⚠酉方：山臨五黃少人丁<br>⚠乾宮：單宮伏吟<br>⚠中宮・坎宮：27火 화재조심<br>⚠坐宮：9⑨火→七金→❸木<br>☉離宮⑥+運盤四=向星合十 |

| 山8 | 人丁冷退(인정냉퇴)・出´輕浮(경부)無見識(무견식)之人。*浮(뜰 부) | 山3 | 肝病・脚病(각병)・遭(조)´賊盜(조적도)・官司。*遭(만날 조) | 山1 | 催丁(출산)・催貴(승진)・出´教育人員(교육인원)・*催(재촉할 최) |
| --- | --- | --- | --- | --- | --- |
| 水① | 一運^發財，出´公務員(공무원)。*務(힘쓸 무) | 水6 | 官司(관사)・破財(파재)・剋妻(상처,64)・頭部病痛(두부병통) | 水8 | 退(퇴)´財產・損丁，忌(기)´大水浩蕩(ㅡ호탕)。*浩(클 호) *蕩(쓸많을 탕) |
| 山9 | 人丁薄弱(인정박약)・忌´大山高壓直落。*薄(엷을 박) | 山7 | 4巽 9離 2坤<br>3震 ❷坤 ❸震 ❶坎 7兌<br>8艮 ❹巽<br>水② 6乾 ❼兌 ❾離 8艮 1坎 6乾 | 山5 | 少人丁・乏嗣(핍사;절손),疾病・損主(손주)・癌症(암증)。*乏(부족할 핍) |
| 水⑨ | (坐後畓)當元發財，若´無山，損丁。*畓(논 답)=水田 | | | 水4 | 被騙(피편;사기당함)失身 失財・婆媳不和(파식불화;고부갈등)。*婆(시어미 파) |
| 山4 | 乳癰(유옹;악성종양)・瘟瘓(온황;傳染病・肝胆病(간담병) | 山2 | 胃腸病(위장병)・寡婦當家(과부가장)，三運^添丁(첨정;출산) | 山6 | 遠峰挺秀(원봉정수)，三運^出´貴(;七星打劫)。*挺(빼어날 정) |
| 水5 | 長房破產(장방파산)・倒閉(도폐;부도;不渡)・橫死・怪病(괴병) | 水7 | 橫發橫破(;속발속패)，27先天火,5飛出´=後天9火)，三運^損丁 | 水3 | 三運^發財・出´貴(;市長・郡守) |

【해설】

⊙잘못 알고 있는 풍수지리 상식

(1) 양지척(量地尺)

　朝鮮시대에는 통일된 量地尺(양지척)제도가 없어 정확한 계산은 불가하지만, 《大東輿地圖(대동여지도)》가 21만 6천 분의 1로 축척한 지도이며 10리마다 눈금 표시한 점을 근거로 계산하면 당시에 10리는 현재의 미터법으로는 약 5.4km이다.

(2) 주척(周尺)

　明堂圖訣 내용 중에 간혹 '穴深(혈심)' 운운하며 척촌(尺寸)이란 용어가 나온다. 朝鮮시대 척촌법(尺寸法)으로 黃鍾尺(황종척; 악기제조 단위), 布帛尺(포백척; 옷감길이 단위), 營造尺(영조척; 건축토목 길이측정 단위) 등으로 구분된다.

　風水에서는 영조척을 사용하였으며 일명 周尺(주척; 周나라 자)이라고 하였으며 周尺으로 1尺은 미터법으로 19.9cm이다.

(3) 좌우선룡(左右旋龍)

　左·右旋龍의 기준은 墓에서 來龍을 바라본 상태에서 左·右旋龍으로 구분한다. 예를 들어 子坐午向일 경우에는 乾亥方 來龍이면 左旋龍이 되고 艮寅方 來龍이 오면 右旋龍이 된다.

(4) 배산임수(背山臨水)는 吉凶의 의미가 아니다

　배산임수는 집이나 묘의 주변의 山과 물의 地形을 의미한 하는 용어이지 吉凶의 의미가 아니다. 배산임수의 지형을 선호하지만 배산임수라고 좋다는 것이 아니고 현공풍수의 四局이론에 따른 合局여부에 따라 吉凶이 다르다.

# 九運 卯山酉向 [起星]

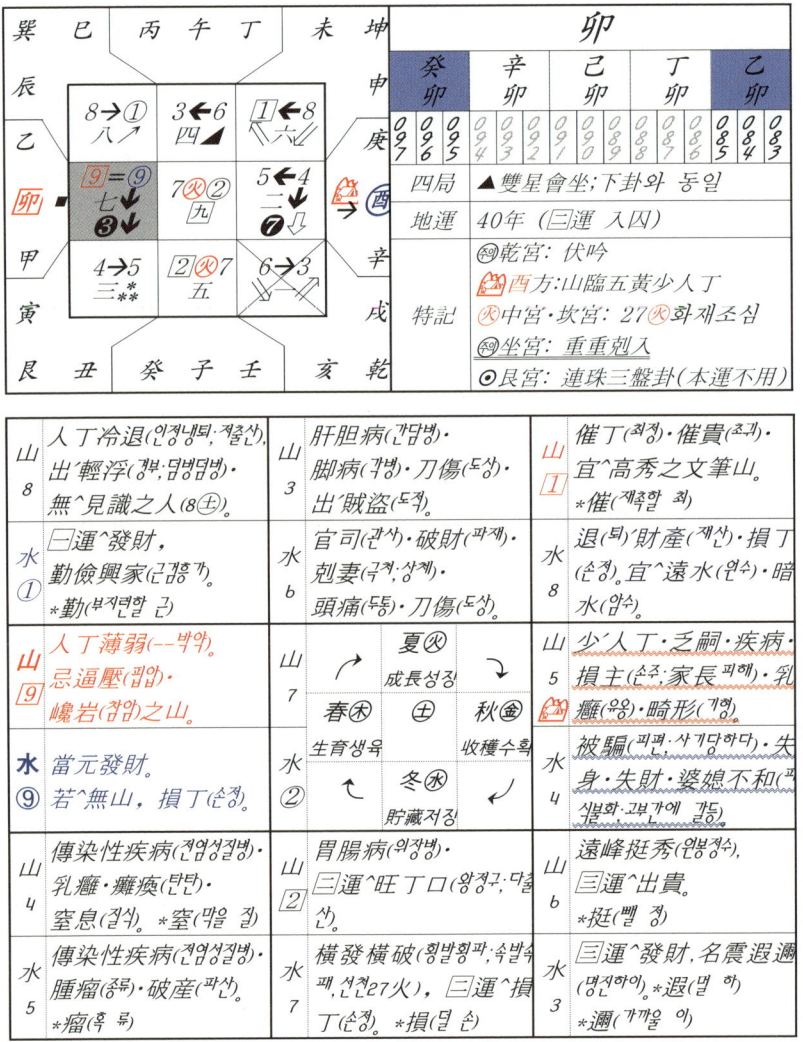

【해설】

◉連珠三盤卦(연주삼반괘)
　連珠三盤卦는 봉흉화길(逢凶化吉)하는 길격(吉格)이지만, 艮宮에 〈4⑤三〉는 九運에 生旺氣가 아니므로 九運에는 쓸모가 없고 三運 이후에야 吉格으로 활용된다.

　艮宮挨星 〈4⑤三〉,
〈5〉는 여과성병독(濾過性病毒; 바이러스)이고,
〈3·4〉는 蟲(충; 3)·細菌(세균; 3)·蛇(사; 4巳)이다.
〈3·4·5〉는 9運에 煞氣(살기)이다.

　九運 기준으로 可用하는 連珠三盤卦는 〈8·9·1〉 과 〈9·1·2〉 뿐이다.

◉지난 400년간 편각(서울 기준) *미국해양대기청 사이트 자료

| 400년간 편각 (서울시 기준) | | | | | | | | | | | * E:동편각 W:서편각 | |
|---|---|---|---|---|---|---|---|---|---|---|---|---|
| 서기 | 運 | 편각 | 서기 | 運 | 편각 | 서기 | 運 | 편각 | 서기 | 運 | 편각 |
| 1584 | 三 | 자료없음 | 1704 | 二 | +1.37 E | 1824 | 六 | -2.68 W | 1944 | 五 | -6.38 W |
| 1604 | 四 | +1.90 E | 1724 | 三 | +0.97 E | 1844 | 九 | -3.43 W | 1964 | 六 | -6.87 W |
| 1624 | 七 | +2.32 E | 1744 | 四 | +0.07 E | 1864 | 一 | -4.17 W | 1984 | 七 | -7.28 W |
| 1644 | 八 | +2.17 E | 1764 | 五 | -0.75 W | 1884 | 二 | -4.85 W | 2004 | 八 | -7.72 W |
| 1664 | 九 | +2.12 E | 1784 | 六 | -1.17 W | 1904 | 三 | -4.98 W | 2024 | 九 | -9.01 W |
| 1684 | 一 | +1.83 E | 1804 | 七 | -1.63 W | 1924 | 四 | -5.83 W | 2044 | 一 | |

# 九運 乙山辛向【下卦】

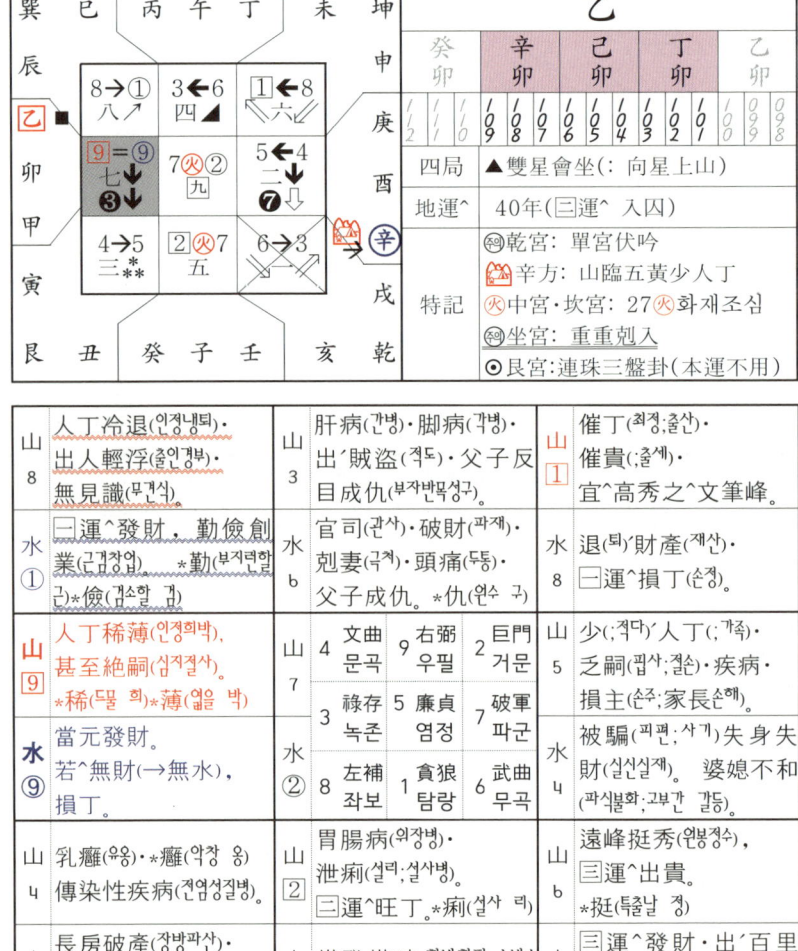

> 【해설】

⊙ 向首一星災福柄(향수일성재복병)

　古書에 「向首一星災福柄(향수일성재복병)」이라고 하여 <u>向宮은 재앙(災殃)과 복조(福祚)의 열쇠</u>라고 할 정도로 向宮의 역량은 중요하다. 向宮은 運의 得失에 따라 吉凶이 구분되고 특히 入囚를 제일 꺼린다.

　本 坐向에서 龍穴砂水가 有情하더라도 用事하지 않고 방기(放棄)하는 것이 마땅한데 억지로 用事하면 부작용이 따른다.

　向宮에 向星 〈④〉는 <u>三運에야 生氣가 되고, 山星 〈⑤〉는 四運에야 生氣가 되므로 福을 받기 전에 먼저 凶을 만나게 된다.</u>

⊙ 吉地의 조건은 山水·坐向·時運

　吉地의 <u>三大 조건으로 산수(山水), 좌향(坐向), 시기(時期)</u>가 있다. 《葬書(장서)》에 이르기를 『天光下臨(천광하림), 地德上載(지덕상재)』라고 하여 천광(天光)은 위에서 아래로 내려오고 地德(지덕)은 밑에서 위로 실어준다고 하였다.

　「天光」은 천체(天體)의 운행에 따른 時運의 중요성을 강조한 이기풍수의 의미이고, 「地德」은 용혈사수(龍穴砂水)인 형기풍수를 의미한다.

　<u>고추 모종은 아카시아꽃 필 무렵에 심어야 되듯이 모든 일에는 적절한 시점[timing]가 있다.</u> 시간[time]은 體가 되고 시점(時點; timing)은 用이 된다. 형기풍수로 龍穴砂水가 뛰어난 吉地라도 이기풍수의 坐向에 따른 時期가 적합하여야 發福을 받는다는 논리이다.

　풍수 고전인 『葬書』에서도 '장사지내는 때(年月日時)가 어긋남이 두 번째 凶이다.'라고 하였다.

# 九運 乙山辛向 [起星]

| | | 乙 | | | |
|---|---|---|---|---|---|
| | 癸卯 | 辛卯 | 己卯 | 丁卯 | 乙卯 |
| | 111 / 12 | 444 / 9 9 9 | 444 / 9 9 9 | 444 / 000 | 000 / 998 |
| 四局 | 山星:乙 向星:巳 | | | | |
| 地運 | 20年 (三運 入囚) | | | | |
| 特記 | ⊙巽宮⑨+❹=變格向星暗城門<br>⊙坤宮⑦+❷=變格向星暗城門<br>⊙震宮⑧+❸=變格向星暗城門<br>⊙坎宮⑥+❶=變格向星暗城門<br>⊙中宮①+九=向星合十 | | | | |

| | | | | | | |
|---|---|---|---|---|---|---|
| 山8 | 破財(파재)·少男이<br>非禮成婚(비례성혼:<br>혼전동거생산) | 山3 | 肝胆病(간담병)·<br>流行性傳染病(유행성<br>전염병). *染(물들일 염) | 山1 | 出貴<br>尖峰(:木)·(火)文貴·<br>圓峰(:金)武貴(무관) |
| 水⑨ | 財喜連連(巽水一<br>杓라도 能^救貧)。<br>*杓(자루 표)·*救(건질 구) | 水5 | 流行性傳染病·<br>破家蕩産(파가탕산)。 | 水7 | 出'人好酒色(:74)·<br>破家(파가)·漂流(표류·떠<br>돌이)·*漂(떠돌 표) |
| 山9 | 丁少(:출산적조)。 若^乙<br>兼辰者(:出卦=大空<br>亡个)。更主絶嗣。 | 山7 | 信用신용 名譽명예 俸祿봉록<br>調和조화 感情감정 生長생장<br>明朗명랑 權勢권세 魅力매력<br>前進전진 統治통치 交際교제<br>貯蓄저축 思考사고 活力활력<br>改革개혁 研究연구 決斷결단 | 山5 | 少丁·乏嗣(핍사·절손)·<br>多病·橫禍(횡화:5)·<br>是非(시비:3). |
| 水8 | 非禮成婚(비례성혼:<br>8艮少男·9兌少女)·<br>損丁(손정). | 水① | | 水3 | 肝病(간병)·<br>脚病(각병)·<br>上元에 起'發財. |
| 山4 | 女人當家(여인당가·<br>女人家長),<br>美而不貞(미이부정). | 山2 | 三運^旺丁(왕정)·寡<br>婦受旌(과부수정)。<br>*旌(열녀 정) | 山6 | 遠峰挺秀(연봉정수),<br>三運^出貴.<br>*挺(빼어날 정) |
| 水4 | 女人喧鬧(여인훤료·약질<br>여자)·破家(파가), 出'<br>浪蕩子女(방탕자녀) | 水6 | 迷信(미신)·耗財(모재)·<br>寒熱往來(한열왕래)·<br>貪小失大. | 水② | 迷信(미신)·三運^發'<br>田産(:논밭 봉산).<br>*迷(미혹할 미) |

**【해설】**

## 八卦九星配屬表(팔괘구성배속표)

| 八卦九星 | 名稱<br>명칭 | 五行 | 九宮 | 24坐 | 替卦 | 順逆 | 卦象 | 陰陽 | 季節<br>(節氣) | 人物 | 方位 | 動物 | 屬性 | 人體 | 五臟六腑<br>오장육부 | 疾病<br>질병 |
|---|---|---|---|---|---|---|---|---|---|---|---|---|---|---|---|---|
| ☵ 1白 | 貪狼<br>탐랑 | 水 | +坎 | 壬子癸 | ②①① | 逆順順 | 水 | 中陽 | 冬<br>(冬至) | 中男 | 北 | 猪 | 陷함 | 耳이 | 腎(신)<br>子宮(자궁)<br>血(혈) | 腎臟病신장병<br>耳病이병<br>血病혈병 |
| ☷ 2黑 | 巨門<br>거문 | 土 | −坤 | 未坤申 | ②①① | 順逆順 | 地 | 老陰 | 夏秋間<br>(立秋) | 老母 | 南西 | 牛 | 順순 | 腹복 | 脾(비)<br>皮膚(피부) | 胃腸病위장병<br>皮膚病피부병 |
| ☳ 3碧 | 祿存<br>녹존 | 木 | +震 | 甲卯乙 | ①②② | 逆順順 | 雷 | 太陽 | 春<br>(春分) | 長男 | 東 | 龍 | 動동 | 足족 | 膽(담)<br>髮(발)<br>筋肉(근육) | 肝膽病간담병<br>足傷족상 |
| ☴ 4綠 | 文曲<br>문곡 | 木 | −巽 | 辰巽巳 | ⑥⑥⑥ | 順順逆 | 風 | 太陰 | 春夏間<br>(立夏) | 長女 | 東南 | 鷄 | 入입 | 股고<br>乳(유) | 肝(간) | 肝膽病간담병<br>風疾풍질 |
| 5黃 | 廉貞<br>염정 | 土 | 中宮 | | | | | | | | 中央 | | 神經<br>신경 | 內臟(내장) | | 毒瘡창독<br>癌症절증<br>癌症암증 |
| ☰ 6白 | 武曲<br>무곡 | 金 | +乾 | 戌乾亥 | ⑥⑥⑥ | 逆順順 | 天 | 老陽 | 秋冬間<br>(立冬) | 老父 | 北西 | 馬 | 建건 | 首수 | 左肺(좌폐)<br>腦(뇌)<br>骨(골) | 肺폐<br>頭疾두질<br>腦疾뇌질 |
| ☱ 7赤 | 破軍<br>파군 | 金 | −兌 | 庚酉辛 | ⑨⑦⑦ | 順順逆 | 澤 | 少陰 | 秋<br>(秋分) | 少女 | 西 | 羊 | 悅열 | 口涎<br>구연 | 右肺(우폐)<br>脣齒(순치)<br>大腸(대장) | 呼吸器호흡기<br>舌瘡설창 |
| ☶ 8白 | 左輔<br>좌보 | 土 | +艮 | 丑艮寅 | ⑦⑦⑨ | 逆順順 | 山 | 少陽 | 冬春間<br>(立春) | 少男 | 北東 | 狗 | 止지 | 手수 | 胃(위)<br>背(배)<br>鼻(비) | 胃腸病위장병<br>脊椎病척추병<br>콧병 |
| ☲ 9白 | 右弼<br>우필 | 火 | −離 | 丙午丁 | ⑦⑨⑨ | 順逆逆 | 火 | 中陰 | 夏<br>(夏至) | 中女 | 南 | 雉 | 附부 | 目목 | 心臟(심장)<br>小腸(소장) | 눈병<br>心臟病심장병<br>火傷화상 |

# 九運 辰山戌向 下卦

| | 巽 巳 | 丙 午 丁 | 未 坤 | |
|---|---|---|---|---|
| 辰 乙 卯 甲 | 9→⑨ ④↓⑧ | 4→5 ④ ⑨四↗ | ②火7 ②六 | 申 庚 酉 辛 |
| | 1←8 ⑦③七 | 8→① ⑨▲ | 6→3 二 | |
| 寅 艮 丑 | 5←4 三** | 3←6 五❶ | 7火② 一 | 戌 亥 乾 |

| | 辰 | | | |
|---|---|---|---|---|
| 壬辰 | 庚辰 | 戊辰 | 丙辰 | 甲辰 |
| 1/27~1/25 | 1/24~1/23 | 1/22~1/20 | 1/19~1/18 | 1/17~1/16 | 1/15~1/13 |

| | |
|---|---|
| 四局 | ▲雙星會坐(: 向星上山 |
| 地運 | 20年(二運 入囚) |
| 特記 | ⊙巽宮⑨⑨+❹4=變格暗城門<br>⊙離宮④4+❾9=變格向星暗城門<br>⊙坤宮⑦7=變格向星暗城門<br>⊙震宮⑧8+❸3=變格向星暗城門<br>⊙坎宮⑥6+❶1=變格向星暗城門<br>⊙中宮①1+運盤九=向星合十 |

| | | | | | |
|---|---|---|---|---|---|
| 山⑨ | 宜^文秀端正之遠,<br>出´學者·名儒(명유) | 山4 | 肝癌·腸癌·乳癌,<br>出^浪蕩之人(낭탕지인) | 山② | 出^^寡婦(과부), 宜^端<br>正(단정)之遠山·小山 |
| 水⑨ | 宜^靜蓄(정축)之水,<br>當元(;四運)發財 | 水5 | 瘟癀怪病(온황괴병)·<br>販毒·走私(주사;밀수)·<br>家破人亡 | 水7 | 肢體傷殘(지체상잔)·火<br>災(279)·血症·墮胎(타<br>태;낙태)·流産 |
| 山① | 宜^高聳(고용)之^文筆<br>峰, 出´文人秀士<br>*聳(솟을 용) | 山8 | 예술<br>미용업<br>광고 / 의료업<br>변호사<br>화장품 / 부동산<br>농업<br>토목건축<br>기자<br>문학<br>음악 / 정치인<br>장례업<br>법관 / 금융업<br>증권업<br>오락실 | 山3 | 頭痛·腦震盪(뇌진탕)·<br>咳喘(해천)·車禍(차화)·<br>刀傷(b)·喘(혈떡거릴 천) |
| 水8 | 宜´小水·暗水。<br>忌´大水明現,<br>出´聾啞(농아) | 水① | 광산업<br>중개인<br>물류업 / 철학<br>종교<br>교육 / 공무원<br>법률가<br>운동가 | 水3 | 足病(족병)·賭博破家(도<br>박파가)·犯法^遭(조)刑<br>獄(형옥) *獄(감옥 옥) |
| 山5 | 乏嗣(핍사;절손)·<br>生´畸形人(기형인),<br>出´暴徒(폭도) | 山3 | 脚部傷痛·出´賊盜(적<br>도)·肝胆病·躁症(조<br>증)。*躁(성급할 조) | 山7 | 傷殘(상잔)·遭´賊盜(3)·<br>火災(화재, 27선천火)·<br>好´酒色(주색) |
| 水4 | 乳癰(유옹)·肝病·<br>風癱(풍탄)·<br>賭博破家(도박파가) | 水6 | 官司·頭部病痛·咳嗽<br>(해수;4)·父子成仇(;b3)<br>*咳(기침 해) 嗽(기침 수) | 水② | 三運^出´名醫(명의)·<br>法官(b,7),<br>土地致富(토지치부,28) |

**【해설】**

⊙泰和局(태화국): 앞뒤에 生旺氣이며 有水이면 旺財

雙星會坐이지만 星數조합이 태화국(泰和局: 앞뒤에 有水)이 되어 速發(속발)하고 房房齊發(방방제발)하고 三元不敗하여 九運에 특별히 좋은 坐向이다.

⊙辰戌丑未 4개의 坐向

辰戌丑未 4개의 坐向 財庫山(재고산; 富山)으로 得運에는 財富의 坐向인데도, 속사(俗師)는 「四墓(: 辰戌丑未)非吉」・「天罡四殺(천강사살)」이라며 기피하는 현상이 있는데, 실은 不恒星歲差(항성세차; 變運)・天運轉移(천운전이; 隨時變易[수시변역])의 眞機(진기; 神의 한 수)를 모르기 때문이다.

⊙囚不住(수부주): 入囚에서 벗어남

辰山戌向의 地運기간은 어느 運이나 20年이면 「入囚(입수)」가 되지만 「入囚」에서 벗어나는 경우가 있다. 일명 囚不住(수부주)라고 한다.
⑴ 陰宅; 向宮에 有水인 경우
⑵ 陽宅;
① 앞쪽에 空地・정면에 門路(대문에서 현관까지의 길)가 있는 경우
② 'ㅁ'자 주택에서 中宮인 마당에서 하늘이 보이는 공간이 있으므로 天光(日光・月光・星光)이 하조(下照)하는 경우

# 九運 辰山戌向 [起星]

| | 辰 | | | | |
|---|---|---|---|---|---|
| | 壬辰 | 庚辰 | 戊辰 | 丙辰 | 甲辰 |
| | 1/2/2/6/7 | 1/2/2/4/5 | 1/2/2/2/3 | 1/2/2/0/1 | 1/2/1/8/9 | 1/2/1/6/7 | 1/2/1/4/5 | 1/2/1/2/3 |
| 四局 | 下卦·替卦 飛星盤 不同 *卯坐酉向 下卦와 동일 |||||
| 地運 | 40年 (三運 入囚) |||||
| 特記 | ⑨⑨乾宮: 向宮에 單宮伏吟<br>⑧庚方: 山臨五黃少人丁<br>⑦坤宮·兌宮: 27 화재조심<br>⑨⑨震宮: ⑨⑨火→七金→③木 |||||

| | | | | | |
|---|---|---|---|---|---|
| 山8 | 宜^山低小(산저소),<br>高壓逼塞(고압핍색)則<br>出'聾啞(농아) | 山3 | 脚病(각병)·肝胆病(간담병),出'賊盜(적도)·<br>敗家子(패가자) | 山1 | 宜^高聳尖秀(고용첨수)之<br>文筆峰(문필봉),<br>出'文人秀士 |
| 水① | 宜^長流水가<br>環抱(환포),<br>勤儉成家(근검성가) | 水6 | 頭痛·腦震盪(뇌진탕)·<br>奢侈敗家(사치패가)·<br>官司(관사:송송재판) | 水8 | 宜^暗水(암수:암공수)<br>忌 近大之水·<br>損丁·黃腫(황종) |
| 山⑨ | 宜^端莊秀麗(단장수려)<br>之遠山,<br>學者·儒者(유자) | 山7 | 信用 신용 感情 감정 成長 성장<br>協助 협조 粧飾 장식 衰弱 쇠약<br>含情 함정 終止 종지 警戒 경계<br>活力 활력 至尊 지존 魅力 매력<br>前進 전진 權勢 권세 遊興 유흥<br>明亮 명량 統治 통치 電子 전자 | 山5 | 腫毒·乳癰(유옹·유방질병)·<br>出'暴徒(폭도·깡패)·<br>匪類(비:무장강비) |
| 水⑨ | 宜^小溝水(소구수:도랑물)·<br>靜水(정수:유속이 느린 물),<br>當元發財 | 水② | 貯蓄 저축 始作 시작 活動 활동<br>革新 혁신 流動 유동 生命 생명<br>安定 안정 困難 곤란 領導 영도 | 水4 | 投機破財(투기파재)·<br>賭博傾家(도박파가)·<br>乳癰·風癱(풍탄:중풍) |
| 山4 | 乳癰(유옹)·肝病·<br>瘟癀(온황:전염병)·神經<br>痛(5)·癱瘓(탄환:중풍) | 山② | 宜^方·圓 端正之山,<br>三運^添丁(첨정:출산)<br>出'貴 | 山6 | 頭痛·腦震盪(뇌진탕)<br>父子反目(부자반목:63)<br>官司(관사:6) |
| 水5 | 乳癰(유옹)·怪病·<br>販毒·走私·破産·<br>*癱(약창 옹) | 水7 | 身體病弱傷殘(신체병허<br>상잔·불구자)·火災·流産·<br>殺傷(살상) | 水3 | 車禍(차화)·刀傷(도상)·<br>賊盜(적도)·雷擊(뢰격)·<br>棒打(봉타·폭행)·剋長子 |

**【해설】**

## 九星吉凶斷(구성길흉단)

| 九星 | 八卦 | 名稱 | 吉凶 | | 異名 | 吉 凶 象 |
|---|---|---|---|---|---|---|
| 1白㊌ | 坎 | 貪狼 탐랑 | 吉 | 得 | 牙笏(아홀) 胎神(태신) | 少年科甲(소년과갑), 名播四海(명파사해), 聰明知慧(총명지혜), 哲學宗敎(철학종교) |
| | | | | 失 | 淫佚(음일) | 刑妻(형처), 瞎眼(할안), 夭亡(요망), 飄蕩(표탕), 淫亂(음란), 溺死(익사) |
| 2黑㊏ | 坤 | 巨門 거문 | 小凶 | 得 | 天醫(천의) | 發田財(발전재), 旺人丁(왕인정), 武貴(무귀), 製藥(제약), 韓醫(한의) |
| | | | | 失 | 病符(병부) 寡婦(과부) | 寡婦(과부), 難産(난산), 腹病(복병), 惡疾(악질), 陰謀(음모), 鄙吝(비린) |
| 3碧㊍ | 震 | 祿存 녹존 | 小凶 | 得 | 諸侯(제후) | 財祿豊盈(재록풍영), 興家創業(흥가창업), 成均館(성균관), 長房大旺(장방대왕) |
| | | | | 失 | 蚩尤(치우) 賊星(적성) | 刑妻(형처), 中風(중풍), 不治病(불치병), 官訟是非(관송시비), 交通事故(교통사고) |
| 4綠㊍ | 巽 | 文曲 문곡 | 平 | 得 | 文星(문성) | 文章名世(문장명세), 科甲聯芳(과갑연방), 女美而貴(미녀위귀), 貞淑(정숙) |
| | | | | 失 | 淫蕩(방탕) | 中風(중풍), 自殺(자살), 淫蕩(음탕), 破家(파가), 漂流滅絶(표류멸절) |
| 5黃㊏ | 中宮 | 廉貞 염정 | 大凶 | 得 | 巨富(거부) | 驟發(취발), 旺丁(왕정), 極貴(극귀), 極富(극부), 奇人(기인), 聖賢仙佛(성현선불) |
| | | | | 失 | 瘟疫(온역) | 火災災殃(화재재앙), 孟仲官訟(맹중관송), 季子昏迷癡呆(계자혼미치매) |
| 6白㊎ | 乾 | 武曲 무곡 | 吉 | 得 | 官星(관성) 靑龍(청룡) | 權威震世(귀위진세), 武職勳貴(무직훈귀), 巨富多丁(거부다정), 公明正大(공명정대) |
| | | | | 失 | 鰥夫(환부) | 刑妻孤獨(형처고독), 寡母守家(과모수가) |
| 7赤㊎ | 兌 | 破軍 파군 | 大凶 | 得 | 天喜(천희) | 發財旺丁(발재왕정), 武途仕宦(무도사환), 小房發福(소방발복), 金融機關(금융기관) |
| | | | | 失 | 刑曜(형요) | 盜賊離鄕(도적이향), 役軍橫死(역군횡사), 牢獄(뇌옥), 口舌, 火災(화재), 損丁(손정) |
| 8白㊏ | 艮 | 左輔 좌보 | 吉 | 得 | 魁星(귀성) | 孝義忠良(효의충량), 富貴綿遠(부귀면원), 小房洪福(소방홍복), 平和, 脫俗(탈속) |
| | | | | 失 | 善曜(선요) | 小口損傷(소구손상), 膨脹(팽창), 無爲徒食(무위도식), 瘟癀(온황:전염병) |
| 9紫㊋ | 離 | 右弼 우필 | 平 | 得 | 紅鸞(홍란) | 文章科第(문장과갑), 驟至榮顯(취지영현), 中房受蔭(중방수음), 出産(출산) |
| | | | | 失 | 哭泣(곡읍) | 吐血(토혈), 目疾(목질), 産死(산사), 回祿(회록;화재), 官災(관재), 詐欺(사기) |

# 九運 巽山乾向 [下卦]

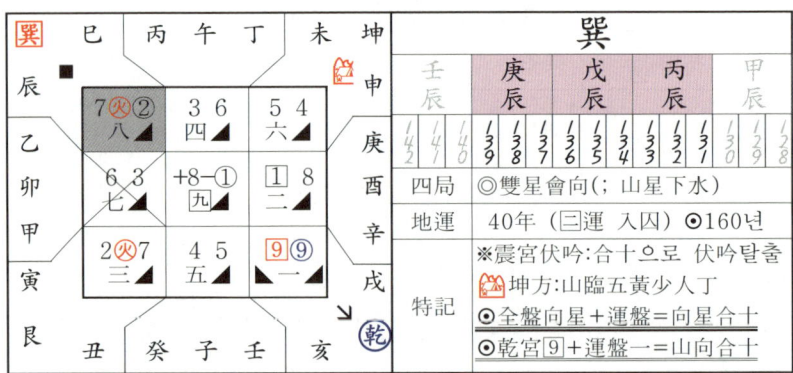

| 山7 | 跛(파)·眇(묘)·缺脣(결순)·婦女不貞(부녀부정)·肺炎(폐렴)·喉症(후증) | 山3 | 頭痛(두통;6)·肝胆病(간담병)·賊盜(적도)·脚病(각병)·*脚(다리 각) | 山5 | 瘟瘍(온황;염병)·胃腸病(위장병;5)·子宮癌(자궁암;1)·乳癌(유암;4) |
|---|---|---|---|---|---|
| 水② | 陽宅房門, 主′疾病淹留(질병엄류), 多產女子, *淹(오래될 엄) | 水6 | 官司·頭·肺·骨病, 三碧(木)命之人(6金)3(木) 難逃(난도) → | 水4 | 乳癰(유옹)·賭博破家(도박파가)·貪小失大, *癰(악창 옹)·貪(탐할 탐) |
| 山6 | 頭痛(두통)·車禍(교통사고)·父子反目(부자반목)·官司(관사;소송비) | 山8 | 入(입):들어감 麗(려):고움 順(순):따름 動(동):움직임 屬(속):속성 悅(열):기쁨 | 山1 | 宜(의)^高挺(고정)之文筆峰, 出′文人秀士·賢人(;8), *挺=秀 |
| 水3 | 頭痛(;6)·脚病(각병)·肝胆病(간담병)·車禍(차화)·官司(;6) | 水① | 止(지) 陷(함) 健(건) 멈춤 빠짐 튼튼함 | 水8 | 宜′暗水,水大明現, 主′聾啞(농아;귀머거리,병에;)·黃腫(황종) |
| 山② | 金形山(;←2⊕ 이기)高大, 出′文人秀士(문인수사) | 山4 | 乳癰(유옹)·產難(산난;출산에 어려움)·瘟瘍(온황), 出′浪蕩(낭탕)之子女 | 山⑨ | 生′聰慧(총혜)之子, 宜^遠秀端正(원수단정)山峰, *聰(총명할 총) |
| 水7 | 跛(파)·眇(묘)·缺脣(결순)·肢體不全(지체부전)·色情惹禍(색정야화) | 水5 | 破敗·乳癰(유옹;4)·產難(산난)·寒戶遭瘟(한호조온;345)·寒(찰 한) | 水⑨ | 財速發(;合十), 福力宏遠(복력굉원;合十), *宏(클 굉) *遠(멀 원) |

**【해설】**

| 分類 | | 五行 | 木 | 火 | 土 | 金 | 水 |
|---|---|---|---|---|---|---|---|
| 自然界 | | 天干(천간) | 甲(+)<br>乙(-) | 丙(+)<br>丁(-) | 戊(+)<br>己(-) | 庚(+)<br>辛(-) | 壬(+)<br>癸(-) |
| | | 地支(지지) | 寅(+)<br>卯(-) | 午(+)<br>巳(-) | 辰戌(+)<br>丑未(-) | 申(+)<br>酉(-) | 亥(-)<br>子(+) |
| | | 五方(오방) | 東 | 南 | 中央 | 西 | 北 |
| | | 五數(오수) | 3·8 | 2·7 | 5·10 | 4·9 | 1·6 |
| | | 五宮(오궁) | 靑龍(청룡) | 朱雀(주작) | 黃龍(황룡) | 白虎(백호) | 玄武(현무) |
| | | 五味(오미) | 酸(실 산) | 苦(쓸 고) | 甘(달 감) | 辛(매울 신) | 鹹(짤 함) |
| | | 五化(오화) | 生(날 생) | 長(길 장) | 化(될 화) | 收(거둘 수) | 藏(저장할 장) |
| | | 五色(오색) | 靑(청) | 赤(적) | 黃(황) | 白(백) | 黑(흑) |
| | | 五音(오음) | 角(각)<br>가,카 | 徵(치)<br>나,다,라,타 | 宮(궁)<br>아,하 | 商(상)<br>사,자,차 | 羽(우)<br>마,바,파 |
| | | 五季(오계) | 春(춘) | 夏(하) | 長夏(장하) | 秋(추) | 冬(동) |
| | | 五氣(오기) | 風(풍) | 暑(더울 서) | 濕(습할 습) | 燥(마를 조) | 寒(찰 한) |
| | | 五象(오상) | 直(곧을 직) | 尖(뾰족할 첨) | 方(모 방) | 圓(둥글 원) | 曲(굽을 곡) |
| | | 五牲(오생) | 羊(양 양) | 鷄(닭 계) | 牛(소 우) | 犬(개 견) | 豕(돼지 시) |
| | | 五蟲(오충) | 鱗(비늘 린) | 羽(깃털 우) | 裸(벗을 라) | 毛(털 모) | 介(껍질 개) |
| | | 五穀(오곡) | 麻(삼 마) | 麥(보리 맥) | 米(쌀 미) | 黍(기장 서) | 豆(콩 두) |
| | | 五辰(오신) | 星(성) | 日(일) | 地(지) | 宿(별 수) | 月(월) |
| | | 五器(오기) | 規(규) | 衡(저울 형) | 繩(먹줄 승) | 矩(곡척 구) | 權(저울추 권) |
| | | 五臭(오취) | 羶(누린내 단) | 焦(그을릴 초) | 香(향기 향) | 腥(비릴 성) | 朽(썩을 후) |
| 人事社會 | | 五臟(오장) | 肝(간) | 心(심) | 脾(비) | 肺(폐) | 腎(신) |
| | | 六腑(육부) | 膽(담) | 小腸(소장) | 胃腸(위장) | 大腸(대장) | 膀胱(방광) |
| | | 形體(형체) | 筋(근) | 脈(맥) | 肉(육) | 毛皮(모피) | 骨(골) |
| | | 情志(정지) | 怒(성낼 노) | 喜(기쁠 희) | 思(생각 사) | 悲(슬플 비) | 恐(두려울 공) |
| | | 變動(변동) | 握(쥘 악) | 嘔(노래할 구) | 噦(새소리 홰) | 欬(기침 해) | 慄(여물 율) |
| | | 五官(오관) | 目(눈 목) | 舌(혀 설) | 口(입 구) | 鼻(코 비) | 耳(귀 이) |
| | | 五聲(오성) | 呼(부를 호) | 笑(웃을 소) | 歌(노래 가) | 哭(울 곡) | 呻(신음할 신) |
| | | 五神(오신) | 魂(넋 혼) | 神(정신 신) | 意(뜻 의) | 魄(형체 백) | 志(마음 지) |
| | | 五液(오액) | 淚(흐를 루) | 汗(땀 한) | 涎(침 연) | 涕(눈물 체) | 唾(침 타) |
| | | 五事(오사) | 視(볼 시) | 言(말씀 언) | 思(생각 사) | 聽(들을 청) | 貌(얼굴 모) |
| | | 五政(오정) | 寬(너그러울 관) | 明 | 恭(공손할 공) | 力 | 靜(고요할 정) |
| | | 五性(오성) | 仁(인) | 禮(예) | 信(신) | 義(의) | 智(지) |

# ⑨運 巽山乾向 [起星]

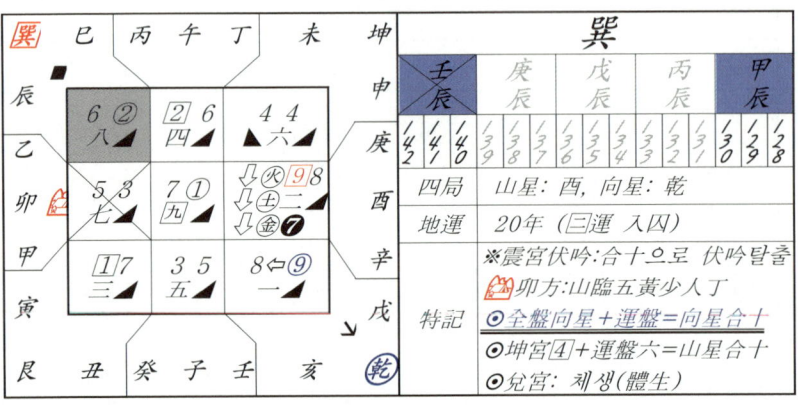

| 山 6 | 寒熱往來(장티푸스)·鬼(2)神(6)不安·走火入魔(주화입마) | 山 2 | 出´寡婦(과부), 寒熱往來(한열왕래)·鬼神不安(귀신불안)·胃腸病 | 山 4 | 出浪蕩子·文妖·聲名狼藉(성명낭자:스캔들)·肝病·股病(고병) |
|---|---|---|---|---|---|
| 水 ② | 寒熱往來·貪小失大·迷信破財(미신파재)·鬼神不安 | 水 6 | 寒熱往來·鬼神不安·神棍詐財(신곤사재:미신해)·*棍(몽둥이 곤) | 水 4 | 風聲不正(스캔달)·淫奔破敗(음분파패)·出悍婦(한부)·*悍(사나울 한) |
| 山 5 | 缺丁(결정)·絕嗣(절사)·出´暴徒·流氓(유맹:4떨이)·怪病(5)·橫死(5) | 山 7 | 4綠녹 9紫(보라) 2黑흑<br>日南中<br>3碧벽 5黃 7赤적<br>日出일출 ◯ 日沒일몰<br>8白백 1白백 6白백<br>月光 | 山 ⑨ | 添丁·婚喜重來·名揚四海(명양사해:명성날림)·地位崇高(지위숭고) |
| 水 3 | 雷殛(뇌극)·棒打·蛇咬·槍決(총쌀음)·路死(노사)·肝胆病(간담병)·破家 | 水 ① | | 水 8 | 宜^遠水·忌近水·大水, 主疾病·損´小口(미성년자) |
| 山 ① | 高大文筆峰, 出´思想家·演説家·教師 | 山 3 | 出´賊盜(적도)·敗家子·蛇咬(사교)·槍決·路死·肝胆病 | 山 8 | 宜^遠山, 添丁, 忌逼塞(핍색)·痴聾(치롱,귀머거리)·暗啞(음아:병어리) |
| 水 7 | 酒色傷身破家(7)·賭博破家(도박파가)·逃亡(도망) | 水 5 | 販毒·走私(주사:밀수)·肝胆病·腫毒·破産(파산)·橫死(횡화) | 水 ⑨ | 田園富盛(전원부성)·子孫蕃衍(자손번연)·房房皆發(:위合十) |

【해설】

| 運에 따른 職業(직업) | |
|---|---|
| 1 水運 | 思考(사고)·研究(연구)·管道(관도:파이프)·流通(유통) |
| | 哲學(철학)·宗教(종교)·經濟(경제)·歷史(역사)學者, 保險(보험)·銀行(은행)·外交(외교)·企業部門(기업부문)·研究人員(연구인원)·飮食店(음식점)·酒吧(주파:술집)·咖啡店(가배점:커피점)·洗染坊(세염방:빨래방)·浴室(욕실)·溫泉(온천)·石油(석유)·汽油(기유:휘발유)·燈油(등유)·塗料(도료)·印刷(인쇄)·地下鐵(지하철)·大樓地下管理業(대루지하관리업:대형건물관리업)·夜間工作(야간공작)·幼稚園(유치원)·小學老師(소학노사:초등학교교사)·琴師(금사:음악교사)·補習班老師(보습원노사)·兒童讀物(아동독물:아동도서)·玩具(완구)·教材(교재)·滅火(멸화:소방)·防火器(방화기)。 |
| 2 土運 | 俸祿(봉록)·生長(생장) |
| | 土木建築(토목건축)·不動産(부동산)·農業(농업)·婦産科(부산과)·褓母(보모)·營養調配員(여양조배원)。手工藝(수공업)·古董(고동:골동품)·雜糧穀物商(잡량곡물상)。洋裁(양재:양장점)·裁縫師(재봉사)·布衣(포의)。傢俱(가구)·粉業(분업)·陶瓷(도자)·服務業(복무업)·教師(교사)·努力實幹型的人(노력실간형적인)。 |
| 3 木運 | 明朗(명량)·前進(전진) |
| | 新聞(신문)·雜誌(잡지)·廣播界(광파계:방송)。樂團(악단)·聲樂(성악)·歌唱(가창)·翻譯員(번역원)·唱片(:음반)·音響(음향)·樂器行(악기행:악기상).電話(전화)·通訊(통신)·電器公司(전기공사)。電視界(전시계:TV)·舞台(무대)·小型車(소형차)·揷花(삽화)·園藝(원예)·靑果商(청과상)·海苔(해태)·醬菜(장채)·酸菜製造廠(산채제조창)·蜜餞廠(밀전창)·報導文學(보도문학)·傳記文學(전기문학)·歷史小說(역사소설)。香菇(향고:버섯재비)。特技(특기)。 |
| 4 木運 | 信用(신용)·和諧(화해) |
| | 化粧品(화장품)·廣播(광파:방송)·廣告(광고)·美容師(미용사)·紙業(지업)·園藝(원예)·盆栽(분재)·菌類(균류:버섯)·香料(향료)·推銷員(추소원:세일즈맨)·理髮(이발)·美容院(미용원)·藝術(예술)·文學(문학)·室內設計(실내설계)·慶祝儀式服務(경축의식복무)·公司經理(공사경리)·信託(신탁)·飛機(비기:비행기)·飛行機器(비행기기)·船務(선무)·鳥店(조점:조류판매)·旅行業(여행업)·乳品店(유품점:유제품)·內衣專賣店(내의전매점)。 |

# 九運 巳山亥向 [下卦]

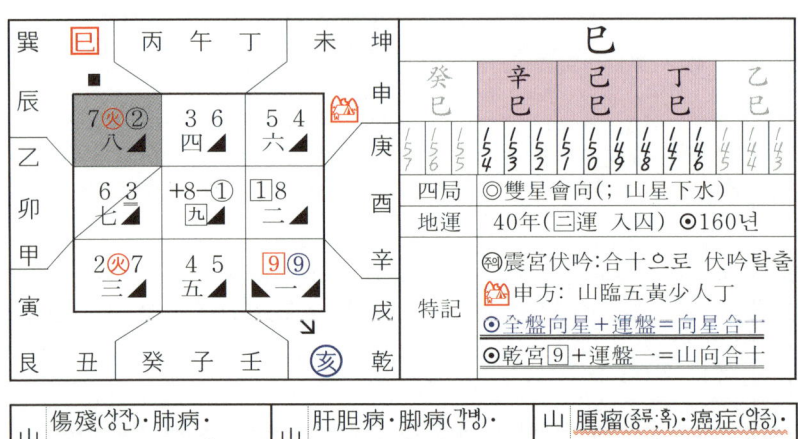

| 山 7 | 傷殘(상잔)·肺病·喉症(후증)·賊盜(적도)·少女橫死. *喉(목구멍 후) | 山 3 | 肝胆病·脚病(각병)·出'賊盜(적도)·刀傷·路死(;교통사고). | 山 5 | 腫瘤(종류·혹)·癌症(암증)·損丁(손정)·絕嗣(절사;절손)·橫禍(횡화)·凶死. |
|---|---|---|---|---|---|
| 水 ② | 宜^暗水. 忌'大水, 出'寡(과;과부)·疾病·多生女. | 水 6 | 頭痛·脚傷·肝胆病·父子反目(;b3). | 水 4 | 乳癰(유옹)·風癱(풍탄·마비)·破敗(파패)·浪蕩(낭탕·부랑아)·肝病(간병). |
| 山 6 | 頭項(두항)·骨之病(골지병), 腦震盪(뇌진탕)·刑獄(형옥). *項(목 항) | 山 8 | 닭·龍  꿩·사슴·馬  소·羊·원숭이<br>龍·토끼·여우  羊·표범·조류 | 山 ① | 宜^文峰挺秀(문봉정수), 出'文人秀士·賢人(현인;8).*挺(빼어날 정) |
| 水 3 | 脚病·摔傷(솔상)·肝胆病·賊盜(적도)·父子反目. *摔(넘어질 솔) | 水 ① | 狗·쥐·집돼지  馬·犬<br>虎·소  쥐·제비  산돼지 | 水 8 | 宜^暗水. 忌'大水, 主'損丁·痴聾(치롱).*痴(어리석을 치).*聾(귀머거리) |
| 山 ② | 宜^金星山^遠秀, 三運^出'貴. | 山 4 | 乳癰·肝病·股病·瘟癀(온황·전염병)·癱瘓(탄탄;신체마비) | 山 9 | 宜^遠峰端秀(연봉단수), 出'聰慧之子(총혜지자)·名儒(명유·대학자) |
| 水 7 | 肢體傷殘,跛(파)·眇[애꾼 미]·缺脣[결순;언청이] | 水 5 | 販毒·走私·腫毒·家破人亡. | 水 ⑨ | 發財, 福澤宏遠(복택굉원;三元不敗).*宏(클 굉) |

【해설】

| | 運에 따른 職業(직업) |
|---|---|
| 5<br>土<br>運 | **權勢(권세)·統治(통치)**<br>政治家(정치가)·法官(법관)·領袖人物(영수인물)·管制中心(관제중신)。殯儀館喪葬服務(빈의관상장복무:장례업)。與土有關的行業(여토유관적행업:토목업)。純粹的美術(순수적미술)·音樂(음악)。 |
| 6<br>金<br>運 | **主活力·決斷**<br>公務員(공무원)·用腦的工作(용뇌적공작)·天文(천문)·太空(태공:항공)·研究(연구)·電腦(전뇌:컴퓨터)·星相(성상)·法律(법률)·政治(정치)。核能(핵능)·原子(원자)。警衛(경위)·保鏢(보표:경호원)·金屬工業(금속공업)·煤(매:석탄)·石油(석유)·礦業(광업)·玻璃(파리:유리)·鑽石(:석가공)·寶石(보석)·大型交通車(대형교통차)·拖車(타차:운전기사)·練武(연무)·運動(운동)·健身器材(건재기재)·精密工業儀器製造(정밀공업의기제조)·汽車修護(기차수호:버스관리)·保險(보험)·防盜業(방도업:도난방지업)·證券(증권)。 |
| 7<br>金<br>運 | **主魄力·交際**<br>律師(율사:변호사)·法律顧問(법률고문)·金融業(금융업)·銀行員(은행원)·推銷員(추소원:판촉사원)·翻譯員(번역원)·衣飾(의식)·五金(오금)·酒類(주류)·外科醫生(외과의생:외과의사)·齒科(치과)·咖啡店(가베점:커피점)·娛樂(오락)·精緻艷麗之藝術品(정밀염려지예술품:염색가공품)·影視演藝人員(영시연예인원:연예인)·大衆管理諮詢中心(대중관리자순중심:매니저)·語言學校(언어학교)·神巫(신무)·算命卜卦(산명복괘)。 |
| 8<br>土<br>運 | **儲蓄(저축)·改革(개혁)**<br>旅館(여관)·寶石礦(보석광)·賓館(빈관:호텔)·公寓(공우:아파트)·百貨公司(백화공사:백화점)·超級市場(초급시장:슈퍼마켓)·肉類(육류)·毛皮(모피)·皮革(피혁)。總務經理(총경리업)·公共關係(공공관계)·中間商(중간상)·介紹所(소개소)·房屋建築(방옥건축)·貨運業(화운업:운송업)·倉庫(창고)·教練(교련:교관)·改革人才(개혁인재)。 |
| 9<br>火<br>運 | **名譽(명예)·感情(감정)**<br>教育界(교육계)·教師(교사)·律師(율사:변호사)·法官(법관)·警政(경정:경찰)·醫療部門(의료부문)·新潮藝術(신조예술)·記者(기자)·新聞事業(신문사업)·心理學(심리학)·化粧(화장)·美容(미용)·新娘影攝(신랑촬영)·編輯(편집)·設計(설계)·飛行(비행)·軍火(군화:무기)·占卜(점복)·靈學(영학)·宗教(종교)。 |

# ⑨運 巳山亥向 [起星]

| 巽 | 巳 | 丙 午 丁 | 未 | 坤 | 巳 | | | | |
|---|---|---|---|---|---|---|---|---|---|
| 辰 | ■ 8↑② 八 | 4↑6 ⑨四 | 6↑4 六 | 申 | 癸巳 | 辛巳 | 己巳 | 丁巳 | 乙巳 |
| 乙卯 | 7↑3 七 | ⑨↑① 九 | 2↑8 ⑦二 | 庚 | / / 5 5 | / / 5 5 | / / 4 9 | / / 4 7 | / / 4 3 |
| 甲寅 | 3↑7 ❽三 | 5↑5 五 | 1↑⑨ ❻一 | 酉辛 | 四局 | 奇局 | | | |
| 艮 | 丑 | 癸 子 壬 | 亥 | 戌乾 | 地運 20年(日運 入囚) ⊙三元不敗 |

特記
⊙全盤向星+運盤=向星合十
⊙離宮 4+9 =變格山星暗城門
⊙兌宮 ②+⑦ =變格山星暗城門
⊙艮宮 ③+⑧ =變格山星暗城門
⊙乾宮 ①+6 =變格山星暗城門

| 山 8 | 出 僧尼(승니)·脾胃病·狗咬·墮胎(타태,낙태)·痴呆(치매,b) | 山 4 | 男女不倫·筋骨病(근육병)·産厄·氣壅(기옹,기 지 막힘)·*壅(막힐 옹) | 山 6 | 剋妻(상처)·自縊(자액)·勒死(늑사)·男女不倫(남 매불)·頭病 |
| 水 ② | 狗咬獸傷(고고수상)·精神異常(정신이상)·宅母災憂(택모재우) | 水 6 | 官訟(관송)·人財兩敗·中風(4)·頭病·骨病 | 水 4 | 紅杏出牆(홍행출장·불륜)·勞碌無成(노록성)·官司·自縊 |
| 山 7 | 肢體傷殘(지체상잔)·肝胆病·男盜女娼(남도여창,73) | 山 9 | 儒教 ✡(=卍) 토속신앙 儒教 ✝기독교 ☪이슬람 | 山 2 | 出 僧尼(승니)·孀寡(상 과·청상과부)·黃腫·痴呆 (치매)·聾啞(농아) |
| 水 3 | 劫盜官非(겁도관비)·家人離散(가인이산)·手脚傷殘 | 水 ① | ✡佛教 哲學 ✝기독교 ☯道教 ☯道教 ☪이슬람 | 水 8 | 聾啞(농아)·黃腫(황종)·痴呆(치매)·退財(퇴재)·官非(관비,소송) |
| 山 3 | 男盜女娼(남도여창)·劫盜官災(겁도관재)·手脚傷殘(수각상잔) | 山 5 | 乏丁(핍정)·絕嗣(절사)·聾啞(1,7)·癌(암)·不治病(불치병)·痴呆(치매) | 山 ① | 生子(입신)·地位崇高·功成名就(공성명취)·得道(득;t은 道敎) |
| 水 7 | 男盜女娼(남도여창)·刀傷(도상)·殘障(잔장)·劫盜官災(겁도관재) | 水 5 | 橫禍·火災(飛出 9)·天災地變(천재지변)·怪病(괴병)·惡死(악사) | 水 ⑨ | 旺家財·男女福壽(남 복수)·忌*大水沖激(대 충격)·*激(부딪쳐 흘릴 격) |

### 【해설】

⊙ 合十奇局: 山通水, 水通山

본 坐向은 合十奇局이다. 〈⑨⑨―〉 合十은 速發(9火)하고 力大福久(1始~9終)하고, 「山通水, 水通山」하여 運運貞吉(운운정길)하고, 作事順利(작사순리)하고, 處處貴人(처처귀인)하고, 廣結人緣(광결인연)하고, 逢凶化吉(봉흉화길)하는 작용이 있다.

⊙ 〈⑨①〉 는 先天으로 天地定位

中宮에 〈⑨①〉 은 《天玉經(양균송 저서)》에 이르기를 『1坎과 9離는 제왕(帝王)에 이른다』라고 하였고, 《현공비지(玄空秘旨)》에는 『1⑥가 9火를 相剋하지만 得運에는 오히려 相生하는 이유는 先天으로 2坤⑥가 6乾⑥을 '天地定位'이며 相生하기 때문이다』라고 하였다.

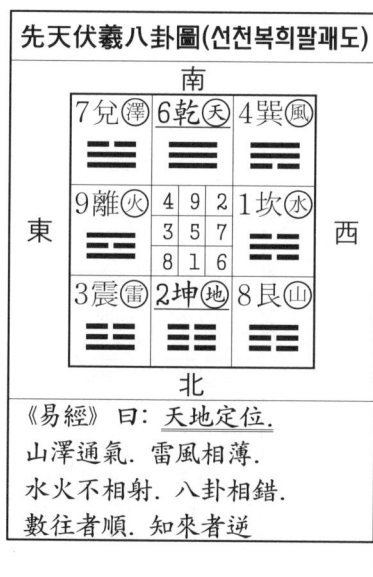

| 先天伏羲八卦圖(선천복희팔괘도) | 後天文王八卦圖(후천문왕팔괘도) |
|---|---|
| 南 / 7兌澤 6乾天 4巽風 / 9離火 [4 9 2 / 3 5 7 / 8 1 6] 1坎水 / 3震雷 2坤地 8艮山 / 北 | 南 / -4巽 -9離 -2坤 / +3震 ±5 -7兌 / +8艮 +1坎 +6乾 / 北 |
| 《易經》 曰: 天地定位. 山澤通氣. 雷風相薄. 水火不相射. 八卦相錯. 數往者順. 知來者逆. | 《易經》 曰: 帝出乎震. 齊乎巽. 相見乎離. 致役乎坤. 說言乎兌. 戰乎乾. 勞乎坎. 成言乎艮. |

# 九運 丙山壬向【下卦】

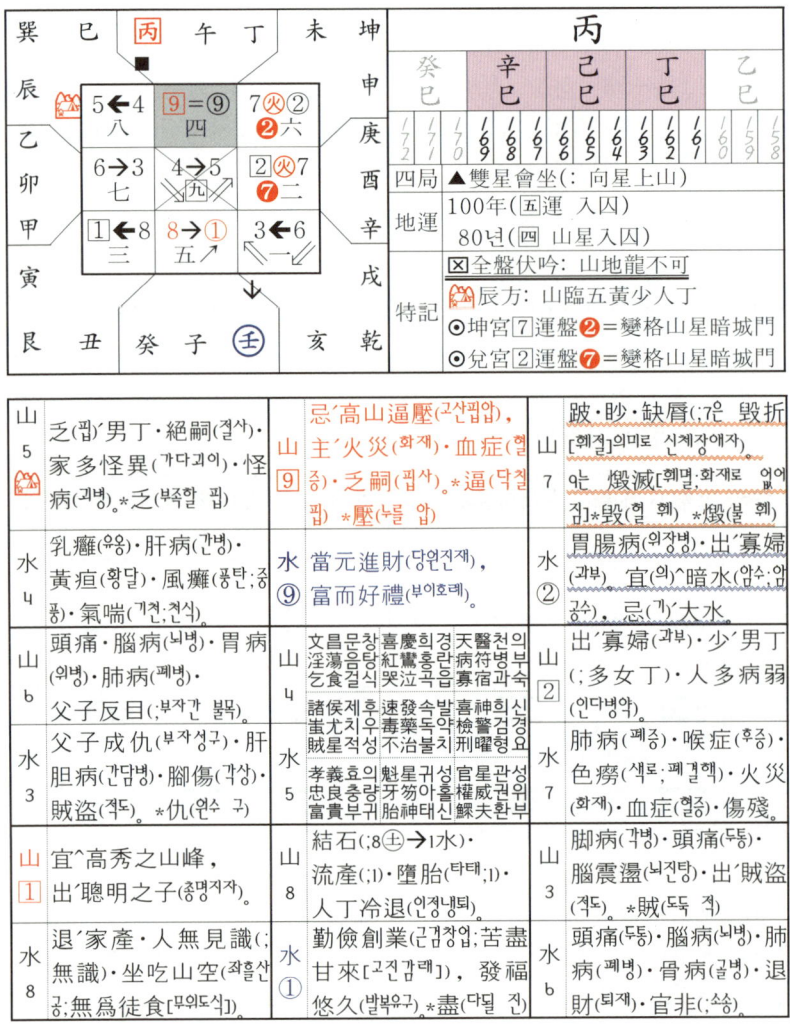

### 【해설】

背山臨水의 지형에서는 사용하면 伏吟에 걸리는 坐向이므로 사용불가한 坐向이다. 다만 坐後에 有水有山(⑨⑨)이고 向宮 〈①〉에 지호(池湖)이고, 形勢가 秀麗하면 총명기인(聰明奇人), 大學者가 난다.

⊙득파(得破): 得破向星合十
　未方(②)에서 물이 들어오고 癸丑(⑧)方으로 나가면 ②와 ⑧이 合十이 되어 吉水가 된다. 丙坐壬向이 地元으로 同元인 未方과 丑方만 해당된다.

⊙ 《靑囊奧語(청낭오어)》의 체괘결(替卦訣)
　'양균송(楊筠松)' 저서 《靑囊奧語(청낭오어)》에 나오는 『坤壬乙, 巨門從頭出.(이하생략)』 대목은 현공풍수의 체괘결(替卦訣)로 下卦를 벗아면 中宮의 숫자가 바뀌게 된다는 이론이다.

　'조구봉(趙九峯)'의 저서 《地理五訣(淸朝 1786년 출간)》에서는 현공풍수의 「체괘결(替卦訣)」을 '生旺墓 三合'이며 '進神水法(일명 胞胎法[포태법], 四大局)'이라는데 '양균송'의 여러 저서 중에 이러한 용어를 찾아볼 수 없다.

　'趙九峯'의 저서 《陽宅三要》의 '東舍宅西舍宅' 이론도 이치에 어긋난 이론인데도, 우리나라에 많이 사용하고 있으니 안타까운 현실이다.

# 九運 丙山壬向 [起星]

| | | | 丙 | | |
|---|---|---|---|---|---|
| | 癸巳 | 辛巳 | 己巳 | 丁巳 | 乙巳 |
| | 172~170 | 169~ | 6~ | 6~ | 60~159~158 |
| 四局 | ⊙ 七星打劫 | | | | |
| 地運 | 100年 (因運 入囚) | | | | |
| 特記 | ⊠ 全盤伏吟(中宮+5):不可山龍 | | | | |
| | 戌方: 山臨五黃少人丁 | | | | |
| | 震宮·艮宮: 27 화재조심 | | | | |
| | ⊙ 震宮⑧運盤❸=變格山星暗城門 | | | | |
| | ⊙ 艮宮③運盤❽=變格山星暗城門 | | | | |

| 山7 | 忌´大山, 損男傷婦, 癲疾瘋狂(전질풍광), 미치광이. | 山2 | 忌´山峰高壓(산봉고압). 主出寡婦(주출과부). 蠢丁(준정·명정이). | 山9 | 宜^尖秀山峰(첨수산봉), 旺丁·出´文秀. *尖(뾰족할 첨) |
|---|---|---|---|---|---|
| 水4 | 宜^遠水不見(원수불견), 忌´近而浩蕩(근이호탕). | 水⑨ | 宜(의·마땅히)^彎圓抱穴(만원포혈). 發財出´貴. *彎(굽을 만) | 水2 | 宜^水聚(수취)而不見, 三運^大發田産土地. *聚(모일 취) |
| 山8 | 忌´大山, 脾胃筋骨病·兄弟鬩牆(형제혁장, 형제불화). *鬩(다툴 혁) | 山6 | 淑女숙녀 美女미녀 良女 맑고곱다 예쁘다 편안하다 貞淑/불륜喜捨/사치 仁慈/고집 +3 +8 +1 +6 嬌女교녀 귀엽다 쾌활/妓生 | 山4 | 宜´遠秀之山, 忌´高大逼塞(--핍색), 巖岩醜惡(참암추악). |
| 水3 | 宜^遠水不見(원수불견), 忌´大水直沖(대수직충). *沖=衝(찌를 충) | 水5 | 下元統星 上元統星 中元統星 | 水7 | 遠近皆忌(원근개기), 主´傷殘(상잔)·官訟·橫禍(횡화,5). |
| 山3 | 忌´探頭山(·窺峰), 出´賊盜, 逼塞(핍색, 壓[압]), 損丁·窺(엿볼 규) | 山① | 宜(의)^端秀案山(단수안산), 科甲功名. *端(바를 단) | 山5 | 絶嗣(절사)·痴呆(치매)·怪病橫死(괴병횡사). *癡(어리석을 치)·呆(어리석을 매) |
| 水8 | 宜^遠水不見, 忌´湍急有聲(단급유성). *湍(여울 단)=灘(여울 탄) | 水① | 宜´秀水, 科甲功名, 創業致富(창업치부). | 水6 | 宜(의)^秀水(수수), 科甲功名(;16). |

**【해설】**

⦿ 칠성타겁국(七星打劫局)

본 坐向은 최고비법인 칠성타겁국(七星打劫局)이다. 三運에 丙坐壬向 替卦도 칠성타겁국이니 참고하여 연구바란다.

向宮 ⟨1①⟩에 秀水·朝案山이면 《天玉經》에 『北斗七星去打劫, 離宮要相合』 局으로, 창업개기(創業開基)하고 수기인룡(秀起人龍; 뛰어난 인물)이다.

『은산철벽(銀山鐵壁)
타성일편(打成一片)』

| 丙坐 ■ | | |
|---|---|---|
| 88艮 二 | 43恒 七 | 61需 九 |
| 79暌 一 | 97革 三 | 25豫 五 |
| 34益 六 | 52復 八 | 16訟 四 |

↓ 壬向

三運 丙坐壬向 替卦

⦿ 聯成(연성: 옆궁과 연결)

戌乾亥(⑥)·庚酉辛(⑦)에 명현수(明顯水;보이는 물)이면, 67이 聯成(연성; 乾宮+兌宮조합)하여 「交劍殺(교검살; 金金조합)」으로 刀兵交戰(도병교전; 전쟁)·劫掠爭鬪(겁략쟁투)·男女不倫(남녀불륜; 나이 차이가 많은 불륜)이다.

⦿ 聯星(연성; 河圖 生成數 16,27,38,49)

乾(⑥)·坎(①)에 有水이면 ⟨⑥·①⟩은 聯成(연성; 隣宮)이며 聯星(연성; 生成數 16,27,38,49)이다.

# 九運 午山子向【下卦】

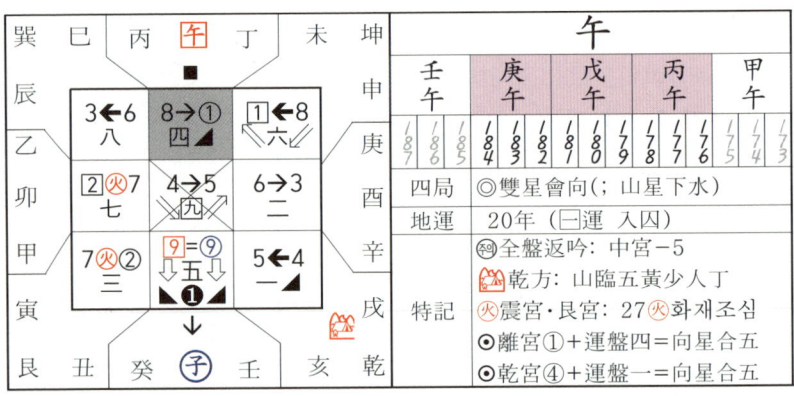

| 山3 | 肝胆病・出´賊盜(적도)・刀傷(도상)・父子不容(부자간 갈등)・*盜(훔칠 도) | 山8 | 人丁冷退・出´短視懦弱(단시나약)之人。一運^破財。*懦(나약할 나) | 山1 | 宜^文筆峰，狀元榜首(장연방수;수석합격)・出´貴。*榜(명단 방) |
|---|---|---|---|---|---|
| 水6 | 宜訟刑獄(관송형옥)・足疾(족질)・胆病(담병)・刀傷(도상) | 水① | 一運^發´財祿文名，出´思想家(사상가)。*祿(복 록) | 水8 | 短視・怯弱(겁약)，筋骨病(근골병)・坐吃山空(좌초산공)。*吃(먹을 흘) |
| 山② | 三運^出´武貴(;b,7)・醫卜(의복)星相(;역학)奇人(기인)。*卜(점 복) | 山4 | 예술 1 첨단과학 韓醫學<br>문학 1 新藥開発 민속학<br>음악 3 채색미술 농업<br>인문학1 4 9 2 금융기관<br>체육학7 3 5 7 執刀醫師<br>지동학6 8 1 6 易術9<br>道學 1 철학 경영학<br>부동산 2 신학 정치학<br>축산.林學 서예 법학 | 山6 | 肺病・刑傷・殘疾(잔질)・火災(;b乾의先天of火)・官司(관송) |
| 水7 | 肺病・刑殺・傷殘(상잔)・婆媳不和(팍싀불화;고부간 갈등)。*婆(시어미 파) | | | 水3 | 出´賊盜(적도)，肝胆病(간담병)，父子不容(;3b) |
| 山7 | 肺病(폐병)・官司(관사)・刑殺・傷殘(상잔)。*殘(해칠 잔) | 山9 | 形美之^大地(;吉地,福地),出´王侯(왕후)。 | 山5 | 乳癌(유암)，長房乏嗣(장방핍사;3)・出´敗家子(패가자) |
| 水② | 二運^發財，醫卜興家(의복흥가)。*卜(점 복) | 水⑨ | 當元發財(당연발재)，宜^靜水(정수)・小水。 | 水4 | 破産(파산;5)・乳腺炎(유선염)・乳癌・股病(고병)・肝病。*股(넓적다리 고) |

【해설】

⊙ 向星 〈⑨⑨〉 감정법

向宮에 向星⑨는 비록 旺氣이지만 近水大水는 ⑨火의 성급함 때문에 과유불급(過猶不及)이 되어 오히려 凶象이 된다. 九運에 12개의 雙星會向局은 正面에 近水大水는 凶象이 된다는 사실을 다시 강조한다.

⊙ 雙星會向局에 反伏吟

배산임수지형에 본 좌향인 午·丁坐는 雙星會向局에 反伏吟이지만 九運 중에는 피해는 없다. 다만 九運에 雙星會向局인 子·癸坐와 丙坐이며 山地龍에서는 反伏吟의 피해가 발생한다.

⊙ 九火運➔入首龍(金)은 凶, 九火運⇨入首龍土은 吉

만약에 兌龍(; ⑥金)入首이면 〈⬅九火運〉이 剋하여 男丁(남정)은 絶하고 女丁이 發한다.

替卦는 〈⑥金龍〉이 〈⑧土龍〉로 바뀌어, 來龍이 〈⬅九火運〉의 生을 받으므로 오히려 旺丁이다.

⊙ 환천심(換天心)

二運에 入囚되므로 二運이 되면 환천심(換天心)하는 방법이 있다. '換天心'이란 中宮(天心)의 向星·山星·運般 3개의 飛星이 바뀌면 八宮의 飛星도 모두 바뀌게 되어 四局도 다르게 된다는 의미이다.

# 九運 午山子向 [起星]

| | | |
|---|---|---|
| 山 5 ㉘ | 世代書香(학자배출), 出'文人秀士, 科甲功名。 | 出'賊盜(적도)·損丁· 兄欺弟(형기제)·手腳病痛。 *欺(속일 기) |
| 水 6 | 勤儉興家(근검흥가)· 名利兩攸(명리양수)。 *攸(둘 수) | 兄弟異心·退財產· 坐吃山空(좌흘산공;무의식) *吃(말 더듬 흘) |
| 山 4 | *作卦法 向星⟨⑤⟩은 上卦 山星⟨⑥⟩은 下卦 九運에 5=9 火天大有卦가 된다. | 忌 逼壓(핍압), 損丁· 兄弟不和·脾胃病。 *逼(핍박할 핍) |
| 水 7 | | 兄弟不和· 遭'賊盜·手腳病痛。 *遭(만날 조) |
| 山 9 | 宜(의)ˇ 遠秀之山(연수지산), 三運ˇ旺丁·出貴 | 傷殘(상잔)·刀傷· 官訟是非·淫亂(음란)· 凶死。 |
| 水 ② | 忌ˇ大水浩蕩(--호탕), 損丁敗財。 *浩(클 호) | 股病(고병)·氣喘(기천;천 식)·肝硬化(간경화)· 肺病(폐병)·破產(파산)。 |

## 【해설】

### 一~九運別 運氣表

| 氣 \ 3元9運 | 退氣 | 吉氣 三陽星 | | | 凶氣 陰星 | | | 輔佐氣 吉 | 合十 三吉 | 統星·三吉 | 運←星 難星凶 | 運→星 凶 | 運⇒星 吉 |
|---|---|---|---|---|---|---|---|---|---|---|---|---|---|
| | | 旺氣 大吉 | 生氣 中吉 | 次生氣 小吉 | 衰氣 小凶 | 死氣 大凶 | 殺氣 大凶 | | | | | | |
| 上元 一水運 | 9 | ① | 2 | 3·4 | 7 | ⑥ | 5·7 | ⑧ | 9 | | 2·5·8土 | 9火 | 3·4木 |
| 上元 二土運 | ① | 2 | 3 | 4 | 9 | ⑥ | 5·7 | ⑧ | 8 | ① | 3·4木 | 1土 | 6·7金 |
| 上元 三木運 | 2 | 3 | 4 | 5 | ① | ⑥ | 7·9 | ⑧ | 7 | | 6·7金 | 258土 | 9火 |
| 中元 四木運 | 3 | 4 | 5 | ⑥ | 2 | ⑧ | 7·9 | ①·⑧ | 6 | | 6·7金 | 258土 | 9火 |
| 中元 五土運 | 4 | 5 | ⑥ | 7 | 3 | 2 | 9 | ①·⑧ | 5 | ⑥ | 3·4木 | 1土 | 6·7金 |
| 中元 六金運 | 5 | ⑥ | 7 | ⑧ | 4 | 9 | 2·3 | ①·⑧ | 4 | | 9火 | 3·4木 | 1土 |
| 下元 七金運 | ⑥ | 7 | ⑧ | 9 | 5 | 4 | 2·3 | 1 | 3 | | 9火 | 3·4木 | 1土 |
| 下元 八土運 | 7 | ⑧ | 9 | ① | ⑥ | 2 | 3·4·5 | ① | 2 | ⑧ | 3·4木 | 1土 | 6·7金 |
| 下元 九火運 | ⑧ | 9 | ① | 2 | 7 | 6 | 3·4·5 | ① | ① | | 1水 | 6·7金 | 2·8土 |

(1) 3木·4木

　3木·4木는 九火運을 相生하므로 吉할 것 같지만, 현공풍수에서는 五行의 相生相剋보다 時運에 따른 生旺氣를 중요하게 여기므로 역시 凶에 속한다.

(2) 九火運에 8土는 재물로는 小吉

　九火運에 8土는 退氣지만 三吉數이며 九火運의 相生을 받으므로, 물이 遠小하면 재물로만 小吉이다.

(3) 九火運에 1水는 合十이며 보좌기(輔佐氣)

　九火運에 1水는 生氣이며 合十이며 輔佐氣이기 때문에 旺氣나 다름없다. 1水가 九火運을 水剋火로 相剋하여 소위 難神(난신; 凶)이지만 合十이 되므로 相剋을 무시한다.

# 九運 丁山癸向【下卦】

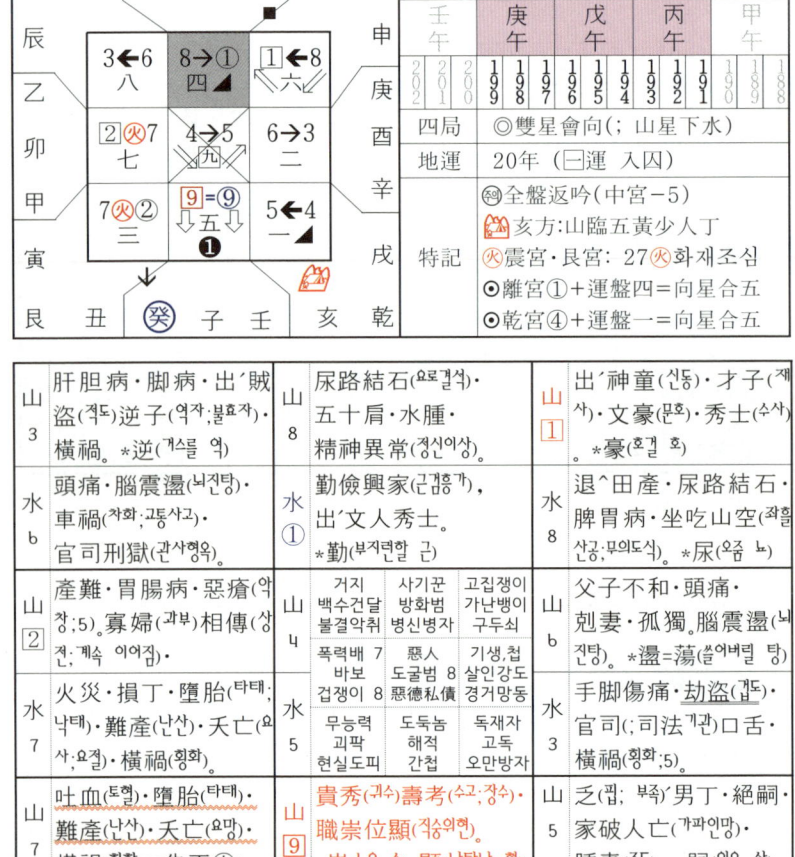

## 【해설】

⊙ 九㊋運에 太盛하면 敗丁敗財
　此局은 向宮에 大水는 마땅하지 않다. 전원구거(田源溝渠)·협하소빈(狹河小浜)이어야 하는데, 만약에 大水이면 雙九㊋氣가 太盛(; 太過)하여 패정패재(敗丁敗財)이다.

⊙ 《陰陽二宅錄驗》에 나오는 九運 丁山癸向 下卦 사례
　'章仲山(장중산)' 저서 《陰陽二宅錄驗(음양이택녹험)》에 許氏의 祖墓(조상 묘)에 실려있는 내용이다.
　『九運에 丁山癸向이고, 平洋에 午龍入首이고, 左에는 저전(低田)·右는 하빈(河浜; 大水)·前에는 대하(大河)이다.
　'仲山'선생이 斷曰하기를 『敗丁敗財인데, 向上(⑨)에 湖水의 살(煞)을 받기 때문이다.』라고 하였다.

⊙ 合五와 合十五도 合十과 같은 奇局이다
　合五에는 〈1⇨4(4⇦1)〉, 〈2⬅3(3➡2)〉이 있고, 合十五에는 〈6⬅9(9➡6): 九運이 剋〉 〈7⇦8(8⇨7): 九運에 78은 失運〉이므로 九運에는 〈14(41)〉만 可用한다.

# 九運 丁山癸向 [起星]

| | | | | | |
|---|---|---|---|---|---|
| | 丁 | | | | |
| 壬午 | 庚午 | 戊午 | 丙午 | 甲午 | |
| 2022~2011 | 2010~2001 | 2000~1991 | 1990~1981 | 1980~1971 | |

四局　下卦 飛星盤과 不同
地運　100년(國運 入囚)
特記
- ㉙ 全盤返吟(中宮-5)
- ㉛ 巳方:山臨五黃少人丁
- ⊙ 離宮①①+運盤四=合五
- ⊙ 兌宮⑧+運盤二=山星合五
- ⊙ 乾宮④+運盤一=向星合五

| 山5 | 乏(핍:부족)·男丁·絕嗣·惡報(악보)·家多怪異(가다괴이) | 山1 | 男聰女秀(남총여수)·子孝孫賢(자효손현)·科甲功名(과갑공명) | 山3 | 兄欺弟(형기제)·損丁·出'賊盜(적도)·手脚病痛(수각통)·*欺(속일 기) |
|---|---|---|---|---|---|
| 水6 | 罷職丟官(파직주관)·頭痛·骨病·痴呆·官司·*罷(그만둘 파)·丟(잃을 주) | 水① | 勤儉興家(근검흥가)·名利雙收(명리쌍수) | 水8 | 兄弟異心(형제이심)·退財産(퇴재산)·坐吃山空(무위도식) |
| 山4 | 肝胆病·淫奔(음분)·氣喘(기천)·神經痛·股病(고병)·股(넓적다리 고) | 山6 | 文人 미용업 출판업자 功名 歌手 자동차 운송업 君子 隱士 | 벽락출세 변호사 소방관 至尊(지존) 外交官 선박업 才藝 | 土地巨富 여장부 한의사 검찰경찰 집도의사 군인 지도자 高官 승진 | 山8 | 退'人口·兄弟不和·面黃腹腫(면황복종)·*腹(배 복)·腫(부스럼 종) |
| 水7 | 刀傷(도상)·肺病(폐병)·肝硬化(간경화)·死刑·破家(파가) | 水5 | | | | 水3 | 兄弟不和·遭(조)'賊盜(적도)·手脚病痛·*遭(만날 조) |
| 山⑨ | 添丁(첨정,출산)·加官晉爵(가관진작,승진)·出'學者·儒者·*晉(나아갈 진) | 山2 | 宜'遠秀之山·忌'逼塞(핍색)·尖射(첨사)·乏(가난할 핍) *尖(뾰죽할 첨) | 山7 | 刀傷·官訟是非·淫蕩(음탕)·肺病(폐병)·凶死·*淫(음란할 음) |
| 水② | 疾病暗悶(질병암민)·脾胃病(비위병)·目疾·*悶(걱정할 민) | 水⑨ | 忌'大水浩蕩(--호탕)·損丁敗財·*浩(클 호) | 水4 | 肝硬化·淫奔(음분)·肺病·股病·破産(파산)·*淫(음란 음)·奔(달아날 분) |

**【해설】**

### 음택과 양택의 차이점

|  | 陰宅 | 陽宅 |
|---|---|---|
| 중요도 | 龍穴 위주 | 砂水 위주 |
| 비유 | 침(針) | 안마(按摩) |
| 핵심위치 | 穴場 | 大門(또는 현관문), 안방 |
| 氣의 방향성 | 수직적으로<br>地氣의 승기(乘氣↑) 위주 | 수평적으로<br>砂水의 납기(納氣⇔) 위주 |
| 표현방식 | 아날로그 방식 | 디지털 방식 |
| 변화유무 | 天作을 발견<br>-고정불변 | 人作으로 창조<br>-내부배치로 수정가능 |
| 관련학문 | 문학, 미술, 예술, 종교 | 수학, 과학, 논리, 이성 |
| 發應정도 | 빠르고 강하다(다양한 의견 有) | 느리고 약하다(다양한 의견 有) |
| 발복기간 | 비교적 오래감 | 건축 수명년간 |
| 감정법 | 간단하지만 어렵다 | 복잡하지만 쉽다 |
| 正穴범위 | 허용 오차(誤差)없음 | 오차허용 인정 |
| 이론적용 | 형기풍수이론 중시 | 이기풍수이론 중시 |

◉ 혈장(穴場)

간혹 穴場이란 의미로 일부 풍수사는 '당판(堂板)'이란 용어를 사용하는데, 풍수고전 어디에서도 찾아볼 수 없는 용어이다. 풍수지리에서 '堂'자는 明堂을 의미하므로 오해 소지가 많다.

◉ 來龍은 변화무상(變化無常)·변화무궁(變化無窮)

來龍은 변화가 무상(無常; 특별함)·무궁(無窮; 끝이 없음)·부정(不定; 다양함)하여야 좋다. 간혹 來龍이 변화무쌍(變化無雙)하다고 표현하는데 무쌍은 하나뿐이다는 의미이다. 無常을 오용하여 無雙이라고 하는 것 같다.

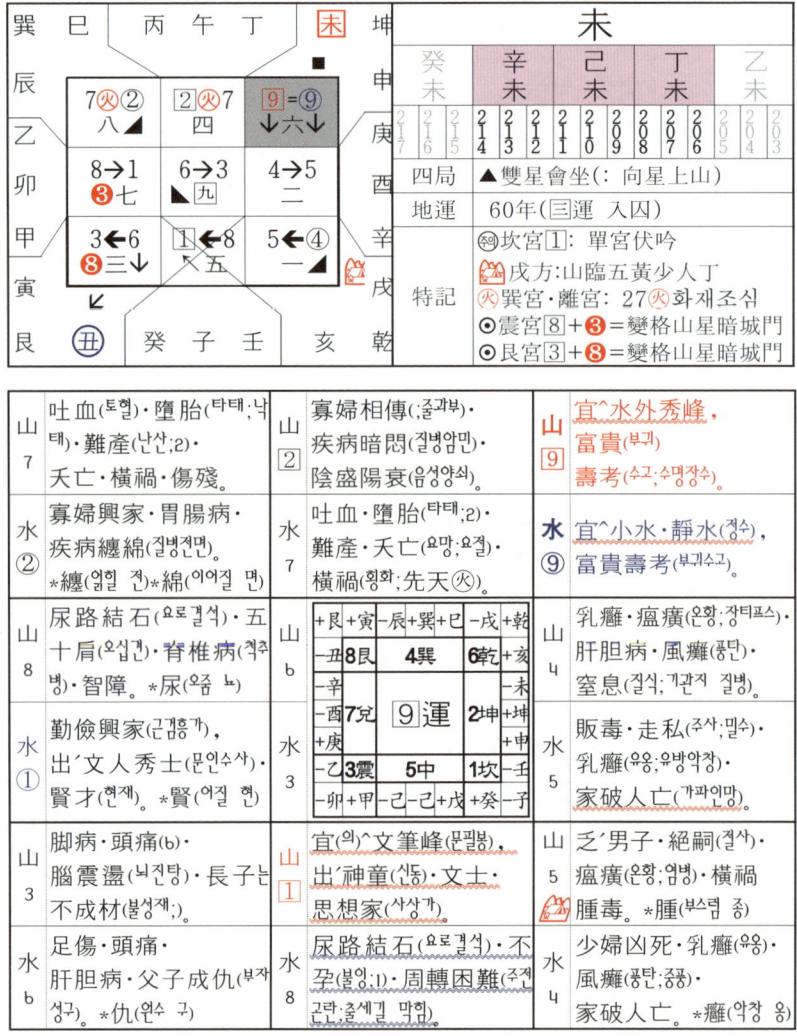

【해설】

⊙坐宮 〈⑨⑨↘六〉 은 불효자

坐宮 〈⑨⑨↘六(;客星➔主星은 剋入이며 凶)〉인데 《현공비지(玄空秘旨)》에 『火(;9⑨➔)가 天門(; 6⑥)을 相剋하면 장아상투(張牙相鬪; 싸움)로 罵父之兒(매부지아; 불효자)이다』

若^坐後에 山이 참암파쇄(巉岩破碎; 凶砂)이거나, 혹은 枯樹(고수; 죽은 나무)가 突兀(돌올; 우뚝 솟음)이면, 불효자이고, 長房(; 3)·노옹(老翁; 6)이 혈증(血症)이다。

⊙中宮 〈⑥③九〉

陽宅에서는 逆子(역자; 불효자)이다.

⊙山水의 分類

| 山水의 분류(分類) | | |
|---|---|---|
| 陰宅 | 山 | 山峰(산봉), 언덕, 흙더미, 철탑, 고층건물, 석교(石橋), 큰나무, 平地의 경우에 1m이상 되는 지대. |
| | 水 | 바다, 강물, 호수, 시내물, 도랑, 샘, 저수지, 연못, 건류수(乾流水: 비가 오면 흐르는 물), 심곡(深谷), 1m이하 도로. |
| 陽宅 | 山 | 신위(神位), 사당(祠堂), 침대, 탁자, 주방, 가스레인지, 큰 나무, 키 높이의 무거운 물건, 가산(假山), 담장, 좁은 골목 |
| | 水 | 大門, 현관문, 內外통로, 복도, 우물, 창문, 통풍구, 하수구, 교차로, 화장실, 어항, 에스컬레이터, 승강기. |

# 九運 未山丑向 [起星]

| 巽 | 巳 | 丙 午 丁 | 未 | 坤 |
|---|---|---|---|---|
| 辰 | | 7←⑨ 八④ | ②=5 ←四 | ⑨→7 六② | | 申 |
| 乙 卯 甲 | | 8=8 ❸七³ | 6⇨① 〈九〉 | 4=3 **二 | | 庚 酉 辛 |
| 寅 | | 3=4 ❽三 | ①←6 五❶ | 5=② 一 | | 戌 |
| 艮 | | ⑪ | 癸 子 壬 | 亥 | 乾 |

| 未 |||||
|---|---|---|---|---|
| 癸未 | 辛未 | 己未 | 丁未 | 乙未 |
| 2217 | 2216 | 2215 | 2214 | 2213 / 2209 | 2208 / 2206 | 2205 | 2204 | 2203 |

| 四局 | 山星：旺山 |
|---|---|
| 地運 | 20年（三運 入囚） |
| 特記 | ⊙中宮向星①＋運盤九＝合十<br>⊙巽宮⑨＋④＝變格向星暗城門<br>⊙坤宮⑦＋②＝變格向星暗城門<br>⊙震宮⑧⑧＋❸❸＝變格暗城門<br>⊙艮宮③＋⑧＝變格山星暗城門<br>⊙坎宮⑥＋❶＝變格向星暗城門 |

| 山7 | 破財(파재)·剋妻(극처;상처)·血症(혈증;9)·殘傷(잔상)。 | 山2 | 初年(초년;九運)丁不旺·多病(다병)·<br>三運^旺丁。 | 山9 | 旺丁·富貴壽考(--소고,수명장수)，<br>宜^端秀(단수)之山。 |
| --- | --- | --- | --- | --- | --- |
| 水⑨ | 辰水(;同元=一卦純淸)，當元進財(당원진재)，宜^小水。 | 水5 | 黃腫·怪病(괴병)·鰥寡(환과·괴부 홀아비)·家破人亡(가파인망)。 | 水7 | 酒色(주색)·兄弟不和·제월화·血症(혈증;9)·目疾(목질;9)。 |
| 山8 | 出人輕浮(출인경부)·無遠見(;장래포기)，忌^逼壓(핍압)高大。*浮(뜰 부) | 山6 | 中宮<br>〈6①九〉는<br>陽宅에서는<br>貴人이 나온다。 | 山4 | 肝胆病·飄蕩他鄕(표탕타향;떠돌이)，出人怯懦(-꺼리낄 나)。*懦(나약할 나) |
| 水8 | 退財産(퇴재산)，忌^近水·大水。 | 水① | | 水3 | 三運^發財·<br>初年肝病(초년간병)·官訟(관송)。 |
| 山3 | 宜^尖峰遠朝(첨봉원조)，三運^出貴。*朝(바라볼 조) | 山① | 三運^添丁(첨정)·出^貴，要^山峰挺秀(산봉정수)。*挺(빼어날 정) | 山5 | 黃腫·鰥寡(환과·홀아비)·怪病(괴병)·少丁乏嗣(소정핍사)。*乏(부족할 핍) |
| 水4 | 肝胆病·長婦壓夫(장부압부;남편구박)，反復無常(반복무상;발전이 없음)。 | 水6 | 官司·水厄(수액;익사)，忌^近水(근수)浩蕩(호탕)大水。 | 水② | 三運^發·田産土地(전산토지)之財。 |

### 【해설】

⊙ 〈5=②(2=⑤)〉

陽宅에서 乾宮에 〈5②〉는 <5>는 악(惡)이고 <2>는 '병부(病符)'이기 때문에 질병의 위험이 많으나 병원이나 약국같은 의료기관은 예외이다. 환자이면서 고객이 되기 때문에 同元인 戌方에 出門하면 오히려 성업(成業)하게 된다.

⊙九宮과 屬性(속성)

| -4 巽 木 | -9 離 火 | -2 坤 土 |
|---|---|---|
| 賢淑(현숙), 내조<br>貞節(정절),<br>放蕩(방탕), 도박<br>거지, 떠돌이 | 禮節(예절), 美人<br>外向(외향), 新藥<br>浪費(낭비), 폭약<br>詐欺(사기), 전쟁 | 博愛(박애)<br>慇懃(은근)<br>固執(고집), 인색<br>질병, 과부 |
| +3 震 木 | 5 中 土 | -7 兌 金 |
| 仁慈(인자)<br>正直(정직)<br>暴力(폭력)<br>깡패, 바보 | 信(신), 皇帝(황제)<br>統制(통제)<br>毒(독), 癌(암)<br>불구자, 불치병 | 義理(의리), 보석<br>快活(쾌활),<br>背反(배반)<br>강력범, 질투 |
| +8 艮 土 | +1 坎 水 | +6 乾 金 |
| 忠孝(충효), 평화<br>友愛(우애),<br>不忠不孝, 무능력<br>內紛(내분), | 智慧(지혜), 노력<br>內向(내향),<br>淫亂(음란), 음주<br>술, 도둑, 간첩 | 權威(권위), 정력<br>重厚(중후)<br>退物(퇴물),치매<br>고독, 홀아비 |
| **九宮과 屬性(속성)** | | |

# 九運 坤山艮向【下卦】

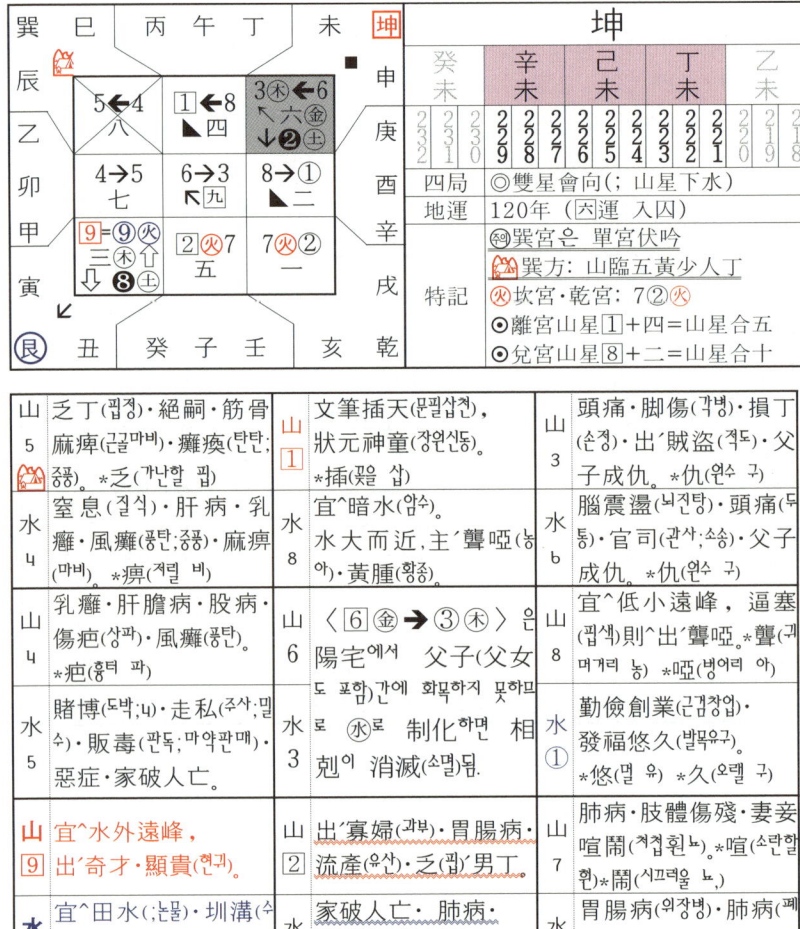

### 【해설】

⊙向宮(; 元旦盤❽⊞⇐⑨⑨㊋⇐運盤三㊍)

  〈運盤三㊍⇨〉은 〈山向星⑨⑨㊋〉를 生(生出,平)하고
  〈山向星㊋⇨〉는 〈元旦盤艮❽⊞〉를 生(生入,吉)하여
五行이 遞生(체생; 연속상생)하는데 만약에 秀水·秀山이 보이면 총명(聰明)한 기사(奇士), 흥가창업(興家創業)한다.

⊙坐宮: 高山之龍은 위험

  〈向星⑥㊎·運盤六㊎〉 ➔ 〈山星③㊍〉 하고,
  〈山星③㊍〉 ➔ 〈元旦盤❷⊞〉 하여,

  人丁이 不旺하고, 만약에 點穴(점혈)이 高山之龍이면, 甚至(심지; 심지어)^絶嗣(절사; 代가 끊김)이다。

⊙五黃+力士: 大凶하므로 음양택 막론하고 不可 조장(造葬)

五黃+力士은 不可造作인데 이를 범하면 宅主가 즉시 死亡한다.

| 年度(中宮) 煞·方 | 五黃煞+力士方 | 不用坐向 |
|---|---|---|
| 2037年 丁巳(+8) | 坤+坤 | 坤坐艮向 |
| 2041年 辛酉(+4) | 乾+乾 | 乾坐巽向 |
| 2043年 癸亥(+2) | 艮+艮 | 艮坐坤向 |

(예) 2037년에는 五黃와 力士方이 동시에 坤宮에 이르므로 坤坐艮向으로 用事하면 피해가 발생한다.

# 九運 坤山艮向 [起星]

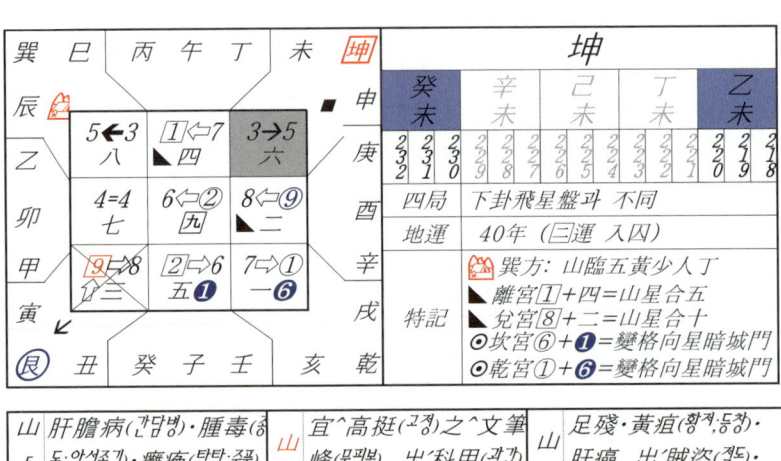

| 山 5 | 肝膽病(간담병)·腫毒(종독·악성종기)·癲癆(탄탄·중풍)·乏´男丁·絕嗣 | 山 1 | 宜^高挺(고정)之^文筆峰(문필봉), 出´科甲(과갑) *挺 (뺄 정) | 山 3 | 足殘·黃疸(황저·동창)·肝癌·出´賊盜(적도)·不良份子(불량분자·깡패) |
| --- | --- | --- | --- | --- | --- |
| 水 3 | 肝膽病·足殘(족잔)·蛇咬(사교·뱀에 물림)·路死·遭(조)賊盜(적도) | 水 7 | 酒色敗家·痰喘(담천·래)·口吃·心疼(심동)·吐血·疼(아플 동) | 水 5 | 販毒·走私(주사·밀수)·偸盜(투도·도둑)·車禍(차화·교통사고)·破産(파산) |
| 山 4 | 婦女當家·久而無丁·喘嗽(천수·천식)·風癱(풍탄·중풍) *癱(사지 틀릴 탄) | 山 6 | 도박 사기 인색 거지 미인계 질병 스캔들 화재 과부 깡패 불법 강도 무능력 중독 소송 교통사고 불치병 불구자 무식 밀매 치매 불효자 도둑 고독 독신 음탕 홀아비 | 山 8 | 宜^低小遠峰·忌´逼塞嶘巌(핍색참암), *巌(가파를 참)·巌=岩 |
| 水 4 | 風聲醜聞(풍성추문)·喘嗽(천수·천식)·經商失敗(경상실패)·醜(추할 추) | 水 2 | | 水 9 | 富貴榮華(부귀영화)·婚喜重來(혼희중래) |
| 山 9 | 田園富盛(전원부성)·子孫蕃衍(자손번연) *蕃(많을 번) *衍(넓을 연) | 山 2 | 寒熱往來(한열왕래)·鬼神作祟(귀신작수·미신)·寡婦爭産·祟(빌미 수) | 山 7 | 好酒色(호주색)·興訟·綁架(방가·인질)·口吃·落風塵(낙풍진·기생) |
| 水 8 | 敗財·損丁·迷失(미실·현기증)·筋骨病(근골증)·火傷·*迷(미혹할 미) | 水 6 | 寒熱往來(한열왕래)·鬼神作祟(귀신작수·사이비종교 피해)·退財 | 水 1 | 宜^之玄長流水, 勤儉興家(근검가)·勤(부지런할 근) |

### 【해설】

　本坐向은 向宮에 山星⑨이고 坐宮에 向星⑤이므로 上山下水와 다름이 없다.

⊙산림오황소인정(山臨五黃少人丁)
　山星⑤ 방위에 近山·大山일수록 인명에 피해가 발생하고, 山水가 반배(反背)하면 불효자가 가출하고 횡화(橫禍)이다.
　본 坐向에서 巽宮에 〈山星⑤㊏〉 가 〈←向星③㊍〉의 相剋을 받기 때문에 피해가 가중된다. 失運이면 설령 부귀길사(富貴吉砂)라도 凶을 피하지 못한다.

⊙鬪牛殺(투우살): 〈㊍→㊏〉·〈㊏←㊍〉
　坐山에 〈③㊍→⑤㊏〉 는 ㊍剋㊏하므로 大山·大水이면 일명 「鬪牛殺(투우살)」로 주로 민사소송이고, 심하면 적도비류(賊盜匪類)·멸가절사(滅家絶嗣)인데, 다만 일편평탄(一片平坦)하면 무난하다.
㊍剋㊏ 투우살 중에
(1) ③㊍→⑤㊏〉 제일 흉하고,
(2) ③㊍→②㊏는 그 다음으로 흉하고,
(3) ③㊍→⑧㊏는 運에 따라 凶이 되지 않는 수도 있다.

# 九運 申山寅向【下卦】

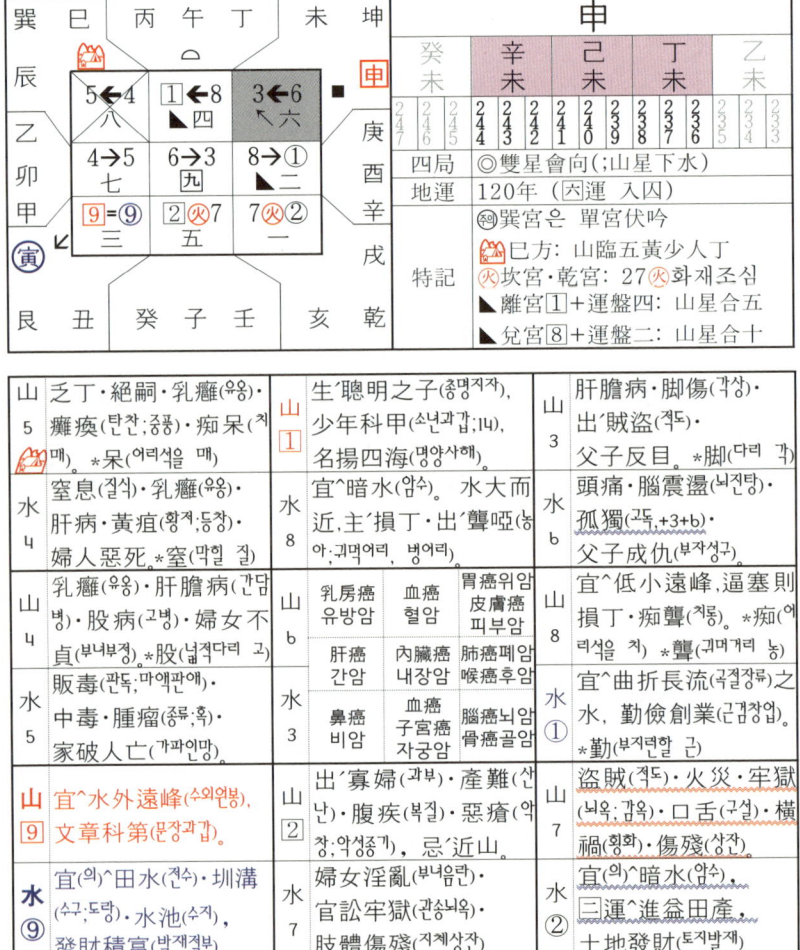

## 【해설】

坐宮은 遞剋(체극; 重重剋入)하고, 向宮은 遞生(체생; 重重生入)하므로 平地龍이어야 하고 山地龍은 꺼린다.

⊙酉辛方( 〈8土〉→〈1水〉 )

酉辛方( 〈8土〉→〈1水〉 )에 秀水가 곡절장류(曲折長流)하면 發福이 오래가고 근검창업(勤儉創業)하고, 巨富功名이다.

만약에 大山이 핍근(逼近)하면, 지능장애(智能障礙)·結石(결석)·臌脹(고창; 복부팽만)·聾啞(농아)·兄弟不睦(형제불목)이다.

⊙乾宮 〈7②〉·坎宮 〈2⑦〉

乾宮 〈7②〉과 坎宮 〈2⑦〉은 先天火이므로 高山大水를 꺼리고 홍색(紅色)·첨사(尖射)·참암(巉巖; 가파른 바위)·崚層(능층; 험준한 계단)이면 火災(화재; 火傷도 포함)·血症(혈증)이다.

⊙陽神조합(+1,+3,+6,+8)

陰陽不配合으로 『孤陽不生(고양불생), 獨陰不長(독음부장)』으로 不姙(불임), 폭행, 고독이다.

⊙陰神조합(-2,-4,-7,-9)

陰陽不配合으로 不姙(불임), 음란, 고독이다.

# 九運 申山寅向 [起星]

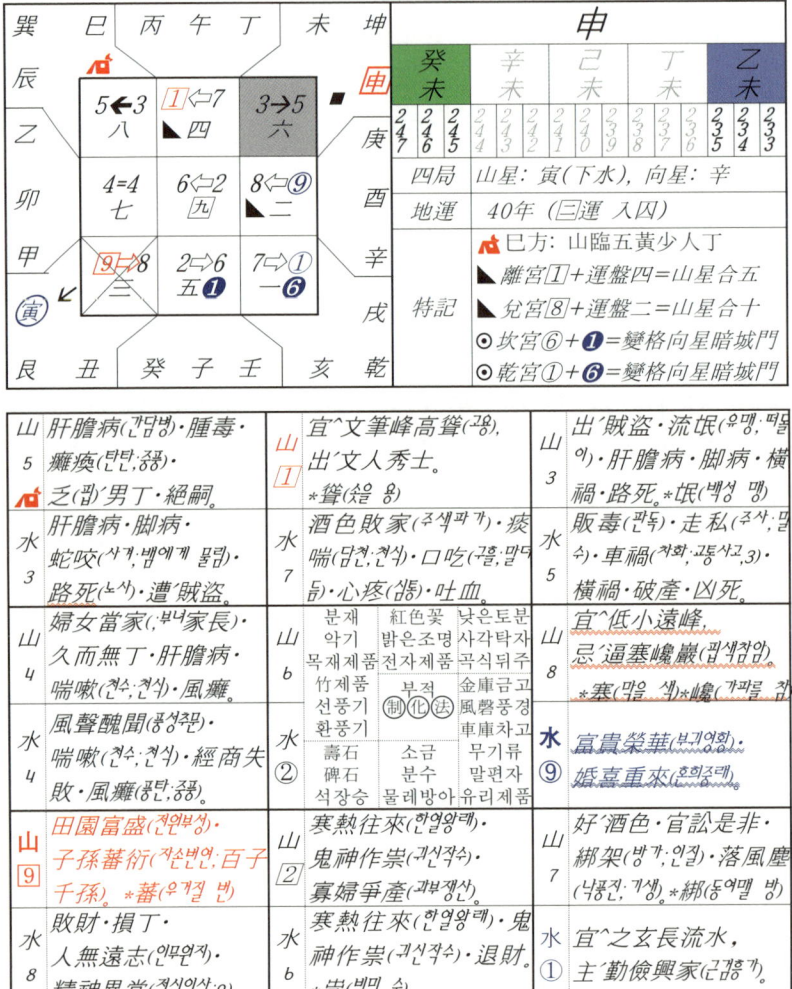

### 【해설】

⊙ 오황살(五黃煞) 제살(制煞)방법

　도교(道敎)에는 부적(符籍)을 사용하는 특별한 비법이 있다. 오래된 차륜목(車輪木; 마차 수레바퀴)에 태을부(太乙符)를 각인(刻印)한 부적을 五黃煞 방위에 두면 재앙이 소멸된다. 무신불립(無信不立)!!

태을부(太乙符)

⊙ 替卦奇局

　替卦가 奇局이며 자연적으로 山水가 相應하고 得運이면 大吉地가 되는 경우가 종종 있다. 다만 明師의 靈心慧眼(영심혜안)으로 판단하여야 한다. 이를 무시하고 억지로 坐向을 替卦로 놓으면 오히려 부작용이 따른 피해를 입는다.

⊙ 中宮에 〈5黃㊏〉 飛出되면 〈9紫㊋〉

　〈5黃㊏〉가 中宮에서 밖으로 飛出되면 〈9紫㊋〉가 되며, 陰卦運인 －二·－四·－七·－九運에 〈5〉는 陰數가 되고 陽卦運인 ＋一··＋三··＋六··＋八運에 〈5〉는 陽數가 된다.

# 九運 庚山甲向【下卦】

| | 庚 | | | |
|---|---|---|---|---|
| 壬申 | 庚申 | 戊申 | 丙申 | 甲申 |
| 262~260 | 259~258 | 257~256 | 255~252 | 251~250~248 |

| | |
|---|---|
| 四局 | ▲雙星會坐(：向星上山) |
| 地運 | 140年(七運 入囚)<br>40年(三運 山星入囚) |
| 特記 | ㉘艮宮⑧：單宮反吟<br>㉙未方：山臨五黃少人丁<br>火中宮·兌宮：27화재조심<br>⊙坎宮⑥+❶=變格山星暗城門<br>⊙乾宮①+❻=變格山星暗城門 |

| | |
|---|---|
| 山3 | 人命凶死·<br>火盜官災(화도관재)·<br>尅´長子·長孫. |
| 水6 | 頭痛(두통)·刀傷(도상)·<br>腦震盪(뇌진탕)·車禍(차화)·<br>3):官司(관사:송사 시비) |
| 山4 | 乳癰(유옹)·股病(고병)·<br>肝癌(간암)·瘟癀(온황)·<br>風癱(풍탄;중풍) |
| 水5 | 販毒(판독)·走私(;밀수)·<br>瘡癰(창탄;중풍)·家破人<br>亡.＊瘡(부스럼 창) |
| 山8 | 宜^水外遠秀之山,<br>忌´近山巉巖(근산참암).<br>＊巉(가파를 참)＊巖=岩 |
| 水① | 貴人相助(귀인상조)·<br>勤儉興家(근검흥가)．＊勤<br>(부지런할 근) ＊儉(검솔할 검) |

| | |
|---|---|
| 山7 | 宜^秀峰。忌´巉巖近<br>逼(참암근핍)。主´災禍(재<br>화)。＊巉(가파를 참) |
| 水② | 宜^暗水,近水明現。<br>主´病災(병재)。<br>＊災(재앙 재) |
| 山② | 3 8 1　8 4 6　1 6 8<br>2+4 6　7+9 2　9+2 4<br>7 9 5　2 5 1　5 7 3 |
| 水7 | 2 7 9　4 9 2　6 2 4<br>1+3 5　3+5 7　5+7 9<br>6 8 4　8 1 6　1 3 8 |
| | 7 3 5　9 5 7　5 1 3<br>6+8 1　8+1 3　4+6 8<br>2 4 9　4 6 2　9 2 7 |
| 山b | 父子反目·冷退(냉퇴)·<br>官訟口舌·頭痛(두통).<br>＊冷(찰 랭) |
| 水3 | 人命凶死·火盜官災·<br>肝腎病(간신병)·<br>脚病(각병)．＊脚(다리 각) |

| | |
|---|---|
| 山4 | 乏(핍;격다)´男丁·絶嗣·<br>身敗名裂(신패명렬)·<br>怪病．＊裂(찢을 렬) |
| 水4 | 破産·倒閉(도폐;부도)·<br>乳癰(유옹;오방울)·肝癌·<br>風癱(풍탄;중풍)·蛇咬 |
| 山⑨ | 宜^水外秀峰,<br>出´貴子·<br>考試大利(고시대리) |
| 水⑨ | 宜^小水·暗拱水(암공<br>수),積富(적부).<br>＊拱(두 손 맞잡을 공) |
| 山① | 出´貴子,<br>才德兼備(재덕겸비).<br>＊備(갖출 비) |
| 水8 | 尿路結石(요로결석)·<br>周轉困難(주전곤란;결림돌)·<br>坐吃山空(좌흘산공). |

### 【해설】

⊙坐宮 生入(; 客星⇨主星은 旺하여 吉);
 坐宮 〈⑨⑨㊋⇨〉 는 運盤 〈二㊏〉 를 生하고,
 運盤 〈二㊏⇨〉 는 元旦盤 〈❼㊎〉 生하여, 이는 「生入」 이 되므로 大吉하다. 다만 平洋穴이고, 坐後에는 금대수(金帶水)가 환포(環抱)하고, 물 뒤에는 수봉(秀峰)이 나열하면 재정양왕(財丁兩旺)하고 수기인룡(秀起人龍; 출중한 인물)한다.

⊙向宮 剋入(客星➔主星은 囚하여 凶)
 向宮 〈④㊍➔⑤㊏〉 하는데, 만약에 高山大水이면 가파인망(家破人亡), 절사멸종(絕嗣滅宗)이다.

⊙中宮에 〈-②-⑦-九〉
 中宮 〈-②-⑦-九〉 는, 陰神滿地(음신만지)하여, 묘지 조성시에 봉분이 高大함을 꺼린다. 그렇지 않으면 음란(淫亂)·화재·여아출산이다.

⊙坎宮 〈⑥➔③〉·巽宮 〈③⬅⑥〉
 坎 〈⑥③〉·巽 〈③⑥〉 은 모두 死·殺之氣이므로 高山·大水를 꺼리는데, 高山·大水이면 전쟁, 다리부상, 교통사고, 사법소송, 두통이 발생한다.

⊙離宮 〈⑦②〉
 離宮 〈⑦②〉 는 연성(; 聯星, 生成數)이지만, 마땅이 원산(遠山)·암수(暗水)이어야 한다. 만약에 近山이 참암(巉巖)하여 形이 거칠거나·大水가 단급(湍急; 유속이 빠름)이면 화재(火災), 혈증(血症), 손정(損丁), 잔질(殘疾) 등의 凶事가 발생한다.

# 九運 庚山甲向 [起星]

| 巽 巳 丙 午 丁 未 坤 申 | 庚 | | | | |
|---|---|---|---|---|---|
| 3→8 / 八 · 7→4 / 四❾ · 5⇌6 / 六 | 壬申 | 庚申 | 戊申 | 丙申 | 甲申 |
| 4←7 / 七 · 2⇌9 / 九 · ❾⇌2 / 二❼ | 262 | 261 | 260 | 259 | 258 257 256 255 254 253 252 251 250 249 248 |
| 8←3 / 三 · 6⇌5 / ❶五 · 1⇌1 / ❻一6 | | | | | |

四局: 下卦 飛星盤 不同
地運: 0年 (九運 入囚; 일명 空亡)

特記:
- 艮宮은 單宮反吟
- 未方: 山臨五黃少人丁
- ◉離宮④+❾=變格向星暗城門
- ◉兌宮②+❼=變格向星暗城門
- ◉坎宮⑥+❶=變格向星暗城門
- ◉乾宮①+❻❻=變格暗城門

| | | | | |
|---|---|---|---|---|
| 山3 | 出'賊盜·兄弟閱牆(형제불화)·損丁·肝膽病·*閱(다툴 혁)·牆(담 장) | 山7 | 氣喘(기천)·刀傷(도상)·殘障(잔장)·婦女不和·神經痛(신경통) | 山5 | 乏'男丁·絕嗣(절사)·胃與大腸病(위여대장병)·痴呆(치매) *呆(어리석을 매) |
| 水8 | 退家産(퇴가산)·人無見識(인무견식)·坐吃山空 *吃(먹을 흘) | 水4 | 肝病·股病·淫蕩(음탕)·文人早夭(문인조요)·漂泊(표박; 떠돌이) | 水6 | 退敗財産(퇴패재산)·宅主大病(댁주대병)·腦病(뇌병)·骨病(골병) |
| 山4 | 肝膽病(간담병)·股病(고병)·淫蕩(음탕)·文人早夭(문인조요) | 山② | 597 153 375 / 6-42 2-97 4-29 / 183 648 861 / 486 618 831 / 5-31 7-53 9-75 / 972 294 426 / 942 264 729 / 1-86 3-18 8-64 / 537 759 315 | 山⑨ | 加宜晉爵(가의진작;승지)·名聞天下(명문천하)·進人口(진인구;출산) |
| 水7 | 退敗財産·刀傷(도상)·肢體殘傷(지체상상)·肺病(폐병) | 水⑨ | | 水② | 出'愚頑(우완)之人·胃病·目疾(목질;9)·腸炎(장염) *愚(어리석을 우) |
| 山8 | 損丁·筋骨病(근골병)·步入歧途(보입기도; 진퇴난)·脾胃病(비위병;2) | 山6 | 腦病(뇌병)·骨病·肺病·不孕(불잉;불임)·痴呆(치매) *孕(아이 밸 잉) | 山① | 出'聰明之子(총명지자)·文人秀士·發明家(발명가) |
| 水3 | 損丁(손정)·筋傷骨折(근상골절;8)·賊盜(적도)·疾病官非(질병관비) | 水5 | 販毒(판독)·走私(주사; 밀수)·惡報(악보; 배신)·橫禍(횡화)·家破人亡 | 水① | 勤儉興家(근검흥가)·發福悠久(발복유구) *悠(멀 유) |

**【해설】**

⊙當運入囚는 인장묘절(寅葬卯絶)
　當運에 入囚되고, 가장 중요한 向宮(④木←⑦金·七金)은 양쪽에서 相剋을 받으므로 陰陽宅을 막론하고 인장묘절(寅葬卯絶)하는 大凶하는 坐向이다.

⊙ 中宮에 山星入囚: 不出男丁
　雙星會向(下水)의 입수(入囚)는 坐宮向星에 이르는 運에 入囚되며 가파인망(家破人亡)한다. 또한 中宮에 山星이 入囚되면 『不出男丁, 多生女兒』이지만 재물은 무난하다.
출전: 《玄空地理考驗註解(현공지지고험주해)》 710쪽.

| 五行과 오장육부(五臟六腑) | | | |
|---|---|---|---|
| 五行 | 天干 | －오장(五臟) | ＋육부(六腑) |
| 木 | ＋甲 | 간장(肝臟; 애) | 담(膽; 쓸개) |
| | －乙 | | |
| 火 | ＋丙 | 심장(心臟; 염통) | 소장(小腸; 작은창자), 삼초(三焦) |
| | －丁 | | |
| 土 | ＋戊 | 비장(脾臟; 지라) | 위장(胃腸; 밥통) |
| | －己 | | |
| 金 | ＋庚 | 폐장(肺臟; 허파) | 대장(大腸; 큰창자) |
| | －辛 | | |
| 水 | ＋壬 | 신장(腎臟; 콩팥) | 방광(膀胱; 오줌통) |
| | －癸 | | |

＊三焦(삼초):
(1) 심장을 중심으로 한 흉부를 '상초'라고 하고,
(2) 위(胃) 부근의 복부를 '중초'라고 하고,
(3) 배꼽 아래 부분의 하복부를 '하초'라고 하며,
　　주로 음식물의 흡수와 소화, 배설을 맡고 있다

# 九運 酉山卯向【下卦】

| | 酉 | | | | |
|---|---|---|---|---|---|
| 癸酉 | 辛酉 | 己酉 | 丁酉 | 乙酉 |
| 2277~ | 2275~2274 | 2273~2272 | 2271~2270 | 2269~2268 | 2267~2266 | 2265~2264 | 2263~ |

| | 巽 巳 丙 午 丁 未 坤 | | 申 |
|---|---|---|---|
| 辰 乙 卯 ← 甲 寅 艮 丑 | 1←8 八 / 6→3 ↙四 / 8→1 ↙六<br>9火9金 七 ❸木 / 2火7 九 / 4木→5 土 二 ↓金 ❼ ■<br>5←4 ↙三 / 7火2 五 / 3←6 一 | 庚 酉 辛 戌 亥 乾 | 癸 子 壬 |

| 四局 | ◎雙星會向(;山星下水)<br>\*下卦·替卦 飛星盤 同一 |
|---|---|
| 地運 | 100年(五運 入囚)<br>40年(三運 丁星入囚) |
| 特記 | ㉡乾宮⑥: 單宮伏吟<br>㉢艮方: 山臨五黃少人丁<br>㉣中宮·坎宮: 27火 화재조심<br>㉤震宮剋入⑨⑨火→七金→❸木 |

| 山①  | 高大(고대)文筆山(문필산), 出´文人秀士(문인수사). \*筆(붓 필) | 山⑥ | 頭痛·刀傷·車禍(차화;교통사고)·官司(;소송재판)·剋妻(;상처,64) | 山⑧ | 忌´幽暗鬼魅作崇(귀신작숭). 逼塞(핍색). 出´聾啞(농아). \*逼(다칠 핍) |
|---|---|---|---|---|---|
| 水⑧ | 宜^遠水·暗水。近水·大水이면, 損(손)´小口(;미성년자) | 水③ | 官司(관사;소송)·賊盜(작도)·肝膽病(간담병)·脚病(각병)·破敗(파패) | 水① | 之玄(지현)長流之水(장류지수), 發福悠久(발복유구). \*悠(멀 유)·久(오랠 구) |
| 山⑨ | 宜(의)^端正平整(단정평정)案山(안산), 添丁(첨정;출산)·出´貴 | 山② | 〈②⑦九〉: ㉣星이 밀집되어 陽宅에서는 화재조심해야 한다. 천장에 매다는 실링팬설치는 ㉣를 자극하여 더욱 위험함. | 山④ | 乳癰(유옹)·肝膽病·股病(고병)·風癱(풍탄)·瘟癀(온황;전염병) |
| 水⑨ | 田水(수전;논=畓(답))·溝圳(구수;도랑물)·池水, 積富(적부). \*積(쌓을 적) | 水⑦ | | 水⑤ | 疾病損人(질병손인)·怪病黃腫(괴병황종)·風癱(풍탄;중풍)·破産 |
| 山⑤ | 少丁乏嗣, 出´浪子(낭자)·蕩婦·毒梟(독효;마약밀매두목)·暴徒(폭도). \*梟(올빼미 효) | 山⑦ | 肺病(폐병)·喉病(후병)·口腔癌(구강암)·吸毒(흡독)·流産·傷殘(상잔). \*腔(속 빌 강) | 山③ | 蛇咬(사교)·肝膽病(간담병)·脚傷(각상)·官司(관사)·車禍(차화;교통사고) |
| 水④ | 婦女蒙冤(부녀몽원)·投機失敗(투기실패)·乳癰·風癱. \*蒙(입을 몽) | 水② | 宜^暗水(암수), 進益田産(진익재산), 土地發財(토지발재) | 水⑥ | 宜司·車禍·頭痛·腦震盪·咳嗽(해수)·咳(기침할 해)·嗽(기침할 수) |

## 【해설】

⊙向宮: 重重剋入(客星→主星)

〈⑨⑨㊁→〉가 〈運盤七㊎〉을 剋入하고,

〈運盤七㊎→〉은 또 〈元旦盤❸㊍〉을 剋入하고 있다.

　重重剋入하므로 위험하지만, 向宮에 물은 田水倉板(전수창판; 계단식 논물)·구수소수(溝圳小水; 도랑물)·方圓小池(방원소지) 이고 向宮의 山은 端正·半圓形의 소돈부(小墩阜; 작은 억덕)으로 合局이 되면 ⑨運에는 오히려 丁財 모두 速發하는데 미녀·판사·변호사·외과의사(外科醫師)가 나온다.

⊙산림오황소인정(山臨五黃少人丁)

　艮宮 〈⑤④三〉에서 〈山星⑤㊏〉를 〈←向星④㊍〉과 〈←運盤 三㊍〉이 양쪽에서 相剋하는 山臨五黃少人丁이므로 近山大山가 있으면 人丁에 큰 문제가 발생하므로 세심히 살펴보아야 한다.

⊙연성(聯星)

　聯星은 生成數인 〈16㊌〉, 〈27㊁〉, 〈38㊍〉, 〈49㊎〉 이다.

(1)得運: 意外의 기연(機緣)이 생기고, ⑨運 기준으로 〈16〉, 〈27〉, 〈49〉만 사용이 가능하다.

(2)失運: 의외의 걱정거리가 생긴다. ⑨運 기준 〈38〉은 失運에 해당되므로 쓸모가 없다.

# 九運 酉山卯向 [起星]

### 【해설】

⊙ 《沈氏玄空學》의 칠성타겁(七星打劫) 이론은 오류

《沈氏玄空學》에서 본 坐向은 「眞打劫(진타겁)」이며 「離宮打劫」이라고 하였는데 오류이다.

七星이란,
卯方⑨에서 ⑨포함하여 7번 逆行하면 ③이 午方에 이르고,
午方③에서 ③포함하여 7번 逆行으로 ⑥이 乾方에 이르는데,
3개의 방위에 無山有空하여야 하는 조건이 따르므로, 陰宅의 경우 七星打劫이 되는 경우는 드물지만 양택에서 새로 건축할 경우에는 적용할 수 있다.

⊙ 地卦出, 天卦不出의 장단점

下卦와 替卦의 飛星盤이 동일하거나 合局이면서 小空亡坐向(;空縫[공봉])이나 大空亡坐向(出卦, 騎線[기선])이면 「地卦出, 天卦不出」이라고 하며 일시적으로 大發한다.

「地卦出(體)」은 空亡坐向이지만 運으로는 「天卦不出(用)」이 되면 일거양득(一擧兩得)하여 初年에 速發하지만, 최고 6년이 지나면 퇴패(退敗)하거나 運이 바뀌면 大凶으로 돌변한다.

출전: 《玄空地理考驗註解》 47쪽, 389쪽, 744쪽, 1085쪽 참고.

# 九運 辛山乙向【下卦】

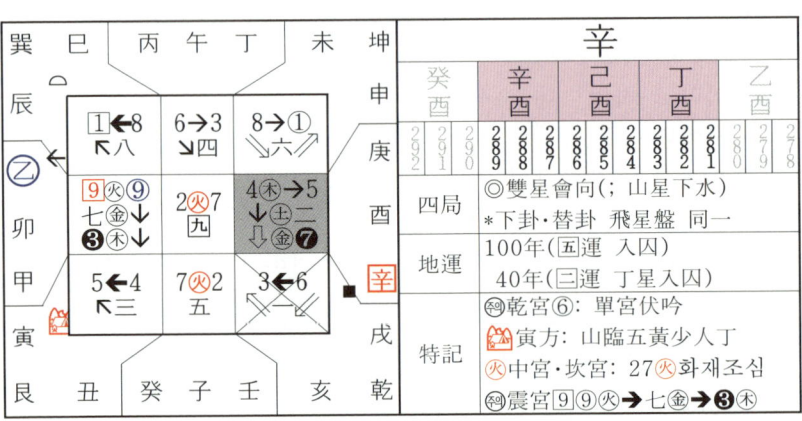

| 山 1 | 催丁, 三運^出´貴.<br>宜^高大金星山。 | 山 6 | 肝膽病(간담병)·頭病·<br>剋妻(극처)·刀傷(도상)·<br>官司(행정사법소송) | 山 8 | 幽暗(유암), 主´鬧鬼(요귀),<br>逼塞(핍색), 出´聾<br>啞(농아)·*鬧(시끄러울 료) |
|---|---|---|---|---|---|
| 水 8 | 退財(퇴재)·損丁(손정),<br>忌(기;꺼리다)´水近而大.<br>*退(물러날 퇴) | 水 3 | 官司(관사)·肝膽病(간담병)·脚病(각병)·<br>小成多敗(소성다패) | 水 ① | 三運^發財,<br>宜´遠亮(연량)·環抱(환포)之水. |
| 山 9 | 宜^低小端方(저소단방)<br>土星作案(토성안),<br>添丁·出貴。 | 山 2 | 詩人<br>傳播者<br>演奏<br>修道人<br>성악가<br>운동선수<br>處士<br>聖者<br>改革家 / 장원급제<br>仙佛<br>正義<br>우두머리<br>司法<br>魔王<br>秀才<br>思想<br>創業 / 왕비<br>교도관<br>개혁자<br>배우<br>巫師<br>道家<br>지도자<br>貴人<br>軍官 | 山 4 | 脚病·肝膽病·婆媳不<br>和(시부불식;고부갈등), 乳癌<br>(유암). *婆(시어미 파) |
| 水 ⑨ | 宜(의)^水田(;논)·小圳<br>水(소수;도랑물)·積富(적부).<br>*圳(도랑물 수) | 水 7 | | 水 5 | 疾病損人(질병손인)·<br>怪病黃腫(괴병황종)·<br>破產(파산). |
| 山 5 | 少丁·乏嗣·出´蕩子·<br>蕩婦(탕부)·毒梟(독효;마약<br>밀매두목)·梟(올빼미 효) | 山 7 | 肺病(각병)·喉症(후증)·<br>口腔癌(구강암)·吸毒(흡독)·流產(유산). | 山 3 | 蛇咬(사교)·肝膽病·<br>脚病·官司·長房遊蕩<br>(장방유탕). *遊(놀 유) |
| 水 4 | 婦女蒙寃(부녀몽원)·<br>投機失敗·乳癰(유옹).<br>*蒙(입을 몽)*寃(원통할 원) | 水 ② | 三運^發財, 田產(전산;농지)·醫藥(의약)·肉品(;고기)大利. | 水 6 | 頭病(두병)·脚病(각병;다리병)·肺病(폐병) 官訟退<br>財(관송퇴재) |

**【해설】**

| 體\用 | 金 | | 木 | | 水 | | 火 | | 土 | |
|---|---|---|---|---|---|---|---|---|---|---|
| 五星正體 | | 圓원 | | 直직 | | 曲곡 | | 尖첨 | | 方방 |
| 楊公九星 | | 高무곡(武曲) | | 高大탐랑(貪狼) | | 如蛇行문곡(文曲) | | 如火焰염정(廉貞) | | 端正方整거문(巨門) |
| | | 氏좌보(左輔) | | | | 蛛絲馬跡우필(右弼) | | 頭高氏尾파군(破軍) | | 上方下散녹존(祿存) |
| 廖公九星 오공성 | | 如月태음(太陰) | | 上金下木고요(孤曜) | | 上金多水금수(金水) | | 上圓下尖천강(天罡) | | 雙腦조화(燥火)... 천재(天財) |
| | | 身高頭圓태양(太陽) | | 高直尖圓자기(紫氣) | | 彎曲活動소탕(掃蕩) | | 尖銳斜欹조화(燥火) | | 如馬천재(天財) |
| 廖公變體九星 요변구성 | | 如燕巢開口太陽 | | 如帶劍弓脚紫氣 | | 如蛇行平面掃蕩 | | 金鷄鼓翅雙臂天罡 | | 上鼓下瓜祿存 |
| | | 仙人蹺足弓脚太陽 | | 出陣貪狼 | | 如梅花金水 | | 如令旗開口燥火 | | 如螃蟹 |
| | | 如麒麟懸乳太陽 | | 如拜笏平面紫氣 | | 如紗帽左掃蕩 | | 如虎形雙臂燥火 | | 如牙梳天財 |
| | | 如鏡如月平面金 | | 如駱駝側腦紫氣 | | 如飛鵝懸乳金水 | | 如牛出欄側腦燥火 | | 如伏虎平腦雙臂 |

# 九運 辛山乙向 [起星]

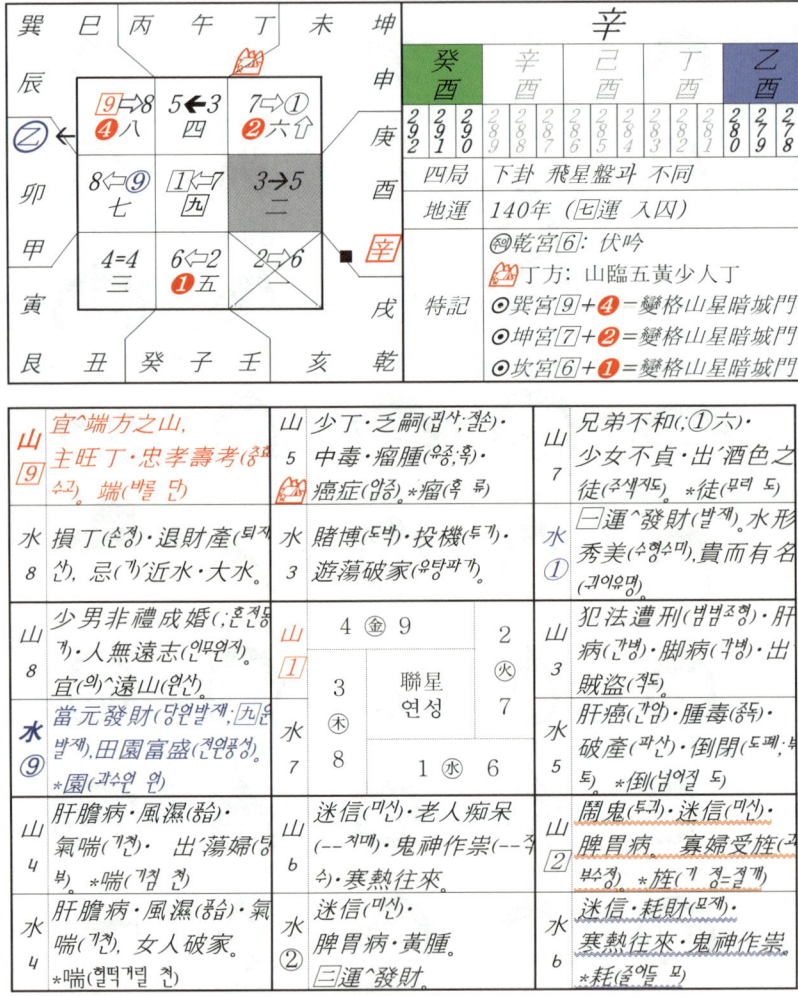

**【해설】**

| 八卦 陰陽 | 八卦와 人物配屬(인물배속) ||||||| 
|---|---|---|---|---|---|---|---|
| | 父母卦(부모괘) |||| 子息卦(자식괘) ||||
| | 八卦 | 卦象 | 爻 | 人物 | 八卦 | 卦象 | 爻 | 人物 |
| 陽 | 6乾 | ☰ | +++ | 父親 | 3震 | ☳ | -<br>-<br>+ ← | 長男 |
| | | | | | 1坎 | ☵ | -<br>+ ←<br>- | 中男 |
| | | | | | 8艮 | ☶ | + ←<br>-<br>- | 少男 |
| 陰 | 2坤 | ☷ | --- | 母親 | 4巽 | ☴ | +<br>+<br>- ⇐ | 長女 |
| | | | | | 9離 | ☲ | +<br>- ⇐<br>+ | 中女 |
| | | | | | 7兌 | ☱ | - ⇐<br>+<br>+ | 少女 |

※ '─'는 陽爻(양효)이고, '--'는 陰爻(음효)이다.

震卦(☳): 初爻는 陽爻(양효)이고, 二·三爻는 음효(陰爻)이다.

震卦는 陰爻가 두 개, 陽爻는 하나뿐인데도 陽卦인 이유는 '少爲尊(소위존)'의 이치에 따라 하나뿐인 陽爻가 오히려 존귀하므로 陽卦가 되고, 初爻가 陽爻이기 때문에 長男이 된다.

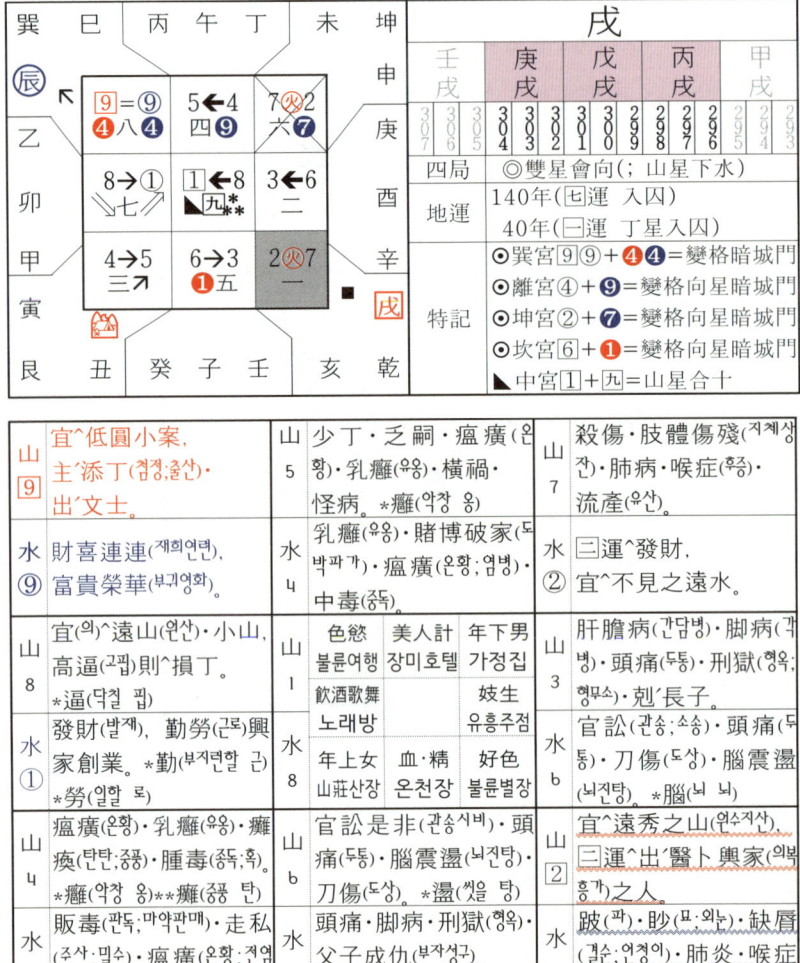

**【해설】**

⊙ 辰戌魁罡星(진술괴강성): 吉上加吉, 凶上加凶
　辰戌은 괴강성(魁罡星)으로 성질이 맹열(猛烈)하여 辰坐와 戌坐는 合局時에는 大好이고 不合局時에는 대괴(大壞)이다.
출전: 鐘義明 저서 《玄空地理考驗註解(현공지리고험주해)》

⊙ 丁星入囚
　二運에 丁星이 入囚되어 男丁 출산이(女丁출산은 가능)어렵기 때문에 二運에는 별도로 旺丁한 墓·宅으로 보구(補救; 換天心)하여야 한다. 그렇지 않으면 三運이 되어야 旺丁한다.

⊙ 單宮伏吟
　坤宮向星 〈②〉는 「單宮伏吟」인데 만약에 山峰이 高大하면, 長房이 가파인망(家破人亡)이다.

⊙ 九運 〈9⑨〉와 運盤 조합으로 해석
　九運에 雙星會向은 向宮에 〈9⑨〉이고, 雙星會坐도 坐宮에 〈9⑨〉로 되어 즉 같은 숫자로 되어있기 때문에 向星과 運盤·山星과 運盤을 조합하여 해석한다.

# 九運 戌山辰向 [起星]

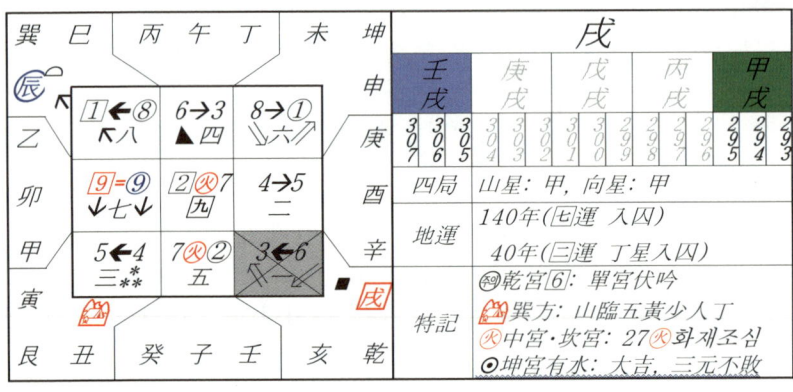

**【해설】**

⊙ 體와 用의 不可分의 關係

'章仲山(장중산; 淸朝 玄空風水 大家)'이 說하기를;

『靑囊(청낭; 고귀한 서적)』萬卷(만권)은,
總(총; 모두)^不出(벗어나지 못함)´
體用(形氣와 理氣)^二字이다。

體에는 有´山・水之^分(분; 구분)이고,
用에는 有´得・失之^辨(변; 분별)이다。

體에는 有´移步(이보)之^不同이고,
用에는 有´隨時(수시)之^更變(경변)이다。

用(理氣)은 必^依^形(形勢)하여
而^顯(현; 나타나다)´休咎(휴구; 길흉)이고,
體(形勢)은 必^因^氣(理氣)하여
而^見(나타나다)´吉凶이다。

要之(요약)하여,
體는 無´用(理氣)이면 不靈(불령)이고,
用은 無´體(形勢)이면 不驗(불험)이므로,

必須^形氣(形勢・理氣)를 兩兼(양겸)하고,
默參(묵참; 묵묵히 알아보다)´
九星의 生剋(生旺衰煞)之理하여,
以^推(추; 추리하다)´休咎(휴구; 吉凶禍福)함으로써,
方(마침내)^得´體用之^精微(정미; 정교함)이다。』

# 九運 乾山巽向[下卦]

| | 巽 | 巳 | 丙 午 丁 | 未 | 坤 | | 乾 | | | | |
|---|---|---|---|---|---|---|---|---|---|---|---|
| 辰 | | 2火7 ▲八 | 6→3 ▲四 | 4→5 六 | | 申 | | 壬戌 | 庚戌 | 戊戌 | 丙戌 | 甲戌 |
| 乙 卯 甲 | | 3←6 ▲七 | 1←8 九** | 8→1 二 | | 庚 酉 辛 | | 320 | 319 318 317 | 316 315 314 | 313 312 311 | 310 309 308 |
| | | 7火2 ▲三 | 5←4 ▲五 | 9=9 一 | | 戌 | 四局 | ▲雙星會坐(：向星上山) | | | | |
| | 寅 | 丑 | 癸 子 壬 | 亥 | 乾 | | 地運 | 160年[四運 入囚] 20年[三運 丁星入囚] | | | | |
| | | | | | | | 特記 | ⚠子方: 山臨五黃少人丁 ⊙中宮＝連珠三盤卦** ⊙全盤山星合十 ⊙乾宮⑨+運盤一＝向星合十 ⊙中宮[1]+[九]＝山星合十 | | | | |

| 山 2 | 三運^旺丁, 出′法官(판사)· 醫生(의사)·文人. | 山 6 | 刑殺(형살)·剋妻(극처). 肝膽病(간담병). 頭脚病(두각병). | 山 4 | 乳癰(유옹)·剋妻(극처). 自縊(자액;목매고 자살,64). 勒死(늑사). |
|---|---|---|---|---|---|
| 水 7 | 肺病(폐병)·火災(화재). 女性傷殘(여성상잔). *殘(해칠 잔) | 水 3 | 足疾(족질)·官司(관사). 少成多敗(소성다패). | 水 5 | 中毒(중독)·瘤腫(유종;혹). 怪病(괴병)·破産(파산). |
| 山 3 | 官司(관사)·賊盜(적도). 刑殺(형살)·脚病(각병). | 山 1 | 立夏 5.6~7 / 夏至 6.21~22 / 立秋 8.8~9 / 春分 3.21~22 / 秋分 9.23~24 / 立春 2.4~5 / 冬至 12.22~23 / 立冬 11.7~8 | 山 8 | 損丁·聾啞(농아;1). 黃腫·結石(결석). 不孕症(불임;1). |
| 水 6 | 殺傷(살상)·官司(관사). 肝病(간병)·脚病(각병). *脚(다리 각) | 山 8 | | 水 ① | 三運^發財. 水利·飲食大利(음식대리). *飮(마실 음) |
| 山 7 | 損丁·殘傷(잔상). 官訟是非(관송시비). 出′盜賊(도적). | 山 5 | 少丁·乏嗣·乳癌. 販毒·中毒. | 山 9 | 添丁(要先有水), 逼壓(핍압)則^凶. *逼(닥칠 핍) *壓(누를 압) |
| 水 ② | 脾胃病(비위병)·火災(화재). 三運^發財. | 水 4 | 乳癌·腿病(퇴병). 賭博破家(도박파가). | 水 ⑨ | 發財. 宜^小流水·靜水(정수), 忌(기)′大水. |

【해설】

⊙向宮 〈②㊏⇨⑦㊎⇦八㊏〉

向宮 〈②㊏·八㊏⇨〉 는 〈⑦㊎〉을 相生하여, 雖^生入(본래 客⇨主는 向에는 旺財 坐에는 旺丁)하지만, 〈⑦〉은 ㊈運에 衰氣이므로 무용지물이다.

〈②⑦〉는 先天㊋로 화승살기(火乘殺氣)인데, 凶한 山水를 만나면 화재·유산(流産)·낙태이다。

⊙出門法

陽宅에서 대문이나 현관문을 兌(①)·乾(⑨)兩宮이면, 旺財旺丁하고, 만사형통(萬事亨通)한다.

⊙주방(廚房)·부엌

주방이나 부엌은 兌宮(⑧㊏⇦⑨㊋)·乾宮(⑨㊋⇨⑧㊏)이 吉하다. 兌宮·乾宮에 9㊋가 있지만 ㊋生㊏하기 때문에 문제가 없다.

⊙ 147, 258, 369는 상호간에 통용이 되며 父母三盤卦가 된다. 다만 ㊈運에는 부모삼반괘가 없지만, 해석할 때는 사용된다.

(1) <u>1坎⇆4巽⇆7兌⇆1坎</u>
(2) <u>2坤⇆5中⇆8艮⇆2坤</u>
(3) <u>3震⇆6乾⇆9離⇆3震</u>

# 九運 乾山巽向 [起星]

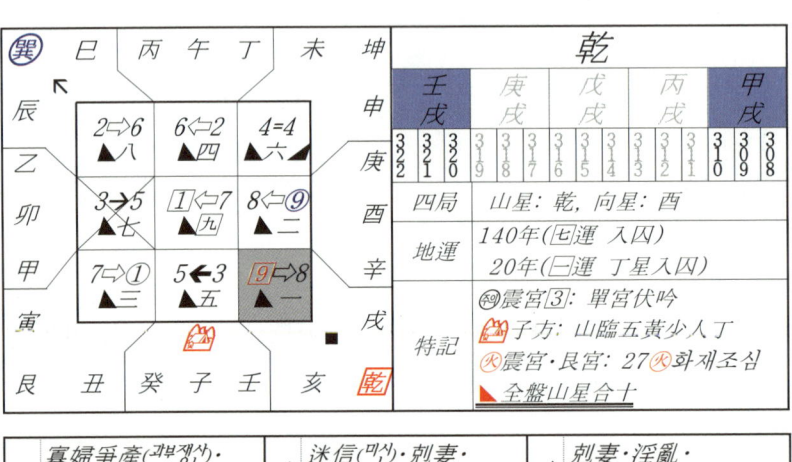

| 山2 | 寡婦爭產(과부쟁산)·寒熱往來(한열왕래)·鬼神不安(귀신불안) | 山6 | 迷信(미신)·剋妻·鬧鬼(요귀·귀신장난)·寒熱往來(;장티푸스) | 山4 | 剋妻·淫亂·肝膽病·神經痛 |
|---|---|---|---|---|---|
| 水6 | 寒熱往來(한열왕래·장티푸스)·鬼神作祟(귀신작수)·*祟(별미 수) | 水② | 迷信散財(미신산재)·寒熱往來(한열왕래)·巳運發財 | 水4 | 投機破財·詐欺(;9)·僞造文書(위조문서)·淫蕩(음탕) |
| 山3 | 出'賊盜(적도)·流氓(유맹·또래)·震傷(진상)·棒打(봉타)·蛇咬·*咬(물 교) | 山① | 中宮〈①⑦九〉는 변호사·방송인·회계사·교육자·酒客(주객)·美女이 나온다. | 山8 | 金屋藏嬌(금옥장교·호화주택 미인)·灼傷(작상)·關節炎(관절염)·盲·聾啞 |
| 水5 | 中毒·怪病(괴병)·販毒(판독·마약판매)·走私(주사·밀수)·破產(파산) | 水7 | | 水⑨ | 經商獲利(경상획리)·名揚四海(명양사해·인기상승) |
| 山7 | 出'酒色之徒·被綁架(피방가·인질당함)·痰喘(담천·기관지질환)·傷殘 | 山5 | 聾啞(농아)·黃腫(황종)·痴呆(치매)·乏嗣(핍사)·橫禍(횡화)·*嗣(이을 사) | 山⑨ | 旺丁·婚喜重來(혼희중 래)·地位崇顯(지위숭현·승진)·*崇(높을 숭) |
| 水① | 飲食業(음식업)·漁業(어업)·仲介業(중개업)大發利市 | 水3 | 賭博(도박)·破家(파가)·肝病(간병)·脚病(각병)·*賭(도내기 도) | 水7 | 怨婦曠男·暈眩·損丁·癱瘓·眼翳(안예·눈 멀병)·*翳(그늘 예) |

**【해설】**

## 九運(2024~2043년) 年·月客星 加臨圖(順飛)

| 九運 | 2020年 四運 庚子 | 2021年 四運 辛丑 | 2022年 四運 壬寅 | 2023年 四運 癸卯 | **2024** 甲辰01 | 2025 乙巳02 | 2026 丙午03 | 2027 丁未04 | 2028 戊申05 |
|---|---|---|---|---|---|---|---|---|---|
| | 2029 己酉06 | 2030 庚戌07 | 2031 辛亥08 | 2032 壬子09 | 2033 癸丑10 | 2034 甲寅11 | 2035 乙卯12 | 2036 丙辰13 | 2037 丁巳14 |
| | 2038 戊午15 | 2039 己未16 | 2040 庚申17 | 2041 辛酉18 | 2042 壬戌19 | 2043 癸亥20 | 2044 一運 甲子 | 2045 一運 乙丑 | 2046 一運 丙寅 |
| 年星 陰月 | 6 2 4<br>⑤⑦9<br>1 3 8 | ⑤1 3<br>4⑥8<br>9 2 7 | 4 9 2<br>3⑤7<br>8 1 ⑥ | 3 8 1<br>2④⑥<br>7 9 ⑤ | 2 7 9<br>1⑥⑤<br>6 8 4 | 1 ⑥ 8<br>9②4<br>⑤ 7 3 | 9⑤7<br>8①3<br>4 ⑥ 2 | 8 4 6<br>7⑨2<br>3⑤1 | 7 3 ⑤<br>6⑧1<br>2 4 9 |
| 1 寅<br>10 亥 | 7 3 ⑤<br>6⑧1<br>2 4 9 | 4 9 2<br>3⑤7<br>8 1 ⑥ | 3 8 1<br>2④⑥<br>7 9 ⑤ | 9⑤7<br>8①3<br>4 ⑥ 2 | ⑤ 1 3<br>4⑥8<br>9 2 7 | **1 6 8**<br>**9 ② 4**<br>**⑤ 7 3** | 7 3 ⑤<br>6⑧1<br>2 4 9 | 4 9 2<br>3⑤7<br>8 1 ⑥ | 1 6 8<br>9②4<br>⑤ 7 3 |
| 2 卯<br>11 子 | 6 2 4<br>⑤⑦9<br>1 3 8 | 3 8 1<br>2④⑥<br>7 9 ⑤ | 9⑤7<br>8①3<br>4 ⑥ 2 | ⑤⑦9<br>4⑥8<br>9 2 ⑤ | 6 2 4<br>⑤⑦9<br>1 3 8 | **2 7 9**<br>**1 ③ ⑤**<br>**6 8 4** | 6 2 4<br>8①3<br>1 3 8 | 3 8 1<br>2④⑥<br>7 9 ⑤ | 9⑤7<br>8①3<br>4 6 2 |
| 3 辰<br>12 丑 | ⑤ 1 3<br>4⑥8<br>9 2 7 | 2 7 9<br>1③⑤<br>6 8 4 | 3 8 1<br>2④⑥<br>7 9 ⑤ | 9⑤7<br>8①3<br>4 6 2 | ⑤ 1 3<br>4⑥8<br>9 2 7 | **2 7 9**<br>**1 ③ ⑤**<br>**6 8 4** | ⑤ 1 3<br>4⑥8<br>9 2 7 | 2 7 9<br>1③⑤<br>6 8 4 | 9 ⑤ 7<br>8①3<br>4 6 2 |
| 4 巳 | 4 9 2<br>3⑤7<br>8 1 ⑥ | 1 6 8<br>9②4<br>⑤ 7 3 | ⑤ 1 3<br>4⑥8<br>9 2 7 | 3 8 1<br>2④⑥<br>7 9 ⑤ | 4 9 2<br>3⑤7<br>8 1 ⑥ | 9⑤7<br>8①3<br>4 6 2 | 4 9 2<br>3⑤7<br>8 1 ⑥ | 1 6 8<br>9②4<br>⑤ 7 3 | **7 3 ⑤**<br>**6 ⑧ 1**<br>**2 4 9** |
| 5 午 | 3 8 1<br>2④⑥<br>7 9 ⑤ | 9⑤7<br>8①3<br>4 6 2 | ⑤⑦9<br>4⑥8<br>1 3 8 | ⑤ 7 3<br>8①3<br>4 6 2 | **3 8 1**<br>**2 ④ ⑥**<br>**7 9 ⑤** | 9⑤7<br>8①3<br>4 6 2 | 3 8 1<br>2④⑥<br>7 9 ⑤ | 9 ⑤ 7<br>8①3<br>4 6 2 | ⑤ 7 3<br>⑤⑦9<br>1 3 8 |
| 6 未 | 2 7 9<br>1③⑤<br>6 8 4 | ⑤1 3<br>4⑥8<br>9 2 7 | 3 8 1<br>2④⑥<br>7 9 ⑤ | ⑤⑦9<br>4⑥8<br>1 3 ⑤ | 2 7 9<br>1③⑤<br>6 8 4 | ⑥ 8<br>4⑥8<br>9 2 7 | 2 7 9<br>1③⑤<br>6 8 4 | **8 4 6**<br>**7 ⑨ 2**<br>**3 ⑤ 1** | ⑤ 1 3<br>4⑥8<br>9 2 7 |
| 7 申 | 1 6 8<br>9②4<br>⑤ 7 3 | 7 3 ⑤<br>6⑧1<br>2 4 9 | ⑤⑦⑦<br>1③⑤<br>⑤ 7 3 | **4 9 2**<br>**3 ⑤ 7**<br>**8 1 6** | 1 6 8<br>9②4<br>⑤ 7 3 | ⑤ 7 3<br>1③⑤<br>6 8 4 | 4 9 2<br>3⑤7<br>8 1 ⑥ | 1 6 8<br>9②4<br>⑤ 7 3 | 3 ⑤ 7<br>2④⑥<br>8 1 6 |
| 8 酉 | 9⑤7<br>8①3<br>4 6 2 | 7 3 ⑤<br>⑤⑦9<br>1 3 8 | 3 8 1<br>2④⑥<br>7 9 ⑤ | 9⑤7<br>8①3<br>4⑥2 | ⑤⑦9<br>4⑥8<br>7 9 ⑤ | 3 8 1<br>2④⑥<br>7 9 ⑤ | **9 ⑤ 7**<br>**8 ① 3**<br>**4 6 2** | ⑤⑦9<br>4⑥8<br>1 3 8 | 3 ⑤ 7<br>2④⑥<br>7 9 ⑤ |
| 9 戌 | 8 4 6<br>7⑨2<br>3⑤1 | **⑤ 1 3**<br>**4 ⑥ 8**<br>**9 2 7** | 2 7 9<br>1③⑤<br>6 8 4 | 8 4 6<br>7⑨2<br>⑤ 7 9 | ⑤ 1 3<br>1③⑤<br>2 7 9 | 2 7 9<br>1③⑤<br>6 8 4 | 8 4 6<br>⑤ 1 3<br>4 6 8 | ⑤ 1 3<br>4⑥8<br>1 3 ⑤ | 2 7 9<br>1③⑤<br>6 8 4 |
| 坐<br>陰月 | 甲 卯 乙<br>2·11月 | 辰 巽 巳<br>9月 | 中宮<br>無 | 戌 乾 亥<br>5月 | 戌 乾 亥<br>3·12月 | 庚 酉 辛<br>1·10月 | 丑 艮 寅<br>8月 | 丙 午 丁<br>6月 | 壬 子 癸<br>未 坤 申<br>4月 |

일례(一例)로 2025년도 1월·10월에 丑艮寅 3개 坐向은 사용불가
(1) 연자백 五黃煞 坐宮에 이르고,
(2) 절기를 적용한 음력기준으로 1월·10월에도 월자백 五黃煞 坐宮에 이르러 즉시 재앙이 따르므로 陰陽宅을 막론하고 用事를 피하여야 한다.

# ⑨運 亥山巳向 [下卦]

| | | | | | | 亥 | | | | |
|---|---|---|---|---|---|---|---|---|---|---|
| 巽 | 巳↖ | 丙 | 午 | 丁 | 未 | 坤 | 癸亥 | 辛亥 | 己亥 | 丁亥 | 乙亥 |
| 辰 | 2㊋7 ▲八 | | 6→3 ▲四 | | 4→5 ▲六 | 申 | 337-328 | 327-334 | 333-320 | 319-326 | 325-332 |
| 乙卯甲 | 3←6 ▲七 | | 1←8 ▲九** | | 8→①▲二 | 庚酉辛 | 四局 | ▲雙星會坐(：向星上山) | | | |
| 寅 | 7㊋2 ▲三 | | 5←4 ▲五 | | ⑨=⑨ ▲一 ∞∞ | 戌 | 地運 | 160年(⑥運 向星入囚)<br>20年(⑥運 丁星入囚) | | | |
| 艮 | 盜 | 丑 | 癸 | 子 | 壬 | 亥 乾 | 特記 | **中宮①⑧⑨=連珠三盤卦<br>▲全盤山星合十<br>▲乾宮⑨+運盤一=向星合十<br>∞辛①+亥⑨=連城向星合十 | | | |

| 山<br>2 | 三運旺丁.<br>出`法官`.<br><u>醫生</u>(의생;의사)·文士. | 山<br>6 | 刑殺·剋妻(극처;상처)·<br>肝膽頭脚病(간담두각병).<br>*膽(쓸개 담) | 山<br>4 | 乳癰·剋妻·自縊(자액;<br>자살)·勒斃(늑폐).<br>*斃(넘어질 폐) |
|---|---|---|---|---|---|
| 水<br>7 | 肺病(폐병)·火災(화재)·<br>女性傷殘(여성상잔).<br>*肺(허파 폐) | 水<br>3 | 足疾(족질)·官司(관사;소<br>송), 少成多敗.<br>*疾(병 질) | 水<br>5 | 中毒(중독)·<br>瘤腫(혹종;혹)·怪病(괴병)·<br>破産(파산) |
| 山<br>3 | 官司(관사)·賊盜(적도)·<br>刑殺·脚病(각병;각기병).<br>*賊(도둑 적) *盜(훔칠 도) | 山<br>1 | 調和조화 乾燥건조 柔順유순<br>緩慢완만 剛烈강렬 靜寂정적<br>勤勉근면 快樂쾌락<br>正直정직 銳利예리<br>便安편안 浮游부유 剛直강직<br>停止정지 放蕩방탕 行動행동 | 山<br>8 | 損丁·聾啞(농아)·<br>黃腫(황종)·人無遠志·<br>結石(결석). |
| 水<br>6 | 殺傷(살상)·官司(관사;소<br>송)·肝病(간병)·脚病(각<br>병). *脚(다리 각) | 水<br>8 | | 水<br>① | 三運發財,<br>發福悠久(발복유구)<br>·悠(멀 유) ·久(오랠 구) |
| 山<br>7 | 損丁(손정)·殘傷(잔상).<br>官訟是非·出`盜賊(도<br>적), *殘(해칠 잔) | 山<br>5 | 少丁·乏嗣(핍사;절손)·<br>乳癌(유암)·販毒(;마약판<br>매)·中毒. *乏(없을 핍) | 山<br>⑨ | 添丁(要先有水),<br>逼壓(핍압)則^凶.<br>*逼(닥칠 핍) *壓(누를 압) |
| 水<br>② | 脾胃病(비위병)·<br>火災(화재).<br>三運發財. | 水<br>4 | 乳癌·腿病(퇴병)·<br>賭博破家(도박파가).<br>*腿(넓적다리 퇴) | 水<br>⑨ | 發財. 宜^小流水·<br>靜水(정수), 忌(기;꺼리다)·<br>大水. *靜(고요할 정) |

【해설】

⊙合十의 효능
(1) 震宮 〈③木←⑥金〉 相剋은 ③+運盤七=合十으로 무난하다.
(2) 中宮 〈①水←⑧土〉 相剋은 ①+運盤九=合十으로 무난하다.
(3) 坎宮 〈⑤土←④木〉 相剋은 ⑤+運盤五=合十으로 무난하다.
(4) 坎宮 〈⑤〉에 有山이라도 ⑤+運盤五=合十으로 무난하다.

⊙본서 집필시 인용한 도서 목록
　본서 집필시 '鐘義明' 老師로부터 수권(授權)받아 인용한 도서 목록이며, 특히 《三元九運玄空地理考驗註解(上.下)》를 가장 많이 인용 및 참고하였으며, 더욱 깊은 내용은 아래 도서를 참고하기 바란다.

| 玄空風水地理 良書 ||||
|---|---|---|---|
| 順 | 著者 | 書 名 | 出版時期 |
|  | 鐘義明 | 《玄空地理叢譚(1)[현공지리총담(1)]》 | 1991年 |
| 1 | 〃 | 《地理實用集(지리실용집)》 | 1992年 |
| 2 | 〃 | 《玄空地理叢譚(2)》 | 1992年 |
| 3 | 〃 | 《玄空地理逸編新解(현공지리일편신해)》 | 1992年 |
| 4 | 〃 | 《玄空星相地理學(현공성상지리학)》 | 1992年 |
| 5 | 〃 | 《玄空現代住宅學(현공현대주택학)》 | 1993年 |
| 6 | 〃 | **《三元九運玄空地理考驗註解(上.下)》** | **1994年** |
| 7 | 〃 | 《玄空地理叢譚(3)》 | 1994年 |
| 8 | 〃 | 《玄空地理叢譚(4)》 | 1995年 |
| 8 | 〃 | 《玄空地理斷訣彙解(현공지리단결휘해)》 | 1997年 |
| 9 | 〃 | 《玄空地理叢譚(5)》 | 1998年 |
| 10 | 〃 | 《玄空地理叢譚(6)》 | 1998年 |
| 11 | 〃 | 《地理明師授徒訣竅(지리명사수도결규)》 | 2004年 |
| 12 | 〃 | 《玄空大卦秘訣破譯(현공대괘비결파역)》 | 2005年 |
| 13 | 〃 | 《玄空地理秘中秘(현공지리비중비)》 | 2005年 |

# 九運 亥山巳向 [起星]

| | 巽 | 巳 | 丙 | 午 | 丁 | 未 | 坤 | | 亥 | | | | |
|---|---|---|---|---|---|---|---|---|---|---|---|---|---|
| | 辰 | | 2+8 ▲八 | | 6+4 ▲四⑨ | | 4+6 ▲六 | 申 | 壬戌 | 庚戌 | 戊戌 | 丙戌 | 甲戌 |
| | 乙卯 | | 3+7 ▲七 | | 1+9 ▲九 | | 8+2 ▲二⑦ | 庚酉辛 | 3337 | 3336 3335 | 3334 3333 3332 3331 | 3330 3329 3328 3327 | 3326 3325 3324 3323 |

四局 奇局으로 合局이면 怪穴大地
地運 0年(四運 入囚), ⊙三元不敗

特記:
- ㊙震宮山星③
- ▲全盤山星+運盤=山星合十
- ⊙離宮④+⑨=變格向星暗城門
- ⊙兌宮②+⑦=變格向星暗城門
- ⊙艮宮③+⑧=變格向星暗城門
- ⊙乾宮①+⑥=變格向星暗城門

下段 盤:
| | 7+3 ▲二⑧ | | 5+5 ▲五 | | 9+1 ▲一⑥ | | |
|---|---|---|---|---|---|---|---|
| 艮 | 寅 | 丑 | 癸 | 子 | 壬 | 亥 | 乾 |

| | | | | | | |
|---|---|---|---|---|---|---|
| 山 2 | 宅母憂災(택모우재)·脾胃病(비위병)·退'田産(;부동산) | 山 6 | 自縊(자액)·勒斃(늑폐)·翁媳不和(옹식불화·시아버지와 며느리간의 불화)·官司 | 山 4 | 惹事招非(야사초비)·翁媳不和(옹식불화)·官訟 *翁(늙은 옹) |
| 水 8 | 宅母災憂(택모재우)·聾啞(농아)·黃腫(황종)·退財(퇴재) | 水 4 | 水如繩索(1~송사:8묘)·自縊·絞頸(교경)·肝病. *絞(목맬 교) | 水 6 | 官事牽連(관사견련,)·交戰殺傷(교전살상)·頭痛(두통) |
| 山 3 | 肝病(간병)·吐血(토혈)·脚病(각병)·離散(이산) *吐(토할 토) | 山 1 水 9 | 神(신);情神 2鬼 魂(혼);靈魂 意(의) 魄(백);體魄 志(지);心志 6神 | 山 8 | 出'僧尼(승니·남녀승니)·關節痛(관절통)·鼻炎(비염). *鼻(코 비) |
| 水 7 | 女人災禍(여인재화)·離散(이산)·足有殘疾(족유잔질)·吐血(토혈) | | | 水 2 | 退而後發(퇴이후발)·水宜^遠(원)·不宜^近(근). *宜(마땅 의) |
| 山 7 | 離婚(이혼)·官司(관사)·足有殘疾(족유잔질)·*殘(해칠 잔) | 山 5 | 聾啞·黃腫·痴呆(치매)·呆(어리석을 매) 宜^遠秀之山. | 山 9 | 有丁(유정). 但(단)^破財(파재) |
| 水 3 | 官司·肝病·脚病(각병·다리병)·室家分離(가실분리·이혼) | 水 5 | 聾啞(농아)·黃腫(황종)·痴呆(치매) 宜(의)^遠水(연수) *痴(어리석을 치) | 水 1 | 有財. 但(단)^損丁(손정) 富而無嗣(부이무사) 目疾(목질) |

**【해설】**

⊙大地는 은구심장설(穩口深藏舌)
 본 坐向은 奇局이 되어 누구든지 욕심나겠지만 替卦이며 合局일 경우에만 사용하여야 한다.
 古書에도 이르기를 『羅經差一線(나경차일선: 약간의 오차라도), 富貴便不見(부귀변불견; 부귀가 없다)』이라고 하였다. 心靈目巧(심령목교)의 경지에 이르지 않는 일반 地師는 사용하지 않기를 거듭 당부한다.
 《葬書(장서)》에 이르기를 『力小圖大三凶(역소도대삼흉)』이라고 하여 '어설픈 실력으로 大地를 구하려는 것은 세 번째 凶'이라고 경고하였다. 그런데도 자작총명(自作聰明)하며 자신의 실력을 과대평가하는데 실로 자과부지(自過不知)이더라.
 괴혈대지(怪穴大地)는 鬼神이 司管(사관; 관장)때문에 「禁穴(금혈; 함부로 用事할 수 없는 大穴)」이므로 大善德之家가 아니면 얻을 수 없으며, 알아도 『穩口深藏舌(은구심장설; 발설금지)』하고 輕指妄點(경지망점; 경망하게 알려주거나 葬事함)하면 天譴(천견; 천벌을 받음)을 받게 된다고 하였다.

⊙蔽一言(폐일언)하고,
 『天道不親(천도불친), 常與善人(상여선인)』
 『福人居福地(복인거복지), 福地福人居(복지복인거)』

저 자 와
협의하여
인지 생략

**9운 개정 증보판**

시간과 공간의 철학
# 현공풍수

지은이 | 최명우, 류호기
펴낸이 | 一庚 張少任
펴낸곳 | 도서출판 답게

초판 발행 | 1996년 9월 5일
개정 증보판 1쇄 인쇄 | 2025년 9월 10일
개정 증보판 1쇄 발행 | 2025년 9월 15일
등 록 | 1990년 2월 28일, 제 21-140호
주 소 | 04975 서울특별시 광진구 천호대로 698 진달래빌딩 502호
전 화 | (편집) 02)469-0464, 02)462-0464
         (영업) 02)463-0464, 02)498-0464
팩 스 | 02) 498-0463
홈페이지 | www.dapgae.co.kr
e-mail | dapgae@gmail.com, dapgae@korea.com
ISBN 978-89-7574-372-6
ⓒ 2025, 최명우, 류호기

**나답게·우리답게·책답게**
* 책값은 뒤표지에 있습니다.
* 잘못 만들어진 책은 구입하신 서점에서 교환해 드립니다.